Bundesgesetz
über die Arbeitsvermittlung und den Personalverleih
(Arbeitsvermittlungsgesetz, AVG)

823.11

vom 6. Oktober 1989 (Stand am 1. Januar 2011)

Die Bundesversammlung der Schweizerischen Eidgenossenschaft,
gestützt auf die Artikel 31bis Absatz 2, 34ter Absatz 1 Buchstaben a und e,
64 Absatz 2 und 64bis der Bundesverfassung[1],[2]
nach Einsicht in eine Botschaft des Bundesrates vom 27. November 1985[3],
beschliesst:

1. Kapitel: Zweck

Art. 1

Dieses Gesetz bezweckt:

- a. die Regelung der privaten Arbeitsvermittlung und des Personalverleihs;
- b. die Einrichtung einer öffentlichen Arbeitsvermittlung, die zur Schaffung und Erhaltung eines ausgeglichenen Arbeitsmarktes beiträgt;
- c. den Schutz der Arbeitnehmer, welche die private oder die öffentliche Arbeitsvermittlung oder den Personalverleih in Anspruch nehmen.

2. Kapitel: Private Arbeitsvermittlung
1. Abschnitt: Bewilligung

Art. 2 Bewilligungspflicht

[1] Wer regelmässig und gegen Entgelt im Inland Arbeit vermittelt, indem er Stellensuchende und Arbeitgeber zum Abschluss von Arbeitsverträgen zusammenführt (Vermittler), benötigt eine Betriebsbewilligung des kantonalen Arbeitsamtes.

[2] Eine Betriebsbewilligung benötigt auch, wer Personen für künstlerische und ähnliche Darbietungen vermittelt.

AS **1991** 392
[1] [BS **1** 3; AS **1976** 2001]. Den genannten Bestimmungen entsprechen heute die Art. 95, 110 Abs. 1 Bst. a und c, 122 Abs. 1 und 123 Abs. 1 der BV vom 18. April 1999 (SR **101**).
[2] Fassung gemäss Ziff. I des BG vom 23. Juni 2000, in Kraft seit 1. Jan. 2001 (AS **2000** 2744; BBl **2000** 255).
[3] BBl **1985** III 556

³ Wer regelmässig Arbeit ins oder aus dem Ausland vermittelt (Auslandsvermittlung), benötigt zusätzlich zur kantonalen Betriebsbewilligung eine Bewilligung des Staatssekretariats für Wirtschaft (SECO)⁴.

⁴ Als Vermittlung aus dem Ausland gilt ebenfalls die Vermittlung eines Ausländers, der sich in der Schweiz aufhält, aber noch nicht zur Erwerbstätigkeit berechtigt ist.

⁵ Zweigniederlassungen, die in einem anderen Kanton liegen als der Hauptsitz, benötigen eine Betriebsbewilligung; liegen sie im gleichen Kanton, so müssen sie dem kantonalen Arbeitsamt gemeldet werden.

Art. 3 Voraussetzungen

¹ Die Bewilligung wird erteilt, wenn der Betrieb:

- a. im Schweizerischen Handelsregister eingetragen ist;
- b. über ein zweckmässiges Geschäftslokal verfügt;
- c. kein anderes Gewerbe betreibt, welches die Interessen von Stellensuchenden oder von Arbeitgebern gefährden könnte.

² Die für die Leitung verantwortlichen Personen müssen:

- a. Schweizer Bürger oder Ausländer mit Niederlassungsbewilligung sein;
- b. für eine fachgerechte Vermittlung Gewähr bieten;
- c. einen guten Leumund geniessen.

³ Die Bewilligung zur Auslandsvermittlung wird nur erteilt, wenn die für die Leitung verantwortlichen Personen ausserdem sicherstellen, dass im Betrieb ausreichende Kenntnisse der Verhältnisse in den entsprechenden Staaten vorhanden sind.

⁴ Die Bewilligung für Arbeitsvermittlungsstellen beruflicher und gemeinnütziger Institutionen wird erteilt, wenn die Voraussetzungen der Absätze 1 Buchstabe c, 2 und 3 erfüllt sind.

⁵ Der Bundesrat regelt die Einzelheiten.

Art. 4 Dauer und Umfang der Bewilligung

¹ Die Bewilligung wird unbefristet erteilt und berechtigt zur Vermittlung in der ganzen Schweiz.

² Die Bewilligung zur Auslandsvermittlung wird auf bestimmte Staaten begrenzt.

³ Die für die Leitung verantwortlichen Personen werden in der Bewilligung namentlich aufgeführt.

⁴ Der Bundesrat regelt die Bewilligungsgebühren.

---

⁴ Ausdruck gemäss Ziff. I des BG vom 23. Juni 2000, in Kraft seit 1. Jan. 2001 (AS **2000** 2744; BBl **2000** 255). Diese Änd. ist im ganzen Erlass berücksichtigt.

Art. 5 Entzug

¹ Die Bewilligung wird entzogen, wenn der Vermittler:
- a. die Bewilligung durch unrichtige oder irreführende Angaben oder durch Verschweigen wesentlicher Tatsachen erwirkt hat;
- b. wiederholt oder in schwerwiegender Weise gegen dieses Gesetz oder die Ausführungsvorschriften oder insbesondere gegen die ausländerrechtlichen Zulassungsvorschriften des Bundes oder der Kantone verstösst;
- c. die Bewilligungsvoraussetzungen nicht mehr erfüllt.

² Erfüllt der Vermittler einzelne Bewilligungsvoraussetzungen nicht mehr, so hat ihm die Bewilligungsbehörde vor dem Entzug der Bewilligung eine Frist zur Wiederherstellung des rechtmässigen Zustandes zu setzen.

Art. 6 Auskunftspflicht

Der Vermittler muss der Bewilligungsbehörde auf Verlangen alle erforderlichen Auskünfte erteilen und die nötigen Unterlagen vorlegen.

2. Abschnitt: Vermittlungstätigkeit

Art. 7 Besondere Pflichten des Vermittlers

¹ Bei der öffentlichen Ausschreibung von Arbeitsangeboten und Stellengesuchen muss der Vermittler seinen Namen und seine genaue Adresse angeben. Die Ausschreibungen müssen den tatsächlichen Verhältnissen entsprechen.

² Zur Beobachtung des Arbeitsmarktes kann die Bewilligungsbehörde den Vermittler verpflichten, ihr anonymisierte statistische Angaben über seine Tätigkeit zu liefern.

³ Der Vermittler darf Daten über Stellensuchende und offene Stellen nur bearbeiten, soweit und solange sie für die Vermittlung erforderlich sind. Er hat diese Daten geheim zu halten.

Art. 8 Vermittlungsvertrag

¹ Bei entgeltlicher Vermittlung muss der Vermittler den Vertrag mit dem Stellensuchenden schriftlich abschliessen. Er muss darin seine Leistungen und die dafür geschuldete Vergütung angeben.

² Nichtig sind Vereinbarungen, die den Stellensuchenden:
- a. hindern, sich an einen anderen Vermittler zu wenden;
- b. verpflichten, die Vermittlungsgebühr erneut zu entrichten, wenn er ohne die Hilfe des Vermittlers weitere Arbeitsverträge mit demselben Arbeitgeber abschliesst.

Art. 9 Einschreibegebühr und Vermittlungsprovision

¹ Der Vermittler darf vom Stellensuchenden eine Einschreibegebühr und eine Vermittlungsprovision verlangen. Für Dienstleistungen, die besonders vereinbart werden, kann der Vermittler eine zusätzliche Entschädigung verlangen.

² Der Stellensuchende schuldet die Provision erst, wenn die Vermittlung zum Abschluss eines Arbeitsvertrages geführt hat.

³ Bei der Auslandsvermittlung schuldet der Stellensuchende die Provision erst, wenn er von den Behörden des Landes, in das er vermittelt wird, die Bewilligung zur Erwerbstätigkeit erhalten hat. Der Vermittler darf jedoch eine angemessene Entschädigung für die tatsächlichen Auslagen und Aufwendungen verlangen, sobald der Arbeitsvertrag zustande gekommen ist.

⁴ Der Bundesrat setzt die Einschreibegebühren und die Vermittlungsprovisionen fest.

3. Abschnitt: ...[5]

Art. 10

4. Abschnitt: Finanzhilfen an die private Arbeitsvermittlung

Art. 11

¹ Der Bund kann ausnahmsweise Finanzhilfen gewähren:
  a. den paritätischen Arbeitsvermittlungsstellen von Arbeitgeber- und Arbeitnehmerverbänden gesamtschweizerischen Charakters, wenn sie im Auftrag des SECO in der Arbeitsvermittlung tätig sind;
  b. den Arbeitsvermittlungsstellen schweizerischer Verbände im Ausland, die nach ausländischem Recht unentgeltlich arbeiten müssen;
  c. den Institutionen, die bei der Durchführung zwischenstaatlicher Vereinbarungen, insbesondere der Vereinbarungen über den Austausch von Stagiaires, mitwirken.

² Die Finanzhilfen betragen in der Regel höchstens 30 Prozent der anrechenbaren Betriebskosten; sie dürfen das Betriebsdefizit nicht übersteigen.

³ Der Bundesrat regelt die Einzelheiten; er setzt insbesondere die anrechenbaren Betriebskosten fest und bezeichnet die beitragsberechtigten Institutionen.

---

[5] Aufgehoben gemäss Anhang 1 Ziff. II 28 der Zivilprozessordnung vom 19. Dez. 2008, mit Wirkung seit 1. Jan. 2011 (AS **2010** 1739; BBl **2006** 7221).

3. Kapitel: Personalverleih
1. Abschnitt: Bewilligung

Art. 12 Bewilligungspflicht

¹ Arbeitgeber (Verleiher), die Dritten (Einsatzbetrieben) gewerbsmässig Arbeitnehmer überlassen, benötigen eine Betriebsbewilligung des kantonalen Arbeitsamtes.

² Für den Personalverleih ins Ausland ist neben der kantonalen Bewilligung zusätzlich eine Betriebsbewilligung des SECO nötig. Der Personalverleih vom Ausland in die Schweiz ist nicht gestattet.

³ Zweigniederlassungen, die in einem anderen Kanton liegen als der Hauptsitz, benötigen eine Betriebsbewilligung; liegen sie im gleichen Kanton, so müssen sie dem kantonalen Arbeitsamt gemeldet werden.

Art. 13 Voraussetzungen

¹ Die Bewilligung wird erteilt, wenn der Betrieb:
   a. im Schweizerischen Handelsregister eingetragen ist;
   b. über ein zweckmässiges Geschäftslokal verfügt;
   c. kein anderes Gewerbe betreibt, welches die Interessen von Arbeitnehmern oder von Einsatzbetrieben gefährden könnte.

² Die für die Leitung verantwortlichen Personen müssen:
   a. Schweizer Bürger oder Ausländer mit Niederlassungsbewilligung sein;
   b. für eine fachgerechte Verleihtätigkeit Gewähr bieten;
   c. einen guten Leumund geniessen.

³ Die Bewilligung zum Personalverleih ins Ausland wird nur erteilt, wenn die für die Leitung verantwortlichen Personen ausserdem sicherstellen, dass im Betrieb ausreichende Kenntnisse der Verhältnisse in den entsprechenden Staaten vorhanden sind.

⁴ Der Bundesrat regelt die Einzelheiten.

Art. 14 Kaution

¹ Der Verleiher muss zur Sicherung von Lohnansprüchen aus dem Personalverleih eine Kaution leisten.

² Die Kaution bemisst sich nach dem Geschäftsumfang. Der Bundesrat setzt den Mindest- und den Höchstbetrag fest und regelt die Einzelheiten.

Art. 15 Dauer und Umfang der Bewilligung

¹ Die Bewilligung wird unbefristet erteilt und berechtigt zum Personalverleih in der ganzen Schweiz.

² Die Bewilligung zum Personalverleih ins Ausland wird auf bestimmte Staaten begrenzt.

³ Die für die Leitung verantwortlichen Personen werden in der Bewilligung namentlich aufgeführt.

⁴ Der Bundesrat regelt die Bewilligungsgebühren.

Art. 16 Entzug

¹ Die Bewilligung wird entzogen, wenn der Verleiher:
- a. die Bewilligung durch unrichtige oder irreführende Angaben oder durch Verschweigen wesentlicher Tatsachen erwirkt hat;
- b. wiederholt oder in schwerwiegender Weise gegen zwingende Vorschriften des Arbeitnehmerschutzes, gegen dieses Gesetz oder die Ausführungsvorschriften oder insbesondere die ausländerrechtlichen Zulassungsvorschriften des Bundes oder der Kantone verstösst;
- c. die Bewilligungsvoraussetzungen nicht mehr erfüllt.

² Erfüllt der Verleiher einzelne der Bewilligungsvoraussetzungen nicht mehr, so hat ihm die Bewilligungsbehörde vor dem Entzug der Bewilligung eine Frist zur Wiederherstellung des rechtmässigen Zustandes zu setzen.

Art. 17 Auskunftspflicht

¹ Der Verleiher muss der Bewilligungsbehörde auf Verlangen alle erforderlichen Auskünfte erteilen und die nötigen Unterlagen vorlegen.

² Besteht der begründete Verdacht, dass jemand ohne Bewilligung gewerbsmässig Arbeitnehmer an Dritte verleiht, so kann die Bewilligungsbehörde von allen Beteiligten Auskünfte verlangen.

³ Der Verleiher muss in den Bereichen mit einem allgemein verbindlichen Gesamtarbeitsvertrag dem zuständigen paritätischen Organ alle erforderlichen Unterlagen zur Kontrolle der Einhaltung der ortsüblichen Arbeitsbedingungen vorlegen. In Bereichen ohne allgemein verbindlichen Gesamtarbeitsvertrag gilt die Auskunftspflicht gegenüber der zuständigen kantonalen tripartiten Kommission.[6]

2. Abschnitt: Verleihtätigkeit

Art. 18 Besondere Pflichten des Verleihers

¹ Bei der öffentlichen Ausschreibung von Arbeitsangeboten muss der Verleiher seinen Namen und seine genaue Adresse angeben. Er muss in der Ausschreibung klar darauf hinweisen, dass der Arbeitnehmer für den Personalverleih angestellt wird.

---

[6] Eingefügt durch Art. 2 Ziff. 4 des BB vom 17. Dez. 2004 über die Genehmigung und Umsetzung des Prot. über die Ausdehnung des Freizügigkeitsabkommens auf die neuen EG-Mitgliedstaaten zwischen der Schweizerischen Eidgenossenschaft einerseits und der EG und ihren Mitgliedstaaten andererseits sowie über die Genehmigung der Revision der flankierenden Massnahmen zur Personenfreizügigkeit, in Kraft seit 1. April 2006 (AS **2006** 979; BBl **2004** 5891 6565).

² Zur Beobachtung des Arbeitsmarktes kann die Bewilligungsbehörde den Verleiher verpflichten, ihr anonymisierte statistische Angaben über seine Tätigkeit zu liefern.

³ Der Verleiher darf Daten über den Arbeitnehmer nur bearbeiten und an Einsatzbetriebe weitergeben, soweit und solange sie für die Verleihung erforderlich sind. Jede darüber hinausgehende Bearbeitung oder Weitergabe dieser Daten bedarf der ausdrücklichen Zustimmung des Arbeitnehmers.

Art. 19 Arbeitsvertrag

¹ Der Verleiher muss den Vertrag mit dem Arbeitnehmer in der Regel schriftlich abschliessen. Der Bundesrat regelt die Ausnahmen.

² Im Vertrag sind die folgenden Punkte zu regeln:

a. die Art der zu leistenden Arbeit;

b. der Arbeitsort sowie der Beginn des Einsatzes;

c. die Dauer des Einsatzes oder die Kündigungsfrist;

d. die Arbeitszeiten;

e. der Lohn, allfällige Spesen und Zulagen sowie die Abzüge für die Sozialversicherung;

f. die Leistungen bei Überstunden, Krankheit, Mutterschaft, Unfall, Militärdienst und Ferien;

g. die Termine für die Auszahlung des Lohnes, der Zulagen und übrigen Leistungen.

³ Werden die Erfordernisse hinsichtlich Form oder Inhalt nicht erfüllt, so gelten die orts- und berufsüblichen Arbeitsbedingungen oder die gesetzlichen Vorschriften, ausser es seien für den Arbeitnehmer günstigere Arbeitsbedingungen mündlich vereinbart worden.

⁴ Bei unbefristeten Einsätzen kann das Arbeitsverhältnis während der ersten sechs Monate von den Vertragsparteien wie folgt gekündigt werden:

a. während der ersten drei Monate der ununterbrochenen Anstellung mit einer Frist von mindestens zwei Tagen;

b. in der Zeit vom vierten bis und mit dem sechsten Monat der ununterbrochenen Anstellung mit einer Frist von mindestens sieben Tagen;

⁵ Nichtig sind Vereinbarungen, die

a. vom Arbeitnehmer Gebühren, finanzielle Vorleistungen oder Lohnrückbehalte verlangen;

b. es dem Arbeitnehmer verunmöglichen oder erschweren, nach Ablauf des Arbeitsvertrags in den Einsatzbetrieb überzutreten.

⁶ Verfügt der Verleiher nicht über die erforderliche Bewilligung, so ist sein Arbeitsvertrag mit dem Arbeitnehmer ungültig. In diesem Fall ist Artikel 320 Absatz 3 des Obligationenrechts[7] über die Folgen des ungültigen Arbeitsvertrags anwendbar.

Art. 20[8]   Allgemein verbindliche Gesamtarbeitsverträge

¹ Untersteht ein Einsatzbetrieb einem allgemein verbindlich erklärten Gesamtarbeitsvertrag, so muss der Verleiher gegenüber dem Arbeitnehmer die Lohn- und Arbeitszeitbestimmungen des Gesamtarbeitsvertrages einhalten. Sieht ein allgemein verbindlich erklärter Gesamtarbeitsvertrag einen obligatorischen Beitrag an Weiterbildungs- und Vollzugskosten vor, so gelten die entsprechenden Bestimmungen auch für den Verleiher, wobei die Beiträge anteilsmässig nach Massgabe der Dauer des Einsatzes zu leisten sind. Der Bundesrat regelt die Einzelheiten.

² Das im allgemein verbindlich erklärten Gesamtarbeitsvertrag zur Kontrolle vorgesehene paritätische Organ ist zur Kontrolle des Verleihers berechtigt. Bei nicht geringfügigen Verstössen muss es dem kantonalen Arbeitsamt Meldung erstatten und kann dem fehlbaren Verleiher:

a. nach Massgabe des Gesamtarbeitsvertrages eine Konventionalstrafe auferlegen;

b. die Kontrollkosten ganz oder teilweise auferlegen.

³ Untersteht ein Einsatzbetrieb einem allgemein verbindlich erklärten Gesamtarbeitsvertrag, der den flexiblen Altersrücktritt regelt, so muss der Verleiher gegenüber dem Arbeitnehmer diese Regelung ebenfalls einhalten. Der Bundesrat kann Vorschriften darüber erlassen, ab welcher Mindestanstellungsdauer der Arbeitnehmer einer solchen Regelung zu unterstellen ist.

Art. 21[9]   Ausländische Arbeitnehmer in der Schweiz

¹ Der Verleiher darf in der Schweiz nur Ausländer anstellen, die zur Erwerbstätigkeit zugelassen und zum Stellenwechsel berechtigt sind.

² Ausnahmen sind möglich, wenn besondere wirtschaftliche Gründe dies rechtfertigen.

Art. 22   Verleihvertrag

¹ Der Verleiher muss den Vertrag mit dem Einsatzbetrieb schriftlich abschliessen. Er muss darin angeben:

---

[7] SR **220**
[8] Fassung gemäss Art. 2 Ziff. 4 des BB vom 17. Dez. 2004 über die Genehmigung und Umsetzung des Prot. über die Ausdehnung des Freizügigkeitsabkommens auf die neuen EG-Mitgliedstaaten zwischen der Schweizerischen Eidgenossenschaft einerseits und der EG und ihren Mitgliedstaaten andererseits sowie über die Genehmigung der Revision der flankierenden Massnahmen zur Personenfreizügigkeit, in Kraft seit 1. April 2006 (AS **2006** 979; BBl **2004** 5891 6565).
[9] Fassung gemäss Anhang Ziff. II 8 des BG vom 16. Dez. 2005 über Ausländerinnen und Ausländer, in Kraft seit 1. Jan. 2008 (AS **2007** 5437; BBl **2002** 3709).

a. die Adresse des Verleihers und der Bewilligungsbehörde;
b. die beruflichen Qualifikationen des Arbeitnehmers und die Art der Arbeit;
c. den Arbeitsort und den Beginn des Einsatzes;
d. die Dauer des Einsatzes oder die Kündigungsfristen;
e. die für den Arbeitnehmer geltenden Arbeitszeiten;
f. die Kosten des Verleihs, einschliesslich aller Sozialleistungen, Zulagen, Spesen und Nebenleistungen.

² Vereinbarungen, die es dem Einsatzbetrieb erschweren oder verunmöglichen, nach Ende des Einsatzes mit dem Arbeitnehmer einen Arbeitsvertrag abzuschliessen, sind nichtig.

³ Zulässig sind jedoch Vereinbarungen, wonach der Verleiher vom Einsatzbetrieb eine Entschädigung verlangen kann, wenn der Einsatz weniger als drei Monate gedauert hat und der Arbeitnehmer weniger als drei Monate nach Ende dieses Einsatzes in den Einsatzbetrieb übertritt.

⁴ Die Entschädigung darf nicht höher sein als der Betrag, den der Einsatzbetrieb dem Verleiher bei einem dreimonatigen Einsatz für Verwaltungsaufwand und Gewinn zu bezahlen hätte. Das bereits geleistete Entgelt für Verwaltungsaufwand und Gewinn muss der Verleiher anrechnen.

⁵ Verfügt der Verleiher nicht über die erforderliche Bewilligung, so ist der Verleihvertrag nichtig. In diesem Fall sind die Bestimmungen des Obligationenrechts[10] über unerlaubte Handlungen und ungerechtfertigte Bereicherung anwendbar.

...

Art. 23[11]

4. Kapitel: Öffentliche Arbeitsvermittlung

Art. 24 Aufgaben

¹ Die Arbeitsämter in den Kantonen erfassen die sich meldenden Stellensuchenden und die gemeldeten offenen Stellen. Sie beraten Stellensuchende und Arbeitgeber bei der Wahl oder der Besetzung eines Arbeitsplatzes und bemühen sich, die geeigneten Stellen und Arbeitskräfte zu vermitteln.

² Sie berücksichtigen bei der Vermittlung die persönlichen Wünsche, Eigenschaften und beruflichen Fähigkeiten der Stellensuchenden sowie die Bedürfnisse und betrieblichen Verhältnisse der Arbeitgeber sowie die allgemeine Arbeitsmarktlage.

---

[10] SR **220**
[11] Aufgehoben gemäss Anhang 1 Ziff. II 28 der Zivilprozessordnung vom 19. Dez. 2008, mit Wirkung seit 1. Jan. 2011 (AS **2010** 1739; BBl **2006** 7221).

Art. 25 Auslandsvermittlung

¹ Das Bundesamt für Migration (BFM)[12] unterhält einen Beratungsdienst, der Informationen über Einreise, Arbeitsmöglichkeiten und Lebensbedingungen in ausländischen Staaten beschafft und an Personen weitergibt, die im Ausland eine Erwerbstätigkeit ausüben wollen. Es kann die Suche nach Auslandstellen mit weiteren Massnahmen unterstützen.

² Das BFM koordiniert und unterstützt die Bemühungen der Arbeitsämter bei der Vermittlung schweizerischer Rückwanderer aus dem Ausland.

³ Das BFM vermittelt ausländische und schweizerische Stagiaires aufgrund der zwischenstaatlichen Vereinbarungen über den Austausch von Stagiaires. Für die Vermittlung kann es die Arbeitsämter zur Mitwirkung heranziehen.

Art. 26 Vermittlungspflicht und Unparteilichkeit

¹ Die Arbeitsämter stellen ihre Dienste allen schweizerischen Stellensuchenden und den in der Schweiz domizilierten Arbeitgebern unparteiisch zur Verfügung.

² Ebenso vermitteln und beraten sie ausländische Stellensuchende, die sich in der Schweiz aufhalten und zur Erwerbstätigkeit sowie zum Stellen- und Berufswechsel berechtigt sind.

³ Die Arbeitsämter dürfen an der Arbeitsvermittlung nicht mitwirken, wenn der Arbeitgeber:
 a. die orts- und berufsüblichen Lohn- und Arbeitsbedingungen erheblich unterschreitet;
 b. mehrfach oder schwer gegen Arbeitnehmerschutzbestimmungen verstossen hat.

Art. 27 Unentgeltlichkeit

Die öffentliche Arbeitsvermittlung ist unentgeltlich. Den Benützern dürfen nur Auslagen in Rechnung gestellt werden, die mit ihrem Einverständnis durch besonderen Aufwand entstanden sind.

Art. 28 Besondere Massnahmen zur Bekämpfung der Arbeitslosigkeit

¹ Die Arbeitsämter helfen Stellensuchenden, deren Vermittlung unmöglich oder stark erschwert ist, bei der Wahl einer geeigneten Umschulung oder Weiterbildung.

² Die Kantone können für Arbeitslose, deren Vermittlung unmöglich oder stark erschwert ist, Kurse zur Umschulung, Weiterbildung und Eingliederung organisieren.

---

[12] Die Bezeichnung der Verwaltungseinheit wurde in Anwendung von Art. 16 Abs. 3 der Publikationsverordnung vom 17. Nov. 2004 (SR **170.512.1**) angepasst. Diese Anpassung wurde im ganzen Text vorgenommen.

Arbeitsvermittlungsgesetz 823.11

³ Sie können durch die Organisation von Programmen zur Arbeitsbeschaffung im Rahmen von Artikel 72 des Arbeitslosenversicherungsgesetzes vom 25. Juni 1982[13] für die vorübergehende Beschäftigung von Arbeitslosen sorgen.

⁴ Die Arbeitsämter setzen ihre Bemühungen um Arbeitsvermittlung in geeigneter Weise fort, auch wenn der Arbeitslose im Rahmen der Massnahmen nach den Artikeln 59–72 des Arbeitslosenversicherungsgesetzes vom 25. Juni 1982 einen Kurs besucht oder einer vorübergehenden Beschäftigung nachgeht.

Art. 29 Meldepflicht der Arbeitgeber bei Entlassungen und Betriebsschliessungen

¹ Entlassungen einer grösseren Anzahl von Arbeitnehmern sowie Betriebsschliessungen muss der Arbeitgeber dem zuständigen Arbeitsamt möglichst frühzeitig melden, spätestens aber zum Zeitpunkt, in dem er die Kündigungen ausspricht.

² Der Bundesrat bestimmt die Ausnahmen von der Meldepflicht.

5. Kapitel: Auswanderungspropaganda für Erwerbstätige

Art. 30

Öffentliche Ankündigungen oder Veranstaltungen oder andere Vorkehren, die bestimmt oder geeignet sind, auswanderungswillige Erwerbstätige über die Arbeits- und Lebensbedingungen in ausländischen Staaten irrezuführen, sind verboten.

6. Kapitel: Behörden

Art. 31 Eidgenössische Arbeitsmarktbehörde

¹ Eidgenössische Arbeitsmarktbehörde ist das SECO.

² Es beaufsichtigt den Vollzug dieses Gesetzes durch die Kantone und fördert die Koordination der öffentlichen Arbeitsvermittlung unter den Kantonen.

³ Es beaufsichtigt die private Auslandsvermittlung und den Personalverleih ins Ausland.

⁴ Es kann in Zusammenarbeit mit den Kantonen Kurse für die Schulung und Weiterbildung des Personals der Arbeitsmarktbehörden durchführen.

Art. 32 Kantone

¹ Die Kantone regeln die Aufsicht über die öffentliche und private Arbeitsvermittlung sowie über den Personalverleih.

² Sie unterhalten mindestens ein kantonales Arbeitsamt.

---

[13] SR **837.0**

Art. 33 Zusammenarbeit

¹ Die Arbeitsmarktbehörden von Bund und Kantonen streben durch Zusammenarbeit einen gesamtschweizerisch ausgeglichenen Arbeitsmarkt an. In den einzelnen Wirtschaftsregionen arbeiten die Arbeitsmarktbehörden der betroffenen Kantone direkt zusammen.

² Die Arbeitsämter bemühen sich bei der Durchführung von Massnahmen auf dem Gebiet der Arbeitsvermittlung um eine wirksame Zusammenarbeit mit den Arbeitgeber- und Arbeitnehmerverbänden sowie mit anderen Organisationen, die auf dem Gebiet der Arbeitsvermittlung tätig sind.

³ Der Bundesrat regelt die Zuständigkeit der Arbeitsmarktbehörden und der Institutionen der Invalidenversicherung für die Vermittlung von Invaliden und Behinderten.

Art. 33a[14] Bearbeiten von Personendaten

¹ Die mit der Durchführung sowie mit der Kontrolle oder Beaufsichtigung der Durchführung dieses Gesetzes betrauten Organe sind befugt, Personendaten und Persönlichkeitsprofile zu bearbeiten oder bearbeiten zu lassen, die sie benötigen, um die ihnen nach diesem Gesetz übertragenen Aufgaben zu erfüllen, namentlich um:

   a. Stellensuchende zu erfassen, zu vermitteln und zu beraten;
   b. offene Stellen zu erfassen, bekannt zu geben und zuzuweisen;
   c. Entlassungen und Betriebsschliessungen zu erfassen;
   d. arbeitsmarktliche Massnahmen durchzuführen;
   e. die Aufsicht über die Durchführung dieses Gesetzes durchzuführen;
   f. Statistiken zu führen.

² Besonders schützenswerte Personendaten dürfen bearbeitet werden:

   a. über die Gesundheit und die Religionszugehörigkeit der Stellensuchenden, wenn diese Daten für die Vermittlung erforderlich sind;
   b. über Massnahmen, die im Rahmen des Vollzugs dieses Gesetzes und des Arbeitslosenversicherungsgesetzes vom 25. Juni 1982[15] verfügt werden oder vorgesehen sind, wenn diese Daten eine direkte Auswirkung auf die Leistung der Arbeitslosenversicherung haben.

Art. 34[16] Schweigepflicht

Personen, die an der Durchführung, der Kontrolle oder an der Beaufsichtigung der öffentlichen Arbeitsvermittlung beteiligt sind, müssen die Angaben über Stellensuchende, Arbeitgeber und offene Stellen gegenüber Dritten geheim halten.

---

[14] Eingefügt durch Ziff. I des BG vom 23. Juni 2000, in Kraft seit 1. Jan. 2001 (AS **2000** 2744; BBl **2000** 255).
[15] SR **837.0**
[16] Fassung gemäss Ziff. I des BG vom 23. Juni 2000, in Kraft seit 1. Jan. 2001 (AS **2000** 2744; BBl **2000** 255).

Art. 34a[17] Datenbekanntgabe

[1] Sofern kein überwiegendes Privatinteresse entgegensteht, dürfen Daten im Einzelfall und auf schriftliches und begründetes Gesuch hin bekannt gegeben werden an:

a. die Organe der Invalidenversicherung, wenn sich eine Pflicht zur Bekanntgabe aus dem Bundesgesetz vom 19. Juni 1959[18] über die Invalidenversicherung ergibt;

b. Sozialhilfebehörden, wenn sie für die Festsetzung, Änderung oder Rückforderung von Leistungen beziehungsweise für die Verhinderung ungerechtfertigter Bezüge erforderlich sind;

c. Zivilgerichte, wenn sie für die Beurteilung eines familien- oder erbrechtlichen Streitfalles erforderlich sind;

d. Strafgerichte und Strafuntersuchungsbehörden, wenn sie für die Abklärung eines Verbrechens oder eines Vergehens erforderlich sind.

[2] Sofern kein überwiegendes Privatinteresse entgegensteht, dürfen Daten bekanntgegeben werden an:

a. andere mit der Durchführung sowie der Kontrolle oder der Beaufsichtigung der Durchführung dieses Gesetzes betrauten Organe, wenn sie für die Erfüllung der ihnen nach diesem Gesetz übertragenen Aufgaben erforderlich sind;

b. Organe einer Sozialversicherung, wenn sich eine Pflicht zur Bekanntgabe aus einem Bundesgesetz ergibt;

c. Organe der Bundesstatistik, nach dem Bundesstatistikgesetz vom 9. Oktober 1992[19];

d. Strafuntersuchungsbehörden, wenn es die Anzeige oder die Abwendung eines Verbrechens erfordert.

[3] Daten, die von allgemeinem Interesse sind und sich auf die Anwendung dieses Gesetzes beziehen, dürfen veröffentlicht werden. Die Anonymität der Stellensuchenden und der Arbeitgeber muss gewahrt bleiben.

[4] In den übrigen Fällen dürfen Daten an Dritte wie folgt bekannt gegeben werden:

a. nicht personenbezogene Daten, sofern die Bekanntgabe einem überwiegenden Interesse entspricht;

b. Personendaten, sofern die betroffene Person im Einzelfall schriftlich eingewilligt hat oder, wenn das Einholen der Einwilligung nicht möglich ist, diese nach den Umständen als im Interesse des Stellensuchenden vorausgesetzt werden darf.

[5] Es dürfen nur die Daten bekannt gegeben werden, welche für den in Frage stehenden Zweck erforderlich sind.

---

[17] Eingefügt durch Ziff. I des BG vom 23. Juni 2000, in Kraft seit 1. Jan. 2001 (AS **2000** 2744; BBl **2000** 255).
[18] SR **831.20**
[19] SR **431.01**

⁶ Der Bundesrat regelt die Modalitäten der Bekanntgabe und die Information der betroffenen Person.

⁷ Die Datenbekanntgabe erfolgt in der Regel schriftlich und kostenlos. Der Bundesrat kann die Erhebung einer Gebühr vorsehen, wenn besonders aufwendige Arbeiten erforderlich sind.

Art. 34*b*[20] Akteneinsicht

¹ Sofern überwiegende Privatinteressen gewahrt bleiben, steht die Akteneinsicht zu:

a. den Stellensuchenden und den Arbeitgebern, für die sie betreffenden Daten;

b. Personen, die einen Anspruch oder eine Verpflichtung nach diesem Gesetz haben, für diejenigen Daten, die für die Wahrung des Anspruchs oder die Erfüllung der Verpflichtung erforderlich sind;

c. Personen und Institutionen, denen ein Rechtsmittel gegen eine auf Grund dieses Gesetzes erlassene Verfügung zusteht, für die zur Ausübung dieses Rechts erforderlichen Daten;

d. Behörden, die zuständig sind für Beschwerden gegen auf Grund dieses Gesetzes erlassene Verfügungen, für die zur Erfüllung dieser Aufgaben erforderlichen Daten.

² Handelt es sich um Gesundheitsdaten, deren Bekanntgabe sich für die zur Einsicht berechtigte Person gesundheitlich nachteilig auswirken könnte, so kann von ihr verlangt werden, dass sie eine Ärztin oder einen Arzt bezeichnet, die oder der ihr diese Daten bekannt gibt.

Art. 35[21] Informationssystem

¹ Das SECO betreibt ein Informationssystem zur Unterstützung:

a. der Arbeitsvermittlung;

b. des Vollzugs des Arbeitslosenversicherungsgesetzes vom 25. Juni 1982[22];

c. der Arbeitsmarktbeobachtung;

d. der Zusammenarbeit zwischen den Organen der Arbeitsvermittlung, Arbeitslosenversicherung, Invalidenversicherung und Berufsberatung.

² In diesem Informationssystem dürfen Personendaten, einschliesslich besonders schützenswerter Personendaten nach Artikel 33*a* Absatz 2 und Persönlichkeitsprofile bearbeitet werden.

³ Folgende Stellen dürfen mittels Abrufverfahren zur Erfüllung ihrer gesetzlichen Aufgaben auf das Informationssystem zugreifen:

---

[20] Eingefügt durch Ziff. I des BG vom 23. Juni 2000, in Kraft seit 1. Jan. 2001 (AS **2000** 2744; BBl **2000** 255).
[21] Fassung gemäss Ziff. I des BG vom 23. Juni 2000, in Kraft seit 1. Jan. 2001 (AS **2000** 2744; BBl **2000** 255).
[22] SR **837**.0

a. das SECO;
b. das BFM;
c. die kantonalen Arbeitsämter;
d. die Logistikstellen für arbeitsmarktliche Massnahmen;
e. die Regionalen Arbeitsvermittlungszentren;
f. die Arbeitslosenkassen;
g. die Organe der Invalidenversicherung;
h. die Berufsberatungsstellen;
i. die schweizerische Zentralstelle für Heimarbeit.

[4] Der Bund beteiligt sich an den Kosten, soweit diese durch Bundesaufgaben bedingt sind.

[5] Der Bundesrat regelt:
a. die Verantwortung für den Datenschutz;
b. die zu erfassenden Daten;
c. die Aufbewahrungsfrist;
d. den Zugriff auf die Daten, namentlich, welche Benutzer des Informationssystems befugt sind, besonders schützenswerte Personendaten und Persönlichkeitsprofile zu bearbeiten;
e. die Organisation und den Betrieb des Informationssystems;
f. die Zusammenarbeit zwischen den beteiligten Behörden;
g. die Datensicherheit.

Art. 35a[23] Interinstitutionelle Zusammenarbeit und Zusammenarbeit mit privaten Arbeitsvermittlern[24]

[1] Zum Zwecke der interinstitutionellen Zusammenarbeit nach Artikel 85*f* des Arbeitslosenversicherungsgesetzes vom 25. Juni 1982[25] kann den Berufsberatungsstellen, den Sozialdiensten der Kantone und Gemeinden, den Durchführungsorganen der kantonalen Arbeitslosenhilfegesetze, der Invaliden- und Krankenversicherung und der Asylgesetzgebung, den kantonalen Berufsbildungsbehörden, der Schweizerischen Unfallversicherungsanstalt sowie anderen für die Eingliederung Versicherter wichtigen privaten und öffentlichen Institutionen im Einzelfall Zugriff auf die erforderlichen Daten aus dem Informationssystem gewährt werden, sofern:

a. die betroffene Person Leistungen von einer dieser Stellen bezieht und der Gewährung des Zugriffs zustimmt; und

---

[23] Eingefügt durch Ziff. I des BG vom 23. Juni 2000, in Kraft seit 1. Jan. 2001 (AS **2000** 2744; BBl **2000** 255).
[24] Fassung gemäss Ziff. II des BG vom 22. März 2002, in Kraft seit 1. Juli 2003 (AS **2003** 1728 1755; BBl **2001** 2245).
[25] SR **837.0**

b. die genannten Stellen den Durchführungsorganen der Arbeitslosenversicherung Gegenrecht gewähren.[26]

[1bis] Die Durchführungsorgane der Arbeitslosenversicherung und die Invalidenversicherungsstellen sind bei der interinstitutionellen Zusammenarbeit gegenseitig von der Schweigepflicht entbunden, sofern:
   a. kein überwiegendes Privatinteresse entgegensteht; und
   b. die Auskünfte und Unterlagen dazu dienen, in Fällen, in denen die zuständige Kostenträgerin noch nicht klar bestimmbar ist:
      1. die für die betroffene Person geeigneten Eingliederungsmassnahmen zu ermitteln, und
      2. die Ansprüche der betroffenen Person gegenüber der Arbeitslosenversicherung und der Invalidenversicherung zu klären.[27]

[1ter] Der Datenaustausch nach Absatz [1bis] darf auch ohne Zustimmung der betroffenen Person und im Einzelfall auch mündlich erfolgen. Die betroffene Person ist anschliessend über den erfolgten Datenaustausch und dessen Inhalt zu informieren.[28]

[2] Den privaten Arbeitsvermittlern, die eine Vermittlungsbewilligung besitzen, dürfen Daten über Stellensuchende aus dem Informationssystem in einem geeigneten Abrufverfahren zur Verfügung gestellt werden. Die Daten müssen hierfür anonymisiert sein. Die Pflicht zur Anonymität entfällt nur dann, wenn der oder die Stellensuchende schriftlich eingewilligt hat.

Art. 35*b*[29]   Verzeichnis der bewilligten privaten Vermittlungs- und Verleihbetriebe

[1] Das SECO führt mit Hilfe der zuständigen kantonalen Behörden auf einem geeigneten Informationssystem ein Verzeichnis über die bewilligten, privaten Vermittlungs- und Verleihbetriebe und ihre verantwortlichen Leiter und Leiterinnen.

[2] Das Verzeichnis kann besonders schützenswerte Daten über den Entzug, die Aufhebung oder die Nichterteilung einer Bewilligung enthalten.

Art. 36   Arbeitsmarktbeobachtung

[1] Der Bundesrat ordnet die zur Arbeitsmarktbeobachtung erforderlichen Erhebungen an.[30]

---

[26] Fassung gemäss Ziff. II des BG vom 22. März 2002, in Kraft seit 1. Juli 2003 (AS **2003** 1728; BBl **2001** 2245).
[27] Eingefügt durch Ziff. II des BG vom 22. März 2002, in Kraft seit 1. Juli 2003 (AS **2003** 1728; BBl **2001** 2245).
[28] Eingefügt durch Ziff. II des BG vom 22. März 2002, in Kraft seit 1. Juli 2003 (AS **2003** 1728; BBl **2001** 2245).
[29] Eingefügt durch Ziff. I des BG vom 23. Juni 2000, in Kraft seit 1. Jan. 2001 (AS **2000** 2744; BBl **2000** 255).
[30] Fassung gemäss Anhang Ziff. 14 des Bundesstatistikgesetzes vom 9. Okt. 1992, in Kraft seit 1. Aug. 1993 (AS **1993** 2080; BBl **1992** I 373).

² Die Arbeitsämter beobachten die Lage und Entwicklung des Arbeitsmarktes in ihren Kantonen. Sie erstatten dem SECO Bericht über die Arbeitsmarktlage sowie über die öffentliche und private Arbeitsvermittlung und den Personalverleih.

³ Die Ergebnisse werden so bekannt gegeben, dass keine Rückschlüsse auf betroffene Personen möglich sind.[31]

⁴ Die zur Arbeitsmarktbeobachtung erhobenen Daten dürfen nur für statistische Zwecke verwendet werden.

Art. 37 Kommission für Wirtschaftspolitik[32]

Der Bundesrat bestellt eine Kommission für Wirtschaftspolitik. Bund, Kantone, Wissenschaft, Arbeitgeber und Arbeitnehmer sind in der Kommission vertreten.

7. Kapitel: Rechtsschutz

Art. 38

¹ Gegen Verfügungen nach diesem Gesetz kann Beschwerde geführt werden.

² Beschwerdeinstanzen sind:

　a.　mindestens eine kantonale Behörde für die Verfügungen der Arbeitsämter;

　b.[33] das Bundesverwaltungsgericht für die erstinstanzlichen Verfügungen von Bundesbehörden;

　c.[34] das Bundesgericht nach Massgabe des Bundesgerichtsgesetzes vom 17. Juni 2005[35];

　d. ...[36]

³ Das Verfahren vor den kantonalen Behörden richtet sich nach dem kantonalen Verfahrensrecht, soweit das Bundesrecht nichts anderes bestimmt. Für das Verfahren vor den Bundesbehörden gelten die allgemeinen Bestimmungen über die Bundesrechtspflege.[37]

---

[31] Fassung gemäss Anhang Ziff. 14 des Bundesstatistikgesetzes vom 9. Okt. 1992, in Kraft seit 1. Aug. 1993 (AS **1993** 2080; BBl **1992** I 373).
[32] Die Bezeichnung der Verwaltungseinheit wurde in Anwendung von Art. 16 Abs. 3 der Publikationsverordnung vom 17. Nov. 2004 (SR **170.512.1**) angepasst. Diese Anpassung wurde im ganzen Text vorgenommen.
[33] Fassung gemäss Anhang Ziff. 101 des Verwaltungsgerichtsgesetzes vom 17. Juni 2005, in Kraft seit 1. Jan. 2007 (AS **2006** 2197; BBl **2001** 4202).
[34] Fassung gemäss Anhang Ziff. 101 des Verwaltungsgerichtsgesetzes vom 17. Juni 2005, in Kraft seit 1. Jan. 2007 (AS **2006** 2197; BBl **2001** 4202).
[35] SR **173.110**
[36] Aufgehoben durch Anhang Ziff. 101 des Verwaltungsgerichtsgesetzes vom 17. Juni 2005, mit Wirkung seit 1. Jan. 2007 (AS **2006** 2197; BBl **2001** 4202).
[37] Fassung des Satzes gemäss Anhang Ziff. 101 des Verwaltungsgerichtsgesetzes vom 17. Juni 2005, in Kraft seit 1. Jan. 2007 (AS **2006** 2197; BBl **2001** 4202).

8. Kapitel: Strafbestimmungen

Art. 39

¹ Mit Busse bis zu 100 000 Franken wird bestraft, wer vorsätzlich:

a. ohne die erforderliche Bewilligung Arbeit vermittelt oder Personal verleiht;

b. als Vermittler oder Verleiher Ausländer entgegen den ausländerrechtlichen Vorschriften vermittelt oder als Arbeitnehmer anstellt. Vorbehalten bleibt eine zusätzliche Bestrafung nach Artikel 23 des Bundesgesetzes vom 26. März 1931[38] über Aufenthalt und Niederlassung der Ausländer.

² Mit Busse bis zu 40 000 Franken wird bestraft, wer vorsätzlich:

a. als Arbeitgeber die Dienste eines Vermittlers oder Verleihers beansprucht, von dem er weiss, dass er die erforderliche Bewilligung nicht besitzt;

b. die Melde- und Auskunftspflicht (Art. 6, 7, 17, 18 und 29) verletzt;

c. als Verleiher den wesentlichen Vertragsinhalt nicht schriftlich oder nicht vollständig mitteilt oder eine unzulässige Vereinbarung trifft (Art. 19 und 22);

d. als Vermittler gegen die Bestimmungen über die Vermittlungsprovision verstösst (Art. 9) oder als Verleiher vom Arbeitnehmer Gebühren oder finanzielle Vorleistungen verlangt (Art. 19 Abs. 5);

e. irreführende Auswanderungspropaganda für Erwerbstätige betreibt (Art. 30);

f. seine Schweigepflicht verletzt (Art. 7, 18 und 34).

³ Mit Busse bis zu 20 000 Franken wird bestraft, wer fahrlässig eine strafbare Handlung nach Absatz 1 oder Absatz 2 Buchstaben b–f begeht. In leichten Fällen kann von einer Bestrafung Umgang genommen werden.

⁴ Mit Freiheitsstrafe bis zu drei Jahren oder Geldstrafe wird bestraft, wer durch unrichtige oder irreführende Angaben oder durch Verschweigen wesentlicher Tatsachen eine Bewilligung erwirkt.[39]

⁵ Auf Widerhandlungen in Geschäftsbetrieben sind die Artikel 6 und 7 des Bundesgesetzes vom 22. März 1974[40] über das Verwaltungsstrafrecht anwendbar.

⁶ Die Strafverfolgung ist Sache der Kantone.

---

[38] [BS **1** 121; AS **1949** 221, **1987** 1665, **1988** 332, **1990** 1587 Art. 3 Abs. 2, **1991** 362 Ziff. II 11 1034 Ziff. III, **1995** 146, **1999** 1111 2262 Anhang Ziff. 1, **2000** 1891 Ziff. IV 2, **2002** 685 Ziff. I 1 701 Ziff. I 1 3988 Anhang Ziff. 3, **2003** 4557 Anhang Ziff. II 2, **2004** 1633 Ziff. I 1 4655 Ziff. I 1, **2005** 5685 Anhang Ziff. 2, **2006** 979 Art. 2 Ziff. 1 1931 Art. 18 Ziff. 1 2197 Anhang Ziff. 3 3459 Anhang Ziff. 1 4745 Anhang Ziff. 1, **2007** 359 Anhang Ziff. 1. AS **2007** 5437 Anhang Ziff. I]. Siehe heute: das BG vom 16. Dez. 2005 über die Ausländerinnen und Ausländer (SR **142.20**).

[39] Fassung gemäss Art. 333 des Strafgesetzbuches in der Fassung des BG vom 13. Dez. 2002, in Kraft seit 1. Jan. 2007 (AS **2006** 3459; BBl **1999** 1979).

[40] SR **313.0**

Arbeitsvermittlungsgesetz 823.11

9. Kapitel: Schlussbestimmungen

Art. 40 Vollzug

Die Kantone vollziehen dieses Gesetz, soweit der Vollzug nicht dem Bund übertragen ist.

Art. 41 Ausführungsbestimmungen

[1] Der Bundesrat erlässt nach Anhören der Kantone und der beteiligten Organisationen die Ausführungsbestimmungen.

[2] Die Kantone erlassen die Ausführungsbestimmungen für ihren Bereich.

Art. 42 Änderung und Aufhebung bisherigen Rechts

[1] ...[41]

[2] Es werden aufgehoben:
   a. das Bundesgesetz vom 22. Juni 1951[42] über die Arbeitsvermittlung;
   b. das Bundesgesetz vom 22. März 1888[43] betreffend den Geschäftsbetrieb von Auswanderungsagenturen.

Art. 43[44]

Art. 44 Referendum und Inkrafttreten

[1] Dieses Gesetz untersteht dem fakultativen Referendum.

[2] Der Bundesrat bestimmt das Inkrafttreten.

Datum des Inkrafttretens:
Art. 42 Absatz 1: 1. Januar 1992[45]
Alle übrigen Bestimmungen: 1. Juli 1991[46]

---

[41] Aufgehoben durch Ziff. II 36 des BG vom 20. März 2008 zur formellen Bereinigung des Bundesrechts, mit Wirkung seit 1. Aug. 2008 (AS **2008** 3437; BBl **2007** 6121).
[42] [AS **1951** 1211]
[43] [BS **10** 232]
[44] Aufgehoben durch Ziff. II 36 des BG vom 20. März 2008 zur formellen Bereinigung des Bundesrechts, mit Wirkung seit 1. Aug. 2008 (AS **2008** 3437; BBl **2007** 6121).
[45] V vom 30. Okt. 1991 (AS **1991** 2373)
[46] BRB vom 16. Jan. 1991

Michael Kull
(Herausgeber)

Arbeitsvermittlungsgesetz (AVG)

Stämpflis Handkommentar SHK

Dr. Michael Kull
(Herausgeber)

Arbeitsvermittlungsgesetz (AVG)

Bundesgesetz vom 6. Oktober 1989 über die Arbeitsvermittlung und den Personalverleih

 Stämpfli Verlag

Arbeitsvermittlungsgesetz (AVG)
Zitiervorschlag:
AUTOR, SHK AVG Art. ..., N ...

Bibliografische Information der Deutschen Nationalbibliothek
Die Deutsche Nationalbibliothek verzeichnet diese Publikation in der Deutschen Nationalbibliografie; detaillierte bibliografische Daten sind im Internet über http://dnb.d-nb.de abrufbar.

Alle Rechte vorbehalten, insbesondere das Recht der Vervielfältigung, der Verbreitung und der Übersetzung. Das Werk oder Teile davon dürfen ausser in den gesetzlich vorgesehenen Fällen ohne schriftliche Genehmigung des Verlags weder in irgendeiner Form reproduziert (z.B. fotokopiert) noch elektronisch gespeichert, verarbeitet, vervielfältigt oder verbreitet werden.

Gesamtherstellung:
Stämpfli Publikationen AG, Bern
Printed in Switzerland

© Stämpfli Verlag AG Bern · 2014

Dieses Werk ist in unserem Buchshop unter
www.staempfliverlag.com erhältlich

ISBN Print   978-3-7272-2569-7
ISBN Judocu   978-3-0354-1121-8

Vorwort

Das Arbeitsvermittlungsgesetz und die damit regulierten Wirtschaftsbereiche des Personalverleihs und der Personalvermittlung haben in den vergangenen Jahrzehnten stets an Bedeutung hinzugewonnen und tun dies auch weiterhin. Infolge dessen haben sich auch die Abgrenzungs- und Auslegungsfragen des Gesetzes und der detaillierenden Verordnungen vervielfacht. Den damit einhergehenden Rechtsunsicherheiten soll mit gegenwärtigem Kommentar begegnet und versucht werden, die sich stellenden Fragen zu beantworten oder zumindest Lösungsvorschläge aufzuzeigen. Berücksichtigt sind dabei Literatur sowie Rechtsetzung bzw. Rechtsprechung bis zum 30. April 2014, wobei insbesondere die am 1. Januar 2014 in Kraft getretenen Verordnungsanpassungen eine Berücksichtigung erfahren haben. Nicht oder nur am Rande behandelt wird dabei der im Anhang abgedruckte GAV-Personalverleih.

Mein Dank für ihre Bemühungen im formalen gebührt Frau BLaw Pascale Nefzger, die einen beträchtlichen Beitrag zur Fertigstellung des Kommentars geleistet hat. Weiter gilt mein Dank auch den Mitautoren für ihren speditiven Einsatz und den fruchtbaren Dialog.

Letztlich zu danken bleibt mir auch den verantwortlichen Personen beim Stämpfli Verlag, die eine Realisierung des Kommentars erst ermöglicht und ihren Beitrag geleistet haben, dass die Umsetzung und die Veröffentlichung rasch vorangebracht werden konnten.

Dr. Michael Kull, Basel im Mai 2014

Autorenverzeichnis

EVA-MARIA BÄNI
MLaw, Rechtsanwältin, Wissenschaftliche Assistentin am Lehrstuhl von
Prof. Dr. Jean-Fritz Stöckli, Juristische Fakultät der Universität Basel, Basel
Art. 11, 30–37 AVG

MYRIAM BRUNNER-RYHINER
lic. iur., LL.M., Rechtsanwältin
Art. 38, 40–42, 44 AVG

STEFAN FIERZ
lic. iur., Rechtsanwalt
Art. 1–6 AVG

RETO KRUMMENACHER
Dr. iur., Rechtsanwalt
Art. 7–9, 18–22 AVG

MICHAEL KULL
Dr. iur., Rechtsanwalt
Art. 12–17, 39 AVG

ALEXANDER PFEIFFER
lic. iur., Rechtsanwalt
Art. 24–29 AVG

ANN WEIBEL
BLaw
Art. 7–9, 18–22 AVG

Inhaltsübersicht

	Seite
Vorwort	V
Autorenverzeichnis	VII
Abkürzungsverzeichnis	XIII
Literaturverzeichnis	XIX
Materialienverzeichnis	XXV

1. Kapitel:	Zweck	1
Art. 1		1

2. Kapitel:	Private Arbeitsvermittlung	4
1. Abschnitt:	*Bewilligung*	4
Art. 2	Bewilligungspflicht	4
Art. 3	Voraussetzungen	11
Art. 4	Dauer und Umfang der Bewilligung	19
Art. 5	Entzug	22
Art. 6	Auskunftspflicht	26
2. Abschnitt:	*Vermittlungstätigkeit*	28
Art. 7	Besondere Pflichten des Vermittlers	28
Art. 8	Vermittlungsvertrag	34
Art. 9	Einschreibegebühr und Vermittlungsprovision	38
4. Abschnitt:	*Finanzhilfen an die private Arbeitsvermittlung*	46
Art. 11		46

3. Kapitel:	Personalverleih	53
1. Abschnitt:	*Bewilligung*	53
Art. 12	Bewilligungspflicht	53
Art. 13	Voraussetzungen	74
Art. 14	Kaution	81
Art. 15	Dauer und Umfang der Bewilligung	89
Art. 16	Entzug	92
Art. 17	Auskunftspflicht	99
2. Abschnitt:	*Verleihtätigkeit*	103
Art. 18	Besondere Pflichten des Verleihers	103
Art. 19	Arbeitsvertrag	109

Inhaltsübersicht

		Seite
Art. 20	Allgemein verbindliche Gesamtarbeitsverträge	123
Art. 21	Ausländische Arbeitnehmer in der Schweiz	131
Art. 22	Verleihvertrag	134
4. Kapitel:	**Öffentliche Arbeitsvermittlung**	141
Art. 24	Aufgaben	141
Art. 25	Auslandsvermittlung	145
Art. 26	Vermittlungspflicht und Unparteilichkeit	149
Art. 27	Unentgeltlichkeit	153
Art. 28	Besondere Massnahmen zur Bekämpfung der Arbeitslosigkeit	155
Art. 29	Meldepflicht der Arbeitgeber bei Entlassungen und Betriebsschliessungen	158
5. Kapitel:	**Auswanderungspropaganda für Erwerbstätige**	161
Art. 30		161
6. Kapitel:	**Behörden**	164
Art. 31	Eidgenössische Arbeitsmarktbehörde	164
Art. 32	Kantone	170
Art. 33	Zusammenarbeit	172
Art. 33a	Bearbeitung von Personendaten	178
Art. 34	Schweigepflicht	185
Art. 34a	Datenbekanntgabe	188
Art. 34b	Akteneinsicht	198
Art. 35	Informationssystem	204
Art. 35a	Interinstitutionelle Zusammenarbeit und Zusammenarbeit mit privaten Arbeitsvermittlern	225
Art. 35b	Verzeichnis der bewilligten privaten Vermittlungs- und Verleihbetriebe	232
Art. 36	Arbeitsmarktbeobachtung	235
Art. 37	Kommission für Wirtschaftspolitik	241
7. Kapitel:	**Rechtsschutz**	244
Art. 38		244
8. Kapitel:	**Strafbestimmungen**	247
Art. 39		247

Inhaltsübersicht

Seite

9. Kapitel:	Schlussbestimmungen	260
Art. 40	Vollzug	260
Art. 41	Ausführungsbestimmungen	261
Art. 42	Änderung und Aufhebung bisherigen Rechts	263
Art. 44	Referendum und Inkrafttreten	265
Anhang 1:	Arbeitsvermittlungsverordnung, AVV	269
Anhang 2:	Gebührenverordnung AVG, GebV-AVG	293
Anhang 3:	Bundesratsbeschluss über die Allgemeinverbindlicherklärung des Gesamtarbeitsvertrages für den Personalverleih	297
Anhang 4:	AVAM-Verordnung	313
Anhang 5:	LAMDA-Verordnung	321
Anhang 6:	Verordnung über die Kommission für Wirtschaftspolitik	325
Sachregister		327

XI

Abkürzungsverzeichnis

a	alt, frühere Fassung des betreffenden Gesetzes
a.A.	anderer Ansicht
aAVG	Bundesgesetz über die Arbeitsvermittlung vom 22. Juni 1951 (SR 823.11), aufgehoben
Abs.	Absatz
AG	Aktiengesellschaft (en)
AGB	Allgemeine Geschäftsbedingungen
AJP	Aktuelle Juristische Praxis, Zürich/St.Gallen
ALIS	Informationssystem der Arbeitslosenversicherung
ALV	Arbeitslosenversicherung
a.M.	anderer Meinung
AmtlBull	Amtliches Bulletin der Bundesversammlung
AmtlBull NR	Amtliches Bulletin des Nationalrats
AmtlBull SR	Amtliches Bulletin des Ständerats
ANAG	Bundesgesetz über Aufenthalt und Niederlassung der Ausländer vom 26. März 1931 (SR 142.20), aufgehoben und ersetzt durch das Bundesgesetz über die Ausländerinnen und Ausländer (AuG)
AR	Kanton Appenzell Ausserrhoden
ArbR	Mitteilungen des Schweizerischen Instituts für Arbeitsrecht, Bern, jährlich erscheinend
ArG	Bundesgesetz über die Arbeit in Industrie, Gewerbe und Handel vom 13. März 1964 (SR 822.11)
Art.	Artikel
ARV	Arbeitsrecht, Zeitschrift für Arbeitsrecht und Arbeitslosenversicherung, Zürich
AS	Amtliche Sammlung des Bundesrechts
ASAL	Auszahlungssystem der Arbeitslosenkasse
ATSG	Bundesgesetz über den Allgemeinen Teil des Sozialversicherungsrechts vom 6. Oktober 2000(SR 830.1)
Aufl.	Auflage
AuG	Bundesgesetz über die Ausländerinnen und Ausländer vom 16. Dezember 2005 (SR 142.20)
AVAM	Arbeitsvermittlung und die Arbeitsmarktstatistik
AVAM-Vo	Verordnung über das Informationssystem für die Arbeitsvermittlung und die Arbeitsmarktstatistik vom 1. November 2006 (SR 823.114)
AVG	Bundesgesetz über die Arbeitsvermittlung und den Personalverleih vom 6. Oktober 1989 (SR 823.11)
AVIG	Bundesgesetz über die obligatorische Arbeitslosenversicherung und die Insolvenzentschädigung vom 25. Juni 1982 (SR 837.0)
AVIV	Verordnung über die obligatorische Arbeitslosenversicherung und die Insolvenzentschädigung vom 31. August 1983 (SR 837.02)

XIII

Abkürzungsverzeichnis

AVV	Verordnung über die Arbeitsvermittlung und den Personalverleih vom 16. Januar 1991 (SR 823.11)
BAWI	Bundesamt für Aussenwirtschaft
BB	Bundesbeschluss
BBl	Bundesblatt
Bd.	Band
BFM	Bundesamt für Migration
BFS	Bundesamt für Statistik
BGA	Bundesgesetz über die Archivierung vom 26. Juni 1998 (SR 152.1)
BGAA	Bundesgesetz über den Geschäftsbetrieb von Auswanderungsagenturen vom 22. März 1888 (SR 935.31)
BGE	Entscheidungen des Schweizerischen Bundesgerichts
BGG	Bundesgesetz über das Bundesgericht vom 17. Juni 2005 (SR 173.110)
BGer	Bundesgericht
BIGA	Bundesamt für Industrie, Gewerbe und Arbeit
BK	Berner Kommentar zum Obligationenrecht
BR	Bundesrat
BS	Bereinigte Sammlung der Bundesgesetze und Verordnungen 1848–1947
BRB	Bundesratsbeschluss
betr.	betreffend
BSK	Basler Kommentar, Kommentarreihe, Basel
Bsp.	Beispiel
bspw.	beispielsweise
Bst.	Bestimmung
BstatG	Bundesstatistikgesetz vom 9. Oktober 1992 (SR 431.01)
BUR	Betriebs- und Unternehmensregister des BFS
BV	Bundesverfassung der Schweizerischen Eidgenossenschaft vom 18. April 1999 (SR 101)
BWA	Bundesamt für Wirtschaft und Arbeit
bzw.	beziehungsweise
CHF	Schweizer Franken
CO	Code des obligations (s. OR)
d.h.	das heisst
Diss.	Dissertation
DSG	Bundesgesetz über den Datenschutz vom 19. Juni 1992 (SR 235.1)
E.	Erwägung
EDA	Eidgenössisches Departement für auswärtige Angelegenheiten
EDÖB	Eidgenössischer Datenschutz- und Öffentlichkeitsbeauftragter
EDSB	Eidgenössischer Datenschutzbeauftragter
EDV	elektrische Datenverarbeitung
EFTA	Europäische Freihandelsassoziation
EFZ	Eidgenössisches Fähigkeitszeugnis
EG	Europäische Gemeinschaft
etc.	et cetera
EU	Europäische Union
EURES	European Employment Services

Abkürzungsverzeichnis

EVD	Eidgenössisches Volkswirtschaftsdepartement
EVGer	Eidgenössisches Versicherungsgericht
EWR	Europäischer Wirtschaftsraum
f./ff.	folgende/fortfolgende
FN	Fussnote
FZA	Abkommen zwischen der Schweizerischen Eidgenossenschaft einerseits und der Europäischen Gemeinschaft und ihren Mitgliedstaaten andererseits über die Freizügigkeit (SR 0.142.112.681)
GATT	Allgemeine Zoll- und Handelsabkommen vom 30. Oktober 1947 (SR 0.632.21)
GAV	Gesamtarbeitsvertrag/Gesamtarbeitsverträge
GAV PV	Gesamtarbeitsvertrag für den Personalverleih (vgl. Anhang 3)
GebV-AVG	Verordnung über Gebühren, Provisionen und Kautionen im Bereich des Arbeitsvermittlungsgesetzes vom 16. Januar 1991 (SR 823.113)
gem.	gemäss
gl.A	gleicher Ansicht
GlG	Bundesgesetz über die Gleichstellung von Frau und Mann vom 24. März 1995 (SR 151.1)
GmbH	Gesellschaft(en) mit beschränkter Haftung
Hrsg.	Herausgeber
HS	Halbsatz
HWV	Höhere Wirtschafts- und Verwaltungsschule
IAO	Internationale Arbeitsorganisation
i.d.S.	in diesem Sinne
insbes.	insbesondere
i.S.v.	im Sinne von
IV	Invalidenversicherung
IVG	Bundesgesetz über die Invalidenversicherung vom 19. Juni 1959 (SR 831.20)
IVV	Verordnung über die Invalidenversicherung vom 17. Januar 1961 (SR 831.201)
i.V.m.	in Verbindung mit
JAAC	Jurisprudence des autorités administrative de la Confédération
JAR	Jahresbuch des Schweizerischen Arbeitsrechts, Bern
KIGA	Kantonales Amt für Industrie, Gewerbe und Arbeit
LAMDA-Vo	Verordnung über das Informationssystem des SECO für die Analyse von Arbeitsmarktdaten vom 7. Juni 2004 (SR 837.063.2)
LES	Loi fédérale sur le service de l'emploi et la location de services (s. AVG)
lit.	litera (= Buchstabe)
LS	Zürcher Gesetzessammlung
m.w.Verw.	mit weiteren Verweisen
N	Note(n)
NAV	Normalarbeitsvertrag/Normalarbeitsverträge
Nr.	Nummer
o.ä.	oder ähnlich
OG	Bundesgesetz über die Organisation der Bundesrechtspflege vom 16. Dezember 1943, aufgehoben

Abkürzungsverzeichnis

OR	Bundesgesetz betreffend die Ergänzung des Schweizerischen Zivilgesetzbuches (Fünfter Teil: Obligationenrecht) vom 30. März 1911 (SR 220)
OV-EDI	Organisationsverordnung für das Eidgenössische Departement des Innern vom 28. Juni 2000 (SR 172.212.1)
OV-WBF	Organisationsverordnung für das Eidgenössische Departement für Wirtschaft, Bildung und Forschung vom 14. Juni 1999 (SR 172.216.1)
Pra	Die Praxis, Basel
PublV	Verordnung über die Sammlungen des Bundesrechts und das Bundesblatt vom 17. November 2004 (SR 170.512.1)
PV	Personalverleih
RAV	regionale Arbeitsvermittlungszentren
resp.	respektive
rev.	revidiert
RK	Kommission für Rechtsfragen
RN	Randnote/Randnummer
RVOG	Regierungs- und Verwaltungsorganisationsgesetz vom 21. März 1997 (SR 172.010)
RVOV	Regierungs- und Verwaltungsorganisationsverordnung vom 25. November 1998 (SR 172.010)
Rz	Randziffer
S.	Seite
s.	siehe
s.o.	siehe oben
s.u.	siehe unten
SchKG	Bundesgesetz über Schuldbetreibung und Konkurs vom 11. April 1889 (SR 281.1)
SECO	Staatssekretariat für Wirtschaft
SFM	Schweizerische Fach- und Vermittlungsstelle für Musikerinnen und Musiker
sog.	sogenannt/e
SPKA	Schweizerische Paritätische Berufskommission Arbeitsverleih
SR	Systematische Rechtssammlung des Bundes
StGB	Schweizerisches Strafgesetzbuch vom 21. Dezember 1937 (SR 311.0)
StPO	Schweizerische Strafprozessordnung vom 5. Oktober 2007 (SR 312.0)
SUVA	Schweizerische Unfallversicherungsanstalt
SVG	Strassenverkehrsgesetz vom 19. Dezember 1958 (SR 741.01)
SVP	Schweizerische Volkspartei
SzS	Schriften zum Sozialversicherungsrecht, Zürich
u.a.	unter anderem
u.U.	unter Umständen
u.v.a.	und viele andere
UID	Unternehmens-Identifikationsnummer
UWG	Bundesgesetz gegen den unlauteren Wettbewerb vom 19. Dezember 1986 (SR 241)
VDSG	Verordnung zum Bundesgesetz über den Datenschutz vom 14. Juni 1993 (SR 235.11)

Abkürzungsverzeichnis

VGG	Bundesgesetz über das Bundesverwaltungsgericht vom 17. Juni 2005 (SR 173.32)
vgl.	vergleiche
Vo	Verordnung
VOG RR	Verordnung über die Organisation des Regierungsrates und der kantonalen Verwaltung vom 18. Juli 2007 des Kantons Zürich (LS 172.11)
VPB	Verwaltungspraxis der Bundesbehörden
VPDS	Verband der Personaldienstleiter der Schweiz
VRG	Verwaltungsrechtspflegegesetz des Kantons Zürich vom 24. Mai 1959 (LS 175.2)
VStrR	Bundesgesetz über das Verwaltungsstrafrecht vom 22. März 1974 (SR 313.0)
VwVG	Bundesgesetz über das Verwaltungsverfahren vom 20. Dezember 1968 (SR 172.021)
VZAE	Verordnung über Zulassung, Aufenthalt und Erwerbstätigkeit vom 24. Oktober 2007 (SR 142.201)
WBF	Departement für Wirtschaft, Bildung und Forschung
ZAZ	System der Zentralen Ausgleichskasse
z.B.	zum Beispiel
ZBJV	Zeitschrift des Bernischen Juristenvereins
ZBl	Schweizerisches Zentralblatt für Staats- und Verwaltungsrecht, Zürich
ZGB	Schweizerisches Zivilgesetzbuch vom 10. Dezember 1907 (SR 210)
ZH	Kanton Zürich
Ziff.	Ziffer(n)
ZK	Zürcher Kommentar, Kommentarreihe, Zürich

Literaturverzeichnis zum Arbeitsvermittlungsrecht

Die Literatur zum Arbeitsvermittlungsgesetz wird nach dem Autor zitiert. Die folgende Liste soll dem interessierten Leser einen breiten Überblick über die arbeitsvermittlungsrechtliche Literatur bieten. Weitere Literaturangaben finden sich in den entsprechenden Gesetzesbestimmungen.

AUBERT GABRIEL, Art. 319–362 CO, in: Thévenoz Luc/Werro Franz (Hrsg.), Commentaire Romand, Code des obligations I, 2. Aufl., Basel 2012;

BACHMANN ROLAND, Verdeckter Personalverleih: Aspekte zur rechtlichen Ausgestaltung, zur Bewilligungspflicht, zum Konzernverleih und zum Verleih mit Auslandsberührung, in: ArbR 2010, S. 53 ff.;

BACHMANN ROLAND, Besprechung von BGE 129 III 124, I. Zivilabteilung, Urteil vom 7. Januar 2003 (4C.327/2002), in: ARV 2004, S. 14 ff. (zit.: BACHMANN ARV);

BELSER EVA MARIA, 3. Kapitel: Verfassungsrechtlicher Rahmen, § 6 Der grundrechtliche Rahmen des Datenschutzes, in: Belser Eva Maria/Epiney Astrid/ Waldmann Bernhard (Hrsg.), Datenschutzrecht, Grundlangen und öffentliches Recht, Bern 2011, S. 319 ff.;

BELSER EVA MARIA/NOURIDDINE HUSSEIN, 4. Kapitel: Datenschutzgesetzgebung im Überblick, § 7 Die Datenschutzgesetzgebung des Bundes, in: Belser, Eva Maria/Epiney Astrid/Waldmann Bernhard (Hrsg.), Datenschutzrecht, Grundlangen und öffentliches Recht, Bern 2011, S. 412 ff.;

BELSER URS, Art. 3, 11 DSG, in: Maurer-Lambrou Urs/Vogt Nedim Peter (Hrsg.), Basler Kommentar, Datenschutzgesetz, 2. Aufl., Basel/Genf/ München 2006;

BEYELER MARTIN, Personalverleih oder Informatikdienstleistung, in: Baurecht 2011, S. 224 ff.;

BRÜHWILER JÜRG, Auswirkungen des Bundesgesetzes über die Arbeitsvermittlung und den Personalverleih vom 6. Oktober 1989 (AVG) auf den temporären Arbeitsvertrag, in: SJZ 1991, S. 221 ff.;

CARRUZZO PHILIPPE, Le contrat individuel de travail, Commentaire des articles 319 à 341 du Code des obligations, Zürich/Basel/Genf 2009;

DAVID LUCAS/REUTTER MARK A., Schweizerisches Werberecht, 2. Aufl., Zürich 2001;

Literaturverzeichnis

DRECHSLER CHRISTIAN, Personalverleih: unscharfe Grenzen, in: AJP 2010, S. 314 ff.;

ENGLER HERMANN, 10 Jahre regionale Arbeitsvermittlungszentren (RAV), ... und weiter auf Erfolgskurs, Oberentfelden 2005;

EPINEY ASTRID, 5. Kapitel: Datenschutzrechtliche Grundsätze und Garantien, § 9 Allgemeine Grundsätze, in: Belser Eva Maria/Epiney Astrid/Waldmann Bernhard (Hrsg.), Datenschutzrecht, Grundlangen und öffentliches Recht, Bern 2011, S. 510 ff.;

EPINEY ASTRID/FASNACHT TOBIAS, 5. Kapitel: Datenschutzrechtliche Grundsätze und Garantien, § 10 Besondere Grundsätze, in: Belser Eva Maria/Epiney Astrid/Waldmann Bernhard (Hrsg.), Datenschutzrecht, Grundlangen und öffentliches Recht, Bern 2011, S. 559 ff.;

FISCHER LUKAS, Zur Haftungsbegründung im Temporärarbeitsverhältnis, in: Jusletter vom 30. September 2013;

FLÜTSCH JÜRG, Personalverleih und Datenschutz, in: ARV 2002, S. 197 ff.;

GRAMIGNA RALPH/MAURER-LAMBROU URS, Art. 8–10 DSG, in: Maurer-Lambrou Urs/Vogt Nedim Peter (Hrsg.), Basler Kommentar, Datenschutzgesetz, 2. Aufl., Basel/Genf/München 2006;

HÄFELIN ULRICH/HALLER WALTER/KELLER HELEN, Schweizerisches Bundesstaatsrecht, 8. Aufl., Zürich/Basel/Genf 2012;

HÄFELIN ULRICH/MÜLLER GEORG/UHLMANN FELIX, Allgemeines Verwaltungsrecht, 6. Aufl., Zürich/St. Gallen 2010;

HARDER WOLFGANG S., Abgestufter Beschäftigungsschutz für Freie Mitarbeiter, in: AJP 2001, S. 984 ff.;

HAUCK BERND, Kommentar zu Art. 243–247 ZPO, in: Kommentar zur Schweizerischen Zivilprozessordnung, 2. Auflage, Zürich/Basel/Genf 2013;

HEIZ ROMAN, Das Arbeitsverhältnis im Konzern, St. Gallen 2004;

HENSCH ANGELA, Arbeitsrechtliche Fragen der spitalexternen Krankenpflege, in: Pflegerecht 2012, S. 11 ff.;

JÖHRI IVONNE, Art. 3 (lit. c, d, f, h und j), 16–27, 30–33, 36–37 DSG, in: Rosenthal David/Jöhri Yvonne (Hrsg.), Handkommentar zum Datenschutzgesetz, Zürich/Basel/Genf 2008;

JÖHRI YVONNE/STUDER MARCEL, Art. 16–20 DSG, in: Maurer-Lambrou Urs/Vogt Nedim Peter (Hrsg.), Basler Kommentar, Datenschutzgesetz, 2. Aufl., Basel/Genf/München 2006;

KELLER STEFAN, Der flexible Altersrücktritt im Bauhauptgewerbe, Ein Beitrag zur Überwindung der Suche nach dem «richtigen» Rentenalter in der Schweiz, Bern 2008;

KOLLER THOMAS, Die arbeitsrechtliche Rechtsprechung des Bundesgerichts im Jahr 2009, Veröffentlicht in Band 135, in: ZBJV 2011, Bern 2011;

KULL MICHAEL, Die Abgrenzung des einfachen Auftrags zum Personalverleih am Beispiel der hauswirtschaftlichen Tätigkeit, in: AJP 2013, S. 1485 ff.;

LEU AGNES, Die arbeitsmarktlichen Massnahmen im Rahmen der Arbeitslosenversicherung in der Schweiz, in: SzS Bd. 15, Zürich 2006;

LOSADA ROSA MARIA, Art. 39 AuG, in: Caroni Martina/Gächter Thomas/Thurnherr Daniela (Hrsg.), Stämpflis Handkommentar zum Bundesgesetz über Ausländerinnen und Ausländer (AuG), Bern 2010;

LUGINBÜHL MARTIN, Finanzaufsicht des Bundes am Beispiel RAV, Wie regionale Arbeitsvermittlungszentren (RAV) beaufsichtigt werden, in: ST 2004, S. 37 ff.;

MAGG CLINT, Das Spielervermittlerreglement der FIFA, Bern 2012;

MARELLI BRUNO, Arbeitsvermittlung und Stellensuche in der Schweiz, Diss. Basel 1985;

MATILE PIERRE/ZILLA JOSÉ, Travail temporaire, Commentaire pratique des dispositions fédérales sur la location de services (art. 12–39 LES), in: Dunand Jean-Philippe/Mahon Pascal (Hrsg.), Centre d'étude des relations du travail, 2. Aufl., Genf/Zürich/Basel 2010;

MAURER-LAMBROU URS, Art. 1, 2, 4–6, 8–10, 22, 33 DSG, in: Maurer-Lambrou Urs/Vogt Nedim Peter (Hrsg.), Basler Kommentar, Datenschutzgesetz, 2. Aufl., Basel/Genf/München 2006;

MAURER-LAMBROU URS/STEINER ANDREA, Art. 4, 6 DSG, in: Maurer-Lambrou Urs/Vogt Nedim Peter (Hrsg.), Basler Kommentar, Datenschutzgesetz, 2. Aufl., Basel/Genf/München 2006;

MEIER PHILIPPE, Protection des données, Fondements, principes généraux et droit privé, Bern 2011;

MÜLLER PETER ALEXANDER, Rechtliche und technische Probleme bei Telematiksystemen zwischen Bund und Kantonen, in: ZBl 1988, S. 189 ff.;

MÜLLER ROLAND A., ArbG, Kommentar zum Arbeitsgesetz, 7. Aufl., Zürich 2009;

NEF URS CH., Aktuelle Probleme im arbeitsrechtlichen Kündigungsschutz, in: SJZ 1992, S. 97 ff.;

Literaturverzeichnis

NIGGLI MARCEL ALEXANDER/MAEDER STEFAN, Art. 12 StGB, in: Niggli Marcel Alexander/Wiprächtiger Hans (Hrsg.), Basler Kommentar, Strafrecht I, Art. 1–110 StGB und Jugendstrafgesetz, 3. Aufl., Basel 2013;

PÄRLI KURT, Rechtsfragen der Beschäftigung ausländischen Pflegepersonals, in: Pflegerecht 2012, S. 91 ff.;

PHILIPP PETER, Rechtliche Schranken der Vereinsautonomie und der Vertragsfreiheit im Einzelsport, Zürich 2004;

PORTMANN WOLFGANG/STÖCKLI JEAN-FRITZ, Schweizerisches Arbeitsrecht, 3. Aufl., Zürich/St. Gallen 2013;

PORTMANN WOLFGANG/STÖCKLI JEAN-FRITZ, Kollektives Arbeitsrecht – mit einem Anhang zum Öffentlichen Arbeitsrecht, 3. Auflage, Zürich 2013 (zit.: PORTMANN, KOLLEKTIVES ARBEITSRECHT);

RAMPINI CORRADO, Art. 12–15 DSG, in: Maurer-Lambrou Urs/Vogt Nedim Peter (Hrsg.), Basler Kommentar, Datenschutzgesetz, 2. Aufl., Basel/Genf/ München 2006;

REHBINDER MANFRED, Arbeitsvermittlungsgesetz (AVG), Zürich 1992;

REHBINDER MANFRED, Kommentar zu Art. 331–355 OR, in: BK Bd. VI/2, Bern 1992 (zit.: REHBINDER, KOMMENTAR);

REHBINDER MANFRED/STÖCKLI JEAN-FRITZ, Berner Kommentar zum schweizerischen Privatrecht, Band VI Obligationenrecht, 2. Abteilung Die einzelnen Vertragsverhältnisse, 2. Teilband Der Arbeitsvertrag, Art. 319–362 OR, 1. Abschnitt Einleitung und Kommentar zu den Art. 319–330b OR, Bern 2010;

RIEMER-KAFKA GABRIELA, Innovationskraft der GAV für die Gleichstellung und die soziale Sicherheit, in: ARV 2012 S. 110 ff.;

RIEMER-KAFKA GABRIELA/ELISCHA KRENGER NICOLE, Arbeitsrecht, Kommentierte Tafeln, Bern 2013;

RITTER ANDREAS, Das revidierte Arbeitsvermittlungsgesetz und dessen Auswirkungen auf die betroffenen Wirtschaftszweige, Diss. Zürich 1994;

RITTER ANDREAS, Gesetzgebung, Arbeitsvermittlungsgesetz, in: JAR 1991, S. 60 ff. (zit.: RITTER, JAR);

ROSENTHAL DAVID, Art. 1, 3 (lit. a, b, e, g und i), 4–15, 28–29, 34–35, 38–39 DSG, in: Rosenthal David/Jöhri Yvonne (Hrsg.), Handkommentar zum Datenschutzgesetz, Zürich/Basel/Genf 2008;

RUBIN BORIS, Assurance-chômage, Droit fédéral, Survol des mesures cantonales, Procédure, 2. Aufl., Zürich 2006;

SCHMID ERNST F., Art. 46–55 SchKG, in Staehelin Adrian/Bauer Thomas/Staehelin Daniel (Hrsg.), BSK zum Bundesgesetz über Schuldbetreibung und Konkurs I, 2. Aufl., Basel 2010;

SCHWEIZERISCHER VERBAND DER IMMOBILIENWIRTSCHAFT – SVIT (Hrsg.), Maklerrecht in der Immobilienwirtschaft, Zürich 2005;

SENTI CHRISTOPH, Auftrag oder Personalverleih?, Rechtliche Gratwanderung mit drastischen Folgen, in: AJP 2013, S. 356 ff.;

SENTI CHRISTOPH, Untypischer Personalverleih, in: AJP 2008, S. 1498 ff. (zit.: SENTI, UNTYPISCHER PERSONALVERLEIH);

STAEHELIN ADRIAN, Der Arbeitsvertrag, Art. 319–330a OR, in: Kommentar Schweizerisches Privatrecht, Teilband V2c, 4. Auflage, Zürich/Basel/Genf 2006;

STECK DANIEL, Zweiter Abschnitt: Verfahren, Art. 443–450g ZGB, in: Büchler Andrea/Häfeli Christoph/Leuba Audrey/Stettler Martin (Hrsg.), Erwachsenenschutz, Bern 2013;

STÖCKLI HUBERT, «Ménage à trois» bei der Temporärarbeit, in: recht 2010, S. 137 ff.;

STÖCKLI HUBERT, Das Synallagma im Vertragsrecht, Begründung – Abwicklung – Störung, Zürich 2008 (zit.: STÖCKLI, DAS SYNALLAGMA IM VERTRAGSRECHT);

STREIFF ULLIN/VON KAENEL ADRIAN/RUDOLPH ROGER, Arbeitsvertrag, Praxiskommentar zu Art. 319–362 OR, 7. Aufl., Zürich 2012;

THEURILLAT LANGENEGGER ISABELLE, Personalverleih aus dem Ausland, in: ArbR 2008, S. 109 ff.;

THÉVENOZ LUC, La location de services dans le bâtiment, in: Baurecht 1994, S. 68 ff.;

TRIPONEZ PIERRE, Die Arbeitsvermittlung, Referat an der Konferenz der kantonalen Volkswirtschaftsdirektoren, Bern 1981;

UEBERSCHLAG JAKOB, Die Anstellungsdiskriminierung aufgrund des Geschlechts im privatrechtlichen Arbeitsverhältnis (Art. 3 Abs. 2 GlG) – Unter besonderer Berücksichtigung des europäischen Rechts, in: Luzerner Beiträge zur Rechtswissenschaft (LBR), Band/Nr. 44, Zürich 2009;

VISCHER FRANK, Der Arbeitsvertrag, 3. Aufl., Basel 2005;

WALDMANN BERNHARD/BICKEL JÜRG, 6. Kapitel: Datenbearbeitung durch öffentliche Organe, § 12 Datenbearbeitung durch Bundesorgane, in: Belser Eva Maria/Epiney Astrid/Waldmann Bernhard (Hrsg.), Datenschutzrecht, Grundlangen und öffentliches Recht, Bern 2011, S. 639 ff..

Materialienverzeichnis

Amtliches Bulletin der Bundesversammlung zum rev. AVG, AmtlBull SR 1988, S. 564 ff. (zit.: BULLETIN REV. AVG);

Änderung des Bundesgesetzes über die Arbeitsvermittlung und den Personalverleih (Arbeitsvermittlungsgesetz, AVG), Änderung vom 23. Juni 2000, AS 2000, S. 2744 ff. (zit.: ÄNDERUNG AVG 2000);

Änderung des Bundesgesetzes über die obligatorische Arbeitslosenversicherung und die Insolvenzentschädigung (Arbeitslosenversicherungsgesetz, AVIG), Änderung vom 22. März 2002, AS 2003, S. 1728 ff. (zit.: ÄNDERUNG AVIG 2002);

Änderung des Bundesgesetzes über die obligatorische Arbeitslosenversicherung und die Insolvenzentschädigung (Arbeitslosenversicherungsgesetz, AVIG), Änderung vom 19. März 2010, AS 2011, S. 1167 ff. (zit.: ÄNDERUNG AVIG 2010);

Änderung der Verordnung über die Arbeitsvermittlung und den Personalverleih (Arbeitsvermittlungsverordnung, AVV), Änderung vom 20. Oktober 1999, AS 1999, S. 2711 ff. (zit.: ÄNDERUNG AVV 1999);

Änderung der Verordnung über die Arbeitsvermittlung und den Personalverleih (Arbeitsvermittlungsverordnung, AVV), Änderung vom 22. November 2000, AS 2000, S. 2903 ff. (zit.: ÄNDERUNG AVV 2000);

Änderung der Verordnung über die Arbeitsvermittlung und den Personalverleih, (Arbeitsvermittlungsverordnung, AVV), Änderung vom 9. Dezember 2005, AS 2006, S. 5 f. (zit.: ÄNDERUNG AVV 2005);

Änderung der Arbeitsvermittlungsverordnung (AVV) und der Gebührenverordnung AVG (GebV-AVG), Erläuterungen zu den einzelnen Bestimmungen des SECO vom 23. Oktober 2013 (zit.: ERLÄUTERUNGEN ÄNDERUNG AVV 2013)

Änderung des Regierungs- und Verwaltungsorganisationsgesetz (RVOG), Neuordnung der ausserparlamentarischen Kommissionen, Änderung vom 20. März 2008, AS 2008, S. 5941 ff. (zit.: ÄNDERUNG RVOG);

Änderung des Schweizerischen Zivilgesetzbuches (Erwachsenenschutz, Personenrecht und Kindesrecht), Änderung vom 19. Dezember 2008, AS 2011, S. 725 ff. (zit.: ÄNDERUNG ZGB 2008);

Botschaft über die Anpassung und Harmonisierung der gesetzlichen Grundlagen für die Bearbeitung von Personendaten in den Sozialversicherungen vom 24. November 1999, BBl 2000, S. 255 ff. (zit.: BOTSCHAFT PERSONENDATEN IN DEN SOZIALVERSICHERUNGEN);

Botschaft zur Änderung des Arbeitslosenversicherungsgesetzes vom 3. September 2008, BBl 2008, S. 7733 ff. (zit.: BOTSCHAFT AVIG 2008);

Materialienverzeichnis

Botschaft zur Änderung des Schweizerischen Zivilgesetzbuches (Erwachsenenschutz, Personenrecht und Kindesrecht) vom 28. Juni 2006, BBl 2006, S. 7001 ff. (zit.: BOTSCHAFT ZGB 2006);

Botschaft zu einem Bundesstatistikgesetz (BStatG) vom 30. Oktober 1991, BBl 1992, S. 373 ff. (zit.: BOTSCHAFT BSTATG);

Botschaft zum Bundesgesetz über den Datenschutz (DSG) vom 23. März 1988, BBl 1988, S. 413 ff. (zit.: BOTSCHAFT DSG);

Botschaft zu einem Bundesgesetz über Konjunkturbeobachtung und Konjunkturerhebungen vom 21. November 1979, BBl 1980, S. 281 ff. (zit.: BOTSCHAFT KONJUNKTURBEOBACHTUNG);

Botschaft zu einem revidierten Bundesgesetz über die Arbeitsvermittlung und den Personalverleih vom 27. November 1985, BBl 1985, S. 556 ff. (zit.: BOTSCHAFT REV. AVG);

Botschaft zu einem revidierten Arbeitslosenversicherungsgesetz vom 28. Februar 2001, BBl 2001, S. 2245 ff. (zitiert: BOTSCHAFT AVIG 2001);

Botschaft über die Neuordnung der ausserparlamentarischen Kommissionen (Änderung des Regierungs- und Verwaltungsorganisationsgesetzes und weiterer Erlasse) vom 12. September 2007, BBl 2007, S. 6641 ff. (zit.: BOTSCHAFT NEUORDNUNG);

Botschaft zum Bundesgesetz über die Ausländerinnen und Ausländer vom 8. März 2002, BBl 2002 3709 (zit.: BOTSCHAFT AUG);

Bundesamt für Migration, Rundschreiben vom 29. April 2013 (EU-8), Bern 2013 (zit.: RUNDSCHREIBEN EU-8);

Bundesamt für Migration, Rundschreiben vom 22. Mai 2013 (EU-17), Bern 2013 (zit.: RUNDSCHREIBEN EU-17);

EDÖB, Eidgenössischer Datenschutz- und Öffentlichkeitsbeauftragter, Leitfaden für die Bearbeitung von Personendaten im Arbeitsbereich, Bearbeitung durch private Personen, Bern 2011 (zit.: LEITFADEN EDÖB DATENBEARBEITUNG);

EDÖB, Eidgenössischer Datenschutz- und Öffentlichkeitsbeauftragter, Leitfaden über technische und organisatorische Massnahmen, Bern 2011 (zit.: LEITFADEN EDÖB MASSNAHMEN);

EDÖB, Eidgenössischer Datenschutz- und Öffentlichkeitsbeauftragter, Sensible Personendaten über Arbeitslose im Internet, Medieninformation vom 29. September 1997 (zitiert: MEDIENINFORMATION EDÖB SENSIBLE DATEN);

EDÖB, Eidgenössischer Datenschutz- und Öffentlichkeitsbeauftragter, 14. Tätigkeitsbericht 2006/2007 zuhanden des Bundesrates, Bern 2004 (zit.: TÄTIGKEITSBERICHT EDÖB 2006/2007);

Materialienverzeichnis

EDÖB, Eidgenössischer Datenschutz- und Öffentlichkeitsbeauftragter, 19. Tätigkeitsbericht 2011/2012 zuhanden des Bundesrates, Bern 2012 (zit.: TÄTIGKEITSBERICHT EDÖB 2011/2012);

EDÖB, Eidgenössischer Datenschutz- und Öffentlichkeitsbeauftragter, 20. Tätigkeitsbericht 2012/2013 zuhanden des Bundesrates, Bern 2013 (zit.: TÄTIGKEITSBERICHT EDÖB 2012/2013);

EDSB, Eidgenössischer Datenschutzbeauftragter, 5. Tätigkeitsbericht 1997/1998 zuhanden des Bundesrates, Bern 1998 (zit.: TÄTIGKEITSBERICHT EDSB 1997/1998);

EDSB, Eidgenössischer Datenschutzbeauftragter, 6. Tätigkeitsbericht 1998/1999 zuhanden des Bundesrates, Bern 1999 (zit.: TÄTIGKEITSBERICHT EDSB 1998/1999);

Information AVAM, SECO, AVAM für Sozialhilfestellen, Information und Einführung, Bern 2011 (zit.: INFORMATION AVAM 2011);

Nanchen Bericht RK-SR, Parlamentarische Initiative, Schaffung und Anpassung gesetzlicher Grundlagen für Personenregister, Verlängerung der Übergangsfrist im Datenschutzgesetz, Bericht der Kommission für Rechtsfragen des Ständerates vom 30. Januar 1998, BBl 1998, S. 1579 ff. (zit.: NANCHEN-BERICHT RK-SR);

Nanchen Initiative 1983, Parlamentarische Initiative, Amtliches Bulletin der Bundesversammlung, AmtlBull 1983 NR, S. 439 ff. und S. 457 ff. (zit.: NANCHEN-INITIATIVE I);

Nanchen Initiative 1987, Parlamentarische Initiative, Amtliches Bulletin der Bundesversammlung, AmtlBull 1987 NR, S. 215 ff. (zit.: NANCHEN-INITIATIVE II);

Nanchen Stellungnahme BR, Parlamentarische Initiative, Schaffung und Anpassung gesetzlicher Grundlagen für Personenregister, Verlängerung der Übergangsfrist im Datenschutzgesetz, Stellungnahme des Bundesrates zum Bericht vom 30. Januar 1998 der Kommission für Rechtsfragen des Ständerates vom 25. Februar 1998, BBl 1998, S. 1583 ff. (zit.: NANCHEN-STELLUNGNAHME BR);

Revision zum Bundesgesetz über die Arbeitsvermittlung und den Personalverleih (Arbeitsvermittlungsgesetz, AVG) vom 6. Oktober 1989, AS 1991, S. 407 ff. (zitiert: REVISION AVG 1991);

Staatssekretariat für Wirtschaft (SECO), Ein Porträt, Bern 2008 (zit.: PORTRÄT SECO);

Staatssekretariat für Wirtschaft (SECO), Überprüfung der heutigen Situation im Bereich des Personalverleihs, Arbeitsvermittlungsgesetz (AVG) Bericht, Bern 2008 (zit.: BERICHT SECO);

Staatssekretariat für Wirtschaft (SECO), Weisungen und Erläuterungen zum Bundesgesetz über die Arbeitsvermittlung und den Personalverleih vom 6. Oktober 1989 (zit.: WEISUNGEN SECO);

Staatssekretariat für Wirtschaft (SECO), Weisung 2008, Schutz der Persönlichkeit, Präzisierung der Weisungen und Erläuterungen zum AVG (www.treffpunktarbeit.ch/dateien/Private_Arbeitsvermittlung/SchutzPersoenlichkeit.pdf) (zit.: WEISUNGEN SECO 2008/1);

Staatssekretariat für Wirtschaft (SECO), Weisung 2009/2, Die Arbeitszeitenregelung im Arbeitsvertrag und die damit verbundene Lohnzahlungspflicht des Verleihers, Präzisierung der Weisungen und Erläuterungen zum AVG (zit.: WEISUNGEN SECO 2009/2);

Staatssekretariat für Wirtschaft (SECO)/Bundesamt für Migration, Gemeinsame Weisung vom 1. Juli 2008 über die Folgen des Abkommens über den freien Personalverkehr mit der EU und des EFTA-Abkommens auf Vermittlung und Verleih, Bern 2008 (zit.: WEISUNGEN SECO/BFM);

Übereinkommen Nr. 88 vom 9. Juli über die Organisation der Arbeitsmarktverwaltung, SR 0.823.111 (zit.: IAO-ÜBEREINKOMMEN NR. 88);

Vereinbarung SECO-VPDS, Vereinbarung zwischen der Schweizerischen Eidgenossenschaft, vertreten durch das SECO, und dem Verband der Personaldienstleister der Schweiz (VPDS), vom 29. März 2004 (zit.: VEREINBARUNG SECO-VPDS);

Vernehmlassungsentwurf Revision Arbeitsvermittlungsverordnung und Gebührenverordnung des SECO vom 7. Januar 2013 (zit.: VERNEHMLASSUNGSENTWURF AVV 2013).

1. Kapitel: Zweck

Art. 1

Dieses Gesetz bezweckt:
a. die Regelung der privaten Arbeitsvermittlung und des Personalverleihs;
b. die Einrichtung einer öffentlichen Arbeitsvermittlung, die zur Schaffung und Erhaltung eines ausgeglichenen Arbeitsmarktes beiträgt;
c. den Schutz der Arbeitnehmer, welche die private oder die öffentliche Arbeitsvermittlung oder den Personalverleih in Anspruch nehmen.

La présente loi vise à:
a. régir le placement privé de personnel et la location de services;
b. assurer un service public de l'emploi qui contribue à créer et à maintenir un marché du travail équilibré;
c. protéger les travailleurs qui recourent au placement privé, au service public de l'emploi ou à la location de services.

Scopo della presente legge è di:
a. disciplinare il collocamento privato e la fornitura di personale a prestito;
b. assicurare un servizio pubblico di collocamento, che contribuisca a creare e a mantenere un mercato del lavoro equilibrato;
c. proteggere i lavoratori che ricorrono al collocamento privato o pubblico o alla fornitura di personale a prestito.

Inhaltsübersicht	Note	Seite
I. Einleitung	1	1
II. Die Ziele des Arbeitsvermittlungsgesetzes	2	2
1. Reglung der privaten Arbeitsvermittlung und des Personalverleihs (lit. a)	2	2
2. Öffentliche Arbeitsvermittlung (lit. b)	3	2
3. Arbeitnehmerschutz (lit. c)	4	3

I. Einleitung

Der Einleitungsartikel des Arbeitsvermittlungsgesetzes weist keinen normativen Charakter auf, sondern soll lediglich im Rahmen eines Programmartikels als Auslegungshilfe der einzelnen nachfolgenden Bestimmungen dienen. Als grundsätzliche Ziele der gesamten Vorlage nennt die Botschaft den Arbeitneh-

[1]

merschutz, die Gewährleistung der Vorrangstellung der privaten Arbeitsvermittlung, die Erhöhung der Leistungsfähigkeit der öffentlichen Arbeitsvermittlung sowie die Unterbindung der Vermittlung von Schwarzarbeit (BOTSCHAFT REV. AVG, 557). Vom Arbeitsvermittlungsgesetz werden somit alle Institutionen erfasst, welche mit der Arbeitsvermittlung im weitesten Sinne etwas zu tun haben (REHBINDER, 22).

II. Die Ziele des Arbeitsvermittlungsgesetzes

1. Reglung der privaten Arbeitsvermittlung und des Personalverleihs (lit. a)

2 Gemäss der Botschaft soll durch das Arbeitsvermittlungsgesetz die Einordnung und die Reglung der privaten Arbeitsvermittlung und des Personalverleihs im Rahmen der gesamtschweizerischen Arbeitsmarktpolitik und die Beseitigung von bestehenden Missstände erreicht werden (BOTSCHAFT REV. AVG, 595). Vor dem Erlass des Arbeitsvermittlungsgesetzes existierten vor allem im Personalverleih eine grosse Anzahl unseriöser und meist kleiner Firmen, welche beispielsweise in unangemessenen Lokalen (Privatwohnungen, Gaststätten etc.) betrieben wurden, die Arbeitnehmer nicht gegen Krankheit versichert hatten und aufgrund ungerechtfertigter Lohnabzüge, unzulässiger Gerichtsstandklauseln oder allgemeiner Schwarzarbeit negativ auffielen (BOTSCHAFT REV. AVG, 567). Diesen Missständen soll mit dem Arbeitsvermittlungsgesetz einen Riegel vorgeschoben werden. Der Gesetzgeber hatte dabei jedoch nicht eine umfassende Reglementierung der Materie, sondern lediglich die Statuierung gewisser Mindeststandards im Blickfeld (vgl. REHBINDER, 22).

2. Öffentliche Arbeitsvermittlung (lit. b)

3 Aus dem Abkommen Nr. 88 der IAO (SR 0.823.111 – durch die Schweiz 1951 ratifiziert, AS 1952 120) ergibt sich die Pflicht des Staates zur Schaffung einer öffentlichen Arbeitsvermittlung. Gemäss Art. 1 dieses Abkommens hat jede Vertragspartei eine öffentliche, unentgeltliche Arbeitsmarktverwaltung zu unterhalten oder für das Bestehen einer solchen Verwaltung zu sorgen. Gemäss dem Inhalt des Abkommens (Art. 6) hat sich die Vermittlung dabei nicht auf das Zusammenführen von Arbeitnehmern und Arbeitgebern zu beschränken, sondern weitere Massnahmen wie Umschulung oder Weiterbildung sollen zusätzlich angeboten werden. Die Botschaft nennt in diesem Zusammenhang die gezielte, fachkundige Beratung und Betreuung sowohl der Stellensuchenden wie auch der Arbeitgeber (BOTSCHAFT REV. AVG, 558). Mit dem Erlass des Bundesgesetzes über die obligatorische Arbeitslosenversicherung und Insolvenzentschädigung am

25. Juni 1982 (AVIG) wurden diese Ziele weitgehend umgesetzt. Da sich die öffentliche Arbeitsvermittlung hauptsächlich an Arbeitslose und an von Arbeitslosigkeit bedrohte Personen richtet und keine branchenspezifische Spezialisierung aufweist, ergeben sich auch keine wesentlichen Überschneidungen zwischen der öffentlichen und der privaten Arbeitsvermittlung, welche dem Primat der privaten Arbeitsvermittlung entgegenstehen würden.

3. Arbeitnehmerschutz (lit. c)

Aus der Konzeption der Arbeitsvermittlung bzw. des Personalverleihs und dem damit einhergehenden Dreiparteienverhältnis resultieren typischerweise besondere Schutzbedürfnisse zugunsten der Arbeitnehmer, welchen durch die Reglementierung im Gesetz Sorge getragen werden sollen. Diese konnte durch die alleinigen Bestimmungen des Obligationenrechtes (welche vornehmlich auf Zweiparteienverhältnisse zugeschnitten sind) bis dahin nicht gewährleistet werden. Die wesentlichen Unterscheidungen zu den normalen Zweiparteienverhältnissen und die damit einhergehende Gefährdungslage bei der Leiharbeit manifestiert sich in folgenden exemplarischen Beispielen (BOTSCHAFT REV. AVG, 568; REHBINDER, 7):

- Die Leiharbeiter müssen die Arbeit in einem Betrieb leisten, gegenüber dem sie über keinen Lohnanspruch verfügen; umgekehrt müssen sie ihren Lohnanspruch gegenüber einem Arbeitgeber geltend machen, in dessen Betrieb sie gar nicht arbeiten. Die Mitarbeiter können ihre Mitarbeiterrechte somit nur mittelbar und deshalb erschwert durchsetzen, indem sie den Personalverleiher auffordern, auf den Einsatzbetrieb einzuwirken.
- Die Kapitalreserven der Verleihunternehmen stehen meist in einem Missverhältnis zur Zahl der beschäftigten Mitarbeiter. Daraus ergibt sich eine erhebliche Lohngefährdung der einzelnen Mitarbeiter.
- Leiharbeiter unterstehen gegenüber dem Einsatzbetrieb nicht der gemilderten Haftung von Art. 321e OR.
- Gesamtarbeitsverträge der Einsatzbetriebe sind nicht zwingend auf die Leiharbeiter anwendbar.

Diesen verschiedenen Gefährdungslagen soll mit den Reglungen des AVG Rechnung getragen werden. Bei der Personalvermittlung sollen die Stellensuchenden vor allem durch die Festlegung von Höchstansätzen (Art. 9 AVG) vor überhöhten, finanziellen Verpflichtungen geschützt werden (BOTSCHAFT REV. AVG, 587).

Durch die Allgemeinverbindlicherklärung des Gesamtarbeitsvertrages Personalverleih am 13. Dezember 2011 wurde der Schutz der Arbeitnehmer zusätzlich verstärkt (GAV PV). So werden ab der Erreichung einer Lohnsumme der verliehenen Arbeitnehmer von CHF 1 200 000.– pro Kalenderjahr weite Bereiche der Vertragsgestaltung der Parteidisposition entzogen (Art. 2 GAV PV).

2. Kapitel: Private Arbeitsvermittlung

1. Abschnitt: Bewilligung

Art. 2

Bewilligungspflicht

[1] Wer regelmässig und gegen Entgelt im Inland Arbeit vermittelt, indem er Stellensuchende und Arbeitgeber zum Abschluss von Arbeitsverträgen zusammenführt (Vermittler), benötigt eine Betriebsbewilligung des kantonalen Arbeitsamtes.

[2] Eine Betriebsbewilligung benötigt auch, wer Personen für künstlerische und ähnliche Darbietungen vermittelt.

[3] Wer regelmässig Arbeit ins oder aus dem Ausland vermittelt (Auslandsvermittlung), benötigt zusätzlich zur kantonalen Betriebsbewilligung eine Bewilligung des Staatssekretariats für Wirtschaft (SECO).

[4] Als Vermittlung aus dem Ausland gilt ebenfalls die Vermittlung eines Ausländers, der sich in der Schweiz aufhält, aber noch nicht zur Erwerbstätigkeit berechtigt ist.

[5] Zweigniederlassungen, die in einem anderen Kanton liegen als der Hauptsitz, benötigen eine Betriebsbewilligung; liegen sie im gleichen Kanton, so müssen sie dem kantonalen Arbeitsamt gemeldet werden.

Activités soumises à l'autorisation

[1] Quiconque entend exercer en Suisse, régulièrement et contre rémunération, une activité de placeur, qui consiste à mettre employeurs et demandeurs d'emploi en contact afin qu'ils puissent conclure des contrats de travail, doit avoir obtenu une autorisation de l'office cantonal du travail.

[2] Est en outre soumis à autorisation le placement de personnes pour des représentations artistiques ou des manifestations semblables.

[3] Celui qui s'occupe régulièrement de placement de personnel de l'étranger ou à l'étranger (placement intéressant l'étranger) doit avoir obtenu une autorisation du Secrétariat d'Etat à l'économie (SECO) en sus de l'autorisation cantonale.

[4] Est assimilé au placement de personnel de l'étranger le placement d'un étranger qui séjourne en Suisse, mais n'est pas encore autorisé à exercer une activité lucrative.

[5] Si une succursale n'a pas son siège dans le même canton que la maison mère, elle doit avoir obtenu une autorisation; si elle est établie dans le même canton que la maison mère, elle doit être déclarée à l'office cantonal du travail.

Obbligo d'autorizzazione

[1] Chiunque, regolarmente e contro rimunerazione, esercita in Svizzera un'attività di collocamento, istituendo contatti tra datori di lavoro e persone in cerca d'impiego affinché concludano contratti di lavoro (colloca-

tore), deve chiedere un'autorizzazione d'esercizio all'ufficio cantonale del lavoro.

² Deve chiedere l'autorizzazione anche chiunque provvede al collocamento di persone per rappresentazioni artistiche o manifestazioni analoghe.

³ Chiunque si occupa regolarmente del collocamento all'estero o dall'estero (collocamento in relazione con l'estero) deve chiedere, oltre all'autorizzazione cantonale, un'autorizzazione della Segreteria di Stato dell'economia[1] (SECO).

⁴ È considerato collocamento dall'estero anche il collocamento di uno straniero dimorante in Svizzera, ma non ancora autorizzato ad esercitare un'attività lucrativa.

⁵ Per le succursali che hanno la sede in un Cantone diverso da quello della sede principale, dev'essere chiesta un'autorizzazione d'esercizio; se hanno la sede nello stesso Cantone, devono essere annunciate all'ufficio cantonale del lavoro.

Inhaltsübersicht

		Note	Seite
I.	Einleitung	1	5
1.	Voraussetzungen der Inlandvermittlung	3	6
a.	Zusammenführen von Stellensuchenden und Arbeitgebern (Art. 1 AVV)	3	6
b.	Regelmässigkeit (Art. 2 AVV)	7	7
c.	Entgelt (Art. 3 AVV)	10	7
d.	Arbeitsvertrag	11	8
e.	Künstlerische und ähnliche Darbietungen (Abs. 2)	12	8
f.	Ausnahmen (Art. 6 AVV)	14	9
2.	Auslandvermittlung (Abs. 3 und 4)	15	9
a.	Definition	15	9
b.	Rechtsfolgen der Auslandvermittlung	17	10
3.	Bewilligungspflicht von Zweigniederlassungen (Abs. 5 und Art. 7 AVV)	18	10

I. Einleitung

Art. 2 AVG definiert die Voraussetzungen, unter welchen eine Bewilligung für die Arbeitsvermittlung eingeholt werden muss. Dabei ist zwischen der Inlandvermittlung, der Auslandvermittlung und besonderen Konstellationen bei Vorliegen von Zweigniederlassungen zu unterscheiden. Zu beachten bleibt, dass auch bei nicht bewilligungspflichtiger Arbeitsvermittlung Art. 7 bis Art. 10 AVG sowie Art. 17, 19, 20, 21, 22 und 23 der Arbeitsvermittlungsverordnung (AVV) zur Anwendung gelangen (WEISUNGEN SECO, 39).

1

2   Gemäss Art. 2 Abs. 1 AVG definiert die bewilligungspflichtige private Arbeitsvermittlung mit der *regelmässigen Vermittlung von Arbeit im Inland gegen Entgelt*. Die Vermittlung wird dabei als die Zusammenführung von Stellensuchenden und Arbeitgebern zum Abschluss von Arbeitsverträgen bzw. künstlerischen oder ähnlichen Darbietungen definiert (Art. 2 Abs. 2 AVG).

1. Voraussetzungen der Inlandvermittlung

a. Zusammenführen von Stellensuchenden und Arbeitgebern (Art. 1 AVV)

3   Die Definition des Zusammenführens richtet sich nach den Voraussetzungen des Mäklervertrages (Nachweismäkelei) gemäss Art. 412 ff. OR. Die Zusammenführung im Sinne des AVG ist dann als abgeschlossen zu betrachten, sobald die eine Partei darauf hingewiesen wurde, dass sie mit der anderen Partei einen Arbeitsvertrag abschliessen könnte. Ob der Vertrag anschliessend effektiv geschlossen wird oder nicht, ist für die Anwendbarkeit des AVG bedeutungslos, sondern bildet lediglich Voraussetzung für den Provisionsanspruch des Vermittlers (Art. 9 Abs. 2 AVG).

4   «Zusammenführen» bedeutet das finale Handeln, mit welchem einer Partei die Information übermittelt wird, dass eine andere Partei an einem Vertragsschluss interessiert sei. Dabei muss lediglich der Kontakt hergestellt werden können, womit bereits die Übermittlung einer E-Mail-Adresse oder einer Telefonnummer einer interessierten Partei an die andere Partei genügt. Dieser Tatbestand kann auch durch einen automatischen Austausch von Kontakten zwischen interessierten Arbeitnehmern und -gebern über eine Website erfüllt werden. Entscheidend ist, dass die Kontakte zusammengeführt werden bzw. dass die Gegenseite die jeweiligen Angaben der anderen Partei einsehen kann und den Parteien somit die Möglichkeit der Zusammenfindung verschafft wird (WEISUNGEN SECO, 14). Die Publikation von Inseraten von Arbeitnehmern und Arbeitgebern in einem Medium, welches mit einem journalistischen Hauptteil verbunden ist (Zeitungen, Magazine etc.), fällt jedoch gemäss Art. 1 lit. d AVV nicht unter den Anwendungsbereich des AVG. Der journalistische Hauptteil muss dabei mengenmässig (effektiver Inhalt und nicht Grösse der Abbildung) deutlich überwiegen und den Hauptzweck der Publikation bilden. Andere neben den Vermittlungsanzeigen bestehende Inserate betreffend Liegenschaften, Verkaufsgüter, Fahrzeuge etc. vermögen einen journalistischen Hauptteil nicht zu ersetzen. Bei einem Internetauftritt müssen die Stelleninserate mit dem journalistischen Hauptteil deutlich in Verbindung stehen und keinen eigenständigen Auftritt aufweisen, sofern keine Unterstellung unter das AVG erfolgen soll.

5   In Art. 1a AVV werden die möglichen Medien (Printmedien, Telefon, Fernsehen, Radio, Teletext, Internet, andere geeignete Medien) aufgeführt, über welche Vermittlungshandlungen ausgeführt werden können. Gemäss Art. 1a Abs. 2 AVV

erhalten diejenigen Medien keine Bewilligung, deren Inhalte für die Stellensuchenden nicht zum Voraus einsichtig und bei denen kein direkter Zugriff auf die Stellenangebote möglich sind. Dies soll verhindern, dass die Gebührenverordnung umgangen werden kann und der Stellensuchende beispielsweise vor der Einsicht der Inserate bereits eine Gebühr entrichten muss (WEISUNGEN SECO, 18).

Sofern die Tätigkeit unter Art. 1 AVV fällt, so gilt der Handelnde (bzw. die eine derartige Website betreibende Person) als Vermittler, unabhängig von der Rechtsform, der Bezeichnung oder der Tätigkeit im Haupt- oder Nebenerwerb. Schliesslich ist gemäss Art. 1 lit. e AVV auch die Zuführung von Stellensuchenden an einen Vermittler eingeschlossen, damit es nicht zur Umgehung der Bewilligungspflicht kommen kann, und der Stellensuchende nicht mehrfach Provisionen auszurichten hat. Daraus ergibt sich, dass für Vermittlungsagenturen keine Selbständigen ohne eigene Bewilligung tätig werden können, sondern nur mit Arbeitsverträgen angestellte Personen (WEISUNGEN SECO, 15).

6

b.   Regelmässigkeit (Art. 2 AVV)

Die Definition der Regelmässigkeit setzt sich aus einem qualitativen sowie einem quantitativen Tatbestand zusammen, welche alternativ erfüllt sein müssen.

7

Gemäss Art. 2 lit. a AVV stellt hierbei die *«Bereitschaft..., in einer Mehrzahl von Fällen als Vermittler tätig zu werden»,* ein entscheidendes Kriterium dar. Bei der Bereitschaft handelt es sich somit nicht um die effektive Tätigkeit selbst, sondern um deren Vorbereitungshandlungen, welche sich im Eintrag im Handelsregister und den entsprechenden organisatorischen Vorkehrungen wie bspw. der Veröffentlichung von Werbeinseraten, dem Drucken von Briefpapier oder Visitenkarten manifestiert (WEISUNGEN SECO, 19).

8

In quantitativer Hinsicht sind die Voraussetzungen der Regelmässigkeit gemäss Art. 2 lit. b AVV erfüllt, sofern der Vermittler in den letzten zwölf Monaten in mindestens zehn Fällen aktiv geworden ist. Die gleichzeitige Vermittlung einer Gruppe von Personen ist dabei jedoch nur als ein Fall zu zählen. Wird eine einzelne Person mehrfach vermittelt, so liegen mehrere Vermittlungen vor (WEISUNGEN SECO, 19). Dabei ist jedoch zu beachten, dass auch bei einer Vermittlung von weniger als zehn Fällen aufgrund der Bereitschaft gemäss lit. a eine Regelmässigkeit angenommen werden kann.

9

c.   Entgelt (Art. 3 AVV)

Sobald für die Vermittlung geldwerte Leistungen erbracht werden, ist gemäss Art. 3 AVV das Kriterium der Entgeltlichkeit erfüllt. Unter geldwerten

10

Leistungen sind somit nebst der Geldzahlung auch Naturalleistungen, Schuldübernahmen und alle anderen, einer wirtschaftlichen Bereicherung gleichkommende, Leistungen zu verstehen. Goodwill soll hingegen kein Entgelt im Sinne des AVG darstellen (WEISUNGEN SECO, 19). Dies wohl aufgrund der Überlegung, dass es sich dabei nicht um direkt geldwerte Leistungen handelt. Zur Beurteilung der Entgeltlichkeit ist es ohne Bedeutung, ob die Vergütung vom Stellensuchenden, vom Vermittler oder vom Arbeitgeber entrichtet wird.

d. Arbeitsvertrag

11 Ziel der Vermittlung muss der Abschluss eines Arbeitsvertrages gemäss Art. 319 ff. OR sein. Bei der Auslandvermittlung kann der Arbeitsvertrag auch auf ausländischem Recht basieren, sofern er die Grundvoraussetzungen des Arbeitsvertrages (Subordinationsverhältnis, Weisungsrecht des Arbeitgebers, Dauerschuldverhältnis) in der Schweiz erfüllt.

e. Künstlerische und ähnliche Darbietungen (Abs. 2)

12 Die einzige Ausnahme vom Erfordernis der Qualifikation des vermittelten Vertrages als Arbeitsvertrag bildet Art. 2 Abs. 2 AVG, welcher die Vermittlung von künstlerischen und ähnliche Darbietungen unabhängig von der erwählten Vertragsart ausdrücklich unter den Anwendungsbereich des AVG stellt. Dies rechtfertigt sich nach der Botschaft aus der Schwierigkeit der Qualifikation der in diesem Bereich abgeschlossenen Vertragsverhältnissen (BOTSCHAFT REV. AVG, 588 und 597). Sofern ein Veranstalter durch einen Dritten mit einer Person zusammengeführt wird, die zur Leistung einer künstlerischen oder ähnlichen Darbietung verpflichtet werden soll, fällt diese Tätigkeit unter das AVG, unabhängig davon, ob der Vermittelte mit dem Veranstalter einen Arbeitsvertrag, einen Auftrag oder einen Werkvertrag abschliesst. Unter künstlerische oder ähnliche Darbietungen fallen somit bspw. die Tätigkeit als Musiker, Schauspieler, Tänzer, Discjockey, Fotomodell, Artist, Zauberer und Komiker. Schwierigkeiten ergeben sich im Grenzbereich zwischen künstlerischen und «gewöhnlichen» Dienstleistungen, da eine scharfe Abgrenzung aufgrund des unklaren Kunstbegriffes sich im Einzelfall als diffizil erweisen kann. In derartigen Fällen gilt es abzuwägen, welche Elemente im Einzelfall überwiegen. Indizien für eine künstlerische Tätigkeit können ein grosses Mass der Freiheit in der Ausführung, der unterhaltende Zweck sowie die allgemeine Präsentation der Darbietung darstellen.

13 Die Tätigkeit des Agenten oder des Managers von Künstlern stellt Arbeitsvermittlung gemäss AVG dar, sofern ein Kontakt mit den Veranstaltern hergestellt wird. Die Vermittlung von wissenschaftlichen Darbietungen wie Vorträge oder Autorenlesungen sollen hingegen nicht unter das AVG fallen (WEISUNGEN

SECO, 14). Sofern bei Vorträgen der Unterhaltungscharakter überwiegt, ist dennoch von einer Unterstellung unter das AVG auszugehen.

f. *Ausnahmen (Art. 6 AVV)*

Keiner Bewilligungspflicht unterstehen Bildungsinstitutionen, die ausschliesslich und unentgeltlich ihre Absolventen mit einem qualifizierten Abschluss vermitteln (Art. 6 lit. a AVV) sowie unentgeltlich eigene Arbeitnehmer vermittelnde Arbeitgeber (Art. 6 lit. b AVV). Daraus folgt aber auch, dass die entgeltliche Vermittlung durch Bildungsinstitutionen und Arbeitgeber einer Bewilligung bedürfen. Personalverleiher, welche über eine entsprechende Bewilligung verfügen, brauchen ausserdem nicht zusätzlich noch eine Arbeitsvermittlungsbewilligung. Gemäss der Botschaft sollen zusätzlich auch Betriebspsychologen, Graphologen und weitere Personen, welche für ihre Auftraggeber lediglich die persönlichen und beruflichen Eigenschaften von Bewerbern feststellen, nicht unter das AVG fallen (BOTSCHAFT REV. AVG, 597). 14

2. Auslandvermittlung (Abs. 3 und 4)

a. *Definition*

Unter den Begriff der Auslandvermittlung fallen alle Vermittlungstätigkeiten von Schweizern oder Ausländern mit Auslandbezug, sofern diese eine ausreichende Anknüpfung zur Schweiz aufweisen. Dies kann der Fall sein, wenn ein Ausländer mit Aufenthalt im Ausland an ein ausländisches Unternehmen vermittelt wird, der Arbeitsvermittler jedoch seinen Sitz in der Schweiz hat und entweder mindestens ein Teil der Vermittlungshandlungen in der Schweiz vorgenommen wurden oder für die Verpflichtungen zwischen den Vertragsparteien Schweizer Recht anwendbar ist (WEISUNGEN SECO, 20). Sofern ein Stellensuchender sich in der Schweiz aufhält und an ein Schweizer Unternehmen vermittelt wird, liegt nur dann ein Fall von Auslandvermittlung vor, wenn der Arbeitnehmer ein Ausländer ist, der noch nicht zur Erwerbstätigkeit in der Schweiz berechtigt ist (Art. 2 Abs. 4 AVG). Ausnahmen sind Niedergelassene, die erstmals erwerbstätig werden oder die Vermittlung von Grenzgängern innerhalb der Schweiz, sofern diese bereits früher in der Schweiz tätig waren (WEISUNGEN SECO, 20). 15

Ausländer mit einer L-Bewilligung sind nach Ablauf der Bewilligung bezüglich der Arbeitsvermittlung wie Personen im Ausland zu betrachten, so dass eine anschliessende Weitervermittlung auch unter die Auslandvermittlung zu subsumieren ist. 16

b. Rechtsfolgen der Auslandvermittlung

17 Sofern regelmässige Auslandvermittlung vorliegt, ist neben der kantonalen Bewilligung zusätzlich eine solche des SECO einzuholen. Durch die Auslandvermittlung entstehen damit zusätzliche Anforderungen an den Gesuchsteller (vgl. dazu die Kommentierung zu Art. 3 AVG).

3. Bewilligungspflicht von Zweigniederlassungen (Abs. 5 und Art. 7 AVV)

18 Zweigniederlassungen von Arbeitsvermittlungsbetrieben müssen lediglich dem kantonalen Arbeitsamt gemeldet werden und benötigen nur dann vorgängig eine eigene Bewilligung, sofern sie in einem anderen Kanton als der Hauptsitz liegen (Art. 7 AVV; BOTSCHAFT REV. AVG, 598). Ab dem Zeitpunkt der Meldung kann die Zweigniederlassung im gleichen Kanton wie der Hauptsitz die Tätigkeit aufnehmen, da deren Bewilligung lediglich deklaratorischen Charakter aufweist. Tochtergesellschaften als selbständige juristische Personen benötigen hingegen immer eine eigene Betriebsbewilligung. Blosse Betriebsstätten unterliegen keinen eigenständigen Pflichten und sind lediglich als zusätzliche Geschäftsadressen in der Bewilligung des Hauptsitzes aufzuführen, sofern sie sich im gleichen Kanton wie der Hauptsitz oder einer Zweigniederlassung befinden (WEISUNGEN SECO, 22). Betriebsstätten in einem anderen Kanton sind nicht zulässig.

Art. 3

Voraussetzungen

¹ Die Bewilligung wird erteilt, wenn der Betrieb:
a. im Schweizerischen Handelsregister eingetragen ist;
b. über ein zweckmässiges Geschäftslokal verfügt;
c. kein anderes Gewerbe betreibt, welches die Interessen von Stellensuchenden oder von Arbeitgebern gefährden könnte.

² Die für die Leitung verantwortlichen Personen müssen:
a. Schweizer Bürger oder Ausländer mit Niederlassungsbewilligung sein;
b. für eine fachgerechte Vermittlung Gewähr bieten;
c. einen guten Leumund geniessen.

³ Die Bewilligung zur Auslandsvermittlung wird nur erteilt, wenn die für die Leitung verantwortlichen Personen ausserdem sicherstellen, dass im Betrieb ausreichende Kenntnisse der Verhältnisse in den entsprechenden Staaten vorhanden sind.

⁴ Die Bewilligung für Arbeitsvermittlungsstellen beruflicher und gemeinnütziger Institutionen wird erteilt, wenn die Voraussetzungen der Absätze 1 Buchstabe c, 2 und 3 erfüllt sind.

⁵ Der Bundesrat regelt die Einzelheiten.

Conditions

¹ L'autorisation est accordée lorsque l'entreprise:
a. est inscrite au registre suisse du commerce;
b. dispose d'un local commercial approprié;
c. n'exerce pas d'autre activité professionnelle pouvant nuire aux intérêts des demandeurs d'emploi ou des employeurs.

² Les personnes responsables de la gestion doivent:
a. être de nationalité suisse ou posséder un permis d'établissement;
b. assurer un service de placement satisfaisant aux règles de la profession;
c. jouir d'une bonne réputation.

³ En outre, l'autorisation d'exercer une activité de placement intéressant l'étranger n'est délivrée que si les responsables de la gestion donnent l'assurance que l'entreprise dispose de personnel connaissant suffisamment les conditions régnant dans les pays concernés.

⁴ L'autorisation est délivrée aux bureaux de placement d'organisations professionnelles et d'institutions d'utilité publique lorsque les conditions fixées aux al. 1, let. c, 2 et 3 sont remplies.

⁵ Le Conseil fédéral règle les détails.

Presupposti

¹ L'autorizzazione è rilasciata se l'impresa:
a. è iscritta nel Registro svizzero di commercio;
b. dispone di un locale d'affari adeguato; w
c. non esercita altra attività lucrativa che possa nuocere agli interessi delle persone in cerca d'impiego o dei datori di lavoro.

² Le persone responsabili della gestione devono:
a. avere la nazionalità svizzera o, se stranieri, il permesso di domicilio;
b. assicurare il servizio di collocamento conformemente alle regole della professione;
c. godere di buona reputazione.

³ Per l'autorizzazione di esercitare un'attività di collocamento in relazione con l'estero è inoltre necessario che le persone responsabili della gestione assicurino che l'azienda dispone di conoscenze sufficienti sulle condizioni negli Stati interessati.

⁴ L'autorizzazione per uffici di collocamento di istituzioni professionali e di utilità pubblica è rilasciata se sono adempiuti i presupposti di cui ai capoversi 1 lettera c, 2 e 3.

⁵ Il Consiglio federale disciplina i particolari.

Inhaltsübersicht	Note	Seite
I. Einleitung	1	12
1. Die betrieblichen Voraussetzungen zur Bewilligungserteilung (Abs. 1)	2	13
a. Eintragung ins schweizerische Handelsregister (Abs. 1 lit. a.)	2	13
b. Erfordernis eines zweckmässigen Geschäftslokals (Abs. 1 lit. b.)	4	13
c. Kein gewerblicher Interessenkonflikt (Abs. 1 lit. c.)	5	14
2. Persönliche Voraussetzungen (Abs. 2/Art. 33 AVV)	7	15
a. Staatsbürgerschaft oder Niederlassungsbewilligung (Abs. 2 lit. a.)	8	15
b. Fachkompetenz (Abs. 2 lit. b.)	9	15
c. Leumund (Abs. 2 lit. c.)	12	16
3. Personalverleih ins Ausland (Abs. 3/Art. 34 AVV)	13	16
4. Ausnahmen betreffend berufliche und gemeinnützige Institutionen	14	17
5. Form des Bewilligungsgesuchs/Prüfung des Mustervertrages	15	17
6. Dauer des Gesuchverfahrens	17	18

I. Einleitung

1   Art. 3 AVG ist kongruent mit der Bestimmung von Art. 13 AVG zum Personalverleih, weshalb ergänzend auf die dortigen Ausführungen verwiesen wird. Art. 3 AVG regelt in Verbindung mit den Art. 8–11 AVV die Voraussetzungen zur Erteilung einer Bewilligung zur Arbeitsvermittlung. Der Bundesrat hat mit dem Erlass der AVV seinen Auftrag zur Reglung der Einzelheiten gemäss Art. 3 Abs. 5 AVG wahrgenommen. Zur Erteilung der Bewilligung müssen formale Voraussetzungen seitens des Betriebs (Abs. 1) wie auch seitens der für die Leitung des Betriebs verantwortlichen Personen erfüllt werden (Abs. 2). Für die Auslandvermittlung gelten besondere Anforderungen (Abs. 3), während wiede-

rum für Arbeitsvermittlungsstellen beruflicher und gemeinnütziger Institutionen Erleichterungen vorgesehen sind (Abs. 4).

1. Die betrieblichen Voraussetzungen zur Bewilligungserteilung (Abs. 1)

a.   Eintragung ins schweizerische Handelsregister (Abs. 1 lit. a)

Mit der Eintragungspflicht im Handelsregister soll im Lichte des Arbeitnehmerschutzes (Art. 1 lit. c AVG) sichergestellt werden, dass der Betrieb an einem Sitz in der Schweiz rechtlich belangt werden kann (BOTSCHAFT REV. AVG 599, REHBINDER, 30). Aus der Voraussetzung der Eintragung ins Handelsregister ergibt sich, dass für den Betrieb einer Arbeitsvermittlung die Einzelfirma, die Kollektivgesellschaft, die Kommanditgesellschaft, die Gesellschaft mit beschränkter Haftung, die Aktiengesellschaft, die Kommandit-Aktiengesellschaft, die Genossenschaft, die Stiftung sowie der Verein zur Verfügung stehen, da alle anderen Rechtsformen nicht ins Handelsregister eingetragen werden können.

Aus dem Handelsregistereintrag sind sämtliche relevanten Angaben des Vermittlers (Träger, Zweck, Sitz) öffentlich zugänglich, so dass die Behörden und die Arbeitnehmer schnell und kostengünstig die Ansprechpartner bzw. im Falle eines Prozesses einfach den Gerichtsstand und die korrekte Bezeichnung des Betriebes eruieren können. Der Betrieb ist verpflichtet, die entsprechenden Angaben stets aktuell zu halten. Die im Handelsregister eingetragene Adresse muss jedoch zusätzlich auch mit dem Ort der effektiven Tätigkeitsausübung übereinstimmen. Dies ist insbesondere bei der Aktiengesellschaft zu beachten, bei welcher der Sitz frei bestimmt werden kann. Betriebsstätten können, müssen aber nicht eingetragen werden. Die Vermittlungstätigkeit sollte dem Unternehmenszweck im weiteren Sinne zu entnehmen sein. Die in der Bewilligung als Verantwortlich genannte Person muss aus dem Registereintrag hervorgehen (WEISUNGEN SECO, 24).

b.   Erfordernis eines zweckmässigen Geschäftslokals (Abs. 1 lit. b)

Das Erfordernis des zweckmässigen Geschäftslokals soll gemäss der Botschaft verhindern, dass vertrauliche Gespräche in Wohnräumen, Gaststätten, Verkaufslokalen und dergleichen geführt werden, da dies die Vermittlungstätigkeit erschwere und dem Ansehen der privaten Arbeitsvermittlung schade (BOTSCHAFT REV. AVG, 599). Damit hatte der Gesetzgeber wohl auch den Schutz der Privatsphäre der Arbeitnehmer sowie den Datenschutz im Auge. Obwohl in der Praxis nicht besonders hohe Ansprüche an das Geschäftslokal gestellt werden, hat der Arbeitsvermittler für diese Tätigkeit zumindest abgeschlossene Räume aufzuweisen, so dass der Datenschutz, ein geordneter Betriebsablauf und eine seriöse Geschäftstätigkeit gewährleistet werden kann (WEISUNGEN SECO, 25).

c. *Kein gewerblicher Interessenkonflikt (Abs. 1 lit. c)*

5   Ausgeschlossen ist die Bewilligungserteilung, wenn der Arbeitsvermittler ein anderes Gewerbe betreibt, welches wegen gesundheitlicher, sittlicher oder finanzieller Gefährdung der Kunden nicht mit der Arbeitsvermittlung vereinbar ist. Art. 8 AVV nennt als Beispiele Geschäfte, welche die Stellensuchenden in ihrer Entscheidungsfreiheit beeinträchtigen oder in eine zusätzliche Abhängigkeit zum Vermittler bringen. Dies kann bei – für die Vermittlung erwarteten – Gegenleistungen der Fall sein, wenn beispielsweise nur vermittelt wird, wer vorgängig einen kostenpflichtigen Kurs des Anbieters besucht hat. Zudem ist die Bewilligungserteilung für Vergnügungs- oder Unterhaltungsbetriebe, Heiratsvermittlungsinstitute, Kreditinstitute sowie Personen, die in einem derartigen Betrieb tätig sind, ausgeschlossen. Dabei hatte der Gesetzgeber vor allem auch Eigentümer und Leiter von Cabarets im Blick, welche gleichzeitig eine Vermittlung von Cabaret-Tänzerinnen führen möchten. Die von der Vermittlungstätigkeit ausgeschlossenen Betriebe und Personen dürfen auch nicht in irgendwelcher Weise an vermittelnden Betrieben beteiligt werden, ansonsten die Bewilligung nicht erteilt, bzw. entzogen werden muss (WEISUNGEN SECO, 25). Als Beteiligung im oben erwähnten Sinne haben alle Rechtsgeschäfte zu gelten, die einem Betrieb oder einer Person im Rahmen einer ökonomischen Gesamtbetrachtung sämtlicher bestehenden Rechtsverhältnisse eine Beteiligung bzw. ein Mitbestimmungsrecht am verpönten Gewerbe einräumen. Schliesslich sieht Art. 8 Abs. 3 AVV vor, dass eine Bewilligung nicht erteilt werden kann, sofern der Gesuchsteller Stellensuchende an Personen vermitteln soll, von welchen er nicht unabhängig ist. Die Kann-Vorschrift ermöglicht es den Behörden dennoch, im Einzelfall nach ihrem Ermessen zu entscheiden (ERLÄUTERUNGEN ÄNDERUNG AVV, 2).

6   Ursprünglich war in der Revision der AVV geplant, Personen, die familiär, vertraglich oder durch weitere Beziehungsmerkmale mit einer einen Betrieb gemäss Art. 8 Abs. 2 AVV führenden Personen verbunden sind, von einer Bewilligungserteilung auszuschliessen. Damit sollte verhindert werden, dass über das Vorschieben eines Familienangehörigen oder eines Vertragspartners Art. 8 Abs. 2 AVV ausgehebelt wird (VERNEHMLASSUNGSENTWURF AVV 2013, 3). Diese Formulierung wurde in der definitiven Fassung korrekterweise dahingehend abgeändert, dass nun alleine die Abhängigkeit als massgebliches Kriterium für einen Ausschluss amten soll. Die im Entwurf aufgeführten Kriterien sind zu eng und nicht sachgerecht gewesen und hätten eine Bewilligungserteilung auch in Fällen verunmöglicht, in welche keine Abhängigkeit bestanden hätte. Gleichwohl geben die schliesslich fallengelassenen Revisionsbestrebungen einen Hinweis darauf, welche Kriterien das SECO zukünftig zur Beurteilung der Abhängigkeit beiziehen könnte bzw. dass eine strengere Handhabung Platz greifen könnte.

2. Persönliche Voraussetzungen (Abs. 2/Art. 33 AVV)

Es gilt auch hier, auf den identischen Wortlaut von Art. 13 AVG für den Personalverleih hinzuweisen.

a. Staatsbürgerschaft oder Niederlassungsbewilligung (Abs. 2 lit. a)

In persönlicher Hinsicht müssen die für die Leitung verantwortlichen Personen Schweizer oder Ausländer mit Niederlassungsbewilligung sein. Damit soll die Kontinuität des Vermittlungsbetriebes sichergestellt werden (BOTSCHAFT REV. AVG, 599). Durch das Freizügigkeitsabkommen (Abkommen zwischen der Schweizerischen Eidgenossenschaft einerseits und der Europäischen Gemeinschaft und ihren Mitgliedstaaten andererseits über die Freizügigkeit) und dem darin statuierten Anspruch auf berufliche und geographische Mobilität sowie Gleichbehandlung muss der Nationalitätenvorbehalt gegenüber EU/EFTA-Staatsangehörigen aufgehoben werden (WEISUNGEN SECO, 159). Dabei gilt es zu beachten, dass auch die Aufnahme einer selbständigen Erwerbstätigkeit der Zulassungsbeschränkung von Art. 10 des Abkommens (Vorbehalt des Inländervorranges und der Kontingentierung; der Inländervorrang wird bei selbständig Erwerbstätigen analog interpretiert) unterliegt (vgl. betreffend die betroffen Staaten Art. 10 des Abkommens).

b. Fachkompetenz (Abs. 2 lit. b)

Die Anforderung der Gewährleistung der fachgerechten Vermittlung eröffnet den Behörden einen weiten Ermessensspielraum. Gemäss den Weisungen des SECO müssen die verantwortlichen Personen des entsprechenden Betriebes für die fachgerechte Vermittlungstätigkeit sämtlicher Mitarbeiter Gewähr bieten (WEISUNGEN SECO, 26). Diese Interpretation lässt sich jedoch nicht mit dem Gesetzeswortlaut in Einklang bringen und ist daher abzulehnen. Oft ist ohnehin bei der Beantragung noch unklar, welche Mitarbeiter eingestellt werden sollen, da zuerst die Erteilung der Bewilligung abgewartet wird. Der Vermittler hat nur insofern für seinen Mitarbeiter Gewähr zu leisten, dass ihm nach erteilter Bewilligung ein Fehlverhalten seiner Mitarbeiter angelastet wird, was wiederum im Entzug der Bewilligung gemäss Art. 5 AVG resultieren kann.

Art. 9 AVV konkretisiert die persönlichen Voraussetzungen insbesondere als Abschluss einer mehrjährigen Berufslehre oder einer gleichwertigen Ausbildung mit anerkannter Vermittler- oder Verleihausbildung oder mehrjähriger Berufserfahrung in der Arbeitsvermittlung, im Personalverleih, in der Personal-, Organisations- oder Unternehmensberatung oder im Personalwesen. Als mehrjährig gilt eine Beschäftigungsdauer von mindestens drei Jahren (WEISUNGEN SECO, 27).

Durch die Formulierung «insbesondere» soll den Behörden immer noch ein Ermessenspielraum eingeräumt werden, sofern eine andere Ausbildung zwar nicht den in Art. 9 AVV genannten Voraussetzungen entspricht, dennoch aber als ausreichend anzusehen ist. Als Beispiele lassen sich Gesuchsteller mit Hochschulabschluss, höherem Fähigkeitsausweis wie Managementausbildung, Hotelfachschule, absolvierten Modulen über Beratung und Vermittlung und Ähnliches, Führungserfahrung in Betrieben mit mehreren Mitarbeitern oder über fünfjährige Berufserfahrung mit Einblick in Vermittlungstätigkeit in der Branche (in welche vermittelt werden soll) nennen. In solchen Konstellationen kann die Behörde ausnahmsweise trotz fehlender Voraussetzungen gemäss Art. 9 AVV eine Bewilligung erteilen.

11 Sofern die persönlichen Voraussetzungen aufgrund der bestehenden Ausbildung vorliegen, muss zusätzlich in Betracht gezogen werden, ob die verantwortliche Person über genügend zeitliche Ressourcen verfügt, einen entsprechenden Betrieb zu führen. Als Richtwert nennt das SECO die zwingende Anwesenheit von 50 Prozent im Betrieb, so dass maximal zwei Betriebe von der gleichen Person geführt werden können (WEISUNGEN SECO, 26). Damit dürfte wohl nicht nur die Anwesenheit gemeint sein, so dass die räumliche Zusammenlegung mehrerer Betriebe nicht zu einer Erweiterung der Kapazität führt.

c.   Leumund (Abs. 2 lit. c)

12 Das Erfordernis des guten Leumunds verlangt das Fehlen von Vorstrafen, Betreibungen oder Konkursen (WEISUNGEN SECO, 28). Doch nicht jeder Strafregister- oder Betreibungsregistereintrag vermag den guten Leumund bezüglich der Bewilligungserteilung zu zerstören. Vorbelastungen sind nur dann negativ zu berücksichtigen, wenn sie effektiv die Eignung des Vermittlers in Frage stellen oder aber im Zusammenhang mit der Ausübung der Vermittlertätigkeit stehen. Eine bewilligungsverhindernde Relevanz ist insbesondere dann zu vermuten, wenn durch die dokumentierten Ereignisse Arbeitnehmer zu Schaden gekommen sind.

3.   Personalverleih ins Ausland (Abs. 3/Art. 34 AVV)

13 Für die Auslandvermittlung sind zusätzlich Kenntnisse des Vermittlers (und dessen Mitarbeiter) betreffend die Einreisebestimmungen und die Aufnahme der Erwerbstätigkeit sowie der gesetzlichen Reglung der Arbeitsvermittlung in den betroffenen Staaten erforderlich (Art. 10 AVV). Gemäss den Weisungen des SECO genügen in der Regel die Aussagen des Gesuchstellers, dass er über die entsprechenden Kenntnisse verfüge, obwohl gemäss Art. 6 AVG die Bewilligungsbehörde jederzeit weitere Unterlagen anfordern oder sogar den Gesuchsteller zum persönlichen Gespräch einladen kann (WEISUNGEN SECO, 28). Ausser-

dem ist bei Auslandverleih immer zusätzlich eine Bewilligung des SECO nebst der kantonalen Bewilligung notwendig (Art. 1 Abs. 3 AVG).

4. Ausnahmen betreffend berufliche und gemeinnützige Institutionen

Arbeitsvermittlungsstellen beruflicher und gemeinnütziger Institutionen brauchen nicht im Handelsregister eingetragen zu sein und müssen nicht über ein zweckmässiges Geschäftslokal verfügen. 14

5. Form des Bewilligungsgesuchs/Prüfung des Mustervertrages

Das Bewilligungsgesuch ist schriftlich bei der vom Kanton bezeichneten Behörde einzureichen, wobei das SECO entsprechende Formulare zur Verfügung stellt. Gesuche um Auslandvermittlung werden von den kantonalen Behörden automatisch mit einer Stellungnahme ans SECO weitergeleitet (Art. 11 AVV). 15

Dem Bewilligungsgesuch ist zudem ein Muster des Vermittlungsvertrages zur Prüfung beizulegen, sofern von den Stellensuchenden eine Einschreibgebühr oder eine Vermittlungsprovision verlangt wird (Art. 10a AVV, Art. 11 Abs. 1bis AVV). Obwohl der Gesetzgeber bei Erlass des AVG darauf verzichtete, hat sich diese Voraussetzung jedoch in der Folge als notwendig erwiesen. Bei vielen Betrieben musste nämlich im Nachhinein festgestellt werden, dass deren Verträge gegen zwingende Bestimmungen des AVG verstiessen (ERLÄUTERUNGEN ÄNDERUNG AVV 2013, 2). Es dient somit den Arbeitnehmenden sowie auch den vermittelnden Personen, wenn bereits vor Aufnahme der Tätigkeit sichergestellt werden kann, dass die verwendeten Verträge die gesetzlichen Mindestvoraussetzungen einhalten, insbesondere unter dem Aspekt, dass bei Verletzung des AVG Bussen gesprochen werden können. Gemäss Art. 8 Abs. 1 AVG müssen die Vermittlungsbetriebe mit Stellensuchenden zwingend einen schriftlichen Vermittlungsvertrag abschliessen, wenn sie von diesem eine Vermittlungsprovision verlangen. Da gemäss Art. 6 AVG die Behörden ohnehin das Recht haben, jederzeit bei den Vermittlern Unterlagen einzufordern und damit ihre Verträge einsehen und prüfen können, werden die Musterverträge der Betriebe in der Vollzugspraxis seit 1995 bereits vor Bewilligungserteilung auf Verstösse gegen geltendes Recht überprüft (VERNEHMLASSUNGSENTWURF AVV 2013, 4/ERLÄUTERUNGEN ÄNDERUNG AVV 2013, 3). Mittels der per 1. Januar 2014 neu eingeführten Absätzen in der AVV sollte somit richtigerweise die bereits langjährige Praxis der Überprüfung der Verträge durch das SECO und die Kantone kodifiziert werden (VERNEHMLASSUNGSENTWURF AVV 2013, 4/ERLÄUTERUNGEN ÄNDERUNG AVV 2013, 3). 16

6. Dauer des Gesuchverfahrens

17 Gemäss Art. 11 Abs. 4 AVV entscheiden die Behörden innert 40 Tagen ab Erhalt der vollständigen Unterlagen über ein Gesuch. Bei komplexen Gesuchen bleibt jedoch die Anwendung von Art. 4 Abs. 1 lit. c der Ordnungsfristenverordnung vom 25. Mai 2011 vorbehalten, welche besagt, dass über Gesuche, die voraussichtlich eine Bearbeitungszeit von mehr als einer Woche erfordern, innert eines Zeitraums von höchstens drei Monaten entschieden werden muss.

18 Hält die Behörde die Frist nicht ein, so kann gemäss Art. 4 Abs. 4 der Ordnungsfristenverordnung vom 25. Mai 2011 die gesuchstellende Person von der Behörde verlangen, dass diese die Überschreitung der Frist schriftlich begründet und ihr mitteilt, bis wann der Entscheid voraussichtlich zu erwarten ist. Dies gilt nicht, solange die gesuchstellende Person einer Aufforderung zur Vervollständigung der Unterlagen nicht nachgekommen ist. Erfolgt keine oder keine ausreichende Begründung, verbleibt die Ergreifung einer Rechtsverweigerungsbeschwerde.

Art. 4

Dauer und Umfang der Bewilligung	¹ **Die Bewilligung wird unbefristet erteilt und berechtigt zur Vermittlung in der ganzen Schweiz.** ² **Die Bewilligung zur Auslandsvermittlung wird auf bestimmte Staaten begrenzt.** ³ **Die für die Leitung verantwortlichen Personen werden in der Bewilligung namentlich aufgeführt.** ⁴ **Der Bundesrat regelt die Bewilligungsgebühren.**
Durée et portée	¹ L'autorisation est délivrée pour une durée illimitée et donne le droit d'exercer des activités de placement dans l'ensemble de la Suisse. ² L'autorisation d'exercer une activité de placement intéressant l'étranger est limitée à certains pays. ³ Les personnes responsables de la gestion sont nommément indiquées dans l'autorisation. ⁴ Le Conseil fédéral fixe les émoluments d'octroi de l'autorisation.
Durata e portata dell'autorizzazione	¹ L'autorizzazione è di durata illimitata e conferisce il diritto di esercitare o un'attività di collocamento in tutta la Svizzera. ² L'autorizzazione di esercitare un'attività di collocamento in relazione con l'estero è limitata a determinati Paesi. ³ Le persone responsabili della gestione sono indicate nominativamente nell'autorizzazione. ⁴ Il Consiglio federale stabilisce gli emolumenti per il rilascio dell'autorizzazione.

Inhaltsübersicht

		Note	Seite
I.	Einleitung	1	19
II.	Auflagen/örtliche und zeitliche Beschränkungen	2	20
III.	Form der Bewilligung	5	20
IV.	Gebühren	7	21

I. Einleitung

Die Bewilligung wird jeweils dem vermittelnden Betrieb erteilt (Art. 13 Abs. 1 AVV). Als Betrieb gilt die juristische oder natürliche Person, in deren Namen gemäss Handelsregisterauszug die Vermittlungstätigkeit ausgeübt wird.   1

II. Auflagen/örtliche und zeitliche Beschränkungen

2 Mittels Auflagen können örtliche oder sachliche Einschränkungen der Bewilligung auferlegt werden (WEISUNGEN SECO, 31). Dies soll sich aus Art. 13 Abs. 2 lit. d AVV ergeben, worin festgehalten ist, dass die Bewilligung den sachlichen und örtlichen Geltungsbereich zu enthalten hat. Da eine örtliche Einschränkung der Bewilligung im Widerspruch zum Gesetzestext von Art. 4 AVG Abs. 1 steht, welcher den Geltungsbereich der Bewilligung ausdrücklich für die ganze Schweiz festlegt und sachliche Einschränkungen dort nicht erwähnt, ist fraglich, ob es sich bei Art. 13 Abs. 2 lit. d AVV um eine kompetenzgemässe Ausführungsbestimmung handelt, was zur Unzulässigkeit von derartigen Auflagen in der Bewilligung führt. Die Botschaft widerspricht sich bei dieser Thematik, wobei eingangs ausgeführt wird, dass die Behörde den örtlichen und sachlichen Geltungsbereich festzulegen habe, anschliessend aber festgehalten wird, dass die Bewilligung in allen Fällen für die ganze Schweiz gelte (BOTSCHAFT REV. AVG, 600 ff.)

3 Die anlässlich der Einreichung gemachten Angaben betreffend die zu vermittelnden Berufe bzw. die Tätigkeit in einer bestimmten Branche legen den Geltungsbereich in der Verfügung fest. Eine nachträgliche Ausdehnung der Tätigkeit in andere Branchen erfordert eine kostenpflichtige Änderung der Bewilligung, bei welcher wiederum ein Antrag zu stellen ist (WEISUNGEN SECO, 31). Auch die rechtliche Zulässigkeit dieser Praxis der Behörden ist im Hinblick auf die umstrittene Zulässigkeit von Einschränkungen der Bewilligung zu hinterfragen.

4 Bei der Auslandvermittlung wird die Vermittlung gemäss dem Gesetzeswortlaut auf bestimmte Staaten beschränkt. Die Bewilligung erfolgt stets unbefristet.

III. Form der Bewilligung

5 Die Bewilligung besteht einerseits aus einer Verfügung und andererseits aus einer Bewilligungsurkunde. Die Verfügung kann für die meisten Angaben auf die Bewilligungsurkunde verweisen, hat aber auf jeden Fall eine Rechtsmittelbelehrung zu enthalten, da nur über die Anfechtung der Verfügung gegen den Entscheid der Behörde vorgegangen werden kann.

6 Die Bewilligungsurkunde hat Publizitätscharakter und hat gemäss Art. 13 AVV Abs. 2 Name und Adresse des Betriebs, den verantwortlichen Leiter (der die persönlichen Voraussetzungen gemäss Art. 3 Abs. 2 AVG zu erfüllen hat), die Adresse der Geschäftsräume sowie den sachlichen und örtlichen Geltungsbereich der Bewilligung zu enthalten. Gemäss Art. 14 AVV müssen Änderungen gegenüber den Angaben im Bewilligungsgesuch unverzüglich den kantonalen Behörden zur Kenntnis gebracht werden. Zweigniederlassungen erhalten stets eine eigene Bewilligung. Gemäss der Generalklausel in Art. 6 AVG kann die Bewilli-

gung jedoch jederzeit von den Behörden überprüft werden. Die Bewilligung zur Auslandvermittlung hat stets eine Liste der Staaten zu enthalten, in welche oder von welchen die Stellensuchenden vermittelt werden dürfen.

IV. Gebühren

Der Bundesrat hat seine Kompetenz zur Festlegung der Gebühren in Abs. 4 der Bewilligung durch den Erlass der Verordnung über Gebühren, Provisionen und Kautionen im Bereich des Arbeitsvermittlungsgesetzes (GebV-AVG) wahrgenommen. Gemäss Art. 1 GebV-AVG beträgt die Gebühr je nach Aufwand der Behörde zwischen CHF 750.– und CHF 1650.– sowie bei Änderungen der Bewilligung zwischen CHF 220.– bis CHF 850.–. Für die Arbeitsvermittlung gemeinnütziger Institutionen kann die Bewilligungsbehörde die Gebühren herabsetzen oder erlassen, sofern die pflichtigen Institutionen dadurch finanziell unzumutbar belastet würden. Wird das Bewilligungsgesuch zurückgezogen oder nicht weiterverfolgt und hat die Bewilligungsbehörde bereits Arbeiten vorgenommen, so kann eine Gebühr bis zur maximalen Höhe der Bewilligungsgebühr erhoben werden.

Art. 5

Entzug

¹ Die Bewilligung wird entzogen, wenn der Vermittler:
a. die Bewilligung durch unrichtige oder irreführende Angaben oder durch Verschweigen wesentlicher Tatsachen erwirkt hat;
b. wiederholt oder in schwerwiegender Weise gegen dieses Gesetz oder die Ausführungsvorschriften oder insbesondere gegen die ausländerrechtlichen Zulassungsvorschriften des Bundes oder der Kantone verstösst;
c. die Bewilligungsvoraussetzungen nicht mehr erfüllt.

² Erfüllt der Vermittler einzelne Bewilligungsvoraussetzungen nicht mehr, so hat ihm die Bewilligungsbehörde vor dem Entzug der Bewilligung eine Frist zur Wiederherstellung des rechtmässigen Zustandes zu setzen.

Retrait

¹ L'autorisation est retirée lorsque le placeur:
a. l'a obtenue en donnant des indications inexactes ou fallacieuses ou en taisant des éléments essentiels;
b. enfreint de manière répétée ou grave la présente loi ou les dispositions d'exécution ou en particulier les dispositions fédérales et cantonales relatives à l'admission des étrangers;
c. ne remplit plus les conditions requises pour l'octroi de l'autorisation.

² Si le placeur ne remplit plus certaines des conditions requises pour l'octroi de l'autorisation, l'autorité qui l'a délivrée doit, avant d'en décider le retrait, impartir au placeur un délai pour régulariser sa situation.

Revoca

¹ L'autorizzazione è revocata se il collocatore:
a. l'ha ottenuta fornendo indicazioni inesatte o fallaci oppure dissimulando fatti essenziali;
b. viola ripetutamente o gravemente la presente legge o prescrizioni esecutive, in particolare le prescrizioni federali o cantonali sull'ammissione di stranieri;
c. non ne adempie più i presupposti.

² Se il collocatore non adempie più singoli presupposti dell'autorizzazione, l'autorità di rilascio, prima di revocargli l'autorizzazione, gli assegna un termine per porsi in consonanza alla legge.

Inhaltsübersicht   Note   Seite

I.   Einleitung 1   23
II. Die einzelnen Entzugsgründe 2   23
     1. Unrichtige Angaben/Verschweigen von wesentlichen Tatsachen
        (Abs. 1 lit. a) 2   23
     2. Wiederholte oder schwerwiegende Verstösse gegen das Gesetz und
        die Ausführungsbestimmungen (Abs. 1 lit. b) 3   23
     3. Wegfall der Bewilligungsvoraussetzungen (Abs. 1 lit. c) 5   24
     4. Weitere Gründe für das Erlöschen der Bewilligung (Art. 16 AVV) 6 24
III. Form des Bewilligungsentzuges/Gebühren 8   24

I. Einleitung

Die Bewilligung kann je nach Schwere der Verletzung vorübergehend oder aber auch dauernd entzogen werden. Die gesetzlich genannten Tatbestände können nicht nur von der für die Leitung des Betriebes verantwortlichen Person erfüllt werden, sondern im Begriff «der Vermittler» sind sämtliche Mitarbeiter und Hilfspersonen des betroffenen Betriebes enthalten. Es bleibt dem Inhaber der Bewilligung somit verwehrt, sich auf das Fehlverhalten seiner Mitarbeiter oder sein eigenes Nichtwissen zu berufen (BOTSCHAFT REV. AVG, 601).

II. Die einzelnen Entzugsgründe

1. Unrichtige Angaben/Verschweigen von wesentlichen Tatsachen (Abs. 1 lit. a)

Fahrlässige Falschangaben erfüllen den Tatbestand von Art. 5 Abs. 1 lit. a AVG nicht, sondern sind unter lit. c und somit unter Art. 5 Abs. 2 AVG zu subsummieren, so dass vor Entzug der Bewilligung eine angemessene Frist zur Widerherstellung des gesetzmässigen Zustandes angesetzt werden muss. Aufgrund des allgemeinen Verhältnismässigkeitsprinzips gemäss Art. 5 Abs. 2 der schweizerischen Bundesverfassung (BV) ist je nach Einzelfall auch in den anderen Fällen eine Wiederherstellungsfrist anzusetzen, obwohl grundsätzlich das Recht zum sofortigen Entzug der Bewilligung und der Anordnung einer Wartefrist von maximal zwei Jahren besteht (Art. 15 AVV). Ausserdem hat die kantonale Behörde über die verfügte Sanktion zu informieren. Der Entzug der Auslandsvermittlungsbewilligung führt nicht automatisch zum Entzug der Inlandbewilligung. Die kantonale Behörde hat jedoch auf jeden Fall zu prüfen, ob der Sachverhalt auch den Entzug der inländischen Bewilligung rechtfertigt (WEISUNGEN SECO, 34).

2. Wiederholte oder schwerwiegende Verstösse gegen das Gesetz und die Ausführungsbestimmungen (Abs. 1 lit. b)

Unter wiederholten und schwerwiegenden Verstössen gegen das AVG oder seine Ausführungsbestimmungen oder gegen die ausländerrechtlichen Zulassungsvorschriften im Sinne von Art. 5 Abs. 1 lit. b fallen entweder mehrere einzelne voneinander unabhängige Verstösse gegen die gleiche oder verschiedene Gesetzes- oder Verordnungsbestimmungen, aber auch schon einzelne schwerwiegende Verstösse wie beispielsweise die Benützung eines nicht AVG-konformen Vermittlungsvertrages, die Verletzung der Vorschriften über die Vermittlungsprovision, Verletzungen der Auskunftspflicht sowie die Ausübung der Auslandvermittlung ohne entsprechende Bewilligung (WEISUNGEN SECO, 35).

4 Dadurch ergibt sich die Pflicht der für die Leitung des Vermittlungsbetriebes verantwortlichen Person, auch das Verhalten der Mitarbeiter zu überwachen, so dass Verstösse gegen das AVG im gesamten Betrieb ausgeschlossen werden können. Die explizite Nennung des Verstosses gegen ausländerrechtliche Zulassungsvorschriften als Entzugsgrund soll der Vermittlung von Schwarzarbeit durch Ausländer entgegenwirken und stellt dessen Schwere in den Vordergrund.

3. Wegfall der Bewilligungsvoraussetzungen (Abs. 1 lit. c)

5 Die Bewilligung kann nebst dem Wegfall der Bewilligungsvoraussetzungen gemäss Art. 3 AVG wie beispielsweise der Löschung des Handelsregistereintrages auch entzogen werden, sofern die verantwortliche Person offensichtlich nicht mehr in der Lage ist, die Vermittlungsaktivitäten fachgerecht auszuüben. Der Betroffene muss dabei jedoch aufgrund der allgemeinen Verfahrensgrundsätzen im Verwaltungsverfahren vor dem Entzug in jedem Fall angehört werden.

4. Weitere Gründe für das Erlöschen der Bewilligung (Art. 16 AVV)

6 Gemäss Art. 16 AVV verfügt die Behörde auch eine Aufhebung der Bewilligung, wenn der Vermittler die Vermittlungstätigkeit eingestellt hat. Dies ist in der Regel zu vermuten, wenn er während eines Kalenderjahres keine Vermittlung getätigt hat (Art. 16 Abs. 2 AVV). Nebst dem zwangsweisen Entzug kann der Vermittler auch selbst ein Begehren auf Aufhebung der Bewilligung stellen (Art. 16 Abs. 1 lit. a AVV).

7 Die Konkurseröffnung gegen den Vermittler hat nur dann einen Einfluss auf die Bewilligung, sofern der Handelsregistereintrag des Vermittlers gelöscht wird und somit eine Bewilligungsvoraussetzung fehlt. Wird der Konkurs mangels Aktiven eingestellt, so kann die Bewilligung grundsätzlich nicht entzogen werden, sofern die Geschäftstätigkeit im Sinne von Art. 16 AVV nicht eingestellt wurde (WEISUNGEN SECO, 36).

III. Form des Bewilligungsentzuges/Gebühren

8 Der Entzug der Bewilligung hat als formelle und anfechtbare Verfügung zu erfolgen und ist mit einer Rechtsmittelbelehrung zu versehen. Die Widerherstellungsfrist ist zumindest auf Verlangen des Betroffenen ebenfalls als Verfügung zu erlassen, da deren Dauer ebenfalls selbständig anfechtbar sein muss. Handelt es sich um gravierende Mängel, die eine sofortige behördliche Intervention indizieren (Art. 5 Abs. 1 lit. a und Art. 5 Abs. 1 lit. a AVG), oder um Mängel, welche nicht behoben werden können, besteht die Möglichkeit, auf eine Fristan-

setzung zu verzichten und für die Wiederaufnahme der Tätigkeit eine Wartefrist von bis zu zwei Jahren zu verfügen (Art. 15 Abs. 1 AVV/vgl. WEISUNGEN SECO, 34). Gemäss Art. 15 Abs. 1 lit. b AVV dürfen die wirtschaftlich Berechtigten und Leiter von Betrieben, welchen eine derartige Wartefrist auferlegt wurden, während dieser Frist weder an gesuchstellenden Betrieben beteiligt noch für sie tätig sein.

Aufgrund des Legalitätsprinzips und der fehlenden Nennung im Gesetz können keine Gebühren für den Entzug der Bewilligung verlangt werden.

9

Art. 6

Auskunfts-pflicht	Der Vermittler muss der Bewilligungsbehörde auf Verlangen alle erforderlichen Auskünfte erteilen und die nötigen Unterlagen vorlegen.
Obligation de renseigner	Sur requête de l'autorité qui délivre l'autorisation, le placeur est tenu de fournir tous les renseignements nécessaires ainsi que les documents requis.
Obbligo d'informare	Il collocatore è tenuto, su domanda dell'autorità di rilascio, a fornire le informazioni richieste e a presentare i documenti necessari.

Inhaltsübersicht   Note   Seite

I. Das Auskunftsrecht der Behörden 1   26
II. Die Auskunftspflicht des Vermittlers 3   27

I. Das Auskunftsrecht der Behörden

1   Gemäss Art. 6 AVG unterstehen die Vermittler einer umfassenden Auskunftspflicht vor und nach der Bewilligungserteilung (WEISUNGEN SECO, 39). Während bei der Beantragung der Bewilligung das Vorliegen der Voraussetzungen durch den Vermittler nachgewiesen werden muss, kann sich die Behörde nach erfolgter Bewilligungserteilung jederzeit über sämtliche für die Bewilligung relevanten Umstände erkundigen und entsprechende Nachweise anfordern. Dabei macht der Gesetzestext deutlich, dass der Nachweis des Vorliegens der entsprechenden Umstände dem Bewilligungsinhaber obliegt. Gemäss der Botschaft sollen die Behörden sogar die für die Geschäftsführung massgebenden Bücher und Belege einsehen dürfen sowie nach Anmeldung auch das Geschäftslokal auf seine Zweckmässigkeit überprüfen können (BOTSCHAFT REV. AVG, S. 603).

2   Wird ein Betrieb von den Behörden verdächtigt, ohne Bewilligung Arbeitsvermittlung zu betreiben, so untersteht dieser keiner Auskunftspflicht. Die Auskunftsverpflichtung knüpft nämlich am Umstand an, ob tatsächlich Arbeitsvermittlung betrieben wird. In Art. 17 Abs. 2 AVG wurde nur für den Personalverleih eine ausdrückliche Auskunftsverpflichtung für alle Parteien im Verdachtsfall festgehalten. Das Fehlen eines entsprechenden Absatzes in Art. 6 AVG betreffend die Personalvermittlung zeigt, dass dort explizit auf eine derartige Verpflichtung verzichtet wurde. Im Zweifelsfall bleibt der Bewilligungsbehörde deshalb nur die Möglichkeit einer Anzeige wegen der Verletzung von Vorschriften des Arbeitsvermittlungsgesetzes.

II. Die Auskunftspflicht des Vermittlers

Der Vermittler muss ausserdem aufgrund von Art. 14 AVV auch von sich aus Änderungen gegenüber den Angaben im Bewilligungsgesuch beziehungsweise in der Meldung seiner Zweigniederlassung unverzüglich der zuständigen kantonalen Behörde mitteilen. Für den Personalverleih findet sich die gleiche Vorschrift in Art. 17 AVG. Sofern der Vermittler nicht mehr über die notwendigen Voraussetzungen für die Personalvermittlung verfügt, kann die Bewilligung gemäss Art. 5 Abs. 1 lit. c AVG entzogen werden.

2. Abschnitt: Vermittlungstätigkeit

Art. 7

Besondere
Pflichten
des Vermittlers

¹ Bei der öffentlichen Ausschreibung von Arbeitsangeboten und Stellengesuchen muss der Vermittler seinen Namen und seine genaue Adresse angeben. Die Ausschreibungen müssen den tatsächlichen Verhältnissen entsprechen.

² Zur Beobachtung des Arbeitsmarktes kann die Bewilligungsbehörde den Vermittler verpflichten, ihr anonymisierte statistische Angaben über seine Tätigkeit zu liefern.

³ Der Vermittler darf Daten über Stellensuchende und offene Stellen nur bearbeiten, soweit und solange sie für die Vermittlung erforderlich sind. Er hat diese Daten geheim zu halten.

Obligations
propres
au placeur

¹ Le placeur ne peut publier des offres ou des demandes d'emploi que sous son propre nom et en indiquant son adresse exacte. Les annonces publiées doivent correspondre aux conditions réelles.

² Aux fins d'observer le marché du travail, l'autorité qui délivre l'autorisation peut obliger le placeur à lui fournir, sous une forme anonyme, des indications statistiques sur ses activités.

³ Le placeur n'est habilité à traiter les informations concernant des demandeurs d'emploi et des places vacantes que dans la mesure où et aussi longtemps que ces données sont nécessaires au placement. Il est tenu de garder le secret sur ces données.

Obblighi
specifici
del collocatore

¹ Il collocatore, nella pubblicazione delle offerte e delle domande d'impiego, deve indicare il suo nome e il suo indirizzo esatto. Gli annunci devono corrispondere alle condizioni effettive.

² Al fine di seguire l'andamento del mercato del lavoro, l'autorità di rilascio può obbligare il collocatore a fornirle dati statistici impersonali sulla sua attività.

³ Il collocatore può elaborare i dati concernenti le persone in cerca d'impiego e i posti vacanti soltanto nella misura in cui e fintanto che siano necessari per il collocamento. È tenuto a mantenerli segreti.

Inhaltsübersicht   Note   Seite

I.   Einleitung 1   29
II. Mindestanforderungen an die öffentliche Ausschreibung (Abs. 1) 3   29
III. Arbeitsmarktbeobachtung (Abs. 2, Art. 18 AVV) 6   30
IV. Datenschutz (Abs. 3, Art. 19 AVV) 7   31
     1. Im Allgemeinen 7   31
     2. Zustimmungserfordernis des Betroffenen 8   32
     3. Informationsanspruch aus Gleichstellungsgesetz 12   33

I. Einleitung

Die Bestimmungen dieses Abschnittes über die Vermittlungstätigkeit regeln die gesamte private Arbeitsvermittlung, es sei denn, die AVV statuiere präzisierend, dass nur bewilligungspflichtige Vermittler erfasst seien, wie etwa im Rahmen von Art. 18 AVV. Somit gelten die Art. 17, 19, 20, 21, 22 AVV und 23 für alle Vermittler (REHBINDER, 37; RITTER, 98). 1

Besagte Normen regeln den privaten Vermittlungsvertrag im Allgemeinen und hätten daher auch ohne Weiteres in das OR inkorporiert werden können, was auch deren Unabhängigkeit von öffentlich-rechtlichen Bestimmungen (z.B. betreffend die Bewilligungspflicht) klarer zum Ausdruck gebracht hätte (REHBINDER, 37; RITTER, 98 f.). 2

II. Mindestanforderungen an die öffentliche Ausschreibung (Abs. 1)

Bei der öffentlichen Ausschreibung von Arbeitsangeboten und Stellensuchenden ist der Vermittlungsbetrieb gemäss Art. 7 Abs. 1 AVG verpflichtet, gewisse Mindestanforderungen bezüglich Form und Inhalt zu erfüllen (BOTSCHAFT REV. AVG, 603). Vermittler müssen das Verbot des fiktiven Inserates sowie dasjenige des anonymen Inserierens beachten (WEISUNGEN SECO, 40; REHBINDER, 37; RITTER, 99). 3

Wer für die Ausschreibung verantwortlich ist und wo er rechtlich belangt werden kann, muss dem Inserat eindeutig entnommen werden können (BOTSCHAFT REV. AVG, 603; REHBINDER, 37). Vermittler haben somit ihren Namen und ihre genaue Adresse anzugeben (RITTER, 100). Dadurch soll verhindert werden, dass Vermittler unter Ausnutzung der Anonymität unlautere Werbung, wie z.B. Anpreisen von unrealistischen Aufstiegsmöglichkeiten, Versprechen von Phantasielöhnen etc., betreiben (BOTSCHAFT REV. AVG, 603). Dies hat zur Konsequenz, dass sog. Chiffre-Inserate nur von Stellensuchenden oder Arbeitgebern selbst 4 stammen dürfen (WEISUNGEN SECO, 40; RITTER, 100; LEITFADEN EDÖB DATENBEARBEITUNG, 8 Ziff. 3.1.1). Dem Stellensuchenden soll durch das Wissen, ob er sich an einen Arbeitgeber oder an einen Vermittler wendet, ermöglicht werden, möglich Risiken abzuschätzen (RITTER, 100). Erlaubt ist hingegen, dass der Vermittler im Namen seines Auftraggebers inseriert. Das bedeutet, dass er sich weder im Inserat noch in seiner Mäklertätigkeit als Vermittler zu erkennen geben muss (WEISUNGEN SECO, 40; RITTER, 100). Nicht nötig ist hingegen, dass die Auftraggeberin durch das Inserat identifizierbar wird. Zur Problematik bei der Geltendmachung von Ansprüchen aus geschlechterbezogenen Anstellungsdiskriminierungen im Rahmen von Art. 5 Abs. 2 GlG siehe UEBERSCHLAG 298 N 752 ff.

5   Inhaltlich müssen in der Ausschreibung die tatsächlichen Verhältnisse wiedergeben werden (WEISUNGEN SECO, 40; BOTSCHAFT REV. AVG, 603). Es soll insbesondere ersichtlich sein, ob der Stellensuchende beim Ausschreibenden eingestellt und dann einem Dritten zur Verfügung gestellt werden soll (Personalverleih) oder ob direkt eine Stelle beim Arbeitgeber im Sinne der Personalvermittlung besetzt wird (WEISUNGEN SECO, 40). Vermittler, die lediglich ihre Bewerberkartei ergänzen wollen, müssen dies im Inserat klar ersichtlich machen. Der Stellensuchende soll dadurch davor bewahrt werden, mit Lockvogelinseraten getäuscht zu werden (WEISUNGEN SECO, 40; RITTER, 100). Mit dem Verbot des fiktiven Inserates wird keine Kausalhaftung des Vermittlungsbetriebes für falsche Angaben eingeführt. Es dient vielmehr der Verdeutlichung, dass die lautere Werbung einen wesentlichen Bestandteil des Pflichtenheftes des Vermittlers bzw. Vermittlungsbetriebes darstellt (BOTSCHAFT REV. AVG, 603). Gestützt auf Art. 5 lit. b AVG und die vorliegende Vorschrift kann die Behörde einem Vermittlungsbetrieb die Bewilligung entziehen, sofern der Betrieb wiederholt absichtlich oder fahrlässig falsche Angaben veröffentlicht hat (BOTSCHAFT REV. AVG, 603; RITTER, 100).

III. Arbeitsmarktbeobachtung (Abs. 2, Art. 18 AVV)

6   Art. 7 Abs. 2 AVG dient den Behörden als gesetzliche Grundlage, um die Vermittlerbetriebe zur periodischen Berichterstattung über ihre Tätigkeit zu verpflichten. Diese Angaben sind wichtig für die Ausarbeitung der eidgenössischen und kantonalen Arbeitsmarktstatistiken. Sie bilden einen Teil der Grundlage für die Beurteilung des Arbeitsmarktes und die Gestaltung der Arbeitsmarktpolitik (BOTSCHAFT REV. AVG, 603; REHBINDER, 38; RITTER, 100). Diese Datenerhebung ermöglicht es der Arbeitsmarktbehörde, ihre Pflicht zur Arbeitsmarktbeobachtung zu erfüllen (REHBINDER, 38; RITTER, 100). Art. 7 Abs. 2 AVG lässt sich daher als wichtiges Pendant zu Art. 36 AVG verstehen. Gemäss Art. 36 Abs. 2 AVG sind die Arbeitsämter verpflichtet, die Lage und Entwicklung des Arbeitsmarktes in ihrem Kanton zu beobachten (REHBINDER, 38; RITTER, 100).

Die entsprechenden Bestimmungen für den Personalverleih finden sich in Art. 18 Abs. 2 AVG sowie in Art. 46 AVV. Gemäss Art. 18 AVV gilt die Mitteilungspflicht nur für bewilligungspflichtige Vermittler. Art. 18 Abs. 1 AVV legt fest, dass jährlich die vermittelten Personen, aufgegliedert nach Geschlecht und Herkunft (Schweiz oder Ausland), mitzuteilen sind (REHBINDER, 38; RITTER, 100). Ferner kann das SECO nach Art. 18 Abs. 3 AVV im Rahmen von Teilerhebungen zusätzliche persönliche und arbeitsbezogene Merkmale der Stellensuchenden in anonymisierter Form verlangen (REHBINDER, 38; RITTER, 100 f.). Falls einzelne Vermittler, namentlich Herausgeber von Stellenanzeigern oder Internetvermittler, keine Kenntnisse darüber haben, wie viele Vermittlungen aufgrund ihrer Vermittlungshandlungen zu Stande gekommen sind, müssen sie laut dem SECO ihre Unkenntnis im Statistikbogen entsprechend vermerken und in den entsprechenden Rubriken eine Null ausweisen (WEISUNGEN SECO, 40).

IV. Datenschutz (Abs. 3, Art. 19 AVV)

1. Im Allgemeinen

Art. 7 Abs. 3 AVG regelt die im Vermittlungsgewerbe besonders wichtige Pflicht der vertraulichen Behandlung von Kundendaten (BOTSCHAFT REV. AVG, 603; FLÜTSCH, 202; REHBINDER, 38). Diese Norm sowie der dazugehörige Art. 19 AVV sind spezielle Bestimmungen, die den Schutz des Stellensuchenden und des Arbeitnehmers gewährleisten sollen (FLÜTSCH, 202). Die im AVG verankerten Datenschutzbestimmungen sind mit dem Bundesgesetz über den Datenschutz (DSG) abgestimmt. Im Rahmen der geltenden Normen sind demnach die Beschaffung, Auswertung und Weitergabe von Daten zulässig, soweit sie nicht zu einer widerrechtlichen Persönlichkeitsverletzung des Betroffenen führen. Bei der Arbeitsvermittlung steht die Weitergabe von Daten im Mittelpunkt. Die Widerrechtlichkeit kann durch eine Einwilligung des Verletzten ausgeschlossen werden, was sich auch in der Ausgestaltung der Datenschutzbestimmungen des AVG widerspiegelt (WEISUNGEN SECO, 41). Der Vermittler darf nur solche Daten über die Stellensuchenden und offene Stellen erheben, die für seine Arbeit effektiv nötig sind (WEISUNGEN SECO, 41; WEISUNGEN SECO 2008/1, 3; FLÜTSCH, 202; RITTER, 103; LEITFADEN EDÖB DATENBEARBEITUNG, 11 Ziff. 3.1.1). Darunter können auch Anfragen über den Gesundheitszustand, eine allfällige Schwangerschaft und Vorstrafen fallen, sofern der Vermittler vom Stellensuchenden beauftragt wurde und dies für eine erfolgreiche Vermittlung notwendigerweise erforderlich ist (WEISUNGEN SECO 2008/1, 3 f.). Wegen der Sorgfaltspflicht ist der Vermittler allerdings auch gehalten, die erforderlichen Daten für eine erfolgreiche Vermittlung einzuholen (RITTER, 103). Das Verhältnismässigkeitsgebot dient bei der erlaubten Datenbeschaffung als Grenze (WEISUNGEN SECO, 41).

2. Zustimmungserfordernis des Betroffenen

8   Im Bereich der privaten Arbeitsvermittlung statuiert Art. 19 Abs. 1 AVV einen für sämtliche Datenschutzbestimmungen geltenden Grundsatz (RITTER, 101). Dieser besagt, dass Daten über Stellensuchende und offene Stellen, die Rückschlüsse auf eine Person erlauben, nur mit Zustimmung des Betroffenen bearbeitet werden dürfen (WEISUNGEN SECO, 41; FLÜTSCH, 202; RITTER, 101 f.; LEITFADEN EDÖB DATENBEARBEITUNG, 11 Ziff. 3.1.8). Unter den Begriff «Bearbeiten» fällt nach Art. 3 Bst. e DSG: «jeder Umgang mit Personendaten, unabhängig von den angewandten Mitteln und Verfahren, insbesondere das Beschaffen, Aufbewahren, Verwenden, Umarbeiten, Bekanntgeben, Archivieren oder Vernichten von Daten». Bemerkenswerterweise ist das Zustimmungserfordernis bei der Personalvermittlung auf Verordnungsstufe geregelt, während dem es beim Personalverleih gemäss Art. 18 Abs. 3 AVG auf Gesetzesstufe verankert wurde (REHBINDER, 38). Des Weiteren enthält Art. 19 Abs. 1 AVV eine beispielhafte Aufzählung der Fälle, in denen eine Zustimmung notwendig ist. So ist gemäss Art. 19 Abs. 1 lit. a AVV eine solche erforderlich, wenn der Vermittler *«Daten über Stellensuchende und offene Stellen an andere Geschäftsniederlassungen oder rechtlich von seinem Betrieb unabhängige Geschäftspartner weitergibt».* Nach lit. b gilt dies, wenn er *«Gutachten und Referenzen über Stellensuchende einholt»,* und laut lit. c, wenn der Vermittler *«Daten über Stellensuchende und offene Stellen über die Landesgrenze hinaus weitergibt».* Demgegenüber werden in Abs. 2 von Art. 19 AVV diejenigen Fälle abschliessend aufgezählt, in denen es ausdrücklich keiner Zustimmung der Betroffenen bedarf (REHBINDER, 38; RITTER, 102). Dies ist nach Art. 19 Abs. 2 lit. a–c AVV der Fall bei der Weitergabe an Mitarbeiter der eigenen Geschäftsniederlassung sowie bei der Weitergabe an einen Kunden im Hinblick auf den bevorstehenden Vertragsabschluss. Zudem bei der Weitergabe an einen grösseren Kreis möglicher Kunden, sofern die Daten keinen Rückschluss auf die Identität des Stellensuchenden oder des Arbeitgebers zulassen. REHBINDER wie auch FLÜTSCH sind der Meinung, dass diese Aufzählung eine klare Grenze schafft, wann eine Bearbeitung bzw. Weitergabe von Daten ohne Zustimmung erlaubt ist (REHBINDER, 38; FLÜTSCH, 202). RITTER hingegen verneint eine eindeutige Abgrenzbarkeit des Zustimmungsbedürfnisses des Betroffenen im Einzelfall. Nach seiner Auffassung bedarf es gemäss AVG noch keiner Zustimmung, solange der Vermittler ohne Kundenauftrag Profile von Firmen und Personen erstellt und sofern diese Angaben ausschliesslich in seinem Verfügungsbereich bleiben (RITTER, 102). Dieser Meinung kann gefolgt werden, weil es für die Weitergabe der Daten in der gleichen Geschäftsniederlassung und an einen beschränkten Kreis von potentiellen Arbeitgebern bzw. Stellensuchenden keiner speziellen Zustimmung bedarf, zumal der Vermittlungsvertrag eine stillschweigende Zustimmung für solche Handlungen enthält. Für jede darüber hinausgehende Weitergabe wird jedoch eine ausdrückliche Zustimmung des Betroffenen benötigt (WEISUNGEN SECO, 41; RITTER, 102; LEITFADEN EDÖB DATENBEARBEITUNG, 11 Ziff. 3.1.8). Im Rahmen des Vermitt-

lungsauftrages kann die Zustimmung bereits pauschal erteilt werden. Referenzen hingegen dürfen nur bei Personen eingeholt werden, deren Befragung der Kunde ausdrücklich bewilligt hat. Eine generelle Zustimmung zur Befragung nicht individuell bezeichneter Referenzen genügt somit nicht (WEISUNGEN SECO, 41).

Zu beachten ist, dass die obgenannten Bestimmungen über das Zustimmungserfordernis auch im Falle einer Firmenübernahme gelten. Der Betroffene muss in diesem Fall explizit darauf aufmerksam gemacht werden, dass der Vermittlungsbetrieb die Hand wechselt. Zur Weiterbearbeitung durch den neuen Firmeninhaber benötigt auch dieser die (erneute) Zustimmung jedes Kunden des Vermittlungsbetriebes (WEISUNGEN SECO, 41). 9

Laut Art. 19 Abs. 4 AVV hat der Kunde in jedem Fall seine Zustimmung schriftlich abzugeben und kann diese jederzeit widerrufen. Hierüber besteht eine Aufklärungspflicht gegenüber dem Betroffenen (Art. 19 Abs. 4 Satz 2 AVV; WEISUNGEN SECO, 41; FLÜTSCH, 202; REHBINDER, 38; RITTER, 102). 10

Mit erfolgter Vermittlung oder deren Widerruf endet das Recht des Vermittlers, die Daten des Betroffen weiterhin bearbeiten zu dürfen; es sei denn, der Kunde habe dem zugestimmt (Art. 19 Abs. 3 Satz 1 AVV; FLÜTSCH, 202; RITTER, 102; LEITFADEN EDÖB DATENBEARBEITUNG, 14 Ziff. 3.3.2). Vorbehalten bleiben nach Art. 19 Abs. 4 Satz 2 AVV jedoch die Aufbewahrung einzelner Daten gestützt auf eine anderweitige rechtliche Anordnung. Will der Vermittler alle Daten aufbewahren, braucht er wiederum das schriftliche Einverständnis des Betroffenen. RITTER ist darin beizupflichten, dass das Zustimmungserfordernis sinnvollerweise auf Daten von Personen und Firmen zu beschränken ist, die der Vermittler im Rahmen konkreter Aufträge erhalten hat. Werden Daten aus anderen Quellen zusammengetragen, ergibt es keinen Sinn, deren Archivierung von der Zustimmung der Betroffenen abhängig zu machen (RITTER, 102 f.). 11

3. Informationsanspruch aus Gleichstellungsgesetz

Eine andere Frage betrifft das Spannungsverhältnis zwischen der Geheimhaltung von Daten betreffend den Auftraggeber und einem möglicherweise bestehenden Auskunftsrecht im Zusammenhang mit einem Anspruch aus Anstellungsdiskriminierung nach Art. 4 Abs. 2 GlG. Es gibt gute Gründe dafür, einen solchen Informationsanspruch einer stellensuchenden diskriminierten Person zuzugestehen. In diesem Fall muss der Informationsanspruch dem Geheimhaltungsanspruch des Auftraggebers vorgehen, weil sonst die Durchsetzung eines Anspruches wegen einer Anstellungsdiskriminierung illusorisch würde (vgl. dazu UEBERSCHLAG, 299). 12

Art. 8

Vermittlungsvertrag

¹ Bei entgeltlicher Vermittlung muss der Vermittler den Vertrag mit dem Stellensuchenden schriftlich abschliessen. Er muss darin seine Leistungen und die dafür geschuldete Vergütung angeben.

² Nichtig sind Vereinbarungen, die den Stellensuchenden:
a) hindern, sich an einen anderen Vermittler zu wenden;
b) verpflichten, die Vermittlungsgebühr erneut zu entrichten, wenn er ohne die Hilfe des Vermittlers weitere Arbeitsverträge mit demselben Arbeitgeber abschliesst.

Contrat de placement

¹ Lorsque le placement fait l'objet d'une rémunération, le placeur doit conclure avec le demandeur d'emploi un contrat écrit. Ce contrat mentionnera les prestations du placeur et sa rémunération.

² Sont nuls et non avenus les arrangements qui:
a) interdisent au demandeur d'emploi de s'adresser à un autre placeur;
b) obligent le demandeur d'emploi à verser à nouveau une commission de placement s'il conclut ultérieurement un contrat avec le même employeur, sans l'aide du placeur.

Contratto di collocamento

¹ Nel caso di collocamento a titolo oneroso, il collocatore deve concludere un contratto scritto con la persona in cerca d'impiego. Nel contratto deve indicare le sue prestazioni e il suo compenso.

² Sono nulli gli accordi che:
a) impediscono alla persona in cerca d'impiego di rivolgersi a un altro collocatore;
b) obbligano la persona in cerca d'impiego a pagare nuovamente l'emolumento se conclude altri contratti con lo stesso datore di lavoro, senza l'aiuto del collocatore.

Inhaltsübersicht

	Note	Seite
I. Einleitung	1	35
II. Erfordernis der Schriftform (Abs. 1)	2	35
1. Entgeltliche Vermittlung	2	35
2. Unentgeltliche Vermittlung und andere ausserhalb des Formerfordernisses liegende Gegenstände	3	36
3. Zeitpunkt der Erfüllung der Formvorschrift............................	6	36
III. Exklusivvermittlungsverbot (Abs. 2 lit. a)...................................	7	36
IV. Verbot erneuter Vermittlungsgebühren (Abs. 2 lit. b)..................	8	37

I. Einleitung

Art. 8 AVG dient in erster Linie dem Schutz des Stellensuchenden. Die Norm will gewährleisten, dass die wichtigsten Eckwerte eines Vermittlungsvertrags schriftlich und somit beweismässig klar festgehalten werden. Dadurch soll insbesondere verhindert werden, dass der Vermittler versteckte Gebühren und Provisionen geltend machen kann. Zusätzlich soll verhindert werden, dass die stellensuchende Person zu stark an den Vermittler gebunden wird, was dieser Vorschrift einen persönlichkeitsschützenden Charakter verleiht.

II. Erfordernis der Schriftform (Abs. 1, Art. 22 AVV)

1. Entgeltliche Vermittlung

Art. 8 Abs. 1 AVG ordnet den schriftlichen Vertragsabschluss für alle Arten der entgeltlichen Vermittlung an. Die Vermittlungsleistung und die dafür geschuldete Vergütung stellen die Essentialia Negotii dar, deren Schriftlichkeit Gültigkeitserfordernis ist (vgl. dazu Art. 11 Abs. 2 OR; BOTSCHAFT REV. AVG, 604; REHBINDER, 39; RITTER, 104; PORTMANN/STÖCKLI, 111). Einfache Schriftlichkeit im Sinne von Art. 12 ff. OR. Dieses Schriftformerfordernis dient sowohl Beweiszwecken als auch der Erleichterung der Kontrolltätigkeiten der Behörden (BOTSCHAFT REV. AVG, 604; REHBINDER, 39; RITTER, 103; MAGG, 170). In erster Linie beabsichtigt Absatz 1 jedoch den Schutz des Stellensuchenden vor nicht gesetzeskonformer Behandlung, namentlich vor überhöhten Provisionen (WEISUNGEN SECO, 43; REHBINDER, 39; vgl. MAGG, 170; vgl. PHILIPP, 165). Dieser Schutz ist insbesondere in Zeiten der Rezession von Bedeutung (REHBINDER, 39). Die schriftliche Fixierung des Vertragsinhaltes ist auch deshalb notwendig, weil gemäss Art. 9 Abs. 1 AVG ausserordentliche Dienstleistungen gesondert in Rechnung gestellt werden dürfen (BOTSCHAFT REV. AVG, 604; REHBINDER, 39; RITTER, 103). Der Kunde des Vermittlers soll über das Mass seiner finanziellen Verpflichtung (Einschreibegebühr, Vermittlungsprovision) präzise informiert werden und die Angemessenheit der gesonderten Vergütung überprüfen können (BOTSCHAFT REV. AVG, 604; REHBINDER, 39; RITTER, 103 f.). Ausschlaggebend für die Qualifikation als Vermittlervertrag ist die tatsächliche Funktion des Vertrags. So kann etwa ein Managementvertrag als Arbeitsvermittlung qualifiziert werden, falls der Manager als professioneller Vermittler auftritt (PHILIPP, 167; ZEN-RUFFINEN, 265). Ebenso kann ein Agent oder ein Mäkler als Arbeitsvermittler tätig sein (MAGG, 46, 170).

2. Unentgeltliche Vermittlung und andere ausserhalb des Formerfordernisses liegende Gegenstände

3   Für die unentgeltliche Vermittlung besteht keine Formvorschrift. Laut SECO müssen Vermittler, die vom Stellensuchenden kein Entgelt verlangen, dies im Bewilligungsverfahren belegen. Hierzu können sie ihren Mustervertrag mit den Kunden vorlegen, aus dem ersichtlich ist, dass nur der Arbeitgeber ein Entgelt zu entrichten hat. Ferner können sie ihrem Bewilligungsgesuch eine diesbezügliche schriftliche Erklärung beilegen (WEISUNGEN SECO, 43).

4   Die Schriftlichkeit ist ferner nur in denjenigen Fällen zwingend, in denen der Vermittlungsauftrag vom Stellensuchenden erteilt worden ist. Kein Schriftlichkeitserfordernis besteht entsprechend dem Schutzzweck dieser Norm, wenn der Stellensuchende lediglich auf ein Stellenangebot des Vermittlers reagiert (WEISUNGEN SECO, 43; REHBINDER, 39; RITTER, 104; SVIT, Art. 418 N 5).

5   Die Vermittlung von Individualsportlern wie beispielsweise Tennis- oder Golfspieler fällt nicht unter das AVG, sofern es sich um unabhängige Spieler handelt und keine Arbeitsverträge abgeschlossen werden (ZEN-RUFFINEN, 265).

3. Zeitpunkt der Erfüllung der Formvorschrift

6   Im Gegensatz zum Personalverleih muss der Vermittlungsvertrag bei der Personalvermittlung immer schon vor Beginn der Vermittlungstätigkeit formgültig vorliegen (vgl. Art. 50 AVV). Einzig die unentgeltliche Vermittlung ist von dem Schriftformerfordernis befreit (WEISUNGEN SECO, 43; REHBINDER, 39; vgl. PORTMANN/STÖCKLI, 111; vgl. RIEMER-KAFKA/KRENGER, 27). Gegebenenfalls vorkommende und von dieser Bestimmung abweichende Branchenusanzen sind nicht zu beachten. Ausnahmen vom Schriftlichkeitserfordernis lässt das Gesetz nicht zu (WEISUNGEN SECO, 43; REHBINDER, 40).

III. Exklusivvermittlungsverbot (Abs. 2 lit. a)

7   Art. 8 Abs. 2 lit. a AVG verbietet die Exklusivvermittlung. Damit soll gewährleistet werden, dass der Stellensuchende sich jederzeit an einen anderen Vermittler wenden kann und somit die Mobilität des Arbeitsnehmers gewahrt bleibt (WEISUNGEN SECO, 43; BOTSCHAFT REV. AVG, 604; REHBINDER, 40; RITTER, 104; MAGG, 189, PHILIPP, 165). Exklusivvermittlungsklauseln sind daher nichtig (MAGG, 44, 198; PORTMANN/STÖCKLI, 111; ZEN-RUFFINEN, 267). Vermittlungsverträge, die eine bestimmte Geltungsdauer vorsehen, müssen ein jederzeitiges frist- und vorbehaltloses Kündigungsrecht vorsehen (WEISUNGEN SECO, 43). Besonders bei der Vermittlung von Musikern, Orchestern und Artisten, bei Personen also, die wegen

ihren kurzen Arbeitseinsätzen häufig auf Vermittlungsdienste angewiesen sind, hat sich das Exklusivverbot als erforderlich bestätigt (BOTSCHAFT REV. AVG, 604; REHBINDER, 40; RITTER, 104). Neben der Künstlervermittlung ist das gesetzlich statuierte Exklusivvermittlungsverbot ebenso bei anderen zeitlich befristeten Einsätzen wie etwa im Baugewerbe notwendig (RITTER, 104).

IV. Verbot erneuter Vermittlungsgebühren (Abs. 2 lit. b)

Art. 8 Abs. 2 lit. b AVG untersagt Abreden, die den Stellensuchenden verpflichten, bei weiteren Vertragsabschlüssen, die ohne Hilfe des Vermittlers zu Stande gekommen sind, erneut Vermittlungsgebühren zu bezahlen (BOTSCHAFT REV. AVG, 604; REHBINDER, 40; RITTER, 104). Vereinbarungen, die zur erneuten Bezahlung von Vermittlungsgebühren verpflichten, sind nichtig (PORTMANN/ STÖCKLI, 111; ZEN-RUFFINEN, 267). Auch lit. b peilt vor allem – aber nicht nur – den Künstlerbereich an. Dadurch soll ausgeschlossen werden, dass Künstler nur noch über einen Agenten von Kunden engagiert werden dürfen, weil sich gerade im Kunstgewerbe Vermittlungen an einen bestimmten Kunden häufen können (WEISUNGEN SECO, 43 f.). Diese Bestimmung gilt auch bei der Vermittlung von anderen Arbeitsverhältnissen. Dem SECO zufolge kann folgender Wortlaut als AVG-konform erachtet werden, falls ein Vermittler seine Bemühungen im Vermittlungsvertrag absichern will: *«Der Vermittler (die Agentur) hat Anspruch auf die Vermittlungsprovision, falls aufgrund seiner Bemühungen ein Vertrag zwischen dem Stellensuchenden (Künstler) und dem Arbeitgeber zu Stande kommt. Von einem erfolgreichen Bemühen kann längstens bis zum Ablauf von sechs Monaten seit der Zusammenführung der beiden Parteien ausgegangen werden. Sollten die Parteien durch einen Dritten zusammengeführt worden sein, ist keine Provision geschuldet.»* Des Weiteren schlägt das SECO folgende Ergänzung für Künstlervermittlungen vor: *«Sollte infolge Annullierung und Verschiebung des Vertrages später ein neuer Vertrag zu Stande kommen, gilt die Provision ebenfalls als geschuldet. Dies gilt auch für den Fall von Verlängerungen des Engagements.»* (WEISUNGEN SECO, 44).

8

Art. 9

**Einschreibe-
gebühr und
Vermittlungs-
provision**

¹ Der Vermittler darf vom Stellensuchenden eine Einschreibegebühr und eine Vermittlungsprovision verlangen. Für Dienstleistungen, die besonders vereinbart werden, kann der Vermittler eine zusätzliche Entschädigung verlangen.

² Der Stellensuchende schuldet die Provision erst, wenn die Vermittlung zum Abschluss eines Arbeitsvertrages geführt hat.

³ Bei der Auslandsvermittlung schuldet der Stellensuchende die Provision erst, wenn er von den Behörden des Landes, in das er vermittelt wird, die Bewilligung zur Erwerbstätigkeit erhalten hat. Der Vermittler darf jedoch eine angemessene Entschädigung für die tatsächlichen Auslagen und Aufwendungen verlangen, sobald der Arbeitsvertrag zustande gekommen ist.

⁴ Der Bundesrat setzt die Einschreibegebühren und die Vermittlungsprovisionen fest.

**Taxe
d'inscription et
commission
de placement**

¹ Le placeur peut exiger du demandeur d'emploi le versement d'une taxe d'inscription et d'une commission de placement. Pour les prestations de service faisant l'objet d'un arrangement spécial, le placeur peut exiger du demandeur d'emploi le versement d'une indemnité supplémentaire.

² La commission n'est due par le demandeur d'emploi qu'à partir du moment où le placement a abouti à la conclusion d'un contrat.

³ En cas de placement intéressant l'étranger, la commission de placement n'est due que lorsque le travailleur obtient des autorités du pays où il est placé l'autorisation d'exercer une activité lucrative dans ce pays. Le placeur peut, toutefois, dès que le contrat de travail a été signé, exiger un dédommagement équitable pour couvrir les dépenses et les frais effectifs.

⁴ Le Conseil fédéral fixe les taxes d'inscription et les commissions de placement.

**Tassa
d'iscrizione
e provvigione
di collocamento**

¹ Il collocatore può esigere dalla persona in cerca d'impiego una tassa d'iscrizione e una provvigione di collocamento. Per prestazioni di servizio oggetto di un accordo speciale, il collocatore può esigere un'indennità supplementare.

² La provvigione è dovuta soltanto nel caso in cui il collocamento sfocia nella conclusione di un contratto di lavoro.

³ Nel caso di collocamento in relazione con l'estero, la provvigione è dovuta soltanto quando il lavoratore ha ottenuto dalle autorità del Paese in cui è collocato il permesso di esercitare un'attività lucrativa. Il collocatore può però esigere, già dopo la firma del contratto di lavoro, un congruo indennizzo per le spese e gli oneri effettivi.

⁴ Il Consiglio federale stabilisce le tasse d'iscrizione e le provvigioni di collocamento.

Inhaltsübersicht

		Note	Seite
I.	Einleitung	1	39
II.	Vermittlerentschädigung (Abs. 1, Art. 20 und 23 AVV)	2	39
	1. Allgemeines	2	39
	2. Einschreibegebühr	3	40
	3. Vermittlungsprovision	6	41
	4. Entschädigung für besonders vereinbarte Dienstleistungen	12	42
	5. Besonderheiten bei der Künstlervermittlung	16	43
III.	Fälligkeit der Vermittlungsprovision (Abs. 2)	22	44
IV.	Fälligkeit der Provision bei Auslandsvermittlung (Abs. 3, Art. 21 AVV)	23	45
V.	Bundesrätliche Kompetenz (Abs. 4)	24	45

I. Einleitung

Art. 9 AVG ist ebenfalls als Schutzbestimmung für die stellensuchende Person ausgestaltet, indem im Wesentlichen definiert wird, wann gegenüber dem Vermittler welche Provisionen geschuldet sind. Besonderheiten für den Zeitpunkt der Fälligkeit der Provision gelten bei der Auslandsvermittlung. Schliesslich legt diese Bestimmung die Kompetenz des Bundesrats fest, die Höhe der Einschreibgebühren und Vermittlungsprovisionen festzulegen. Durch den Erlass einzelner Bestimmungen in der GebV-AVG und der AVV wurde diese Kompetenz wahrgenommen.

II. Vermittlerentschädigung (Abs. 1, Art. 20 und 23 AVV)

1. Allgemeines

Die nachfolgenden Ausführungen gelten nur gegenüber den Stellensuchenden. Das Gesetz verzichtet mangels Schutzbedürfnis auf Entgeltbestimmungen für das Verhältnis zwischen Vermittler und Arbeitgeber (WEISUNGEN SECO, 49; REHBINDER, 40; RITTER, 107; MAGG, 195). Die Tariffreiheit im Sinne des OR kommt somit zwischen dem Vermittler und dem Arbeitgeber uneingeschränkt zur Anwendung (WEISUNGEN SECO, 49; RITTER, 107; Extrait de la décision de la Commission de recours DFE du 19 mars 2002 en l'affaire X contre Secrétariat d'Etat à l'économie [98/MC-001], in: JAAC 2003 n° 96, 903). Eingeschränkt wird die wirtschaftliche Freiheit des Vermittlers einzig im Verhältnis zum stellensuchenden Arbeitnehmer; die Entschädigungen werden in abschliessender Weise durch das Gesetz determiniert (Extrait de la décision de la Commission de recours DFE du 19 mars 2002 en l'affaire X contre Secrétariat d'Etat à l'économie [98/MC-001], in: JAAC 2003 n° 96, 903).

2. Einschreibegebühr

3 Die Einschreibegebühr ist erfolgsunabhängig geschuldet. Sie soll die Kosten der Erfassung des Stellensuchenden unter Berücksichtigung seiner beruflichen Fähigkeiten und seiner persönlichen Wünsche decken (BOTSCHAFT REV. AVG, 605; REHBINDER, 41; RITTER, 105 f.; Extrait de la décision de la Commission de recours DFE du 19 mars 2002 en l'affaire X contre Secrétariat d'Etat à l'économie [98/MC-001], in: JAAC 2003 n° 96, 903). Durch Art. 2 GebV-AVG wird die Einschreibegebühr eingehend geregelt. Gemäss Art. 2 Abs. 1 GebV-AVG darf die Einschreibegebühr nur einmal pro Vermittlungsauftrag erhoben werden und ihre Höchstgrenze für In- und Auslandvermittlungen beträgt CHF 45.– (WIESUNGEN SECO, 49; REHBINDER, 41; RITTER, 105 f.). Um für Stellensuchende eine geeignete Stelle zu finden, inserieren Vermittler oft in Zeitungen, im Internet oder in anderen geeigneten Medien. Kosten für das Inserieren können dem Stellensuchenden in Rechnung gestellt werden, falls dies zuvor vereinbart worden ist. Dies beruht auf der Überlegung, dass diese Kosten dem Stellensuchenden auch bei eigener Inseratsaufgabe entstehen würden. Das Layouten des Inserates oder der Aufwand für das Verfassen hingegen ist Teil der normalen Vermittlungstätigkeit. Auch die Inserierungskosten für das Platzieren in einem vom Vermittler selbst veröffentlichten Publikationsorgan dürfen dem Stellensuchenden nicht in Rechnung gestellt werden (vgl. Art. 2 Abs. 2 GebV-AVG). In diesem Fall darf lediglich die Einschreibegebühr verlangt werden, wobei auch hier der Höchstbetrag von CHF 45.– verbindlich ist. Sicherzustellen ist zudem, dass der Vermittler und der Herausgeber nicht zusammenarbeiten, bzw. dass der Vermittler nicht am Publikationsorgan beteiligt ist. Stellensuchende sollen davor geschützt werden, dass Vermittler ein Eigeninteresse an der Schaltung von Inseraten haben. Die Inserierung soll einzig dazu dienen, die Chancen auf einen Vermittlungserfolg zu erhöhen (WIESUNGEN SECO, 49, 51).

4 Sofern der Vermittlungsauftrag keinen Erfolg generiert, gilt der Auftrag frühestens nach sechs Monaten als erloschen (Art. 2 Abs. 3 GebV-AVG). Der Vermittler darf dem Stellensuchenden frühestens nach Ablauf von sechs Monaten einen neuen Vermittlungsauftrag stellen. Zweck dieser Bestimmung ist die Verhinderung der Umgehung der Gebührenhöchstgrenze durch den Vermittler, indem er, falls er das Publikationsorgan selbst herausgibt, eine kürzere Vertragsdauer vorsieht (WEISUNGEN SECO, 49).

5 Art. 2 Abs. 4 GebV-AVG statuiert, dass bei Zusammenarbeit mehrerer Vermittler keine Kumulierung der Gebühren stattfinden darf. Auch hier wird einer Umgehung der Gebührenvorschriften zuvorgekommen (WEISUNGEN SECO, 49).

3. Vermittlungsprovision

Die Vermittlungsprovision im Sinne des Art. 9 Abs. 1 AVG ist ein erfolgsabhängiges Entgelt, das für eine seriöse und fachgerechte Vermittlung sowie für den damit verbundenen, zweckmässigen und ordentlichen Aufwand geschuldet ist. Die Vermittlungsprovision enthält zusätzlich eine Gewinnmarge (WEISUNGEN SECO, 50; BOTSCHAFT REV. AVG, 605; REHBINDER, 41; RITTER, 106).

Art. 20 AVV gibt die Berechnungsweise der Vermittlungsprovision zu Lasten des Stellensuchenden wieder, die in Prozenten des Bruttolohns beziehungsweise der Bruttogage der vermittelten Person erfolgt (WEISUNGEN SECO, 50; REHBINDER, 41; RITTER, 106). Der Bruttolohn setzt sich aus dem effektiv ausbezahlten Lohn, den Arbeitnehmerbeiträgen an die Sozialversicherungen sowie den Abzügen für Kost und Logis etc. zusammen. Arbeitgeberbeiträge an die Sozialversicherungen sind nicht dazuzuzählen (WEISUNGEN SECO, 50; REHBINDER, 41; RITTER, 106). Bei Verträgen von mindestens einem Jahr Dauer – seien diese befristet oder unbefristet – bemisst sich die Vermittlungsprovision stets anhand des Jahressalärs, auch wenn das Arbeitsverhältnis vor Ablauf eines Jahres aufgelöst wird (siehe Art. 20 Abs. 1 AVV sowie WEISUNGEN SECO, 50; RITTER, 106; MAGG, 194). Heute zeigen sich viele Vermittler dazu bereit, dem Arbeitgeber einen Teil der Vermittlungsprovision zurückzuerstatten, falls das Arbeitsverhältnis innert einer bestimmten Frist aufgelöst wird. Diese Branchenusanz wird durch das AVG nicht geregelt (WEISUNGEN SECO, 50; REHBINDER, 41; RITTER, 106).

Bei befristeten unterjährigen Arbeitsverträgen ist demgegenüber gemäss Art. 20 Abs. 2 AVV der effektiv vereinbarte Bruttolohn als Ausgangsgrösse für die Berechnung der Vermittlungsprovision einzusetzen (WEISUNGEN SECO, 50; RITTER, 106).

Die zulässige Höhe der Vermittlungsprovision wird in Art. 3 GebV-AVG umschrieben. Nach Art. 3 Absatz 1 GebV-AVG entspricht die Obergrenze in jedem Fall der Summe, die 5 Prozent des Jahres-Bruttolohnes ausmacht (WEISUNGEN SECO, 50; REHBINDER, 41). Auszugehen ist vom ersten Brutto-Jahresgehalt des Stellensuchenden (MAGG, 194). Diese Höchstgrenze darf gemäss Art. 3 Abs. 2 GebV-AVG auch bei einer Zusammenarbeit mehrerer Vermittler nicht überschritten werden, es sei denn, die Ausnahmeregelung von Art. 4 Abs. 4 GebV-AVG ist erfüllt. Diese Ausnahme lautet wie folgt: *«Muss der Vermittler bei der Vermittlung ins Ausland mit ausländischen Vermittlungsstellen zusammenarbeiten, so darf sich die Provision zu Lasten des Stellensuchenden um höchstens die Hälfte erhöhen, keinesfalls jedoch um mehr als die infolge der Auslandvermittlung entstandenen Mehrkosten.»*

Sinn und Zweck des fixierten Maximalbetrags der Vermittlungsprovision ist der Schutz des Stellensuchenden vor Ausbeutung und Übervorteilung (MAGG, 194; Extrait de la décision de la Commission de recours DFE du 19 mars 2002 en l'affaire X contre Secrétariat d'Etat à l'économie [98/MC-001], in: JAAC 2003 n° 96, 903).

11 Nach Art. 3a GebV-AVG ist es allerdings zulässig, die auf der Provision lastende Mehrwertsteuer auf die Stellensuchenden zu überwälzen, selbst wenn dies zum Überschreiten der Provisionshöchstgrenze führt (WEISUNGEN SECO, 50).

4. Entschädigung für besonders vereinbarte Dienstleistungen

12 Gemäss Art. 9 Abs. 1 Satz 2 AVG steht es den Parteien frei, zusätzliche Dienstleitungen zu vereinbaren, die gesondert entschädigt werden (BOTSCHAFT REV. AVG, 605; REHBINDER, 41; RITTER, 107; PORTMANN/STÖCKLI, 111). Eine solche Abrede muss schriftlich erfolgen (vgl. Art. 8 Abs. 1 AVG), da es sich hierbei nicht um eine ergänzende Nebenbestimmung des Vertrages gemäss Art. 12 OR handelt (BOTSCHAFT REV. AVG, 605; REHBINDER, 41 f.; RITTER, 107). Die Zulässigkeit solcher Vereinbarungen ist hinsichtlich besonders schwieriger Vermittlungsfälle notwendig. Der Vermittler soll keine ausserordentlich hohen Geschäftsrisiken tragen müssen, die nur durch überhöhte Vermittlungsprovisionen ausgeglichen werden könnten (BOTSCHAFT REV. AVG, 605; WEISUNGEN SECO, 50 f.; REHBINDER, 42). Ein Anspruch auf Entschädigung von besonderen Dienstleistungen, die ohne Zustimmung des Stellensuchenden erbracht wurden, besteht somit nicht.

13 Nach dem Willen des Gesetzgebers soll die Möglichkeit für die gesonderte Inrechnungstellung von besonders vereinbarten Dienstleistungen auf schwierige Vermittlungsfälle begrenzt sein. Dies betrifft Fälle, bei denen von Anfang an feststellbar ist, dass eine Vermittlung nur mit Hilfe von ausserordentlichen Dienstleistungen erfolgreich sein könnte. Des Weiteren wollte der Gesetzgeber nur diejenigen Kosten für ausserordentliche Dienstleistungen, die sich aufgrund des Berufes oder der Person des Stellensuchenden oder den Wünschen des potentiellen Arbeitgebers aufdrängen, vom Geschäftsrisiko des Vermittlers ausgrenzen. Bei diesen ausserordentlichen Dienstleistungen handelt es sich in der Regel um solche, die der Vermittler extern in Auftrag geben muss (WEISUNGEN SECO, 51). Mit der Möglichkeit der gesonderten Entschädigung von besonders vereinbarten Dienstleistungen soll auf keinen Fall die Schranke der relativ tiefen Vermittlungsprovisionen umgangen werden (RITTER, 107). Die besondere Dienstleistung muss über den normalen Aufwand einer fachgerechten Vermittlung hinausgehen, die bereits von der Provision gedeckt ist. Ferner muss sie zweckmässig sein (WEISUNGEN SECO, 51; RITTER, 107). Aus diesen Gründen kann nur ausnahmsweise von einer besonders vereinbarten Dienstleistung die Rede sein (WEISUNGEN SECO, 51). Als spezielle Dienstleistungen sind bspw. denkbar:

– Durchführung psychologischer Fachtests,
– Durchführung spezieller Eignungstests,
– Gewährung von Einblick in einen Stellenanzeiger,
– Gestaltung und Durchführung von Werbung,
– Betreuung von Künstlern,
– erstellen von Fotodokumentationen,

- erteilen von Instruktionen über die Abfassung von Bewerbungen,
- erteilen von Instruktionen hinsichtlich der Absolvierung von Vorstellungsgesprächen,
- Vornahme von Analysen der Arbeitsmarktfähigkeit des Stellensuchenden,
- verschaffen von Zusatzinformationen über den Arbeitsmarkt

(WEISUNGEN SECO, 51; REHBINDER, 42; RITTER, 107).

Art. 20 Abs. 3 AVV verbietet die Vereinbarung der Entschädigungen in Form von Lohnprozenten oder Pauschalsummen. Vielmehr müssen die Entschädigungen so beziffert werden, dass der Betroffene beurteilen kann, wie viel er für welche Dienstleistung zu erbringen hat (WEISUNGEN SECO, 51; REHBINDER, 42; RITTER, 107). Art. 20 Abs. 3 AVV verhilft damit zu mehr Transparenz und stellt sicher, dass nur effektive Kosten der besonders vereinbarten Dienstleistungen in Rechnung gestellt werden, was wiederum eine verdeckte Aufbesserung der Provision des Vermittlers verhindert (WEISUNGEN SECO, 51; REHBINDER, 42).

14

In Analogie zu Art. 413 Abs. 3 OR wird die Entschädigung bereits mit dem Erbringen der vereinbarten Leistung geschuldet. Sie ist daher unabhängig vom Vermittlungserfolg. Im Gegensatz zur Vermittlungsprovision, die in Art. 9 Abs. 2 AVG geregelt ist, wird der Eintritt der Fälligkeit von Entschädigungen für besonders vereinbarte Dienstleistungen weder im AVG noch in der AVV geregelt (REHBINDER, 42; RITTER, 107 f.). In diesen Fällen ist Art. 9 Abs. 2 AVG wohl analog anzuwenden.

15

5. Besonderheiten bei der Künstlervermittlung

Für die Vermittlung von Personen für künstlerische und ähnliche Darbietungen wurden spezielle Nomen geschaffen (REHBINDER, 41; RITTER, 108; JAAC 2003, 903). Wie bei befristeten unterjährigen Arbeitsverträgen ist für die Berechnung der Vermittlungsprovision in diesem Bereich aufgrund von Billigkeitsüberlegungen die tatsächlich geschuldete Bruttogage massgebend (vgl. Art. 23 AVV sowie WEISUNGEN SECO, 50; REHBINDER, 41; RITTER, 108). Dies stellt eine Abweichung vom ansonsten anwendbaren Mäklervertragsrecht dar. Erstaunlicherweise fehlt für diese Abweichung jegliche Grundlage im AVG (REHBINDER, 41; RITTER, 108).

16

Die gesetzlich festgelegten Höchstansätze, die in Art. 4 f. GebV-AVG zu finden sind, erfüllen eine wichtige Schutzfunktion gegen Übervorteilung und Ausbeutung von Künstlern (REHBINDER, 41; RITTER, 108).

17

Art. 4 Abs 1 GebV-AVG sowie Art. 5 GebV-AVG unterscheiden zwischen Vermittlungsprovisionen zulasten von Fotomodellen und Mannequins und Vermittlungsprovisionen zulasten von anderen künstlerisch tätigen Personen (WIESUNGEN SECO, 54; REHBINDER, 41). Die Absätze 2–4 von Art. 4 GebV-AVG gelten für alle Arten der Künstler-Vermittlung.

18

19 Gemäss Art. 4 Abs. 1 GebV-AVG betragen die Ansätze der Vermittlungsprovision für Gruppen und Orchester (lit. a) sowie Cabaret-Tänzerinnen (lit. b) höchstens 8 Prozent und für Alleinmusiker, Alleinunterhalter und für allein auftretende Artisten aus dem Unterhaltungs- oder Klassikbereich sowie für Schauspieler (lit. c) höchstens 10 Prozent der effektiven Bruttogage. Die Vermittlungsprovisionen nach Art. 4 Abs. 1 GebV-AVG dürfen gemäss Abs. 2 von Art. 4 GebV-AVG maximal 5 Prozent des ersten Jahreslohnes betragen. Nur bei kürzeren Verpflichtungen sind höhere Provisionen zulässig (WEISUNGEN SECO, 50). Laut Art. 4 Abs. 3 GebV-AVG können die Ansätze höchstens um ein Viertel erhöht werden, wenn das Engagement weniger als sechs Tage dauert. In jedem Fall soll der Vermittler jedoch ein Minimum von CHF 80.– in Rechnung stellen dürfen. Damit wird sichergestellt, dass aufgrund der grösseren Rentabilität für den Vermittler auch unbekannte Künstler vermittlungsfähig sind. In keinem Fall darf jedoch die Summe der Provisionen die Obergrenze von 5 Prozent eines Jahresengagements überschreiten (WEISUNGEN SECO, 50).

20 Falls eine inländische Agentur mit einer ausländischen Agentur zusammenarbeiten muss, darf die Vermittlungsprovision im Künstlerbereich zulasten des Stellensuchenden um höchstens die Hälfte erhöht werden. Die Erhöhung der Provision ist jedoch auf die tatsächlich entstehenden Mehrkosten infolge der Auslandsvermittlung beschränkt (vgl. Art. 4 Abs. 4 GebV-AVG). Die ausländische Agentur darf den Künstler nicht zusätzlich zur Kasse bitten. Art. 4 Abs. 4 GebV-AVG gilt zudem ausschliesslich für Vermittlungen ins Ausland, nicht jedoch für diejenige aus dem Ausland in die Schweiz (WEISUNGEN SECO, 54; vgl. Extrait de la décision de la Commission de recours DFE du 19 mars 2002 en l'affaire X contre Secrétariat d'Etat à l'économie [98/MC-001], in: JAAC 2003 n° 96, 903).

21 Die Obergrenze der Vermittlungsprovisionen für Fotomodelle und Mannequins liegt gemäss Art. 5 GebV-AVG bei Einsätzen mit einer Dauer von weniger als sechs Arbeitstagen bei 12 Prozent, bei länger dauernden Einsätzen bei 10 Prozent. Im Übrigen gelten die Regeln von Art. 4 Abs. 2–4 GebV-AVG, wie bereits erwähnt, auch für Fotomodelle und Mannequins.

III. Fälligkeit der Vermittlungsprovision (Abs. 2)

22 Die Vermittlungsprovision ist bei einem Schweigen des Spezialgesetzes den Bestimmungen über den Mäklervertrag unterworfen. Dementsprechend stimmt auch die Regelung der Fälligkeit der Vermittlungsprovision mit dem Mäklervertragsrecht überein. Die Provision ist erst geschuldet, wenn der Vertrag zwischen Arbeitnehmer und Arbeitgeber zustande gekommen ist. Art. 9 Abs. 2 AVG gibt somit nur die allgemeine Norm, welche subsidiär zur Anwendung kommt, verdeutlichend wieder (BOTSCHAFT REV. AVG, 605; REHBINDER, 42; vgl. Extrait de la décision de la Commission de recours DFE du 19 mars 2002 en l'affaire X contre

Secrétariat d'Etat à l'économie [98/MC-001], in: JAAC 2003 n° 96, 903). Abweichende Vereinbarungen über den Entstehungszeitpunkt und die Fälligkeit der Provisionsgebühr sind nicht zulässig (MAGG, 181). Durch die gesetzliche Regelung wird allerdings lediglich ein Fälligkeitszeitpunkt vor Zustandekommen des Arbeitsvertrages ausgeschlossen. Die vertragliche Festlegung eines späteren Fälligkeitszeitpunkts steht dem Schutzgedanken der Norm nicht entgegen (MAGG, 182).

IV. Fälligkeit der Provision bei Auslandsvermittlung (Abs. 3, Art. 21 AVV)

Art. 9 Abs. 3 AVG regelt die Vermittlungsprovision bei der Auslandsvermittlung gesondert. Der Vermittlungserfolg ist bei der Auslandsvermittlung regelmässig vom Ausgang des fremdenpolizeilichen Bewilligungsverfahrens abhängig. Der Provisionsanspruch entsteht deshalb erst bei Erteilung der Aufenthalts- und Arbeitsbewilligung (so auch in Art. 21 Abs. 1 AVV, vgl. dazu BOTSCHAFT REV. AVG, 605; REHBINDER, 42; RITTER, 108; MAGG, 181 f.). Bei gescheiterten Auslandsvermittlungen nimmt Art. 9 Abs. 3 AVG jedoch Rücksicht auf die berechtigten Interessen des Auslandsvermittlers, der gewöhnlich grössere Ausgaben zu erfüllen hat als ein Inlandsvermittler. Sobald der Arbeitsvertrag abgeschlossen ist, darf der Vermittler unabhängig von der Erteilung der Arbeitsbewilligung eine angemessene Entschädigung für die entstandenen Unkosten verlangen (BOTSCHAFT REV. AVG, 605; REHBINDER, 42; RITTER, 109). Die Höhe der Auslagen und Aufwendungen, die in Rechnung gestellt werden dürfen, wird in Art. 21 Abs. 1 lit. a AVV präzisiert. Art. 21 Abs. 1 lit. b AVV regelt besonders vereinbarte Dienstleistungen im Zusammenhang mit einer gescheiterten Auslandsvermittlung. Gemäss Art. 21 Abs. 2 AVV darf durch schriftliche Abrede von den gesetzlich vorgeschriebenen Ansätzen abgewichen werden (REHBINDER, 42; RITTER, 109). Die dadurch verursachte finanzielle Belastung des Stellensuchenden darf jedoch den Betrag der zulässigen Vermittlungsprovision nicht überschreiten.

V. Bundesrätliche Kompetenz (Abs. 4)

Art. 9 Abs. 4 AVG ermächtigt den Bundesrat dazu, die Einschreibegebühren und die Vermittlungsprovisionen festzulegen (BOTSCHAFT REV. AVG, 605). Von dieser Kompetenz wurde beim Erlass der Tarifvorschriften in den Art. 20–23 AVV sowie in den Art. 2–5 GebV-AVG Gebrauch gemacht (REHBINDER, 42). Durch die Bezifferung der Provision durch den Bundesrats wird die Vertragsautonomie betreffend die geschuldete Provision zwischen Stellensuchendem und Vermittler ausgeschlossen (MAGG, 193 f.; PORTMANN, KOLLEKTIVES ARBEITSRECHT, 83, 171).

4. Abschnitt: Finanzhilfen an die private Arbeitsvermittlung

Art. 11

[1] Der Bund kann ausnahmsweise Finanzhilfen gewähren:
a. den paritätischen Arbeitsvermittlungsstellen von Arbeitgeber- und Arbeitnehmerverbänden gesamtschweizerischen Charakters, wenn sie im Auftrag des SECO in der Arbeitsvermittlung tätig sind;
b. den Arbeitsvermittlungsstellen schweizerischer Verbände im Ausland, die nach ausländischem Recht unentgeltlich arbeiten müssen;
c. den Institutionen, die bei der Durchführung zwischenstaatlicher Vereinbarungen, insbesondere der Vereinbarungen über den Austausch von Stagiaires, mitwirken.

[2] Die Finanzhilfen betragen in der Regel höchstens 30 Prozent der anrechenbaren Betriebskosten; sie dürfen das Betriebsdefizit nicht übersteigen.

[3] Der Bundesrat regelt die Einzelheiten; er setzt insbesondere die anrechenbaren Betriebskosten fest und bezeichnet die beitragsberechtigten Institutionen.

[1] La Confédération peut exceptionnellement allouer des contributions financières:
a. aux offices paritaires de placement dépendant d'associations d'employeurs et de travailleurs dont l'activité s'étend à l'ensemble du pays, lorsque ces offices exercent des activités de placement à la demande du SECO;
b. aux offices de placement dépendant d'associations suisses à l'étranger qui, selon le droit étranger, sont tenus de travailler gratuitement;
c. aux institutions collaborant à l'application d'arrangements bilatéraux ou multilatéraux, notamment en matière d'échanges de stagiaires.

[2] En règle générale, les contributions financières atteignent au maximum 30 % des frais d'exploitation à prendre en compte; elles ne peuvent dépasser le montant du déficit d'exploitation.

[3] Le Conseil fédéral règle les détails; il fixe notamment les frais d'exploitation à prendre en compte et désigne les institutions ayant droit aux contributions.

[1] a Confederazione può, eccezionalmente, accordare contributi finanziari:
a. agli uffici paritetici di collocamento delle associazioni dei datori di lavoro e dei lavoratori, la cui attività si estende all'intero Paese, se esercitano il collocamento su mandato della SECO;
b. agli uffici di collocamento di associazioni svizzere all'estero che, secondo il diritto straniero, devono operare gratuitamente;
c. alle istituzioni collaboranti all'applicazione di accordi interstatali, segnatamente in materia di scambio di praticanti.

² I contributi finanziari ammontano di regola al 30 per cento al massimo delle spese d'esercizio computabili; non possono superare l'importo del disavanzo d'esercizio.

³ Il Consiglio federale disciplina i particolari; stabilisce segnatamente le spese d'esercizio computabili e designa le istituzioni che hanno diritto ai contributi.

Inhaltsübersicht	Note	Seite
I. Allgemeines	1	47
1. Entstehung	1	47
2. Sinn und Zweck der Finanzhilfen	2	48
3. Grundsatz (Abs. 1)	4	48
II. Besonderes	5	48
1. Adressatenkreis (Abs. 1 lit. a–c)	5	48
a. Paritätische Arbeitsvermittlungsstellen (Abs. 1 lit. a)	7	49
b. Arbeitsvermittlungsstellen schweizerischer Verbände im Ausland (Abs. 1 lit. b, AVV 24 lit. b)	12	50
c. Bei der Durchführung zwischenstaatlicher Vereinbarungen mitwirkende Institutionen (Abs. 1 lit. c, AVV 24 lit. c)	13	51
2. Höhe der Bundesbeiträge (Abs. 2)	14	51
3. Regelung der Einzelheiten durch den Bundesrat (Abs. 3, AVV 25)	15	51

I. Allgemeines

1. Entstehung

Die Regelung der **Bundesbeiträge an paritätische Arbeitsvermittlungsstellen** in AVG 11 richtet sich weitgehend nach der im aAVG geltenden Norm (aAVG 14; aAVV 25 ff.; BOTSCHAFT REV. AVG, 607). In ihrer Stellungnahme zum bundesrätlichen Entwurf des revidierten AVG verlangte die vorberatende Kommission des Ständerates einzig die zusätzliche Einfügung der Wendung *«ausnahmsweise»*, um den Charakter der Norm zusätzlich zu unterstreichen (E AVG 11 I; BULLETIN REV. AVG, 572). Gleichzeitig wurde klargestellt, dass die Intention des Gesetzgebers nicht dahin geht, den Kreis der Subventionsbegünstigten zu erweitern. Weiterhin sollten nur die bereits bis dahin vom Bund unterstützten privaten Arbeitsvermittlungsstellen Finanzhilfen erhalten (BULLETIN REV. AVG, 573; REHBINDER, 45; RITTER, 111). Nachfolgend erfuhr AVG 11 einzig eine terminologische Änderung, als im ganzen Erlass der Ausdruck *«BIGA»* durch *«SECO»* ersetzt wurde (ÄNDERUNG AVG 2000, 2744).

1

2. Sinn und Zweck der Finanzhilfen

2 Die Arbeitsvermittlung führt Arbeitssuchende mit Arbeitgebern zusammen, sodass freie Stellen effizient und optimal besetzt werden können. Unternehmen wird so die Suche nach Arbeitskräften erleichtert, was sich direkt auf den Arbeitsmarkt auswirkt (zur Bedeutung der Arbeitsvermittlung für die Arbeitsmarktpolitik vgl. MARELLI, 9 ff.). Die Arbeitslosigkeit wird unmittelbar bekämpft und die Wirtschaft als Ganzes stabilisiert, gestärkt und entwickelt. Das **öffentliche Interesse** an einer gut funktionierenden Arbeitsvermittlung ist somit evident (dazu auch TRIPONEZ, 2).

3 Das AVG setzt die Leitlinien für die Erfüllung dieses öffentlichen Interesses. Als vordringliches Ziel bezweckt es dabei den Schutz der Arbeitssuchenden, wobei insbesondere die Vermittlung von Schwarzarbeit verhindert werden soll (BOTSCHAFT REV. AVG, 557 f.; REHBINDER, 11 f.). Gleichzeitig stellt der Gesetzgeber klar, dass die private Arbeitsvermittlung eine Vorrangstellung vor der öffentlichen geniesst (BOTSCHAFT REV. AVG, 557; dazu REHBINDER, 12). Die Gewährung von Finanzhilfen durch den Bund an bestimmte private Arbeitsvermittler bedarf deshalb einer besonderen Rechtfertigung. Sie gründet primär darin, dass diese Vermittler **spezifische Aufgaben** erfüllen, die ein über die sonstige Vermittlertätigkeit hinausgehendes öffentliches Interesse befriedigen.

3. Grundsatz (Abs. 1)

4 Der Gesetzestext stellt bereits zu Beginn klar, dass die Bundesbeiträge an paritätische Arbeitsvermittlungsstellen nur *«ausnahmsweise»* gewährt werden. Die Kommission des Ständerats wollte mit dieser Formulierung betonen, dass der Kreis der bisher Begünstigten nicht beliebig zu erweitern ist (N 1; BULLETIN REV. AVG, 573; REHBINDER, 45; RITTER, 111). Eine Verpflichtung des Bundes zur Entrichtung von Finanzhilfen besteht dementsprechend nicht (BOTSCHAFT REV. AVG, 607 f.).

II. Besonderes

1. Adressatenkreis (Abs. 1 lit. a–c)

5 Im Vorfeld der AVG-Revision von 1989 wurde seitens der Vereinigung schweizerischer Angestelltenverbände, des Schweizerischen Berufsverbandes der Krankenschwestern und Krankenpfleger und des Kantons Wallis plädiert, die Finanzhilfen seien allen paritätischen Arbeitsvermittlungsbehörden zu gewähren und nicht bloss jenen, die durch das SECO (damals noch BIGA) beauftragt werden. Demgegenüber lehnten die Arbeitgeberorganisationen mit dem Hinweis auf

den Sparauftrag des Bundes generell jegliche Subventionen ab (BOTSCHAFT REV. AVG, 584).

Die gemäss geltendem AVG vom Bund finanziell zu unterstützenden, privaten Arbeitsvermittler decken sich mit den Subventionsempfängern vor der Revision (BOTSCHAFT REV. AVG, 563 und 607). Dies entspricht dem Bestreben des Gesetzgebers, den Kreis der Berechtigten nicht zu erweitern (BULLETIN REV. AVG, 573; REHBINDER, 45; RITTER, 111).

a. Paritätische Arbeitsvermittlungsstellen (Abs. 1 lit. a)

AVG 11 I lit. a zielt insbesondere auf die *«Vermittlungsorganisationen spezieller Berufe»* (BOTSCHAFT REV. AVG, 607) wie bspw. Künstler. Deren spezifische Aufgaben erfordern einen hohen Grad an Fachwissen und könnten von den öffentlichen Arbeitsvermittlungsbehörden nur mit erheblichem Aufwand erledigt werden (BOTSCHAFT REV. AVG, 607; RITTER, 111; REHBINDER, 45). Gemäss aAVV 24 lit. a waren deshalb die Schweizerische Fach- und Vermittlungsstelle für Musikerinnen und Musiker (SFM) beitragsberechtigt. Diese Institution stellt eine spezialisierte, paritätische Arbeitsvermittlungsstelle dar, untersteht der Aufsicht des SECO und wurde beim Erlass des revidierten AVG mit jährlich CHF 150 000.– unterstützt (BOTSCHAFT REV. AVG, 563 sowie 607). Diesen Bundesbeitrag sah der Gesetzgeber als *«lebensnotwendig»* für die Organisation und damit für die Erfüllung der wichtigen Vermittlungstätigkeit an (BOTSCHAFT REV. AVG, 607; RITTER, 111 f.).

Das SECO geht heute davon aus, dass die SFM keine öffentliche Aufgabe mehr wahrnehme und nur noch als private Vermittlungsstelle tätig sei, weshalb es die Subvention per Ende 2015 einstellen wird. In der Praxis betrug die Finanzhilfe des Bundes an die SFM 2013 noch CHF 160 000.–; in den nachfolgenden zwei Jahren wird dieser Betrag um CHF 90 000.– bzw. CHF 85 000.– gekürzt. Ab Beginn des Jahres 2016 muss die SFM ihre gesamten Kosten selbst tragen. Die per 1. Januar 2014 in Kraft getretene Revision der AVV führte neben weiteren Änderungen ebenfalls zur Streichung der SFM aus der Liste der beitragsberechtigten Vermittlungsorganisationen.

Grundsätzlich erscheint es überzeugend, dass private Vermittlungsorganisationen selbsttragend funktionieren sollen und die finanzielle Unterstützung nur unter den kumulativen Bedingungen der Notwendigkeit sowie des öffentlichen Interesses an der Tätigkeit gewährt werden. Gemäss internen Angaben der SFM kann die Vermittlungstätigkeit ohne die Subventionen nicht wie bis anhin weitergeführt werden. Folge der Streichung der Finanzhilfen seien deshalb insbesondere Einsparungen bei den Personalkosten. Mit Inkrafttreten des FZA sei für die SFM eine Kontrollaufgabe bei der Vermittlung ausländischer Bühnenkünstler entfallen, weil diese seither vom Bundesamt für Migration zentralisiert vorgenommen werde. Ansonsten habe sich jedoch an der Vermittlungstätigkeit der SFM nichts geändert und sie halte auch heute den grössten Marktanteil bei der Vermittlung von Tanz- und Unterhaltungskünstlern.

10 In Anbetracht dieser Stellungnahme erscheint die Frage berechtigt, ob die Streichung der SFM aus der AVV tatsächlich adäquat war. Hierzu ist vorab zu prüfen, ob auch heute noch das Bedürfnis des historischen Gesetzgebers besteht, die spezialisierte Vermittlungstätigkeit als öffentliches Interesse zu fördern. Wird dies verneint, würde sich eine weitere Änderung des AVG aufdrängen. Zwar bewirkt die Streichung der einzigen aus AVG 11 I lit. a unterstützten Institution aus der Liste möglicher Bezüger im Ergebnis ebenfalls, dass keine Gelder mehr an die SFM fliessen. Dies vermag jedoch unter demokratischen Gesichtspunkten nicht zu befriedigen, weil sich der Verordnungsgeber damit über den klaren Willen des Gesetzgebers hinwegsetzen würde. Demgegenüber war die Änderung der AVV angebracht, wenn zwar weiterhin die Vermittlung spezialisierter Berufe unterstützt werden soll, sich die Tätigkeit der SFM aber dermassen verändert hat, dass sie nicht mehr unter diese Kategorie von Vermittlungsorganisationen fällt. Die Beantwortung der aufgeworfenen Fragen erfordert eine fundierte Auseinandersetzung mit der tatsächlichen Vermittlungstätigkeit der SFM sowie eine Analyse der heute bestehenden, öffentlichen Interessen daran. Beides ist anhand der verfügbaren Informationen an dieser Stelle nicht möglich. Den Ausführungen der BOTSCHAFT (REV. AVG, 607) kann zumindest entnommen werden, dass sich das öffentliche Interesse aus den spezifischen Aufgaben der paritätischen Arbeitsvermittlungsstellen ergibt und diese Aufgabe einen hohen Grad an Fachwissen erfordert. Gerade Letzteres legt die Wahrnehmung einer öffentlichen Aufgabe nahe. Die vorgängig aufgezeigten aktuellen Umstrukturierungen in der Praxis der Gewährung von Finanzhilfen an die SFM lassen allerdings Gegenteiliges vermuten. Das Bewilligungsverfahren gemäss FZA hat jedoch grundsätzlich keinen Einfluss auf das Bestehen eines öffentlichen Interesses an der Vermittlungstätigkeit.

11 Im Rahmen des Tatbestandes von AVG 11 I lit. a könnten Vermittler von Bühnenkünstlern ebenfalls beitragsberechtigt erscheinen (RITTER, 112; REHBINDER, 45). Der in AVV 24 klar definierte Empfängerkreis für Finanzhilfen erscheint jedoch enger und schliesst diese aus (dazu auch BOTSCHAFT REV. AVG, 607).

b. Arbeitsvermittlungsstellen schweizerischer Verbände im Ausland (Abs. 1 lit. b, AVV 24 lit. b)

12 AVG 11 I lit. b soll dem Bund die Möglichkeit eröffnen, die Arbeitsvermittlungsstellen von schweizerischen Verbänden im Ausland finanziell zu unterstützen, wenn diese **nach ausländischem Recht unentgeltlich** arbeiten müssen (BOTSCHAFT REV. AVG, 607). Hierunter fällt die Tätigkeit des **Cercle Commercial Suisse in Paris** (AVV 24 lit. b; RITTER, 112; REHBINDER, 45).

c. **Bei der Durchführung zwischenstaatlicher Vereinbarungen mitwirkende Institutionen (Abs. 1 lit. c, AVV 24 lit. c)**

AVG 11 I lit. c sieht Finanzhilfen auch für Institutionen vor, die bei der Durchführung zwischenstaatlicher Vereinbarungen, insbesondere der Vereinbarungen über den **Austausch von Stagiaires,** mitwirken. AVV 24 lit. c bezeichnet deshalb die «*Schweizerische Kommission für den Austausch von Stagiaires*» als unterstützungsberechtigt. Der Gesetzgeber verspricht sich aus deren Tätigkeit die **Förderung zwischenstaatlicher Beziehungen,** ferner vermittle sie insbesondere «*jungen Berufstätigen einen praxisbezogenen Einblick in fremde Wirtschafts- und Kulturkreise*» (BOTSCHAFT REV. AVG, 607). Die Kommission bleibt weiterhin im Budget vorgesehen, obwohl seit Jahren keine Finanzhilfen mehr beantragt und die Unkosten primär durch Mitgliederbeiträge bestritten werden (bereits REHBINDER, 45 f.; RITTER, 112). Überdies hat seit dem Freizügigkeitsabkommen die Bedeutung von Stagiaires abgenommen.

13

2. Höhe der Bundesbeiträge (Abs. 2)

Es besteht keine Verpflichtung des Bundes, Beiträge an private Institutionen zu bezahlen (N 4). Die Subventionen können ausgerichtet werden, sofern eine effiziente Arbeitsvermittlung dies erfordert. Gemäss AVG 11 II betragen diese Finanzhilfen in der **Regel höchstens 30 Prozent** der anrechenbaren Betriebskosten und werden als Defizitdeckung entrichtet (BOTSCHAFT REV. AVG, 608; RITTER, 112). Die Einzelheiten sind vom Bundesrat zu regeln (AVG 11 III). Dieser definiert insbesondere die anrechenbaren Betriebskosten (AVV 25; nachfolgend N 15 f.).

14

3. Regelung der Einzelheiten durch den Bundesrat (Abs. 3, AVV 25)

Die Kompetenzregelung in AVG 11 III erhöht die **Transparenz** bei der Gewährung der Subventionen (RITTER, 111; REHBINDER, 46). Demnach ist der Bundesrat für den Erlass der Ausführungsvorschriften zuständig und bezeichnet dabei insbesondere die beitragsberechtigten **Institutionen** sowie die **anrechenbaren Betriebskosten** (AVG 11 III). Gemäss bundesrätlicher Verordnung sind die Personal- und Sachkosten anrechenbar (AVV 25 I). Diese beinhalten etwa die Löhne sowie die Miet- und Unterhaltskosten für die Büroräumlichkeiten, das Verbrauchsmaterial und die Arbeitsgeräte, wobei Letztere buchhalterisch abzuschreiben sind. Demgegenüber können die Anschaffung von Immobilien sowie die Verzinsung von Fremdkapital zur Finanzierung von Immobilien nicht angerechnet werden (vgl. WEISUNG SECO, 55; RITTER, 112).

15

AVV 25 II ermöglicht zwar grundsätzlich die Übernahme eines Betriebsdefizits, das 30 Prozent der Betriebskosten übersteigt. Diese kann jedoch nur unter den

16

restriktiven Voraussetzungen erfolgen, dass eine andere Deckung ausgeschlossen ist und das Defizit den *«Fortbestand der Institution ernsthaft gefährdet»* (AVV 25 II; vgl. auch WEISUNG SECO, 55; RITTER, 112; REHBINDER, 46). Hierbei soll die wirtschaftliche Leistungskraft der Trägerschaft der Arbeitsvermittlungsbehörde hinreichend berücksichtigt werden (AVV 25 II Satz 2).

3. Kapitel: Personalverleih

1. Abschnitt: Bewilligung

Art. 12

Bewilligungspflicht

¹ Arbeitgeber (Verleiher), die Dritten (Einsatzbetrieben) gewerbsmässig Arbeitnehmer überlassen, benötigen eine Betriebsbewilligung des kantonalen Arbeitsamtes.

² Für den Personalverleih ins Ausland ist neben der kantonalen Bewilligung zusätzlich eine Betriebsbewilligung des SECO nötig. Der Personalverleih vom Ausland in die Schweiz ist nicht gestattet.

³ Zweigniederlassungen, die in einem anderen Kanton liegen als der Hauptsitz, benötigen eine Betriebsbewilligung; liegen sie im gleichen Kanton, so müssen sie dem kantonalen Arbeitsamt gemeldet werden.

Autorisation obligatoire

¹ Les employeurs (bailleurs de services) qui font commerce de céder à des tiers (entreprises locataires de services) les services de travailleurs doivent avoir obtenu une autorisation de l'office cantonal du travail.

² Outre l'autorisation cantonale, une autorisation du SECO est nécessaire pour louer les services de travailleurs vers l'étranger. La location en Suisse de services de personnel recruté à l'étranger n'est pas autorisée.

³ Si une succursale n'a pas son siège dans le même canton que la maison mère, elle doit avoir obtenu une autorisation; si elle est établie dans le même canton que la maison mère, elle doit être déclarée à l'office cantonal du travail.

Obbligo d'autorizzazione

¹ I datori di lavoro (prestatori) che cedono per mestiere lavoratori a terzi (imprese acquisitrici) devono chiedere un'autorizzazione d'esercizio all'ufficio cantonale del lavoro.

² Per la fornitura all'estero di personale a prestito, oltre all'autorizzazione cantonale è necessaria un'autorizzazione d'esercizio della SECO. La fornitura di personale a prestito dall'estero in Svizzera non è permessa.

³ Per le succursali che hanno la sede in un Cantone diverso da quello della sede principale, dev'essere chiesta un'autorizzazione d'esercizio; se hanno la sede nello stesso Cantone, devono essere annunciate all'ufficio cantonale del lavoro.

Inhaltsübersicht   Note   Seite

I.   Einleitung 1   54
II. Die Vertragsparteien im Personalverleih (Abs. 1) 4   55

		Note	Seite
III.	Die Arten des Personalverleihs (Art. 27 AVV)	5	55
	1. Temporärarbeit	7	55
	2. Leiharbeit	8	56
	3. Gelegentliches Überlassen von Arbeitnehmern	9	56
IV.	Die Rechtsform des Arbeitsvertrags	10	56
V.	Die Rechtsform des Verleihvertrages	12	57
VI.	Das Rechtsverhältnis zwischen Arbeitnehmer und Einsatzbetrieb	13	57
VII.	Die Abgrenzung vom Personalverleih zum Auftrag	14	57
	1. Allgemeines	14	57
	2. Die Auslegung von Art. 12 AVG i.V.m. Art. 26 AVV	20	58
	3. Inhalt und Zweck des Auftrags als Abgrenzungskriterium	33	61
	4. Die zwingende Verquickung des Weisungsrechts mit der Fürsorgepflicht	36	62
	5. Abgrenzungsindizien	37	63
	6. Rechtsprechung des Bundesgerichts	43	64
	7. Konklusion aus Lehre und Rechtsprechung	45	65
VIII.	Prozessuales	47	65
IX.	Die Gewerbsmässigkeit (Art. 12 Abs. 1 AVG/Art. 29 AVV)	50	67
	1. Allgemeines zur Bewilligungspflicht zufolge Gewerbsmässigkeit	50	67
	2. Die Gewinnabsicht	51	67
	3. Die Regelmässigkeit (Art. 29 Abs. 2 AVV)	52	67
	4. Die Umsatzgrenze	54	68
X.	Die Betriebsbewilligung	57	69
XI.	Die Bewilligungsbehörden (Art. 12 Abs. 2 AVG)	62	69
XII.	Der Weiterverleih (Art. 26 Abs. 3 AVV)	64	70
XIII.	Arbeiten in einer Arbeitsgemeinschaft (Art. 26 Abs. 4 AVV)	67	70
XIV.	Der Personalverleih vom und ins Ausland (Art. 12 Abs. 2 AVG)	68	70
	1. Der Personalverleih vom Ausland in die Schweiz	68	70
	2. Der Personalverleih von der Schweiz ins Ausland	71	71
	3. Abweichende Regelung bei der Arbeitsvermittlung	72	71
XV.	Bewilligungsart	73	72
XVI.	Zweigniederlassungen (Art. 12 Abs. 3 AVG / Art. 31 und 41 AVV)	74	72

I. Einleitung

1 Art. 12 AVG wird durch mehrere Bestimmungen in der AVV detailliert. Primär statuiert die Bestimmung eine Bewilligungspflicht für den gewerbsmässigen Personalverleih und bezeichnet dabei die Parteien des Dreiecksverhältnisses (Arbeitgeber, Arbeitnehmer, Einsatzbetrieb). Nebst der kantonalen Bewilligungspflicht wird ergänzend eine Bewilligungs- oder Meldepflicht für Zweigniederlassungen und beim Vorliegen zusätzlicher Elemente die Einholung einer zusätzlichen Bewilligung des SECO statuiert.

Des Weiteren werden die drei unter der Bezeichnung Personalverleih zusammengefassten Arten desselben und damit verbunden das Erfordernis der Erlangung einer Bewilligung für die Temporär- und Leiharbeit, nicht jedoch für das gelegentliche Überlassen von Arbeitnehmern an Einsatzbetriebe, festgelegt.

Der weitestgehenden Interpretation bedarf Art. 12 bezüglich der Abgrenzung der bewilligungspflichtigen Arbeitsvermittlung von bewilligungsfreien Einsätzen von Arbeitnehmern in Drittbetrieben. Wesentlicher Diskussionspunkt bildet dabei die Abtretung *«wesentlicher Weisungsbefugnisse»* an den Einsatzbetrieb.

II. Die Vertragsparteien im Personalverleih (Abs. 1)

Im ersten Abschnitt des Artikels werden die Parteien des Personalverleihs definiert. Es sind dies wie beim Einzelarbeitsvertrag der *«Arbeitgeber (Verleiher)»* auf der einen und der *«Arbeitnehmer»* auf der anderen Seite. Hinzu treten nun jedoch noch *«die Dritten»*, bei welchen es sich nach der Klammerbemerkung um die Einsatzbetriebe handelt. Damit wird der Spezialität des Personalverleihs Ausdruck verliehen, nämlich dem Umstand, dass der Arbeitnehmer nicht beim Arbeitgeber, sondern in einem fremden Betrieb seine Arbeit verrichtet.

III. Die Arten des Personalverleihs (Art. 27 AVV)

Art. 27 Abs. 1 AVV zählt die drei Erscheinungsformen des Personalverleihs auf. Bei diesen handelt es sich um *«die Temporärarbeit, die Leiharbeit und das gelegentliche Überlassen von Arbeitnehmer an Einsatzbetriebe»*. Charakteristika aller drei Erscheinungsformen ist dabei der Einsatz in einem Einsatzbetrieb, welchem zwar ein Weisungsrecht zusteht, der jedoch nicht Arbeitgeber wird (WEISUNGEN SECO, 68).

Im Rahmen der Revision der AVV wurde festgehalten, dass niemals ein bewilligungspflichtiger Personalverleih vorliegt, wenn Betriebe ausschliesslich den Inhaber oder die Mitbesitzer desselben verleihen (Art. 28 Abs. 2 AVV).

1. Temporärarbeit

Ein Temporärarbeitsverhältnis erschöpft sich in einem einzelnen Einsatz des Arbeitnehmers in einem Einsatzbetrieb mit entsprechendem Arbeitsvertrag mit dem Arbeitgeber (Art. 27 Abs. 2 AVV), der selbst keinen Produktionsbetrieb führt. Dabei werden in einem ersten Schritt in einem sog. Rahmenarbeitsvertrag zwischen dem Arbeitgeber (Verleihfirma) und dem Arbeitnehmer die allgemeinen Arbeitsbedingungen vereinbart (Spesen, Versicherungen etc.). In der Folge wird dann für jeden einzelnen Einsatz in einem Kundenbetrieb (Einsatzbetrieb) ein sog. Einsatzvertrag abgeschlossen (WEISUNGEN SECO, 70). Erst mit Abschluss des konkreten Einsatzvertrags tritt auch der Rahmenvertrag in Kraft. Der Rahmenvertrag für sich alleine verschafft gegenseitig noch keinerlei Ansprüche, weder eine Verpflichtung des Arbeitgebers auf Beschäftigung des Arbeitnehmers noch eine solche des Arbeitnehmers, einen angebotenen Einsatz anzunehmen (WEISUNGEN SECO, 70).

2. Leiharbeit

8   Bei der Leiharbeit liegt der Zweck des Arbeitsverhältnisses in der Überlassung des Arbeitnehmers an verschiedene Einsatzbetriebe, wobei die Dauer des Arbeitsvertrags von den einzelnen Einsätzen unabhängig ist (Art. 27 Abs. 3 lit. a. und b. AVV; REHBINDER, 48). So verfügt der Arbeitnehmer bei der Leiharbeit über einen Beschäftigungsanspruch, womit der Arbeitgeber das Risiko einer schlechten Auftragslage trägt (WEISUNGEN SECO, 69). Die Übernahme des Einsatzrisikos auch ohne eigene Betriebsstätte kann aber auch durchaus Sinn bereiten, bspw. um Mitarbeitern eine Lohnsicherheit zu verschaffen und damit enger an den Arbeitgeber zu binden oder um ein gewisses Mass an Dienstleistungspotential konstant zur Verfügung zu haben und damit auf dem Markt anbieten zu können (so kann ein Temporärmitarbeiter einen Arbeitseinsatz ablehnen).

3. Gelegentliches Überlassen von Arbeitnehmern

9   Ein nichtbewilligungspflichtiges, gelegentliches Überlassen von Arbeitnehmern liegt vor, wenn der Arbeitnehmer hauptsächlich unter der Weisungspflicht des Arbeitgebers steht, ein Überlassung an einen Einsatzbetrieb nur ausnahmsweise erfolgt und die Dauer des Arbeitsvertrags vom betreffenden Einsatz unabhängig ist (Art. 27 Abs. 4 AVV). Typisch ist dabei, dass die Überlassung des Arbeitnehmers an einen Drittbetrieb meist in einem kurzfristig und ungeplanten Einsatz besteht und aufgrund einer sich gerade bietenden Gelegenheit stattfindet (WEISUNGEN SECO, 68 f.). Der Verleih bildet in diesen Fällen kein Standardangebot des Arbeitgebers, sondern dient vielmehr der Überbrückung von Beschäftigungsspitzen im Einsatzbetrieb bzw. allenfalls Beschäftigungslücken im Betrieb des Arbeitgebers. Der Arbeitsvertrag enthält dabei keinerlei Spezialitäten (WEISUNGEN SECO, 69).

IV. Die Rechtsform des Arbeitsvertrags

10   Zwischen Arbeitgeber und Arbeitnehmer werden bei der Temporärarbeit in der Regel zwei Verträge geschlossen. Der sog. Rahmenvertrag stellt einen Einzelarbeitsvertrag nach Art. 319 ff. OR dar und regelt die allgemeinen Arbeitsbedingungen (vgl. VISCHER, 230 f.), wobei es zusätzlich und näher ausführend die Be-

stimmungen des AVG und der AVV sowie allenfalls diejenigen des GAV für den Personalverleih (GAV PV) zu beachten gilt. Beim ergänzenden Einsatzvertrag handelt es sich um den individuellen Arbeitsvertrag, mit dessen Abschluss erst ein vollständiger Arbeitsvertrag zustande kommt (STREIFF/VON KAENEL/RUDOLPH, Art. 319 N 20). Die Spezialität des Arbeitsverhältnisses gründet darin, dass wesentliche Weisungsbefugnisse vom Arbeitgeber an den Einsatzbetrieb abgetreten werden (Art. 26 AVV; vgl. nachfolgende Ausführungen unter N 14 ff.). Art. 19 AVG definiert dabei die Formerfordernisse des Arbeitsvertrags.

Bei der Leiharbeit wie auch beim gelegentlichen Überlassen von Arbeitnehmern werden hingegen in der Regel übliche Arbeitsverträge zwischen den Arbeitgebern und -nehmern abgeschlossen. 11

V. Die Rechtsform des Verleihvertrages

Beim Verleihvertrag handelt es sich um einen Dienstverschaffungsvertrag sui generis mit einer an den Auftrag wie auch den Werkvertrag anlehnenden Komponente (vgl. hierzu EVGer vom 30.5.1988 in JAR 1989, 258). Der Arbeitgeber verpflichtet sich darin einen bestimmten Arbeitnehmer dem Einsatzbetrieb zur Verfügung zu stellen. Der Inhalt des Verleihvertrags wird dabei von Art. 22 AVG detailliert vorgegeben und hat nebst der Person des Arbeitnehmers bspw. auch Arbeitsort, Arbeitszeiten, Dauer des Einsatzes oder die Vergütung zu enthalten. 12

VI. Das Rechtsverhältnis zwischen Arbeitnehmer und Einsatzbetrieb

Zwischen Arbeitnehmer und Einsatzbetrieb besteht kein Vertragsverhältnis, jedoch existieren gewisse *«quasivertragliche»* Rechte und Pflichten (VISCHER, 233). Insbesondere bestehen ein Weisungsrecht, eine Überwachungspflicht sowie eine Fürsorgepflicht des Einsatzbetriebs für den Arbeitnehmer (EVGer vom 30.5.1988 in JAR 1989, 259). 13

VII. Die Abgrenzung vom Personalverleih zum Auftrag

1. Allgemeines

Nicht immer einfach ist die Unterscheidung, ob es sich bei einem konkreten Dreiparteienverhältnis um einen Fall von Personalverleih oder um ein lediglich den gesetzlichen Bestimmungen des OR unterstehendes Vertragsverhältnis (Werkvertrag oder Auftrag; Art. 363 ff. oder 394 ff. OR) handelt. 14

15 Die Abgrenzung zwischen der im Rahmen eines Einzelarbeitsverhältnisses üblichen Verrichtung der Arbeit beim Kunden (bspw. der angestellte und beim Kunden tätige Gärtner) und dem Personalverleih wird in Art. 26 AVV definiert. Danach muss der Arbeitnehmer nicht bloss beim Kunden (Einsatzbetrieb) eingesetzt werden, sondern es werden beim Personalverleih *«wesentliche Weisungsbefugnisse»* an diesen abgetreten. Die Auslegung dieser Gesetzesvorgabe bereitet in der praktischen Anwendung erhebliche Probleme und fällt je nach Interessenlage der Beteiligten (Arbeitgeber als Dienstleistungsanbieter auf der einen und die kantonale Wirtschaftsämter/SECO als Bewilligungsbehörden auf der anderen Seite) diametral aus. So entscheidet sich anhand der Zuordnung der wesentlichen Weisungsbefugnisse, ob ein Verleihverhältnis vorliegt und entsprechend eine Bewilligung zur Ausübung der Tätigkeit mit allen damit verbundenen Pflichten und Auflagen erforderlich ist, oder ob das Verhältnis einzig den Bestimmungen des OR und des Arbeitsgesetzes untersteht (SR 220 und 822.11) und keiner Betriebsbewilligung bedarf.

16 Kein Personalverleih liegt vor, wenn ein Auftrag an einen Subunternehmer weitergegeben wird und dieser die Auftragserfüllung übernimmt (WEISUNGEN SECO, 63). Hier erfüllt der Subunternehmer den Auftrag selbständig und instruiert und überwacht sein von ihm angestelltes Personal.

17 Ebenso unproblematisch ist der Fall, in welchem die Auftragserfüllung von einem Selbständigerwerbenden ausgeführt wird, wobei hier immer die konkreten Verhältnisse und nicht die von den Parteien gewählten Vertragsbezeichnungen massgeblich sind (WEISUNGEN SECO, 64 ff.). Der Entscheid, ob eine Selbständigkeit vorliegt, wird dabei vorab von der zuständigen Ausgleichskasse gefällt, welche den Dienstleister als solchen anerkennt oder nicht. Bei bloss einem Auftraggeber wird dabei in der Regel von einem Arbeitsverhältnis ausgegangen und die Anerkennung nicht gewährt (STREIFF/VON KÄNEL/RUDOLF, Art. 319 N 2, 6 und 7).

18 Weiter liegt auch dann kein Personalverleih vor, wenn der Arbeitnehmer mit dem Einsatzbetrieb einen neuen Arbeitsvertrag abschliesst; dann könnte allenfalls ein Fall von Personalvermittlung nach den Art. 2 ff. AVG vorliegen. Der Personalverleih bedingt somit, dass das ursprüngliche Arbeitsverhältnis fortbesteht und nicht durch ein neues surrogiert wird.

19 Schliesslich stellt auch die Auftragserfüllung durch einen Mitarbeiter des Beauftragten niemals einen Fall des Personalverleihs dar (WEISUNGEN SECO, 63). Diese Konstellation ist denn auch dadurch gekennzeichnet, dass das Weisungsrecht einzig beim Arbeitgeber verbleibt und bei Schlechterfüllung ein Honorarminderungsanspruch des Auftraggebers besteht (vgl. hierzu WEISUNGEN SECO, 66 ff.).

2. Die Auslegung von Art. 12 AVG i.V.m. Art. 26 AVV

20 Die Beantwortung der Frage, wann ein Dienstleistungsauftrag und wann ein Fall von Personalverleih nach AVG vorliegt, bereitet wie erwähnt mitunter

Schwierigkeiten, zumal keine gesetzliche Vermutung für das eine oder andere besteht, wie dies vom SECO diametral aus einer deduktiven Sichtweise heraus behauptet wird (siehe auch SENTI, 364; WEISUNGEN SECO, 67; zur spezifischen Abgrenzung im Bereich der hauswirtschaftlichen Dienstleistung vgl. KULL, 1485 ff.).

Als massgebliches Unterscheidungskriterium definiert das Gesetz in Art. 26 AVV **die Abtretung wesentlicher Weisungsbefugnisse** an den Einsatzbetrieb und damit das Gegenstück zu der dem Arbeitsverhältnis immanenten Subordination des Arbeitnehmers (vgl. auch BOTSCHAFT REV. AVG, 608 ff.). 21

Seitens des SECO und der kantonalen Wirtschaftsämter bestehen aus Gründen des Arbeitnehmerschutzes wie auch aus politischem Kalkül Bestrebungen, möglichst viele Dienstleistungsverträge dem AVG zu unterstellen, während Arbeitgeber im Lichte der weitreichenden finanziellen und administrativen Konsequenzen und Auflagen entgegengesetzte Bestrebungen verfolgen. 22

Beginnend mit der **historischen Auslegung** von Art. 26 AVV ist zu konstatieren, dass in der Botschaft zum revidierten AVG als Abgrenzungskriterium die «Übertragung des Weisungsrechts über die eingesetzten Arbeitnehmer an den Arbeitgeber des Einsatzbetriebs» angeführt wird (BOTSCHAFT REV. AVG, 609). Die Abgrenzung von Werk- oder Montageverträgen soll zudem anhand des Umstands erfolgen, ob der Arbeitnehmer im Einsatzbetrieb Arbeiten ausführt, die dieser «üblicherweise selbst besorgt» (BOTSCHAFT REV. AVG, 609). Alleine anhand dieser Kriterien ist mit der historischen Auslegung somit eine griffige Unterscheidung in Grenzfällen kaum möglich, auch wenn der Botschaftstext keinen Zweifel daran aufkommen lässt, dass unter «Einsatzbetrieb» eine Produktionsstätte von einer gewissen Grösse vorausgesetzt wird, während bspw. Privathaushalte als Einsatzbetriebe offenkundig nicht in die Überlegungen mit einbezogen wurden. Die historische Auslegung spricht damit bspw. gegen die Qualifikation der hauswirtschaftlichen Tätigkeit als Personalverleih (vgl. hierzu KULL, 1485 ff.). 23

Wird nun im Rahmen der *grammatikalischen Auslegung* der Duden auf der Suche nach Synonymen für das in den Art. 12 Abs. 1 AVG und Art. 26 Abs. 1 AVV verwendete Verb *«überlassen»* konsultiert, finden sich *«abgeben»*, *«abtreten»*, *«weitergeben»*, *«überhändigen»*, *«abliefern»* oder *«anvertrauen»* (Online Ausgabe Duden, Stand 14. Januar 2014). Der Gesetzgeber hat mit seiner Wortwahl damit unzweifelhaft beim Personalverleih vorausgesetzt, dass der Arbeitnehmer funktional aus dem Betrieb des Arbeitgebers ausscheidet und in denjenigen des Einsatzbetriebs integriert wird (KULL, 1488). Diese Auslegung bekräftigt auch das Studium der Botschaft zum revidierten Arbeitsvermittlungsgesetz aus dem Jahre 1985, welche explizit nur die Abtretung von Weisungsbefugnissen und nicht deren gemeinsame Ausübung anführt (BOTSCHAFT REV. AVG, 609). Damit fallen diejenigen Sachverhalte ausser Betracht, in welchen der Arbeitgeber seinen 24

25 Werden synonyme Adjektive für den in Art. 26 AVV verwendeten Begriff *«wesentlich»* im Zusammenhang mit dem Weisungsrecht gesucht, bieten sich als Alternativen *«vorrangig, hauptsächlich, ausschlaggebend oder primär»* an. Damit wird offenkundig, dass der Gesetzgeber ein übergeordnetes Weisungsrecht des Einsatzbetriebs als Abgrenzungskriterium definiert hatte, was in Zahlen ausgedrückt eine Übertragung von mehr als 50 Prozent der Weisungsrechte an den Einsatzbetrieb voraussetzt, damit ein Fall von Personalverleih vorliegt. Diese Zuordnung wird nicht immer leichtfallen, da keine definierte Anzahl an Weisungskriterien existiert, die es zuzuordnen gilt. Einen guten Überblick vermag hierzu BACHMANN zu verschaffen (BACHMANN, 59 ff.), der einen weitreichenden Kriterienkatalog definiert, wobei in einem konkreten Fall niemals alle Kriterien relevant sein können. Es gilt entsprechend unter den massgeblichen Kriterien eine Beurteilung des Überhangs zugunsten des Arbeitgebers oder des Einsatzbetriebes festzustellen. Es hat deshalb eine gesamthafte Beurteilung zu erfolgen, wer dem Arbeitnehmer die elementaren Weisungen erteilt, welche Partei somit die Grundstruktur der Tätigkeit vorgibt. Ergänzend können sodann die im Rahmen der 2014 in Kraft getretenen Revision der AVV in Art. 26 Abs. 2 neu eingefügten Kriterien zur Zuordnung beigezogen werden.

Angestellten weiter instruiert, überwacht und die Fürsorge für diesen trägt (vgl. zum Beispiel der Hauswirtschaftsdienstleistungen KULL, 1485 ff.).

26 Bei der grammatikalischen Auslegung gilt es weiter auch den Begriff *«Einsatzbetrieb»* auszulegen. Die grammatikalische Auslegung deckt sich hier mit der historischen, indem im Zusammenspiel der vom Gesetzgeber verwendeten Terminologie und den Erläuterungen offenkundig wird, dass als Einsatzbetriebe Privatpersonen oder Privathaushaushalte nicht gemeint sein können, da von einem klassischen Produktionsbetrieb von einer gewissen Grösse ausgegangen wurde.

27 Schliesslich impliziert die *«Abtretung von Weisungsbefugnissen»*, dass der Arbeitgeber selbst diese Rechte nicht mehr ausübt. Gegen eine solche Abtretung sprechen die über die reine Abgabe von Stundenblättern zur Arbeitszeiterfassung hinausgehenden Rappportierungspflichten gegenüber dem Arbeitgeber sowie Fachanweisungen des letztgenannten über die Art und Weise der Arbeitsausführung (DRECHSLER, 315 ff.). Dabei spielen Dauer und Intensität des Einsatzes grundsätzlich keine Rolle (DRECHSLER, 316).

28 Wird nun noch die **teleologische Auslegung** bemüht, gilt es den Zweck der Bestimmung zu eruieren. Es kann hierbei vorab auch auf die Ausführungen zur grammatikalischen Auslegung verwiesen werden. Insbesondere im Zusammenspiel von Abs. 1 und 2 von Art. 26 AVV wird offenkundig, dass auch hier die klassischen Fälle des Personalverleihs, beispielsweise die Temporärarbeiter in der Baubranche, unter den Anwendungsbereich fallen sollen. Diesen Sachverhalten ist eigen, dass der Arbeitnehmer funktionell vollständig in den Einsatzbetrieb eingegliedert wird und sich der Kontakt mit dem Arbeitgeber nach Arbeitsbeginn auf die Übermittlung der Stundenrapporte beschränken wird. Für diese Ausle-

gung sprechen insbesondere auch die in Abs. 2 von Art. 26 AVV neu hinzugefügten Kriterien.

Nach der Botschaft soll zwecks der Vermeidung von Umgehungsversuchen das AVG auch immer dann zur Anwendung gelangen, wenn der Arbeitnehmer im Einsatzbetrieb Arbeiten ausführt, die *«dieser üblicherweise selbst besorgt»* bzw. die *«branchenspezifisch sind»*. Als Beispiel angeführt wird in der Botschaft «z.B. Bauarbeiten bei einem Bauunternehmen» (BOTSCHAFT REV. AVG, 600). Damit fallen diejenigen Fälle nicht unter den Anwendungsbereich des AVG, in welchen der Arbeitnehmer im Einsatzbetrieb Tätigkeiten ausübt, die dort nicht oder nicht mehr selbst ausgeübt werden (vgl. für die hauswirtschaftliche Tätigkeit KULL, 1588). 29

Wesentlicher Zweck bzw. Folge der Abtretung der überwiegenden Weisungsbefugnisse an den Einsatzbetrieb bildet sodann auch der Übergang der Überwachungs- und insbesondere auch der Fürsorgepflichten für den Arbeitnehmer auf den Einsatzbetrieb (RITTER, 116), ohne dass Letzterer jedoch zum Arbeitgeber mutiert. Diese ergeben sich unter anderem aus Art. 328 OR und verpflichten damit den Einsatzbetrieb, den Arbeitnehmer bspw. vor Mobbing oder sexuellen Übergriffen von anderen Arbeitnehmern oder Dritten zu schützen. Dieser Punkt spricht insbesondere auch gegen eine Qualifikation des hauswirtschaftlichen und medizinischen Betreuungsdienstes unter die Regeln des AVG, zumal dort beim Kunden bzw. Einsatzbetrieb (es handelt sich hierbei um die betreute Person) regelmässig körperliche oder gar geistige Defizite vorhanden sind (KULL, 1491). 30

Nach dem Ausgeführten bezweckte der Gesetzgeber damit in jenen Fällen eine Unterstellung unter die Regeln des AVG, in welchen ein Arbeitnehmer wie ein Angestellter des Einsatzbetriebs und der Arbeitgeber als reiner Lohnadministrator agiert und damit gleichzeitig von praktisch sämtlichen Arbeitgeberpflichten mit Ausnahme der Lohnzahlungsverpflichtung entbunden wird (Fürsorgepflicht, Überwachungspflicht etc.) Damit haftet er dem Einsatzbetrieb auch nicht für eine Schlechterfüllung durch den Arbeitgeber, weshalb auch keine Honorarminderung vom Einsatzbetrieb verlangt werden kann (in Fällen des Personalverleihs entfällt teilweise sogar die Haftung für die *«cura in eligendo»*; vgl. hierzu BEYELER, 225 f.). 31

Die systematische wie auch die zeitgemässe Auslegung vermögen keine weiterführenden Erkenntnisse zu verschaffen und werden deshalb nicht erläutert. 32

3. Inhalt und Zweck des Auftrags als Abgrenzungskriterium

Nachdem anhand der Auslegung der Gesetzes- und Verordnungsbestimmungen Abgrenzungskriterien aufgezeigt wurden, gilt es, diese Erkenntnisse auf das konkret zu beurteilende Vertragsverhältnis zu übertragen. Es ist dabei immer massgeblich, was die Parteien vereinbart haben und was sie damit bezwecken 33 wollten. SENTI sieht dabei die Frage als zentral an, ob eine bestimmte Arbeitsleistung zu erbringen oder ob lediglich eine Fachkraft zur Verfügung zu stellen sei (SENTI, 360). STÖCKLI sieht den Abgrenzungsansatz demgegenüber in der Beantwortung der Frage, ob der Auftrag bzw. der allfällige Verleihvertrag gerade auf die Übertragung wesentlicher Weisungsbefugnisse an den Auftraggeber abzielt, womit es sich um einen echten Vertrag zugunsten eines Dritten nach Art. 112 Abs. 2 OR handeln würde (STÖCKLI, 139). Diesem Abgrenzungsansatz ist insofern zu widersprechen, als die Übertragung wesentlicher Weisungsbefugnisse oftmals gerade die Konsequenz des Umstands darstellt, dass sich ein Verleihvertrag über die Art der Auftragserfüllung ausschweigt und dieses Vakuum vom Einsatzbetrieb ausgefüllt werden muss (vgl. SENTI, 360).

34 Damit fallen jene Fälle nicht unter das AVG, in denen zur Erfüllung spezifischer und im Voraus definierter Aufgaben ein oder mehrere Mitarbeiter auf Verantwortung des Arbeitgebers beim Kunden eine Arbeit erledigen (BEYELER, 225). Oder anders formuliert: Je weniger die zu leistende Arbeit definiert wird, desto eher liegt die Weisungsbefugnis beim Einsatzbetrieb und deutet damit auf Personalverleih hin (vgl. hierzu auch SENTI, 362). Die Einräumung wesentlicher Weisungsbefugnisse ist in jenen Fällen somit nicht primär beabsichtigt, sondern stellt eine notwendige Folge aus der diesbezüglichen «Vertragsunvollständigkeit» dar.

35 Erbringt ein Arbeitnehmer seine Dienstleistung somit autonom beim Kunden und erhält er klare Ziel- (Anweisung in Bezug auf Umfang, Ort und Organisation der Arbeitserfüllung) und Fachanweisungen (Art und Weise der Arbeitsausführung) vom Arbeitgeber, welche in seinem Arbeitsvertrag wie auch im Auftrag mit dem Kunden festgehalten werden, so kann kein Personalverleih vorliegen (HENSCH, 16). Hiervon zeugen auch Verhaltensanweisungen des Arbeitgebers betreffend die Annahme von Geschenken, die Arbeitszeiten, die Arbeitskleidung, die Gesundheitsvorsorge u.v.a. (HENSCH, 16).

4. Die zwingende Verquickung des Weisungsrechts mit der Fürsorgepflicht

36 Wenn die Zuordnung des überwiegenden Weisungsrechts im Einzelfall Mühe bereitet, kann ein weiteres Indiz die Beurteilung der Frage nach einer Anwendung des AVG erleichtern. So ist mit dem Weisungsrecht gegenüber dem Arbeitnehmer gleichzeitig und untrennbar die Fürsorgepflicht für den Arbeitnehmer verquickt, was bereits in der Botschaft zur revidierten AVG festgehalten wurde und in der Lehre Zustimmung gefunden hat (BOTSCHAFT REV. AVG, 565; STÖCKLI, 140 f.; Entscheid des Obergerichts des Kantons Bern vom 16.9.1981 in JAR, 1983, 253; KULL, 1491). Selbst wenn dem Betreuten demnach elementare und gar überwiegende Weisungsrechte zuerkannt würden, bedingt die Unterstellung unter das AVG kumulativ, dass auch die Fürsorgepflicht gegenüber dem Arbeitnehmer auf den Kunden übertragen worden ist. So obliegt diesem in der Konsequenz die Ver-

antwortung für das Wohlbefinden und die Wahrung der Persönlichkeitsrechte des Arbeitnehmers während der Auftragserfüllung. Damit hat er den Arbeitnehmer bspw. vor Mobbing oder sexuellen Belästigungen zu schützen und muss gegen solche einschreiten. Verbleibt diese Verpflichtung beim Arbeitgeber, kann entsprechend kein Personalverleih vorliegen. Dies dürfte in der Regel dort der Fall sein, wo der Kunde über keine Betriebsstrukturen verfügt, bspw. wenn es sich um einen Privathaushalt handelt (vgl. hierzu für die Hauswirtschaftsbranche; KULL, 1485 ff.).

5. Abgrenzungsindizien

Verschiedene Autoren wie auch der Gesetzgeber mit dem per 2014 ergänzten Art. 26 AVV haben Sachverhaltsindizien angeführt, welche die Abgrenzung vom einfachen Auftrag zum Personalverleih erleichtern sollen. 37

Nach Art. 26 Abs. 2 AVV bilden die persönliche, organisatorische, sachliche und zeitliche Eingliederung in den Einsatzbetrieb (lit. a.), die Arbeitsausführung mit Werkzeug, Materialien oder Geräten des Einsatzbetriebs (lit. b.) oder aber die Gefahrentragung des Einsatzbetriebs für Schlechterfüllung (lit. c.) Indizien für ein Personalverleihverhältnis. 38

In der Lehre werden zusätzlich zu den in der AVV definierten Anhaltspunkten eine Reihe weiterer aufgestellt, um die Abgrenzung zu erleichtern (vgl. hierzu BACHMANN, 59 ff.; SENTI, 361 f.; BEYELER, 226). Folgende Punkte sprechen danach gegen ein Personalverleihverhältnis: 39

- detaillierte Beschreibung der Arbeitstätigkeit;
- Arbeitseinweisung des Arbeitnehmers durch den Arbeitgeber;
- fachliche Rapportierungspflicht des Arbeitnehmers gegenüber dem Arbeitgeber und nicht dem Einsatzbetrieb;
- Vorgabe der Arbeitszeiten verbunden mit der Möglichkeit der Anordnung von Überstunden, Piketteinsätzen oder Nacht- und Sonntagsarbeit durch den Arbeitgeber;
- Vorgabe von Fachanweisungen und Arbeitszielen durch den Arbeitgeber;
- Überwachung und Instruktion des Arbeitnehmers durch den Arbeitgeber;
- Kontrollrecht betreffend Arbeitsqualität durch den Arbeitgeber;
- Nachbesserungs- bzw. Minderungsanspruch des Auftraggebers bei Nichterreichung des vertraglich vereinbarten Erfolgs;
- Haftung des Arbeitgebers gegenüber dem Auftraggeber bei der Nichteinhaltung vertraglich vereinbarter Fristen.

Nur von untergeordneter Bedeutung sind Indizien, welche sich aus der praktischen Handhabung ergeben. Zu erwähnen sind dabei bspw. die Überlassung von Büroschlüsseln oder Zutrittsbadge, Tätigkeit beim Auftraggeber während dessen üblichen Arbeitszeiten oder Instruktionen des Auftraggebers an den Arbeitnehmer aus betrieblichen Gründen ohne Bezug auf die Arbeitsausführung (SENTI, 362). 40

41 Inhärent ist den erwähnten Indizien die Annahme eines Einsatzbetriebs von einer gewissen Grösse, Struktur und Organisation, womit bspw. Privathaushalte als Einsatzbetriebe a priori ausscheiden (bspw. in der Betreuungs- oder Reinigungsbranche).

42 Ebenso offenkundig dürften in den umstrittenen Fällen niemals weder sämtliche der angeführten Indizien relevant sein noch alle relevanten für oder gegen Personalverleih sprechen. Es hat deshalb immer eine Gesamtbewertung des Auftrags zu erfolgen. Erst dann kann über die Unterstellungspflicht einer Tätigkeit entschieden werden. Dabei existiert in Grenzfällen keine Vermutung des Personalverleihs, wie dies das SECO vertritt (WEISUNGEN SECO, 75; a.M. SENTI, 364; KULL, 1487.) In einem nicht publizierten Gutachten von PROF. DR. THOMAS GEISER der Universität St. Gallen vom 18. Mai 2013 im Auftrag der Gewerkschaft UNIA gelangt dieser schliesslich Bezug nehmend auf die Hauswirtschafts- bzw. Seniorenbetreuungsbranche zum Schluss, dass dort in Ermangelung einer betrieblichen Eingliederung der Mitarbeiter in den Haushalt des Auftraggebers kein Personalverleih vorliege.

6. Rechtsprechung des Bundesgerichts

43 Das Bundesgericht hatte sich bis zum Entscheid 2C_356/2012 soweit ersichtlich noch nicht vertieft mit der Abgrenzung des einfachen Auftrags zum Personalverleih auseinanderzusetzen gehabt (vgl. für dessen ausführliche Thematisierung KULL, 1491 ff.). Jedoch können die Erwägungen im erwähnten Entscheid nicht unbesehen auf andere Sachverhalte übertragen werden und haben nur bedingt präjudizierende Wirkung, da sich das Bundesgericht dort ausschliesslich mit dem Fall eines 24-Stunden-Betreuungsverhältnisses im Bereich der Seniorenpflege und Hauswirtschaft zu befassen hatte. Dieser Sachverhalt erlangt eine zusätzliche Spezialität, indem der Arbeitnehmer dort beim Kunden wohnte. In Anbetracht des bereits Ausgeführten enthält der Entscheid aber gleichwohl einige interessante Ausführungen.

44 So wurde im Urteil einleitend klargestellt, dass es immer nach den Umständen des Einzelfalls zu beurteilen gilt (E. 3.5), obwohl in casu Anfechtungsobjekt eine Verfügung über die Gesamttätigkeit einer Luzerner Gesellschaft bildete, was somit nicht bloss einen Widerspruch in sich darstellt, sondern auch einen solchen zu den Weisungen des SECO (WEISUNGEN SECO, 75). Weiter führte das Bundesgericht aus, dass immer dann ein Fall von Personalverleih vorliege, wenn der Einsatzbetrieb ein Weisungsrecht analog zu demjenigen des Arbeitgebers ausübe (E. 3.6), was vorliegend ebenso zweifelhaft erschien, wie «die *vollständige Eingliederung in den Haushalt*» des Kunden (E. 4.3.2 und 4.4), auch wenn das Bundesgericht an diese Sachverhaltsfeststellung gebunden war und diese somit nicht überprüfen konnte. Weiter räumte das Bundesgericht ein, dass die Haftungsregelung zu Lasten des Arbeitgebers im Betreuungsvertrag mit dem Kunden gegen

Personalverleih sprechen würde, räumte diesem Argument im konkreten Fall dann jedoch keine fallentscheidende Bedeutung zu. Es gelangte im Rahmen einer Gesamtbetrachtung deshalb zum Schluss, dass in jenem Fall Personalverleih vorliegen würde und begründete dies mit dem Umstand, *«dass einzelne atypische Elemente die Gesamtbetrachtung (...) nicht umzustossen vermögen»* (E. 5.3). Als das Grundlage des Entscheids bildende, typische Element wurde dabei die Übertragung wesentlicher Weisungsbefugnisse an den Privathaushalt angeführt, auch wenn es sich anhand der Lektüre des Entscheids dem Leser nicht erschliesst, an welchen Sachverhaltselementen diese Erkenntnis schliesslich festgemacht werden soll. Bei einer Analyse des Sachverhalts anhand der bereits diskutierten und in der Lehre vertretenen Kriterien, lässt sich der Entscheid nur schwer nachvollziehen. Weitere Bundesgerichtsentscheide im Bereich der Hauswirtschaft und Seniorenbetreuung und damit auch zur Abgrenzungsfrage im Allgemeinen sind zeitnah zu erwarten, da die kantonalen Wirtschaftsämter auf Weisung des SECO auch die stundenweisen Dienstleistungen als Personalverleih qualifizieren und entsprechende Verfügungen erlassen werden, welche sich in kantonalen Rechtsmittelverfahren befinden.

7. Konklusion aus Lehre und Rechtsprechung

Von einer Anwendung des AVG auf ein konkretes Vertragsverhältnis ist gemäss dem bisher Ausgeführten dann auszugehen, wenn die Leistung des Arbeitgebers hauptsächlich darin besteht, das von ihm angestellte Personal zu rekrutieren und die mit dem Arbeitsverhältnis anfallenden Administrativarbeiten auszuführen, während die Arbeitsausführung durch den Arbeitnehmer hauptsächlich oder ausschliesslich vom Einsatzbetrieb bestimmt wird.

In Fällen jedoch, in welchen der Arbeitgeber dem Kunden eine vertraglich konkret definierte Leistung schuldet, der Arbeitnehmer vom Arbeitgeber ausgebildet, instruiert und kontrolliert wird, in denen eine Rapportierungspflicht betreffend der Arbeitserfüllung des Arbeitnehmers gegenüber dem Arbeitgeber und nicht gegenüber dem Einsatzbetrieb oder wenn seitens des Kunden ein Anspruch auf Honorarminderung bei Schlechterfüllung besteht, kann nicht von einem Dreiparteienverhältnis nach AVG ausgegangen werden und die Rechtsverhältnisse unterstehen ausschliesslich den Bestimmungen des Obligationenrechts sowie des Arbeitsgesetzes (es handelt sich um keine Ausnahme gemäss Art. 2 Abs. 1 lit. g ArbG; vgl. hierzu MÜLLER, 30).

VIII. Prozessuales

Wie aufgezeigt, erweist sich die Abgrenzung zwischen Personalverleih und bewilligungsfreiem Auftragswesen nicht immer als einfach. Deshalb stellt sich die Frage, wie ein Arbeitgeber prozessual zu verfahren hat, wenn Unsicherheiten betreffend die Unterstellungspflicht bestehen oder aber wenn er seitens der zuständigen Behörde aufgefordert wird, eine AVG-Bewilligung einzuholen, hierzu jedoch keine rechtliche Veranlassung sieht, da die Voraussetzungen von Art. 12 AVG bzw. 26 AVV nicht erfüllt sind.

48   Das SECO sieht in Fällen, in denen noch keine entsprechende Aufforderung der zuständigen Behörde besteht, die Beantragung einer negativen Feststellungsverfügung durch den Arbeitgeber vor (WEISUNGEN SECO, 75). Danach soll und kann der beauftragte Arbeitgeber *einen konkreten Sachverhalt* bzw. den Fall der Bewilligungsbehörde mit dem Antrag unterbreiten, dass diese festzustellen habe, dass besagter Fall nicht den Bestimmungen des AVG unterstehe. Kein Feststellungsanspruch und damit kein schutzwürdiges Interesse besteht nach dem SECO hingegen, die Tätigkeit eines Arbeitgebers im Allgemeinen beurteilen zu lassen (WEISUNGEN SECO, 75 letzter Absatz), indem er einen durchschnittlichen Praxisfall beschreibt und beurteilt haben möchte. Diese Auffassung erscheint deshalb problematisch, weil damit keine nachhaltige Rechtssicherheit geschaffen wird. Zudem müsste im Umkehrschluss davon ausgegangen werden, dass das SECO und die kantonalen Wirtschaftsämter ihrerseits auch lediglich Einzelfälle beurteilen, was jedoch gerade nicht der Fall ist, wie der bereits zitierte Bundesgerichtsentscheid betreffend 24-Stunden-Betreuung aufzeigt (2C_356/2012). So wurde dort die Verfügung der Dienststelle für Wirtschaft und Arbeit des Kantons Luzern im Rechtsmittelverfahren gerichtlich bestätigt, in welcher gerade die Tätigkeit der betroffenen Gesellschaft im Allgemeinen beurteilt worden war. Gerade dieser Fall zeigt auf, dass es wünschenswert wäre, wenn beide Seiten eine Tätigkeit grundsätzlich beurteilen bzw. beurteilen lassen könnten. Solange das SECO aber die dargestellte Auffassung vertritt, ist im Gegensatz dazu davon auszugehen, dass auch seitens der Behörden die zehn Fälle oder aber ein Umsatz von CHF 100 000.– jährlich konkret und detailliert nachgewiesen werden muss, andernfalls eine Unterstellung nicht durchgesetzt werden kann. Das Bundesgericht bzw. die kantonale Gerichtsinstanz haben es leider versäumt, in besagtem Entscheid hierüber Klarheit zu verschaffen.

49   Grundsätzlich ist das Vorgehen des kantonalen Amtes im Luzerner Fall aber zu begrüssen. So sollte es – auch im Sinne der Arbeitgeberbetriebe – möglich sein, die Tätigkeit an sich auch ohne konkretes Anwendungsbeispiel gerichtlich beurteilen zu lassen, um sich damit Klarheit verschaffen zu können. Andernfalls droht bei einer falschen Annahme und der fehlenden Einholung einer Bewilligung bekanntlich eine Bestrafung nach Art. 39 AVG.

IX. Die Gewerbsmässigkeit (Art. 12 Abs. 1 AVG/Art. 29 AVV)

1. Allgemeines zur Bewilligungspflicht zufolge Gewerbsmässigkeit

Nur der gewebsmässig betriebene Personalverleih untersteht nach Art. 12. Abs. 1 AVG einer Bewilligungspflicht. Besagter Wortlaut kann zu einer Fehlinterpretation leiten, da ab einem Umsatz von CHF 100 000.– jährlich nach Art. 29 Abs. 1 AVV offenkundig keine Gewerbsmässigkeit erforderlich ist, um der Bewilligungspflicht zu unterstehen. So konkretisiert Art. 29 AVV den Begriff der *«Gewerbsmässigkeit»*. Danach handelt gewerbsmässig, wer *«regelmässig»* und *«mit der Absicht Gewinn zu erzielen»*, Arbeitnehmer an Einsatzbetriebe überlässt, oder alternativ, *«wer mit der Verleihtätigkeit einen jährlichen Umsatz von mindestens CHF 100 000.– erzielt»* (Abs. 1). Nach der grammatikalischen Auslegung fallen demnach alle Betriebe mit einem Jahresumsatz von mindestens CHF 100 000.– sowie zusätzlich alle mit einem regelmässigem Personalverleih und einer Gewinnerzielungsabsicht unter den gesetzlichen Anwendungsbereich (dieselbe Interpretation vertritt auch das SECO, WEISUNGEN SECO, 71). Dies bedeutet im Umkehrschluss, dass Betriebe ohne Gewinnerzielungsabsicht bei einem Umsatz von mindestens CHF 100 000.– *auch* einer Bewilligungspflicht unterstehen. Diese Frage ist aktuell strittig bei der Beurteilung der Tätigkeiten der öffentlichen und privaten Spitexorganisationen. Das SECO hat dabei nach bisherigen Erkenntnissen nur private Spitexdienste aufgefordert, eine AVG-Bewilligung einzuholen (sofern sie hauswirtschaftliche Tätigkeiten und nicht bloss medizinische versehen).

50

2. Die Gewinnabsicht

Die Gewinnabsicht dürfte sich für gewöhnlich schon alleine anhand der gewählten Gesellschaftsform und der Statuten bzw. Gesellschafterverträge bestimmen lassen (WEISUNGEN SECO, 71). So wird ein Verein oder eine Genossenschaft in der Regel eher auf eine Gemeinnützigkeit hinweisen, während eine Aktiengesellschaft oder GmbH eine Gewinnstrebigkeit impliziert. Selbstredend ist es dabei nicht erforderlich, dass auch effektiv ein Gewinn erzielt wird (WEISUNGEN SECO, 71). Es reicht die Absicht, einen solchen zu erzielen, auch wenn sich der wirtschaftliche Erfolg nicht einstellen sollte.

51

3. Die Regelmässigkeit (Art. 29 Abs. 2 AVV)

Der Begriff der Regelmässigkeit meint die Häufigkeit des Personalverleihs und damit die Anzahl der einzelnen Aufträge. Nach Art. 29 Abs. 2 AVV liegt eine Regelmässigkeit im Sinne des Gesetzgebers vor, wenn innerhalb von zwölf Monaten mehr als zehn Verleihverträge abgeschlossen werden. Massgeblich ist also, dass

52

innerhalb eines Jahres elf oder mehr Verleihverträge *abgeschlossen* werden, auch wenn der Arbeitsantritt erst zu einem späteren Zeitpunkt erfolgen sollte. Diese grammatikalisch klare Regelung ist insofern nicht stringent, als dass es Verleihbetrieben mit einer grenzwertigen Anzahl an Aufträgen die Möglichkeit eröffnet, durch den Zeitpunkt des Abschlusses eines Verleihvertrags der Bewilligungspflicht zu entgehen. Eigentlich müsste die Ausführung von mindestens elf Aufträgen pro Jahr ausschlaggebend sein. Da der Gesetzeswortlaut jedoch unmissverständlich nur jene Interpretation zulässt, wird den Verleihbetrieben eine entsprechende Gesetzesumgehungsmöglichkeit eingeräumt.

53 In diesem Zusammenhang ist weiter erwähnenswert, dass der einmalige Verleih einer *«Arbeitsgruppe von mehreren Personen»* als einmaliger Verleih gilt, während beim mehrfachen Verleih derselben Person an verschiedene Einsatzbetriebe jeder Einsatz gezählt wird (WEISUNGEN SECO, 72).

4. Die Umsatzgrenze

54 Nach Art. 29 Abs. 1 AVV beläuft sich der bewilligungsrelevante Grenzwert auf einen Jahresumsatz von CHF 100 000.–. Dabei ist der Umsatz innerhalb von zwölf Monaten gemeint, wobei sich die Frage stellt, ob der vereinnahmte oder abgerechnete damit gemeint sind. Vermutlich dürfte Letzteres der Fall sein, zumal auch nicht vereinnahmter Umsatz in der Bilanz als Aktivum erscheint (allenfalls mit einem Delcredere-Abschlag). Hierfür spricht zudem der Umstand, dass auch die Gewinnstrebigkeit nicht zwingend einen wirtschaftlichen Erfolg impliziert, sondern lediglich eine entsprechende Absicht, wie oben bereits ausgeführt wurde.

55 Sollte das Geschäftsjahr nicht am 1. Januar beginnen, gilt die Periode aber ab der Aufnahme der Tätigkeit für die kommenden zwölf Monate. Problematisch erscheinen dabei Fälle, in denen davon ausgegangen wird, dass die Umsatzgrenze (noch) nicht erreicht wird, die Realität sich dann aber anders ausnimmt. Es sollte hier bei einer unverzüglichen Gesucheinreichung (bzw. -nachreichung) nach Erlangung der Umsatzgrenze von einer Bestrafung abgesehen werden, zumal auch keine Fälle bekannt wären, in welchen bei einer umgehenden Unterstellung nach einer Aufforderung hierzu durch das zuständige Amt die vorangegangene Periode sanktioniert worden wäre.

56 Sodann sei auch an dieser Stelle nochmals festgehalten, dass bei der Erzielung eines Umsatzes von CHF 100 000.– oder mehr immer eine Bewilligungs- bzw. Unterstellungspflicht besteht; dies unabhängig davon, ob eine Gewinnerzielungsabsicht vorliegt oder eine gemeinnützige und von der öffentlichen Hand subventionierte Tätigkeit ohne Gewinnstreben verfolgt wird (bspw. Non-Profit-Spitex-Betriebe).

X. Die Betriebsbewilligung

Um in der Schweiz Personalverleih betreiben zu können, bedarf es einer gewerbepolizeilichen Bewilligung (REHBINDER, 46), deren Voraussetzungen im nachfolgenden Art. 13 AVG näher definiert werden. 57

Zweck der Bewilligung bildet eine vorgängige Kontrolle der Einhaltung der gesetzlichen Vorschriften (HÄFELIN/MÜLLER/UHLMANN, N 2455), was vorliegend dadurch gewährleistet wird, dass auch die Rahmenarbeits- und Einsatzverträge mit den Arbeitnehmern wie auch die Verleihverträge vor der Erteilung der Bewilligung von den zuständigen Behörden geprüft und bewilligt werden müssen (Art. 34a AVV). 58

Die Bewilligung muss dabei von der zuständigen kantonalen Behörde (kantonale Ämter für Wirtschaft) zwingend erteilt werden, wenn die gesetzlichen Voraussetzungen erfüllt sind, welche im nachfolgenden Artikel behandelt werden. 59

Dabei wird von der Bewilligungsbehörde *nicht* geprüft, ob der Gesuchsteller tatsächlich eine bewilligungspflichtige Tätigkeit ausübt (DRECHSLER, 320). Da das AVG ein höheres Mass an Arbeitnehmerschutz bietet (bzw. bieten soll), wurde die Erlangung einer Bewilligung ohne Notwendigkeit als unproblematisch erachtet bzw. aufgrund der damit verbundenen Verpflichtungen (Kaution, strengere Formalien) nicht erwartet. Dies entspricht denn auch der Linie des SECO, welches in Grenzfällen von einer Unterstellungspflicht ausgeht, was von verschiedenen Autoren bestritten wird (SENTI, 364; KULL, 1487). 60

Ob ein entsprechendes Marktbedürfnis besteht, zeitigt im Gegensatz zu anderen bewilligungspflichtigen Tätigkeiten keinen Einfluss auf die Erteilung einer Bewilligung. Es bestehen entsprechend keine Kontingente. 61

XI. Die Bewilligungsbehörden (Art. 12 Abs. 2 AVG)

Wer in der Schweiz Personal vermittelt, bedarf mindestens einer kantonalen Bewilligung, welche in der Regel von den Ämtern für Wirtschaft und Arbeit erteilt wird (so bspw. in den Kantonen Basel-Stadt, Zürich, Aargau, Solothurn, St. Gallen, Luzern oder die Volkswirtschaftsdirektion im Kanton Bern; vgl. Art. 12 Abs. 2 Satz 1). 62

Beim Personalverleih ins Ausland ist zusätzlich eine Bewilligung des Bundes erforderlich, welche vom SECO erteilt wird (Art. 12 Abs. Satz 1). 63

XII. Der Weiterverleih (Art. 26 Abs. 3 AVV)

64 Nach der Erläuterung des SECO/Direktion für Arbeit vom 23. Oktober 2013 bezweckt der neugeschaffene Absatz 3 von Art. 26 AVV lediglich im Sinne der Transparenz, die gelebte Praxis neu auch in die AVV aufzunehmen. Dabei wird klargestellt, dass beim Personalverleih immer ein Dreiecksverhältnis vorliegen muss, da beim Weiterverleih die Kontrollen erschwert werden und deshalb die Interessen der Arbeitnehmer einer verstärkten Gefahr ausgesetzt sind (ERLÄUTERUNGEN ÄNDERUNG AVV 2013, 4 f.).

65 Nach dem neu eingefügten Abs. 3. von Art. 26 AVV ist der Weiterverleih im Sinne von *«Unter- oder Zwischenverleih»* grundsätzlich verboten. Gleichzeitig statuiert das Gesetz jedoch auch die Ausnahmen der Regel. Demnach ist der Weiterverleih erlaubt, wenn der Arbeitnehmer für die Dauer des Einsatzes beim Drittbetrieb aus den Diensten des Arbeitgebers ausscheidet und vom Zweitbetrieb angestellt wird, welcher seinerseits über eine Verleihbewilligung verfügt.

66 Ebenso zulässig ist der Fall, in welchem der Arbeitgeber seine Funktion behält und der Arbeitnehmer beim Drittbetrieb seine Arbeit verrichtet, solange der Zweitbetrieb den Einsatz lediglich vermittelt hat, auf ihn jedoch keinerlei Recht in Zusammenhang mit dem Arbeitsverhältnis übergehen.

XIII. Arbeiten in einer Arbeitsgemeinschaft (Art. 26 Abs. 4 AVV)

67 Auch mit dem neu geschaffenen Absatz 4 von Art. 26 AVV soll nur die langjährige Vollzugspraxis abgebildet werden (ERLÄUTERUNGEN ÄNDERUNG AVV 2013, 5). Überhaupt einer Erwähnung bedarf die Einbringung von Arbeitnehmern in eine Arbeitsgemeinschaft deshalb, weil dabei gewisse Weisungsrechte an Dritte abgetreten werden, welche diese gemeinsam mit dem Arbeitgeber ausüben. Da dieses Zusammenwirken betreffend die Arbeitnehmerinteressen jedoch unbedenklich erscheint, da der Arbeitgeber im Verbund auch mitwirkt, handelt es sich dabei um keinen Personalverleih im Sinne des AVG und bedarf keiner Bewilligung. Damit wird auch den Interessen der Wirtschaft entsprochen, was schliesslich auch den Arbeitnehmern zugutekommt.

XIV. Der Personalverleih vom und ins Ausland (Art. 12 Abs. 2 AVG)

1. Der Personalverleih vom Ausland in die Schweiz

68 *«Der Personalverleih vom Ausland in die Schweiz ist nicht gestattet»* (Art. 12 Abs. 2 Satz 2). Aus Gründen des Arbeitnehmerschutzes soll es grund-

sätzlich ausländischen Verleihbetrieben verunmöglicht sein, ausländisches Personal für Tätigkeiten in die Schweiz zu verleihen. Der Personalverleih in der Schweiz bleibt damit ausschliesslich inländischen Verleihbetrieben vorbehalten (PÄRLI, 96). So können die hiesigen Behörden nicht kontrollieren, ob ausländische Verleihbetrieben die hier geltenden, zwingenden Gesetzesbestimmungen einhalten (WEISUNGEN SECO, 73; REHBINDER, 49; bspw. Mindestlöhne). Auf der anderen Seite sollen nach REHBINDER auch die ausländischen Arbeitnehmer geschützt werden und nicht unter unsicheren Beschäftigungsaussichten in die Schweiz geholt werden (49), wobei in Tat und Wahrheit nach dem Willen des Gesetzgebers wohl eher die inländischen Arbeitskräfte geschützt werden und eine bevorzugte Behandlung erfahren sollen.

Jedoch dürfen Schweizer Arbeitsverleiher den Einsatz eines Ausländers ohne Arbeitsbewilligung vorbereiten, wozu besondere Kenntnisse erforderlich sind, und deshalb nebst der kantonalen Bewilligung zusätzlich eine solche des Bundes erforderlich machen (BOTSCHAFT REV. AVG, 597). Es werden somit für die Auslandsvermittlung höhere Anforderungen gestellt als für die Binnenvermittlung (WEISUNGEN SECO, 28). 69

Einen Ausnahmetatbestand für den Einsatz ausländischer Arbeitskräfte in der Schweiz im Bereich des Personalverleihs bildet die sog. Ventilklausel nach Art. 21 AVG, welche in Abs. 2 auch einen Ausnahmeregelungstatbestand enthält. Danach rechtfertigen besondere wirtschaftliche Gründe Ausnahmen von der Regel (Art. 30 AVV, welcher den nicht bewilligungspflichtigen Personalverleih vom Ausland in die Schweiz ausdrücklich für zulässig erklärte, wurde mit der Teilrevision im Jahre 2006 gestrichen; vgl. für den alten Verordnungstext REHBINDER, 115). Dieser Ausnahmetatbestand basiert auf der Erkenntnis, dass die Schweiz in gewissen Branchen auf ausländische Fachkräfte angewiesen ist, bspw. auf Putzequipen für Kernkraftwerke oder Spezialisten in der Weltraumforschung (WEISUNGEN SECO, 73). 70

2. Der Personalverleih von der Schweiz ins Ausland

Der Personalverleih von der Schweiz ins Ausland ist nur sehr begrenzt möglich, da diverse Staaten gar keinen Personalverleih oder diesen nur in einer anderen Form als in der Schweiz dulden (REHBINDER, 49). Der Verleihbetrieb muss in diesen Fällen über eine ausreichende Kenntnis der Einreise- und Arbeitsbestimmungen wie auch der gesetzlichen Regelung der Arbeitsvermittlung verfügen (Art. 10 AVV i.V.m. Art. 3 Abs. 3 AVG). 71

3. Abweichende Regelung bei der Arbeitsvermittlung

Die Bestimmungen zum Auslandsverleih stehen im Widerspruch zur Regelung bei der privaten Arbeitsvermittlung ins und aus dem Ausland nach Art. 2 72

Abs. 3 AVG, welche bei einer zusätzlichen Bewilligung des SECO als zulässig erklärt wird und im Hinblick auf den internationale Kontext auch sinnvoll erscheint (insbesondere in Bezug auf bilaterale Regelungen mit der EU, EWR und GATT; vgl. auch REHBINDER, 49). Dies deshalb, weil bei der Auslandsvermittlung eine Anstellung im Land der Arbeitsausführung erfolgt und eine Kontrolle der Arbeitsbedingungen durch die innerstaatlichen Behörden gerade möglich ist. Es besteht dort gerade nicht die Gefahr, dass durch eine Anstellung ausserhalb des Ortes der Arbeitserbringung die dort geltenden Gesetzesvorschriften zufolge mangelnder Kontrollmöglichkeit umgangen werden können.

XV. Bewilligungsart

73 Bei der Bewilligung der kantonalen Behörden wie auch des SECO handelt es sich um eine Polizeierlaubnis mit gewerbepolitischem Hintergrund (vgl. zur Polizeierlaubnis HÄFELIN/MÜLLER/UHLMANN, N 2529 ff.; vgl. auch REHBINDER, 46, der von einer gewerbepolizeilichen Bewilligungspflicht spricht). Dies bedeutet, dass es sich bei der Bewilligung zum Personalverleih um eine mitwirkungsbedürftige Verfügung handelt, welche von persönlichen und sachlichen Kriterien abhängt, welche in einem inhaltlichen Zusammenhang zur bewilligungspflichtigen Tätigkeit stehen müssen (HÄFELIN/MÜLLER/UHLMANN, N 2532). Die Bewilligung ist dabei an eine Person gebunden und damit nicht übertragbar. Es besteht nach dem Wesen der Polizeierlaubnis ein Anspruch auf deren Erteilung, wenn die gesetzlich definierten Voraussetzungen erfüllt sind (HÄFELIN/ MÜLLER/UHLMANN, N 2534). Die bedeutet im Umkehrschluss, dass die Erteilung nicht von einem Bedürfnisnachweis oder einer Quotenregelung abhängig gemacht werden darf. Der Markt hat sich im Bereich des Personalverleihs damit selbst zu regulieren (im Gegensatz zu anderen Bereichen wie bspw. die Bewilligung zur Praxiseröffnung bei Ärzten).

XVI. Zweigniederlassungen (Art. 12 Abs. 3 AVG/Art. 31 und 41 AVV)

74 Da für die Tätigkeit auf dem Binnenmarkt nur eine kantonale Bewilligung vorausgesetzt wird, die Verfahren und Bewilligungsbehörden sich jedoch nach dem kantonalen Recht bestimmen, muss für jede Zweigniederlassung eine separate und damit zusätzliche Betriebsbewilligung eingeholt werden (Abs. 3 erster Halbsatz AVG). Liegen eine oder mehrere Zweigniederlassungen hingegen im selben Kanton, müssten die zusätzlichen Filialen nur gemeldet werden, sind jedoch von der Bewilligung des Hauptsitzes umfasst (Abs. 3 erster Halbsatz).

75 Art. 41 AVV bestimmt ergänzend, dass die Meldepflicht für die Existenz der Zweigniederlassung im selben Kanton der Hauptfiliale obliegt (Art. 41 Abs. 1

AVV). Es müssen dabei nur diejenigen Angaben und Beilagen eingereicht werden, welche sich von denjenigen des Hauptsitzes *«verschieden sind»* (Art. 41 Abs. 2 AVV), womit eine administrative Erleichterung gewährt wird.

Der Verweis auf Art. 40 AVV in Abs. 3 stellt schliesslich klar, dass ein Bewilligungsgesuch schriftlich bei der vom Kanton bezeichneten Behörde einzureichen ist (Art. 40 Abs. 1 AVV), und das SECO als Aufsichtsbehörde den Kantonen Formulare für die Bewilligungsgesuche zur Verfügung stellt (Art. 40 Abs. 2 AVV), womit eine Vereinheitlichung in formaler wie materieller Hinsicht zwischen den Kantonen gewährleistet werden soll. 76

Art. 31 AVV statuiert, dass die Zweigniederlassung im Kanton des Hauptsitzes ihre Tätigkeit aufnehmen können, sobald die Meldung bei der zuständigen Behörde erfolgt (Art. 31 lit. a. AVV) und die Kaution bei der zuständigen Behörde geleistet worden ist (Art. 31 lit. b. AVV). Auch wenn die Kautionspflicht für eine kantonale Zweigniederlassung materiell sinnvoll erscheint und eine diesbezügliche Gleichstellung mit ausserkantonalen Zweigniederlassungen erfolgt, stellt sich die Frage, ob diese Bestimmung rechtlich zulässig ist. So ist die Pflicht zur Leistung einer Kaution bekanntlich an die Betriebsbewilligung geknüpft, was sich aus der Gesetzessystematik ergibt (Art. 13 ff. AVG). Eine im Kanton des Hauptsitzes liegende Zweigniederlassung ist nun aber gerade *nicht* gesetzlich angehalten, eine eigenständige Betriebsbewilligung einzuholen. Es stellt sich deshalb die Frage, ob Art. 31 lit. b. AVV dem Legalitätsprinzip genügt, zumal die AVV bekanntlich erst nach dem AVG erlassen wurde und das Zusammenspiel der beiden Erlasse nicht als ein einheitlicher Gesetzgebungsakt betrachtet werden kann. So hätte die Kautionspflicht für im Kanton des Hauptsitzes liegende Zweigniederlassung unter diesem Aspekt im AVG verankert werden müssen. 77

Das Erfordernis einer eigenständigen Bewilligung für eine Zweigniederlassung in einem anderen Kanton zeitigt die Konsequenz, dass hierbei keinerlei Erleichterungen gewährt werden wie bei derjenigen im Kanton des Hauptsitzes (Art. 14 AVG/Art. 35 AVV). 78

Art. 13

Voraussetzungen

¹ Die Bewilligung wird erteilt, wenn der Betrieb:
a. im Schweizerischen Handelsregister eingetragen ist;
b. über ein zweckmässiges Geschäftslokal verfügt;
c. kein anderes Gewerbe betreibt, welches die Interessen von Arbeitnehmern oder von Einsatzbetrieben gefährden könnte.

² Die für die Leitung verantwortlichen Personen müssen:
a. Schweizer Bürger oder Ausländer mit Niederlassungsbewilligung sein;
b. für eine fachgerechte Verleihtätigkeit Gewähr bieten;
c. einen guten Leumund geniessen.

³ Die Bewilligung zum Personalverleih ins Ausland wird nur erteilt, wenn die für die Leitung verantwortlichen Personen ausserdem sicherstellen, dass im Betrieb ausreichende Kenntnisse der Verhältnisse in den entsprechenden Staaten vorhanden sind.

⁴ Der Bundesrat regelt die Einzelheiten.

Conditions

¹ L'autorisation est accordée lorsque l'entreprise:
a. est inscrite au registre suisse du commerce;
b. dispose d'un local commercial approprié;
c. n'exerce pas d'autre activité professionnelle pouvant nuire aux intérêts des travailleurs ou des entreprises locataires de services.

² Les personnes responsables de la gestion doivent:
a. être de nationalité suisse ou posséder un permis d'établissement;
b. assurer une location de services satisfaisant aux règles de la profession;
c. jouir d'une bonne réputation.

³ En outre, l'autorisation de louer les services de travailleurs vers l'étranger n'est délivrée que si les responsables de la gestion donnent l'assurance que l'entreprise dispose de personnel connaissant suffisamment les conditions régnant dans les pays concernés.

⁴ Le Conseil fédéral règle les détails.

Presupposti

¹ L'autorizzazione è rilasciata se l'impresa:
a. è iscritta nel Registro svizzero di commercio;
b. dispone di un locale d'affari adeguato;
c. non esercita altra attività lucrativa che possa nuocere agli interessi dei lavoratori o dei datori di lavoro.

² Le persone responsabili della gestione devono:
a. avere la nazionalità svizzera o, se stranieri, il permesso di domicilio;
b. assicurare la fornitura di personale a prestito conformemente alle regole della professione;
c. godere di buona reputazione.

³ Per l'autorizzazione di fornire personale a prestito all'estero è inoltre necessario che le persone responsabili della gestione assicurino che l'azienda dispone di conoscenze sufficienti sulle condizioni negli Stati interessati.

⁴ Il Consiglio federale disciplina i particolari.

Inhaltsübersicht Note Seite

I.	Einleitung..	1	75
II.	Die betriebliche Voraussetzung zur Bewilligungserteilung (Abs. 1, Art. 32 AVV)..	2	75
	1. Eintragung ins schweizerische Handelsregister (Abs. 1 lit. a)...............	2	75
	2. Erfordernis eines zweckmässigen Geschäftslokals (Abs. 1 lit. b)..........	6	76
	3. Kein gewerblicher Interessenkonflikt (Abs. 1 lit. c)............................	8	76
III.	Persönliche Voraussetzungen (Abs. 2, Art. 33 AVV):................................	11	77
	1. Staatsbürgerschaft oder Niederlassungsbewilligung (Abs. 2 lit. a)........	12	77
	2. Fachkompetenz (Abs. 2 lit. b)..	13	78
	3. Leumund (Abs. 2 lit. c)..	17	78
IV.	Prüfung von Arbeits- und Verleihvertrag (Art. 34a und 40 Abs. 1bis AVV)	18	79
V.	Personalverleih ins Ausland (Abs. 3, Art. 34 AVV)...................................	20	79
VI.	Verordnungsrecht des Bundesrates (Abs. 4, Art. 40 AVV).........................	23	80

I. Einleitung

Art. 13 AVG ist kongruent mit der Bestimmung von Art. 3 AVG zur Arbeitsvermittlung, weshalb ergänzend auf die dortigen Ausführungen verwiesen werden kann. Diese Bestimmung regelt in Verbindung mit den Art. 32bis 34 AVV die Voraussetzungen zur Erteilung einer Bewilligung zum Personalverleih. Es müssen dabei formale Voraussetzungen seitens des Betriebs (Abs. 1) wie auch der für die Leitung verantwortlichen Personen erfüllt werden (Abs. 2).

II. Die betriebliche Voraussetzung zur Bewilligungserteilung (Abs. 1, Art. 32 AVV)

1. Eintragung ins schweizerische Handelsregister (Abs. 1 lit. a)

Als erstes Erfordernis verlangt der Gesetzgeber als betriebliche Voraussetzung einen Eintrag ins Handelsregister (vgl. Art. 927 ff. OR), womit rein terminologisch als mögliche Rechtsformen die Einzelfirma, die Kollektivgesellschaft, die Kommanditgesellschaft, die Gesellschaft mit beschränkter Haftung, die Aktiengesellschaft, die Kommandit-Aktiengesellschaft, die Genossenschaft, die Stiftung sowie der Verein zur Verfügung stehen.

Unbestritten ist dabei, dass der Betrieb im Sinne des Gesetzes keine juristische Person zu sein braucht und auch eine gemeinnützige Zweckbestimmung aufweisen kann (BOTSCHAFT REV. AVG, 599).

4 Das Erfordernis der Eintragung ins Handelsregister soll dabei sicherstellen, dass jeder Betrieb an einem Ort in der Schweiz rechtlich belangt werden kann (REHBINDER, 30; BOTSCHAFT REV. AVG, 599).

5 Ausschlaggebend für dieses Erfordernis sind zusätzlich die Publizität, die Zweckangabe sowie die Bekanntgabe der verantwortlichen Personen, ohne dass damit erheblich Kosten und Umtriebe verbunden sind (BOTSCHAFT, 599).

2. Erfordernis eines zweckmässigen Geschäftslokals (Abs. 1 lit. b)

6 Weniger leicht zu definieren als der Eintrag ins Handelsregister ist das Erfordernis der Existenz eines zweckmässigen Geschäftslokals. Dabei werden an die Einrichtung und Lage keine Anforderungen seitens der Bewilligungsbehörden gestellt; in der Regel werden die Geschäftsräume nicht einmal inspiziert. Sinn und Zweck der Bestimmung ist es, dass separierte Büroräume vorgewiesen werden müssen. Die Botschaft fordert hierbei zweckmässige Büroräume, damit keine vertraulichen Gespräche in Privaträumlichkeiten oder gar öffentlichen Orten stattfinden (BOTSCHAFT REV. AVG, 599). Das SECO relativiert dieses Erfordernis in seinen Weisungen dahingehend, dass sich das Erfordernis je nach Branche unterschiedlich ausnehme, und stellt zudem klar, dass auch ein abgetrennter Raum in einer Privatwohnung dem gesetzlichen Erfordernis genügen kann (WEISUNGEN SECO, 25). Der beurteilenden Behörde wird auf jeden Fall ein erheblicher Ermessensspielraum eingeräumt (so auch WEISUNGEN SECO, 25), zumal auf Verordnungsstufe keine detaillierenden Bestimmungen erlassen wurden.

7 Das gesetzliche Erfordernis sollte ursprünglich wohl insbesondere dazu dienen, der bis zur Erlass des AVG eher zwielichtig wahrgenommenen Branche einen seriöseren Auftritt zu verschaffen bzw. vorzuschreiben (vgl. auch BOTSCHAFT REV. AVG, 599). Dieses gesetzgeberische Ziel wurde denn auch erreicht.

3. Kein gewerblicher Interessenkonflikt (Abs. 1 lit. c)

8 Schliesslich besteht in betrieblicher Hinsicht ein Verbot, gleichzeitig ein anderes Gewerbe zu betreiben, welches den Interessen der Arbeitnehmer und Einsatzbetrieben zuwiderläuft. In diesem Zusammenhang ist sicherlich auch das Erfordernis zur Eintragung ins Handelsregister zu sehen, da dort die Zweckbestimmung angegeben werden muss und damit von der Bewilligungsbehörde auf allfällige Widersprüche geprüft werden kann.

9 Auf Verordnungsstufe wurde im revidierten Art. 32 AVV die zu vermeidenden Gefährdungssituationen näher definiert. Danach darf die Verleihtätigkeit nicht mit weiteren Geschäften verbunden werden, welche die Entscheidungsfreiheit der Arbeitnehmer oder Einsatzbetriebe beeinträchtigten (Art. 32 Abs. 1 lit. a AVV).

Zudem ist auch die Übernahme anderweitiger Verpflichtungen verboten, welche Arbeitnehmer oder die Einsatzbetriebe in eine zusätzliche Abhängigkeit vom Verleiher bringen (Art. 32 Abs. 1 lit. b AVV; vgl. auch REHBINDER, 51). Art. 32 AVV enthält dabei im Gegensatz zu Art. 8 AVV keine Auflistung von Tätigkeiten, welche grundsätzlich verboten sind (Vergnügungs- und Unterhaltungsbetriebe, Heiratsvermittlungs- und Kreditinstitute). Es gilt deshalb von der Bewilligungsbehörde im Einzelfall zu beurteilen, wann eine Gefährdungssituation vorliegt. Grundsätzlich wollte der Gesetzgeber mit dieser Bestimmung wohl aber Konstellationen vermeiden, in welchen der Arbeitgeber auch gleichzeitig den Einsatzbetrieb beherrscht (Vermittlung von Tänzerinnen und gleichzeitige Leitung des Cabarets als Einsatzbetrieb; vgl. hierzu WEISUNGEN SECO, 25) oder aber der Arbeitnehmer übermässig an den Arbeitgeber gebunden ist (bspw. durch die gewerbsmässige Gewährung eines Darlehens). Es sollen damit Beeinträchtigungen der Entscheidungsfreiheit wie auch zusätzliche Abhängigkeiten vermieden werden.

Neu wurde in Art. 32 Abs. 2 AVV festgeschrieben, dass eine Bewilligung aus grundsätzlichen Überlegungen verweigert werden kann, wenn der Gesuchsteller Arbeitnehmer an Einsatzbetriebe verleihen will, von denen er nicht unabhängig ist. Die Unabhängigkeit kann nach Auffassung des SECO bei Verwandtschaft bzw. guter Bekanntschaft oder aber bei geschäftlichen Beziehungen gefährdet sein (ERLÄUTERUNGEN ÄNDERUNG AVV 2013, 5 f.). Es wurde in der ursprünglichen Version des revidierten Art. 32 AVV beabsichtigt, besagte Tatbestände explizit und absolut in die Verordnung aufzunehmen, wovon zufolge der Reaktionen im Vernehmlassungsverfahren dann jedoch wieder Abstand genommen wurde (ERLÄUTERUNGEN ÄNDERUNG AVV 2013, 5 f.). 10

III. Persönliche Voraussetzungen (Abs. 2, Art. 33 AVV):

Es gilt hier, auf den identischen Wortlaut von Art. 3 AVG für die Personalvermittlung und die dortigen Ausführungen ergänzend zu verweisen. 11

1. Staatsbürgerschaft oder Niederlassungsbewilligung (Abs. 2 lit. a)

Der Inhaber der Verleihbewilligung muss entweder Schweizer Staatsbürger oder Ausländer mit Niederlassungsbewilligung sein, womit eine temporäre Aufenthaltsbewilligung nicht ausreicht. Es soll damit eine gewisse Kontinuität des Betriebs gewährleistet werden (BOTSCHAFT REV. AVG, 599). Zusätzlich gilt es bei diesem Erfordernis die Personenfreizügigkeitsabkommen mit der EU zu berücksichtigen, welche den Kreis der möglichen Bewilligungsinhaber noch erweitern (WEISUNGEN SECO, 27). 12

2. Fachkompetenz (Abs. 2 lit. b)

13 Nebst dem örtlichen Bezug muss der Inhaber einer Bewilligung Gewähr für eine fachgerechte Verleihtätigkeit bieten. Dies wird auf kantonaler wie auch auf Bundesebene teilweise damit gewährleistet, dass die Arbeits-, Einsatz- wie auch Verleihverträge vorab dem zuständigen Amt zur Genehmigung unterbreitet werden müssen (Art. 34a AVV).

14 Art. 33 AVV (der Untertitel der Verordnungsbestimmung gibt fälschlicherweise Bst. c anstelle von b an) definiert die Fachtauglichkeit als Grundlage der Bewilligungserteilung. Gefordert wird danach eine abgeschlossene Berufslehre oder eine gleichwertige Ausbildung (bspw. Matur) sowie kumulativ eine mehrjährige Berufserfahrung. Überdies wird eine anerkannte Vermittler- oder Verleiherausbildung oder aber eine mehrjährige Berufserfahrung in der Arbeitsvermittlung, im Personalverleih oder -wesen bzw. in der Personal-, Organisations- oder Unternehmensberatung verlangt.

15 Das SECO definiert dabei die Dauer der Berufstätigkeit mit mindestens drei Jahren, was angemessen erscheint (WEISUNGEN SECO, 27).

16 Mittels des Zusatzes *«insbesondere»* stellt der Verordnungsgeber klar, dass im Einzelfall von diesen Kriterien abgewichen werden kann, wobei der Bewilligungsinstanz ein erheblicher Ermessensspielraum eingeräumt wird. Von einer allzu starren Handhabung wird auch deshalb abgesehen, da auf keinen eidgenössischen Fähigkeitsausweis abgestellt werden kann (BOTSCHAFT REV. AVG, 599). Unter den erweiterten Kreis zu subsumieren sind dabei bspw. Gesuchsteller, welche die Formalien zwar nicht in allen Punkten erfüllen, jedoch aufgrund ihres beruflichen Werdegangs oder ihrer höheren Ausbildung als geeignet erscheinen. Es können hier ein höherer Abschluss (Hochschule, HWV etc.), eine Fachausbildung (Module der eidgenössischen Personalberaterausbildung) oder aber eine besondere Berufserfahrung angeführt werden (vgl. hierzu WEISUNGEN SECO, 27 mit weiteren Beispielen).

3. Leumund (Abs. 2 lit. c)

17 Das Erfordernis des guten Leumunds verlangt das Fehlen von Vorstrafen, Betreibungen oder Konkursen (WEISUNGEN SECO, 28), wobei hier nicht jeder Eintrag im Straf- bzw. im Betreibungsregister zu einer Verweigerung der Bewilligung führen darf. Zusätzlich muss der betreffende Eintrag die Eignung des Gesuchstellers bei einer objektivierten Betrachtung in Frage stellen. Ein SVG-Delikt oder ein Betreibungseintrag zufolge einer bestrittenen Forderung vermögen deshalb eine Bewilligungsverweigerung nicht zu rechtfertigen (REHBINDER, 32; ähnlich WEISUNGEN SECO, 28). Die den Nachweis führenden Dokumente müs-

sen bei der Gesucheinreichung aktuell sein, d.h. wohl nicht älter als sechs Monate, wobei gewisse Behörden noch aktualisierte Nachweise verlangen.

IV. Prüfung von Arbeits- und Verleihvertrag (Art. 34a und 40 Abs. 1bis AVV)

Neu eingeführt wurde mit der Revision der AVV per 1. Januar 2014 eine ausdrückliche Verpflichtung der Gesuchsteller zur Einreichung von Mustern des Arbeits- wie auch des Verleihvertrags als Voraussetzung zur Erteilung der Bewilligung. Dies wurde bereits bislang so gehandhabt und laut SECO von den betroffenen als Unterstützung akzeptiert und geschätzt. Fussen soll diese Pflicht auf der allgemeinen Auskunftspflicht nach Art. 17 AVG (ERLÄUTERUNGEN ÄNDERUNG AVV 2013, 6). Diese Auffassung darf, auch wenn sie durchaus sinnvoll erscheint, aus rechtsdogmatischen Überlegungen durchaus angezweifelt werden. So bereiten die Bestimmungen von Art. 19 Abs. 3 oder 22 Abs. 2 AVG keinen Sinn, würde davon ausgegangen, dass sämtliche Verträge von der Bewilligungsbehörde geprüft und genehmigt worden wären, da dann nur Verträge mit zulässigem Inhalt in Gebrauch sein könnten. Der Gesetzgeber hat somit gerade vorausgesetzt, dass keine Prüfung als Voraussetzung der Bewilligungserteilung erfolgt und entsprechend festgeschrieben, was die Folgen von Gesetzesverstössen sind. Die vom SECO als Verordnungsgrundlage angerufene Auskunftspflicht bezieht sich nach der Gesetzessystematik denn auch lediglich auf Betriebe, denen eine Bewilligung bereits ausgestellt wurde. Entsprechend ist zu konstatieren, dass mit Art. 34a bzw. 40 Abs. 1bis AVV das Legalitätsprinzip allenfalls verletzt wurde. Gleichwohl sei festgehalten, dass die Prüfung der Verträge bzw. die Unterstützung der Gesuchsteller in der Regel als Hilfeleistung und nicht als Obstruktion empfunden werden dürfte und sachlich durchaus als sinnvoll betrachtet werden kann.

Nicht klar zu differenzieren ist anhand der Systematik des Gesetzes, welche der beiden Bestimmungen sich auf den Inland- und welche sich auf den Auslandverleih bezieht. Auch die Erläuterungen des SECO vermögen hierüber keinen endgültigen Aufschluss zu erteilen (ERLÄUTERUNGEN ÄNDERUNG AVV 2013, 6 f.). Es ist wahrscheinlich, dass sich beide Bestimmungen auf beide Fälle beziehen und somit ein verordnungsgeberischer Pleonasmus vorliegt.

V. Personalverleih ins Ausland (Abs. 3, Art. 34 AVV)

Als zusätzliche Voraussetzung für die Erteilung einer Bewilligung zum Personalverleih ins Ausland definiert das Gesetz Kenntnisse des dortigen Rechts. Nach Art. 34 AVV sind damit insbesondere Kenntnisse über die Bestimmungen zur Einreise und die Aufnahme einer Erwerbstätigkeit (Art. 34 lit. a. AVV) sowie die gesetzliche Regulierung des Personalverleihs (Art. 34 lit. b. AVV) gemeint. Diese Bestimmung soll selbstredend ebenfalls dem Schutz der verliehenen Arbeitnehmer dienen. Die erforderliche Rechtskenntnis impliziert auch diejenige des Schweizer Ausländerrechts (BOTSCHAFT REV. AVG, 600). AVG und AVV schweigen sich darüber aus, wie der entsprechende Nachweis erbracht werden kann. Es gilt deshalb dies im Einzelfall individuell zu prüfen, wobei die Schranken nicht hoch anzusetzen sind.

21 Ebenso hat nach Art. 34a bzw. 40 Abs. 1bis AVV (es ist aus der Gesetzessystematik nicht klar zu eruieren, welche der beiden Bestimmungen sich auf den Auslandverleih bzw. den Inlandverleih bezieht) der Gesuchsteller neu dem Gesuch ein Muster des Arbeits- und Verleihvertrags zur Prüfung und Bewilligung beizulegen, da davon auszugehen ist, dass sich diese Bestimmung auf den Auslandverleih bezieht. Es wird entsprechend auf das vorstehend Ausgeführte verwiesen, zumal anzunehmen ist, dass die beigelegten Muster auch nach Art. 40 Abs. 1bis AVV von der Bewilligungsbehörde geprüft werden sollen.

22 Im Wirtschaftsalltag spielt der Personalverleih ins Ausland nur eine geringe Rolle. Häufiger ist der Fall anzutreffen, in welchem Schweizer Anbieter mit ganzen Teams Aufträge im Ausland erfüllen, was gerade kein Personalverleih darstellt. Dort gelangt denn in der Regel auch Schweizer Arbeitsrecht zur Anwendung, womit dem Schutzzweck des AVG genügt wird.

VI. Verordnungsrecht des Bundesrates (Abs. 4, Art. 40 AVV)

23 Explizit wird in Abs. 4 das Recht des Bundesrates auf Erlass der detaillierenden Ausführungsbestimmungen festgehalten, was er mit Art. 40 AVV denn auch getan hat. Danach ist das Bewilligungsgesuch schriftlich bei der vom Kanton bezeichneten Behörde mit Exemplaren von Arbeits- und Verleihvertrag einzureichen (Art. 40 Abs. 1 und 1bis AVV). Das SECO stellt Formulare für die Bewilligungsgesuche zur Verfügung (Art. 40 Abs. 2 AVV), womit eine Vereinheitlichung in formaler wie materieller Hinsicht zwischen den Kantonen gewährleistet werden soll.

24 Dass dieses grundsätzliche Recht zum Erlass der detaillierenden Verordnung durch den Bundesrat in Art. 13 Abs. 4 AVG explizit festgehalten wurde, erscheint eigentlich überflüssig, wenn nicht die Verordnungskompetenz überall dort untersagt sein sollte, wo sie nicht explizit festgehalten wurde. Dies kann jedoch kaum in der Intuition des Gesetzgebers gelegen haben. Es gilt denn weiter festzuhalten, dass eine entsprechende Delegation an den Bundesrat auch bei weiteren Artikeln erwähnt wird (vgl. bspw. Art. 14 Abs. 2 Satz 2 AVG).

Art. 14

Kaution	[1] Der Verleiher muss zur Sicherung von Lohnansprüchen aus dem Personalverleih eine Kaution leisten. [2] Die Kaution bemisst sich nach dem Geschäftsumfang. Der Bundesrat setzt den Mindest- und den Höchstbetrag fest und regelt die Einzelheiten.
Sûretés	[1] Le bailleur de services est tenu de fournir des sûretés en garantie des prétentions de salaire découlant de son activité de location de services. [2] Le montant des sûretés est proportionnel à l'étendue de l'activité commerciale. Le Conseil fédéral fixe les montants minimum et maximum et règle les détails.
Cauzione	[1] Il prestatore deve costituire una cauzione a garanzia delle pretese salariali risultanti dalla fornitura di personale a prestito. [2] L'importo della cauzione è determinato secondo il volume d'affari. Il Consiglio federale stabilisce l'importo minimo e massimo della cauzione e disciplina i particolari.

Inhaltsübersicht Note Seite

		Note	Seite
I.	Einleitung	1	82
II.	Die Kautionspflicht (Abs. 1, Art. 35 AVV)	2	82
	1. Kautionspflicht nur bei bewilligungspflichtigem Personalverleih (Abs. 1)	2	82
	2. Leistung der Kaution vor der Bewilligungserteilung (Art. 35 Abs. 2 AVV)	3	82
III.	Ort der Kautionshinterlegung (Art. 36 AVV)	4	82
IV.	Form der Kaution (Abs. 2, Art. 37 AVV)	5	83
V.	Höhe der Kaution (Abs. 2, Art. 6 GebV-AVG)	7	83
VI.	Freigabe der Kaution (Abs. 2, Art. 38 AVV)	11	84
VII.	Verwertung der Kaution (Art. 39 AVV)	16	85
	1. Die Verwertung im Konkursfall (Art. 39 Abs. 1 AVV)	16	85
	2. Die Verwertung ausserhalb des Konkursfalls	18	85
VIII.	Vorgehen bei der Verwertung der Kaution und sachliche Zuständigkeit (Art. 39 Abs. 3 und 4 AVV)	20	86
IX.	Konkretes Vorgehen im Konkursfall	24	87
X.	Verwertung der Kaution einer Zweigniederlassung	28	87
XI.	Informationsaustausch zwischen den Konkurs- und den kantonalen Arbeitsämtern	32	88

I. Einleitung

1 Art. 14 AVG legt fest, dass jeder Personalverleiher als Sicherheit für Lohnansprüche aus dem Personalverleih eine Kaution zu leisten hat, deren Detailregelung in die Kompetenz des Bundesrates gestellt wird. Insbesondere ein Verleihbetrieb mit wenig Eigenkapital läuft Gefahr, gleich zu Beginn viele Arbeitnehmer einzustellen und diese aus den laufenden Einnahmen bezahlen zu müssen. Bleiben Zahlungen von Kunden wider Erwarten aus, ergibt sich rasch ein Liquiditätsengpass, der die Lohnauszahlung an die Arbeitnehmer gefährdet. Diesem Umstand trägt Art. 14 AVG Rechnung und garantiert eine gewisse Sicherheit für die Arbeitnehmer (vgl. auch BOTSCHAFT REV. AVG, 610 f.).

II. Die Kautionspflicht (Abs. 1, Art. 35 AVV)

1. Kautionspflicht nur bei bewilligungspflichtigem Personalverleih (Abs. 1)

2 Eine Kautionspflicht besteht nur bei bewilligungspflichtigem Personalverleih, also bei der Temporär- und der Leiharbeit, nicht jedoch beim gelegentlichen Überlassen von Arbeitnehmern (Art. 35 Abs. 1 AVV).

2. Leistung der Kaution vor der Bewilligungserteilung (Art. 35 Abs. 2 AVV)

3 Die Leistung der geforderten Kaution stellt eine notwendige Voraussetzung zur Bewilligungserteilung dar. Bis sie nicht geleistet oder sichergestellt ist, darf eine Bewilligung zum Personalverleih nicht ausgestellt werden. Dieser Umstand ergibt sich offenkundig aus dem Schutzzweck der Norm.

III. Ort der Kautionshinterlegung (Art. 36 AVV)

4 Den Kantonen bleibt die Bezeichnung der Stelle der Kautionshinterlegung überlassen (Art. 36 Abs. 1 AVV). Dabei wird jedoch vom Verordnungsgeber bestimmt, dass die Kaution im Kanton des Sitzes des Personalverleihers geleistet werden muss (Art. 36 Abs. 2 AVV). Als Ausnahme von Abs. 2 kann es dem Hauptsitz erlaubt werden, mittels Hinterlegung der Höchstkaution seine Zweigniederlassung von der Leistung einer solchen im Sitzkanton zu entbinden (Art. 36 Abs. 3 AVV). Schliesslich legt Art. 36 Abs. 4 AVV fest, dass die Kaution für den Personalverleih ins Ausland am selben Ort wie für den Binnenverleih zu hinterlegen ist.

IV. Form der Kaution (Abs. 2, Art. 37 AVV)

Die Kaution kann
a) in der Form einer Bürgschaft oder Garantieerklärung einer Bank oder Versicherung,
b) in der Form einer Kautionsversicherung, welche die Leistung unbesehen eines allfälligen Prämienausstandes garantiert, oder
c) in der Form einer Kassenobligation mit Ertragsgutschriften zugunsten des Kautionspflichtigen oder
d) als Bareinlage

geleistet werden.

All diesen Kautionsformen ist eigen, dass sie unwiderruflich sind und bezogen werden können, wenn der gesetzlich vorgesehene «Bezugsfall» eintritt. Entsprechend sollten die Kautionen, wenn nicht in bar hinterlegt, unbefristeter Natur sein, andernfalls auch die Bewilligungsdauer entsprechend beschränkt werden müsste (vgl. WEISUNGEN SECO, 78). Weshalb nur inländische Kautionssteller akzeptiert werden sollten, ist nicht nachvollziehbar, zumal sich dies aus dem Gesetzeswortlaut nicht ergibt (anders die Auffassung des SECO, WEISUNGEN SECO, 78). Ändert die Person oder die Rechtsform der Verleihbewilligung, hat auch die Sicherheit eine entsprechende Anpassung zu erfahren. Dabei muss jedoch sichergestellt werden, dass allenfalls nachträglich auftauchende Forderungen weiterhin von der ursprünglichen Sicherheit abgedeckt bleiben, damit keine zeitlichen Deckungslücken entstehen (WEISUNGEN SECO, 78).

V. Höhe der Kaution (Abs. 2, Art. 6 GebV-AVG)

Nach Art. 6 der Gebührenverordnung zum AVG beläuft sich die Kaution auf CHF 50 000.– pro Verleiher (Abs. 1).

Eine Erhöhung der ursprünglichen Kaution gemäss Abs. 1 auf CHF 100 000.– erfolgt dann, wenn im abgelaufenen Kalenderjahr mehr als 60 000 Verleihstunden angefallen sind (Abs. 2).

Eine allenfalls kumulativ hinzutretende Erhöhung der Kaution von CHF 50 000.– ist auch dann zu leisten, wenn der Verleiher zusätzlich Personal ins Ausland verleiht (Abs. 3).

Die Höchstkaution beläuft sich schliesslich auf CHF 1 000 000.– (Abs. 4). Mit deren Leistung kann sich nach Art. 36 Abs. 3 AVV der Hauptsitz von der Verpflichtung entbinden, für seine Zweigniederlassung Kautionen zu hinterlegen.

VI. Freigabe der Kaution (Abs. 2, Art. 38 AVV)

11 Die Kaution wird frühestens ein Jahr nach dem Erlöschen der Bewilligung freigegeben (Entzug oder Aufhebung; Satz 1). Mit dieser Bestimmung soll vermieden werden, dass für nachträglich zu Tage tretende Unregelmässigkeiten finanzieller Natur kein Haftungssubstrat mehr vorhanden ist. Bestehen somit nach einem Jahr seit dem Erlöschen der Bewilligungen noch finanzielle Forderungen gegenüber dem Personalverleihbetrieb, so bleibt die Kaution bis zu deren Klärung hinterlegt (ähnlich WEISUNGEN SECO, 79).

12 Falls das zuständige Amt innerhalb eines Jahres seit dem Erlöschen der Bewilligung Kenntnis von offenen Forderungen erhält oder über entsprechende Verdachtsmomente verfügt, sollten Gläubiger mittels öffentlicher Bekanntmachung in einer einschlägigen Publikation (Amtsblatt oder gleichwertiges Medium) aufgefordert werden, ihre Forderungen innert einer bestimmten Frist anzumelden, andernfalls die Kaution freizugeben ist (so auch WEISUNGEN SECO, 79). Soweit noch Forderungen offen sind, ist die Sicherheit im Umfang der behaupteten Forderungen einzubehalten, während ein allenfalls überschiessender Anteil zwingend freizugeben ist. Dies ergibt sich aus dem Wortlaut von Art. 38 AVV. Dies bedeutet, dass kein Rückbehalt für Verfahrenskosten und Ähnliches zulässig ist.

13 Bei bestrittenen Forderungen wird der Kautionsbürge oder -versicherer die Kaution erst auf entsprechendes Urteil oder Verfügung hin freigeben bzw. die entsprechende Zahlung leisten. Sollte er diese jedoch trotz eines rechtskräftigen Titels verweigern, bleibt nur dessen Betreibung (WEISUNGEN SECO, 79).

14 Sollte eine Sicherheit pro futuro widerrufen werden, hat die zuständige Behörde ebenfalls zum oben erwähnten «Verkündigungsverfahren» zu schreiten und Gläubiger zur Anmeldung ihrer allfälligen Ansprüche aufzufordern (WEISUNGEN SECO, 79). Dies unbesehen davon, ob die Bewilligung widerrufen oder eine neue Sicherheit hinterlegt wird. Es sei denn, die neue Sicherheit wird in bar geleistet oder der neue Versicherer oder Bürge verpflichtet sich auch zur rückwirkenden Haftung.

15 Mit Art. 38 Abs. 2 AVV wurde neu festgehalten, dass die Jahresfrist von Art. 38 Abs. 1 AVV auch bei einem Wechsel des Kautionsgebers Geltung beansprucht. Dieser Folge kann nur damit begegnet werden, dass der neue Kautionsgeber erklärt, auch für ein Jahr zurückliegende Forderungen einzustehen, soweit diese vor der neuen Kautionsleistung entstanden sind und noch nicht verjährt sind (Art. 128 Ziff. 3 OR).

VII. Verwertung der Kaution (Art. 39 AVV)

1. Die Verwertung im Konkursfall (Art. 39 Abs. 1 AVV)

Nach dem Wortlaut von Art. 39 Abs. 1 AVV ist die Kaution im Konkurs des Verleihers primär zur Befriedigung von Lohnforderungen der Arbeitnehmer zu verwenden. Diese gehen allen anderen Gläubigern vor, da die Kautionspflicht nicht deren Schutz bezweckt. Da Arbeitnehmer im Konkursfall des Arbeitgebers bekanntlich bereits durch die Insolvenzentschädigung über eine gewisse Sicherheit verfügen, wird die Kaution vorab für deren zusätzliche Ansprüche verwendet (bspw. Ansprüche aus dem durch die Insolvenzentschädigung nicht abgedeckten Zeitraum; vgl. Art. 52 AVIG, wonach nur Lohnforderungen der vergangenen vier Monate versichert sind). Erst wenn sämtliche Lohnforderungen gedeckt sind, kann die Arbeitslosenversicherung aus einem allenfalls überschiessenden Anteil Regressansprüche befriedigen (Art. 39 Abs. 2 AVV). Bleibt dann immer noch ein Teil der Kaution übrig, gelangt dieser in die Konkursmasse (REHBINDER, 53).

16

Gesichert werden mittels der Kaution nur der Nettolohn, Spesen, Gratifikationen und Ähnliches, nicht jedoch Sozialversicherungsbeiträge, da diese gesetzlich mit dem Abzug auf der Lohnabrechnung bereits gesichert sind (WEISUNGEN SECO, 84).

17

2. Die Verwertung ausserhalb des Konkursfalls

Ausserhalb eines Konkurses, bspw. bei der freiwilligen Einstellung der Geschäftstätigkeit oder dem Entzug der Bewilligung (vgl. Art. 16 AVG und Art. 44 AVV), kann nur eine Vereinbarung zwischen der Bewilligungsbehörde und dem Personalverleiher über den Bezug oder eine rechtskräftig festgestellte Forderung Grundlage für die Verwertung der Kaution bilden. Mit dem neu geschaffenen Art. 39 Abs. 1bis AVV wurde die Möglichkeit geschaffen, dass beim Entzug oder der Aufhebung der Bewilligung die Kaution auch ausserhalb des Konkursfalls für offene Forderungen der verliehenen Arbeitnehmer verwertet werden kann. Auch in diesen Fällen wird sich die Jahresfrist nach Art. 38 AVV kaum einhalten lassen und die Sicherheit länger hinterlegt bleiben.

18

Auch ausserhalb des Konkurses hat das kantonale Arbeitsamt die Einstellung der Personalverleihtätigkeit öffentlich bekannt zu machen und es den Arbeitnehmern so zu ermöglichen, ihre Forderungen geltend zu machen (analog zum Vorgehen im Konkursfall).

19

VIII. Vorgehen bei der Verwertung der Kaution und sachliche Zuständigkeit (Art. 39 Abs. 3 und 4 AVV)

20 Zuständig für die Verwertung vom Verleiher selbst erbrachter Kautionen zeichnet das Konkursamt (Art. 39 Abs. 3 AVV unter Verweis auf Art. 37 lit. b–d). Das kantonale Arbeitsamt ist hingegen zuständig, wenn eine Kaution nach Art. 37 lit. a AVV oder in den Fällen von Art. 37 lit. b–d AVV von Dritten geleistet wurde (meint nicht vom Verleiher selbst).

21 Die Kautionsversicherung, die Kassenobligation wie auch die in bar hinterlegte Kaution stammen rechtlich aus dem Vermögen des Verleihers und bilden deshalb Bestandteile der Aktivmasse, die im Konkursfall vom Konkursamt zu verwerten ist (WEISUNGEN SECO, 80; es gilt jedoch den Vorrang der Forderungen der Arbeitnehmer gemäss Art. 14 AVG und Art. 39 AVV zu beachten). Die Bürgschaft oder Garantieerklärung einer Bank oder Versicherung stammen hingegen von einem Dritten und müssen erst im Konkursfall überhaupt geleistet werden. Deshalb erfolgt eine Verwertung der ersten Gruppe durch das Konkursamt, während bei der zweiten Gruppe die Bewilligungsbehörde (kantonales Arbeitsamt) die Drittsicherheiten verwertet bzw. einbringt (WEISUNGEN SECO, 80).

22 Betreffend die Kostenliquidation bei der Verwertung durch das Konkursamt gilt Art. 262 Abs. 2 SchKG, wonach in Analogie zur Pfandverwertung die Kosten von Verwaltung und Verwertung zwar liquidiert werden dürfen, die Sicherheit jedoch nicht zur Deckung der gesamten Konkurskosten verwendet werden darf (WEISUNGEN SECO, 80). Die Verwertung der Sicherheit hat auch dann zwingend zugunsten der Arbeitnehmer zu erfolgen, wenn zu wenige Aktiven für die Konkursabwicklung vorhanden sein sollten (WEISUNGEN SECO, 80).

23 Die Sicherheitsleistungen durch Dritte gelangen hingegen nicht in die Konkursmasse, sondern direkt an die berechtigten Arbeitnehmer. Entsprechend zeichnet hier für die Einbringung bzw. Verwertung nicht das Konkursamt, sondern das kantonale Arbeitsamt als Bewilligungsbehörde verantwortlich (WEISUNGEN SECO, 81). Die Bewilligungsbehörde macht dabei den Konkurs öffentlich und fordert Arbeitnehmer zur Anmeldung ihrer Forderungen auf. Die öffentliche Bekanntmachung seitens der Bewilligungsbehörde kann unterbleiben, wenn das Konkursamt bereits einen Schuldenruf publiziert hat (WEISUNGEN SECO, 81). Allfällige Regressansprüche des KIGA werden subsidiär befriedigt, während ein übersteigender Anteil freigegeben wird und nicht in die Konkursmasse fällt (WEISUNGEN SECO, 81). Gleichgesetzt mit dieser zweiten Gruppe werden auch die Fälle von Art. 37 lit. b–d AVV, in welchen die Sicherheit durch einen Dritten geleistet wird. Auch hier ist das kantonale Arbeitsamt für die Verwertung zuständig, da die Sicherheit ebenfalls nicht in die Konkursmasse fällt.

IX. Konkretes Vorgehen im Konkursfall

Erlangt das kantonale Arbeitsamt Kenntnis vom Konkurs eines Personalverleihers, erstattet es dem zuständigen Konkursamt Bericht über die Sicherheit. Die Arbeitnehmer haben ihre Forderung dabei grundsätzlich beim Konkursamt anzumelden (WEISUNGEN SECO, 81).

Sind genügend Aktiven zur Durchführung des ordentlichen Konkursverfahrens vorhanden, so erstellt das Konkursamt einen Kollokationsplan und legt diesen nach den Bestimmungen von Art. 247 ff. SchKG auf. Nach Ablauf der Rechtsmittelfristen stehen die den Arbeitnehmern zustehenden Beträge fest und die Sicherheit wird in diesem Umfang eingefordert (WEISUNGEN SECO, 82). Da die Forderung dann rechtskräftig ist, bleiben dem Kautionsteller kaum Möglichkeiten, sich erfolgreich gegen die Verwertung zu wehren. Er rückt jedoch in Höhe der Inanspruchnahme in die Rechtsposition der Arbeitnehmer. Nicht gedeckte Forderungen von Arbeitnehmern verbleiben als Restforderungen in der Konkursmasse (WEISUNGEN SECO, 82). Eine intakte Kommunikation zwischen Konkurs- und Arbeitsamt ist unerlässlich, um Doppelzahlungen und Unklarheiten zu vermeiden (WEISUNGEN SECO, 82).

Sind nicht genügend Aktiven vorhanden, wird der Konkurs nach Art. 230 SchKG eingestellt. Gleichwohl hat das kantonale Arbeitsamt die Kaution selbstredend zu verwerten und den Arbeitnehmern zukommen zu lassen (WEISUNGEN SECO, 82). Es kontaktiert dabei den Kautionssteller und gibt ihm die berechtigten und damit aus der Kaution zu befriedigenden Forderungen bekannt und setzt gleichzeitig eine Zahlungsfrist an (WEISUNGEN SECO, 82). Bei Bestreitung oder Nichtleistung erlässt das Amt eine formelle Verfügung, welche nach Rechtskraft vollstreckt werden kann. Ein allfälliger Überschuss ist dem Kautionssteller dabei zu erstatten (WEISUNGEN SECO, 82 f.).

Ist eine Arbeitnehmerforderung in einem Zivilprozess hängig, so wird der Prozess nach Art. 207 SchKG vorläufig eingestellt. Entschliesst sich die Konkursmasse oder ein Gläubiger zur Weiterführung, muss der materiell rechtskräftige Entscheid abgewartet werden (WEISUNGEN SECO, 83). Ist dies nicht der Fall, so gilt die Forderung als anerkannt und es kann zur Verwertung geschritten werden (WEISUNGEN SECO, 83). Bei Prozessen ausserhalb des Konkurses gilt es immer ein rechtskräftiges Urteil abzuwarten, wodurch sich in der Regel auch die Jahresfrist nach Art. 38 AVV verlängern dürfte (WEISUNGEN SECO, 83).

X. Verwertung der Kaution einer Zweigniederlassung

Nach Art. 36 Abs. 2 und 3 AVV kann auch eine Zweigniederlassung eine Kaution leisten, womit sich in diesen Fällen die Frage stellt, für welche Forderungen eine solche in Anspruch genommen werden kann.

29 Vorab gilt es hierzu festzuhalten, dass der Konkursfall nur beim Hauptsitz eintreten kann, da die Zweigniederlassung keinen selbständigen Betreibungsort darstellen (BSK SCHKG I-SCHMID, Art. 46 N 71). Eine Ausnahme hiervon besteht nur nach Art. 50 SchKG bei einem im Ausland wohnenden Schuldner; dieser kann am Sitz der Schweizer Niederlassung betrieben werden (BSK SCHKG I-SCHMID, Art. 50 N 6 ff.).

30 Wird nun nach den Bestimmungen von Art. 37 lit. b–d AVV eine Sicherheit vom Personalverleiher geleistet, werden mit der Konkurseröffnung sämtliche Sicherheiten fällig und gelangen in die Konkursmasse. Dies bedeutet, dass diese nach der Befriedigung der Lohnforderungen gegen die Zweigniederlassung auch für die Forderungen des Hauptsitzes und anderer Niederlassungen verwendet werden können (WEISUNGEN SECO, 84). Der Konkurs wird dabei vom Konkursamt am Hauptsitz durchgeführt.

31 Bei der Hinterlegung einer Bürgschaft oder Garantieerklärung einer Bank oder Versicherung kann hingegen die Sicherheit nur für Forderungen gegenüber der Zweigniederlassung beansprucht werden, da sich der Dritte auch nur für diese verpflichtet hat (WEISUNGEN SECO, 84). Eine nicht oder nur teilweise verwertete Kaution kann in diesen Fällen nicht für die Ausstände gegenüber Arbeitnehmern anderer Zweigniederlassungen oder des Hauptsitzes verwertet werden.

XI. Informationsaustausch zwischen den Konkurs- und den kantonalen Arbeitsämtern

32 Um die Interessen der Arbeitnehmer bestmöglich zu wahren, ist ein funktionierender Informationsaustausch zwischen den kantonalen Arbeitsämtern und den Konkursämtern unabdingbar. Insbesondere Erstgenannte haben dafür besorgt zu sein, dass die Arbeitnehmerforderungen im Konkurs angemeldet werden und das zuständige Konkursamt Kenntnis von der Kaution erlangt. Gläubiger sind und bleiben aber schliesslich immer die Arbeitnehmer, welche somit dafür verantwortlich zeichnen, dass ihre Forderungen berücksichtigt werden (vgl. hierzu auch WEISUNGEN SECO, 85).

33 Im Rahmen der kantonalen Autonomie ist es den Kantonen freigestellt, den Informationsaustausch zwischen den involvierten Ämtern institutionell zu regeln (WEISUNGEN SECO, 85).

Art. 15

Dauer und Umfang der Bewilligung	¹ **Die Bewilligung wird unbefristet erteilt und berechtigt zum Personalverleih in der ganzen Schweiz.** ² **Die Bewilligung zum Personalverleih ins Ausland wird auf bestimmte Staaten begrenzt.** ³ **Die für die Leitung verantwortlichen Personen werden in der Bewilligung namentlich aufgeführt.** ⁴ **Der Bundesrat regelt die Bewilligungsgebühren.**
Durée et portée	¹ L'autorisation est délivrée pour une durée illimitée et donne droit d'exercer la location de services dans l'ensemble de la Suisse. ² L'autorisation de louer les services vers l'étranger est limitée à des pays déterminés. ³ Les personnes responsables de la gestion sont nommément indiquées dans l'autorisation. ⁴ Le Conseil fédéral fixe les émoluments d'octroi de l'autorisation.
Durata e portata dell'autorizzazione	¹ L'autorizzazione è di durata indeterminata e conferisce il diritto di esercitare la fornitura di personale a prestito in tutta la Svizzera. ² L'autorizzazione di fornire personale a prestito all'estero è limitata a determinati Paesi. ³ Le persone responsabili della gestione sono indicate nominativamente nell'autorizzazione. ⁴ Il Consiglio federale stabilisce gli emolumenti di rilascio dell'autorizzazione.

Inhaltsübersicht   Note   Seite

I.	Einleitung	1	90
II.	Geltungsbereich und Dauer der Bewilligung	2	90
	1. Die Bewilligung für den Inlandverleih (Abs. 1)	2	90
	2. Die Bewilligung zum Auslandverleih (Abs. 2)	3	90
III.	Bewilligungsträger (Abs. 3, Art. 42 AVV)	4	90
IV.	Die örtliche und/oder sachliche Bewilligungsbeschränkung (Art. 42 AVV)	5	90
V.	Bewilligungsgebühren (Abs. 4)	7	91

I. Einleitung

1 Art. 15 AVG regelt die Dauer und den Umfang der Bewilligung zum Personalverleih. Grundsätzlich werden die Bewilligungen unbefristet, unter Nennung der verantwortlichen Personen und kostenpflichtig erteilt. Ergänzend kann auf die Ausführungen zum gleichlautenden Art. 4 AVG verwiesen werden.

II. Geltungsbereich und Dauer der Bewilligung

1. Die Bewilligung für den Inlandverleih (Abs. 1)

2 *«Die Betriebsbewilligung wird unbefristet erteilt und berechtigt zum Personalverleih in der ganzen Schweiz.»* Der Gesetzeswortlaut ist inhaltlich klar und bedarf keiner weiteren Erläuterung. Insbesondere ist es danach nicht zulässig, die Bewilligung auf ein Gebiet oder einen Kanton zu beschränken.

2. Die Bewilligung zum Auslandverleih (Abs. 2)

3 Die Bewilligung für den Personalverleih ins Ausland gilt nicht unbeschränkt, sondern wird vom SECO auf bestimmte Staaten begrenzt. Entsprechend ist eine Vermittlung nur für die in der Bewilligung genannten Staaten zulässig.

III. Bewilligungsträger (Abs. 3, Art. 42 AVV)

4 Die Bewilligung zum Personalverleih wird zwingend auf eine im Schweizer Handelsregister eingetragene Person (meist eine GmbH oder AG/Art. 13 Abs. 1 lit. a AVG), den *sog. Betrieb* nach Art. 42 Abs. 1 AVV, ausgestellt. In der Bewilligungsurkunde werden dabei Name und Adresse des Betriebs (Abs. 3/Art. 42 Abs. 2 lit. a AVV), die für den Verleih verantwortlichen, natürlichen Personen (Art. 42 Abs. 2 lit. b AVV), die sich nicht am Betriebssitz befindlichen Geschäftsräume (Art. 42 Abs. 2 lit. c AVV) sowie der örtliche und sachliche Geltungsbereich der Bewilligung aufgeführt (Art. 42 Abs. 2 lit. d AVV).

IV. Die örtliche und/oder sachliche Bewilligungsbeschränkung (Art. 42 AVV)

5 Art. 15 Abs. 1 AVG statuiert klar und unmissverständlich, dass eine Bewilligung zum uneingeschränkten Personalverleih *«in der ganzen Schweiz»* berechtigt. Hierzu in Widerspruch steht Art. 42 Abs. 2 lit. d AVV, da dort der Bewilligungs-

behörde die Möglichkeit eingeräumt wird, den örtlichen und sachlichen Geltungsbereich der Bewilligung einzuschränken. Von dieser Möglichkeit wird in der Praxis reger Gebrauch gemacht. Im Lichte des Legalitätsprinzips und des sich daraus ableitenden Grundsatzes, dass eine Ausführungsverordnung keine weiter gehenden Rechte und Pflichten als die Gesetzgrundlage statuieren darf (HÄFELIN/MÜLLER/ UHLMANN, Allgemeines Verwaltungsrecht, 6. Auflage, N 368 ff.), erscheinen derartige Einschränkungen in sachlicher Hinsicht unzulässig. Das SECO vertritt diesbezüglich eine diametrale Auffassung (WEISUNGEN SECO, 87) und sieht Einschränkungen auf Berufe und Branchen als zulässig an. Auch wenn diese Gesetzesinterpretation inhaltlich sinnvoll erscheinen mag, ist sie nicht mit dem Gesetzeswortlaut in Einklang zu bringen und deshalb abzulehnen. Ein gerichtlicher Entscheid zu dieser Frage ist nicht bekannt und wohl deshalb inexistent, weil die Betriebe ganz offenbar die erwünschten Bewilligungen erhalten oder aber sich dieses Umstands nicht bewusst sind.

Betreffend die örtliche Geltung besteht ein Widerspruch von Art. 15 Abs. 1 zu Art. 12 Abs. 3 AVG, wonach kantonale Zweigniederlassungen dem zuständigen Amt gemeldet werden müssen und ausserkantonale einer eigenen Bewilligung bedürfen. Im Zusammenspiel beider Bestimmungen lässt sich der Widerspruch nur in der Form auflösen, dass eine Bewilligung für den Hauptsitz einen Anspruch darauf verschafft, auch Zweigniederlassungen ohne weiter gehende Auflagen zu führen. Dies jedoch nur, wenn vorgängig eine Meldung erfolgt bzw. eine Bewilligung eingeholt und die allenfalls erforderliche Kaution geleistet wurde.

V. Bewilligungsgebühren (Abs. 4)

Der Gesetzgeber stellt es dem Bundesrat anheim, die Bewilligungsgebühren zu regeln, was dieser mit Erlass einer entsprechenden Verordnung und deren Revision per 1. Januar 2014 getan hat (Verordnung über Gebühren, Provisionen und Kautionen im Bereich des Arbeitsvermittlungsgesetzes [Gebührenverordnung AVG, GebV-AVG], SR 823.113). Nach Art. 7 Abs. 1 GebV-AVG beträgt die Bewilligungsgebühr für Personalverleihbetriebe je nach Aufwand CHF 750.– bis 1650.–.

Die Gebühr für eine Bewilligungsänderung (Art. 43 AVV) beträgt CHF 220.– bis 850.– und bemisst sich ebenfalls nach dem Aufwand (Art. 7 Abs. 2 GebV-AVG).

Art. 16

Entzug

¹ Die Bewilligung wird entzogen, wenn der Verleiher:
a. die Bewilligung durch unrichtige oder irreführende Angaben oder durch Verschweigen wesentlicher Tatsachen erwirkt hat;
b. wiederholt oder in schwerwiegender Weise gegen zwingende Vorschriften des Arbeitnehmerschutzes, gegen dieses Gesetz oder die Ausführungsvorschriften oder insbesondere die ausländerrechtlichen Zulassungsvorschriften des Bundes oder der Kantone verstösst;
c. die Bewilligungsvoraussetzungen nicht mehr erfüllt.

² Erfüllt der Verleiher einzelne der Bewilligungsvoraussetzungen nicht mehr, so hat ihm die Bewilligungsbehörde vor dem Entzug der Bewilligung eine Frist zur Wiederherstellung des rechtmässigen Zustandes zu setzen.

Retrait

¹ L'autorisation est retirée lorsque le bailleur de services:
a. l'a obtenue en donnant des indications inexactes ou fallacieuses ou en taisant des éléments essentiels;
b. enfreint de manière répétée ou grave des dispositions impératives ressortissant à la protection des travailleurs, la présente loi ou des dispositions d'exécution, en particulier les dispositions fédérales ou cantonal les relatives à l'admission des étrangers;
c. ne remplit plus les conditions requises pour l'octroi de l'autorisation.

² Si le bailleur de services ne remplit plus certaines des conditions requises pour l'octroi de l'autorisation, l'autorité qui l'a délivrée doit, avant d'en décider le retrait, impartir au bailleur de services un délai pour régulariser sa situation.

Revoca

¹ L'autorizzazione è revocata se il prestatore:
a. l'ha ottenuta fornendo indicazioni inesatte o fallaci oppure dissimulando fatti essenziali;
b. viola ripetutamente o gravemente prescrizioni imperative in materia di protezione dei lavoratori, la presente legge o prescrizioni esecutive, in particolare le prescrizioni federali o cantonali sull'ammissione di stranieri;
c. non ne adempie più i presupposti.

² Se il prestatore non adempie più singoli presupposti dell'autorizzazione, l'autorità di rilascio, prima di revocargli l'autorizzazione, gli assegna un termine per porsi in consonanza alla legge.

Inhaltsübersicht Note Seite

I. Einleitung 1 93
II. Die Entzugsgründe (Abs. 1) 2 93
   1. Bewilligungsentzug zufolge betrügerischer Erlangung (Abs. 1 lit. a).... 3 93
   2. Widerrechtliches Verhalten nach der Bewilligungserteilung
      (Abs. 1 lit. b) 4 94

	Note	Seite
3. Wegfall der Bewilligungsvoraussetzungen (Abs. 1 lit. c)	9	95
4. Weitere Gründe für das Erlöschen der Bewilligung (Art. 45 AVV)	11	95
III. Aufhebung der Bewilligung auf Antrag des Inhabers (Art. 45 Abs. 1 lit. a AVV)	12	95
IV. Aufhebung zufolge Einstellung der Verleihtätigkeit (Art. 45 Abs. 1 lit. b und Abs. 2 AVV)	13	96
V. Das Entzugsverfahren (Abs. 2, Art. 44 AVV)	14	96
1. Ansetzung einer Nachfrist (Art. 16 Abs. 2 AVG)	14	96
2. Direkter Bewilligungsentzug (Art. 44 Abs. 1 lit. a AVV)	16	96
VI. Mit dem Entzug verbundene Sanktionen (Art. 44 Abs. 1 lit. b AVV)	19	97
VII. Kantonale Orientierungspflicht des SECO (Art. 44 Abs. 2 AVV)	20	98

I. Einleitung

Art. 16 AVG regelt den unfreiwilligen Entzug der Bewilligung, während der freiwillige Verzicht lediglich in Art. 45 AVV und damit auf Verordnungsstufe fusst. Aufgrund der Tragweite eines unfreiwilligen Entzugs erfolgt die Regelung der Thematik weitgehend auf Gesetzesstufe. Ergänzend kann auf die Ausführungen zum gleichlautenden Art. 5 AVG verwiesen werden.

1

II. Die Entzugsgründe (Abs. 1)

Der Gesetzgeber hat den Bewilligungsentzug vorgesehen, bei
a. einer betrügerischen Erlangung der Bewilligung (Abs. 1 lit. a),
b. wiederholten und schwerwiegenden Gesetzesverstössen (Abs. 1 lit. b) sowie
c. dem Verlust der Bewilligungsvoraussetzungen (Abs. 1 lit. c).

2

1. Bewilligungsentzug zufolge betrügerischer Erlangung (Abs. 1 lit. a)

Bei einer betrügerischen Bewilligungserlangung hat der Verleiher entweder durch aktives Handeln (unrichtige oder irreführende Angaben) oder durch passives Verschweigen von Tatsachen einen Irrtum bei der Bewilligungsbehörde herbeigeführt und damit ohne das Vorliegen der gesetzlichen Voraussetzungen eine Bewilligung erlangt. Die Bezeichnung *«betrügerische Erlangung»* wurde zur begrifflichen Klarstellung gewählt, da fahrlässige Falschangaben nicht zum Bewilligungsentzug führen, sondern allenfalls eine Nachbesserung des Gesuchs zur Folge haben (BOTSCHAFT REV. AVG, 602; REHBINDER, 35). Sodann ist offenkundig, dass sich die Falschangaben auf Tatsachen beziehen müssen, die für die Bewilligungserteilung ursächlich waren (BOTSCHAFT REV. AVG, 602; REHBINDER,

3

35; als Beispiel kann die Einlegung eines gefälschten Strafregisteraler Betreibungsauszug angeführt werden).

2. Widerrechtliches Verhalten nach der Bewilligungserteilung (Abs. 1 lit. b)

4 Weiter droht der Bewilligungsentzug, wenn der Verleiher wiederholt und in schwerwiegender Weise gegen zwingende Vorschriften (Gesetze oder Verordnungen) des Arbeitnehmerschutzes oder insbesondere auch die ausländerrechtlichen Zulassungsvorschriften verstösst. Anzuführen wären hierbei bspw. die Verwendung eines nicht konformen Arbeits- oder Verleihvertrags, die Verletzung der Kautionsvorschriften oder Vorschriften des Arbeitnehmerschutzes wie Missachtung von Arbeits- und Ruhezeitvorschriften, die Nichtbezahlung von Sozialversicherungsabzügen oder die Unterschreitung von Mindestlöhnen (WEISUNGEN SECO, 88 f.). Die Missachtung ausländerrechtlicher Zulassungsvorschriften stellt nach dem Gesetzgeber einen besonders schwerwiegenden Fall dar und wird im Gesetzestext deshalb ausdrücklich erwähnt. Dies deshalb, weil bei der Anstellung illegal beschäftigter Ausländer in der Regel auch weitere Gesetzesvorschriften bei deren Beschäftigung missachtet werden (Mindestlöhne, Arbeitsbedingungen). Mit diesem Tatbestand sollte jedoch zwangsweise auch eine strafrechtliche Belangung nach Art. 39 Abs. 1 lit. b AVG einhergehen.

5 Insbesondere ein untadeliges Verhalten und die Respektierung der zwingenden Rahmenbedingungen in der Kerntätigkeit bilden unabdingbare Voraussetzungen für den Personalverleih. Deshalb wird ein widerrechtliches Verhalten ohne Bezug auf die Tätigkeit als Personalverleiher (bspw. Strassenverkehrs- oder leichte Gewaltdelikte) nur in Ausnahmefällen einen Bewilligungsentzug zu rechtfertigen vermögen. Dies insbesondere dann, wenn der Verleiher durch eine jahrlange Tätigkeit bereits den Nachweis erbracht hat, sich beruflich korrekt verhalten zu haben. Schwerwiegende Vermögensdelikte ohne Bezug auf die Tätigkeit als Personalvermittler können jedoch einen Entzug rechtfertigen, da damit die Vertrauenswürdigkeit in geschäftlichen Angelegenheiten grundsätzlich erschüttert werden kann.

6 Art. 16 AVG soll insbesondere bezwecken, dass sich die Geschäftsleitung darum bemüht, das Personal sorgfältig auszuwählen, zu instruieren, zu überwachen und bei Verstössen umgehend einzuschreiten (BOTSCHAFT REV. AVG, 602; REHBINDER, 35), und beinhaltet deshalb auch ein Lenkungselement.

7 Wer zufolge des Verstosses gegen einen Tatbestand von Art. 39 AVG bestraft wird, erhält beim erstmaligen Verstoss eine Verwarnung ausgesprochen (so wohl auch gemeint in BOTSCHAFT REV. AVG, 602, und dies wiedergebend REHBINDER, 35). Erst bei einem wiederholten Verstoss droht der Entzug, wobei es immer den Grundsatz der Verhältnismässigkeit zu beachten gilt. So kann die Erfüllung zweier

verschiedener Tatbestände von Art. 39 AVG wohl nur in schweren Fällen einen Entzug rechtfertigen.

Bei einer fahrlässiger Tatbegehung und Bestrafung nach Art. 39 AVG erscheint ein Entzug kaum je als angemessene Sanktion zulässig.

3. Wegfall der Bewilligungsvoraussetzungen (Abs. 1 lit. c)

Ebenfalls ein Entzug der Bewilligung erfolgt, wenn die Bewilligungsvoraussetzungen nach Art. 13 AVG nachträglich entfallen. Denkbar sind der Wegfall von betrieblichen (Art. 13 Abs. 1 AVG) wie auch persönlichen Voraussetzungen (Art. 13 Abs. 2 AVG). Ein Ermessensspielraum seitens der Bewilligungsbehörde besteht dabei lediglich bei Art. 13 Abs. 1 lit. b und c sowie Abs. 2 lit. b und c AVG.

Da ein Entzug immer die schwerwiegendste aller möglichen Massnahmen darstellt, wird in der Regel eine Nachfrist zur Wiederherstellung des rechtskonformen Zustandes nach Art. 16 Abs. 2 AVG gewährt.

4. Weitere Gründe für das Erlöschen der Bewilligung (Art. 45 AVV)

Sodann kann – nebst den vorher behandelten und mit Ausnahme von lit. c in der Regel unfreiwilligen Entzugsgründen – auch der Fall eintreten, dass ein Verleiher die Bewilligung freiwillig abgibt. Dieser Tatbestand wird in Ermangelung einer rechtlichen Problematik nur auf Verordnungsstufe in Art. 45 AVV geregelt. Dies erscheint unproblematisch, zumal das Recht auf Antrag und dessen Annahme auf allgemeinen Rechtsgrundsätzen beruht und somit keine rechtliche Problematik darstellt.

III. Aufhebung der Bewilligung auf Antrag des Inhabers (Art. 45 Abs. 1 lit. a AVV)

Die zuständige Behörde hebt eine Bewilligung immer auf entsprechenden Antrag des Inhabers auf. So besteht kein gesetzlicher Zwang, eine Bewilligung zu halten. Dies gilt selbst dann, wenn der Verleiher weiter tätig ist und einer solchen bedürfen würde. Nach der Aufhebung gelangt allenfalls das Verfahren nach Art. 39 AVG zur Anwendung, welches nebst der Bestrafung der verantwortlichen Personen auch eine zwangsweise Verfügung der Betriebseinstellung bzw. Auflösung des Rechtsträgers nach allgemeinen, verwaltungsrechtlichen Grundsätzen vorsieht.

IV. Aufhebung zufolge Einstellung der Verleihtätigkeit (Art. 45 Abs. 1 lit. b und Abs. 2 AVV)

13 Eine Aufhebung der Bewilligung wird auch immer dann verfügt, wenn der Verleiher die Betriebseinstellung bei der Bewilligungsbehörde anzeigt. Von Amtes wegen hat dies nach Art. 45 Abs. 2 AVV zu erfolgen, wenn ein Betrieb während eines Jahres keine Arbeitnehmer verliehen hat. Da diese Bestimmung sich nicht auf eine gesetzliche Grundlage abzustützen vermag, ist bei der Aufhebung ohne Antrag des Inhabers höchste Zurückhaltung geboten und ihm dieser Schritt vorab anzudrohen. So hat die Behörde bei der Feststellung fehlender Verleihtätigkeit während eines Kalenderjahres vorab beim Bewilligungsinhaber nachzufragen, ob er noch weiter im Personalverleih tätig sei. Eine Aufhebung der Bewilligung kann erst dann erfolgen, wenn er dies bestätigt bzw. auf wiederholte Anfragen nicht reagiert. Wird hingegen mitgeteilt, dass der Personalverleih weiter angeboten werde und beabsichtigt sei, kann eine Bewilligung auch bei längerer Zeitspanne ohne effektiven Verleih nicht gegen den Willen des Inhabers aufgehoben bzw. annulliert werden. Nach einer mehrjährigen «Marktabstinenz» könnte ein Entzug dann allenfalls zufolge Ermangelung der persönlichen Voraussetzungen von Art. 13 Abs. 2 lit. b AVG erfolgen, da dann die Gewähr der fachgerechten Verleihtätigkeit in Frage gestellt sein dürfte.

V. Das Entzugsverfahren (Abs. 2, Art. 44 AVV)

1. Ansetzung einer Nachfrist (Art. 16 Abs. 2 AVG)

14 Art. 16 Abs. 2 AVG verlangt vor dem Entzug einer Bewilligung zufolge des Entfalls einzelner – ursprünglich vorhandener – Voraussetzungen als mildere Massnahme die Ansetzung einer angemessenen Frist zur Wiederherstellung des rechtmässigen Zustands. Gemeint sind hier die Fälle nach Art. 16 Abs. 1 lit. c AVG.

15 Der Entzug stellt damit immer eine sog. *«ultima ratio»* dar und kann nach dem Willen des Gesetzgebers nicht direkt ausgesprochen werden.

2. Direkter Bewilligungsentzug (Art. 44 Abs. 1 lit. a AVV)

16 Eine Nachbesserungsfrist nach Art. 16 Abs. 2 AVG muss nach Art. 44 Abs. 1 lit. a AVV ausnahmsweise dann nicht angesetzt werden, wenn der Tatbestand von Art. 16 Abs. 1 lit. a AVG erfüllt wurde und die Bewilligungsvoraussetzungen damit gar nie erfüllt waren. Selbst wenn die Bewilligungsvoraussetzungen nachträglich eingetreten sein sollten (ausreichende Kenntnisse nun

vorhanden), dürfte aufgrund der strafrechtlichen Verantwortlichkeit nach Art. 39 AVG eine Heilung nur in Ausnahmefällen denkbar sein und der direkte Entzug die Regel bilden.

Auch beim Tatbestand von Art. 16 Abs. 1 lit. b AVG kann in schwerwiegenden Fällen ein direkter Bewilligungsentzug erfolgen. Dieser muss jedoch auf Fälle beschränkt bleiben, in denen zufolge wiederholter und schwerwiegender Gesetzesverstösse der Verleihbetrieb als nicht mehr genügend vertrauenswürdig angesehen wird, um ordnungsgemäss Personalverleih zu betreiben. Dies dürfte nur in absoluten Ausnahmefällen denkbar sein. Sind die Gesetzesverstösse an einer einzelnen Person festzumachen und erscheinen im konkreten Fall nicht als betriebliches System, sollte eine Nachfrist zur Ersetzung der betreffenden Person zwecks Wiederherstellung des rechtmässigen Zustandes nach Art. 13 Abs. 2 AVG angesetzt werden. 17

Es gilt aber auch bei den Tatbeständen von Art. 16 Abs. 1 lit. a und b AVG zu berücksichtigten, dass ein direkter Entzug immer unter Beachtung des Verhältnismässigkeitsprinzips zu erfolgen hat (REHBINDER, 56). Dabei gilt es die aus einem direkten Bewilligungsentzug resultierenden sozialen Folgen für die betroffenen und nicht fehlbaren Arbeitnehmer wie auch die Wahrscheinlichkeit einer zukünftigen Bewährung in die Waagschale zu werfen. Als mildere Massnahme ist bspw. auch ein Bewilligungsfortbestand unter Auflagen denkbar. Ein befristeter Warnungsentzug wird kaum je ein taugliches Sanktionsmittel darstellen, da die dadurch entstehenden nachteiligen Folgen in der Regel den betroffenen Verleihbetrieb wohl wirtschaftlich ruinieren würden. 18

VI. Mit dem Entzug verbundene Sanktionen (Art. 44 Abs. 1 lit. b AVV)

Mit dem Bewilligungsentzug verbunden werden kann nach Art. 44 Abs. 1 lit. b AVV die Anordnung, dass *«der Verleiher»* erst nach einer Karenzfrist von höchstens zwei Jahren wieder ein Bewilligungsgesuch einreichen darf. Mit dem *«Verleiher»* ist dabei die natürliche Person und nicht der Betrieb gemeint, da ansonsten ein Bewilligungsentzug durch die Gründung einer (neuen) Kapitalgesellschaft leicht umgangen werden könnte. Dies wurde im Rahmen der Revision der AVV per 1. Januar 2014 in der Art klargestellt, dass eine dem verantwortlichen Leiter und/oder dem wirtschaftlichen Berechtigten auferlegte Wartefrist diesen verbietet, sich während dieser Frist an einem gesuchstellenden Betrieb zu beteiligen oder für einen solchen tätig zu sein. Es ist davon auszugehen, dass nicht bloss die gesuchstellenden Betriebe gemeint wurden, sondern auch diejenigen, welche bereits über eine Bewilligung verfügen. 19

VII. Kantonale Orientierungspflicht des SECO (Art. 44 Abs. 2 AVV)

20 Um gewährleisten zu können, dass den (durch eine kantonale Behörde) sanktionierten Betrieben und Personen auch die allfällige Zusatzbewilligung des SECO gleichzeitig entzogen werden kann bzw. wird, statuiert Art. 44 Abs. 2 AVV eine Orientierungspflicht des kantonalen Wirtschaftsamts gegenüber dem SECO bei jeglichen Sanktionen nach Art. 16 AVG. Speziell gilt diese Meldepflicht für die betroffenen natürlichen Personen, welche keine Gewähr für eine fachgerechte Verleihtätigkeit bieten (Satz 2).

21 Die Orientierungspflicht bezweckt damit die Durchsetzung der gesetzlichen Ordnung. Darüber hinaus ermöglicht es dem SECO auch, entsprechende Statistiken führen zu können.

Art. 17

Auskunfts-pflicht

[1] Der Verleiher muss der Bewilligungsbehörde auf Verlangen alle erforderlichen Auskünfte erteilen und die nötigen Unterlagen vorlegen.

[2] Besteht der begründete Verdacht, dass jemand ohne Bewilligung gewerbsmässig Arbeitnehmer an Dritte verleiht, so kann die Bewilligungsbehörde von allen Beteiligten Auskünfte verlangen.

[3] Der Verleiher muss in den Bereichen mit einem allgemein verbindlichen Gesamtarbeitsvertrag dem zuständigen paritätischen Organ alle erforderlichen Unterlagen zur Kontrolle der Einhaltung der ortsüblichen Arbeitsbedingungen vorlegen. In Bereichen ohne allgemein verbindlichen Gesamtarbeitsvertrag gilt die Auskunftspflicht gegenüber der zuständigen kantonalen tripartiten Kommission.

Obligation de renseigner

[1] Sur requête de l'autorité qui délivre l'autorisation, le bailleur de services est tenu de fournir tous les renseignements nécessaires ainsi que les documents requis.

[2] Lorsqu'il y a présomption sérieuse qu'une personne procure professionnellement les services de travailleurs à des tiers sans autorisation, l'autorité qui délivre les autorisations peut également exiger des renseignements de toutes les personnes et entreprises intéressées.

[3] Dans les domaines régis par une convention collective de travail étendue, le bailleur de services doit présenter à l'organe paritaire compétent tous les documents permettant de vérifier que les conditions de travail sont conformes à l'usage local.

Dans les domaines non régis par une convention collective de travail étendue, les renseignements doivent être fournis à la commission cantonale tripartite compétente.

Obbligo d'informare

[1] Il prestatore è tenuto, su domanda dell'autorità di rilascio, a fornire le informazioni richieste e a presentare i documenti necessari.

[2] Nel caso di sospetto giustificato che alcuno presti per mestiere, senza autorizzazione, lavoratori a terzi, l'autorità di rilascio può esigere informazioni da tutti gli interessati.

[3] Nei settori con un contratto collettivo di lavoro di obbligatorietà generale il prestatore è tenuto a presentare all'organo paritetico competente tutti i documenti necessari per controllare se le condizioni di lavoro locali usuali sono osservate. Nei settori senza contratto collettivo di lavoro di obbligatorietà generale, l'obbligo d'informare va adempiuto nei riguardi della competente commissione cantonale tripartita.

Inhaltsübersicht   Note   Seite

I.   Einleitung 1   100
II. Die Auskunftspflicht des Bewilligungsträgers (Abs. 1, Art. 43 AVV) 3   100
III. Die Auskunftspflicht Dritter (Abs. 2) 5   100
IV. Auskunftspflicht gegenüber paritätischen Organen und tripartiten
     Kommssionen (Abs. 3) 9   101

I. Einleitung

1   Der Wortlaut von Art. 17 AVG statuiert eine Auskunftspflicht der Verleiher wie auch weiterer Personen, die für ihre Tätigkeit eine Bewilligung bräuchten, diese jedoch nicht beantragt haben. Die Auskunftspflicht besteht dabei nicht bloss gegenüber der Bewilligungsbehörde, sondern auch gegenüber paritätischen Organen und tripartiten Kommissionen, welche häufig im Rahmen von Gesamtarbeitsverträgen (GAV) vorgesehen werden.

2   Die Auskunftspflicht umfasst dabei insbesondere auch die Vorlage von Unterlagen.

II. Die Auskunftspflicht des Bewilligungsträgers (Abs. 1, Art. 43 AVV)

3   Art. 17 Abs. 1 legt fest, dass *«der Verleiher der Bewilligungsbehörde auf Verlangen alle erforderlichen Auskünfte erteilen und die nötigen Unterlagen vorlegen»* muss. Der Gesetzeswortlaut ist klar und bedarf entsprechend nur weniger Erläuterungen. Der Regelungszweck besteht darin, dass die Bewilligungsbehörde bei Anhaltspunkten für Gesetzesverstösse diesen nachgehen und nach deren Feststellung allfällige Sanktionen aussprechen kann.

4   Art. 43 AVV erweitert die Auskunftspflicht zu einer aktiven Informationspflicht des Verleihers bei Änderungen im Betrieb, welche sich auf die Bewilligungsvoraussetzungen beziehen. Diese umfasst im Besonderen eine veränderte Faktenlage bezüglich der Angaben im Bewilligungsgesuch sowie in der Meldung der Zweigniederlassung des Betriebs. Diese Information hat unverzüglich zu erfolgen, womit eine Karenzfrist von nur wenigen Arbeitstagen gemeint sein dürfte.

III. Die Auskunftspflicht Dritter (Abs. 2)

5   Auskunftspflichtig sind nicht bloss die Träger einer Bewilligung zum Personalverleih, sondern auch Drittparteien. Hierunter sind vorab Betriebe zu subsumieren, welche im Verdacht stehen, ohne entsprechende Bewilligung gleich-

wohl Personalverleih zu betreiben. So bestehen aktuell bspw. unterschiedliche Auffassungen zwischen den Anbietern von Hauswirtschaftsdiensten (insbesondere im Bereich der Seniorenbetreuung; vgl. hierzu KULL, 1485 ff.) und Bewilligungsbehörden darüber, ob derartige Tätigkeiten dem AVG unterstehen. Um sich ein Bild von der Tätigkeit eines Betriebs zu verschaffen, bedienen sich die Bewilligungsbehörden dabei jeweils dieser Bestimmung.

Solche Betriebe haben dabei die erfragten Informationen lückenlos zu erteilen. Es besteht jedoch keine Verpflichtung zur Edition von Unterlagen, da eine solche gerade eben nur dem Verleiher obliegt (WEISUNGEN SECO, 90; Wortlaut von Abs. 2). Ist diese Eigenschaft jedoch gerade strittig, ist der Betrieb als Dritter im Sinne von Abs. 2 zu qualifizieren. Auf allfällige Strafanzeige hin wird ein im Verdacht stehender Betrieb jedoch gegenüber den Ermittlungsbehörden auch Unterlagen zu edieren haben. 6

Das Informationsrecht der zuständigen Behörde erstreckt sich dabei nicht nur auf den mutmasslichen Verleihbetrieb, sondern auch auf Dritte, womit insbesondere der Einsatzbetrieb bzw. der Einsatzort (BOTSCHAFT REV. AVG, 612; REHBINDER, 57), aber auch die Arbeitnehmer gemeint sind. Zu denken ist dabei bspw. an Informationen betreffend die Erfüllung der Voraussetzungen von Art. 29 AVV. 7

Obwohl der Leistungserbringer der zuständigen Behörde auf Aufforderung hin Informationen zu erteilen hat, darf dieser Umstand nicht darüber hinwegtäuschen, dass keine Verpflichtung eines im Verdacht stehenden Betriebs besteht, gegenüber den Bewilligungsbehörden nachzuweisen, nicht unter den Anwendungsbereich des AVG zu fallen. Vielmehr obliegt es dem zuständigen Wirtschaftsamt oder allenfalls dem SECO in analoger Anwendung von Art. 8 ZGB, hierfür den Nachweis zu erbringen. 8

IV. Auskunftspflicht gegenüber paritätischen Organen und tripartiten Kommssionen (Abs. 3)

Eine Auskunftspflicht der Verleihbetriebe besteht auch gegenüber den in allgemeinverbindlich erklärten Gesamtarbeitsverträgen (GAV) für zuständig erklärten paritätischen Kommissionen. Im Anwendungsbereich des GAV-AVG ist dies gemäss dessen Art. 33 eine regionale paritätische Berufskommission, welche für jede Sprachregion bestehen muss. Dieser kommt die Aufgabe zu, die Einhaltung der Bestimmungen des GAV zu kontrollieren (soweit dieser anwendbar ist; vgl. hierzu Art. 2 Abs. 2 des Bundesratsbeschlusses über die Allgemeinverbindlicherklärung des GAV für den Personalverleih) sowie Konventionalstrafen auszufällen (Art. 33 Satz 2 GAV-AVG; vgl. Anhang 3). 9

In Bereichen ohne allgemeinverbindlichen GAV sind nach Art. 17 Abs. 2 Satz 2 AVG die kantonal zuständigen tripartiten Kommissionen mit der Kontroll- und 10

Sanktionsfunktion betraut (aktuelle Liste der tripartiten Kommissionen unter http://www.seco.admin.ch/themen/00385/00448/00449/00450/index.html?lang=de).

11 Die Auskunftspflicht der Verleihbetriebe ist gegenüber besagten Kommissionen keine umfassende wie gegenüber der Bewilligungsbehörde, sondern lediglich eine partielle, und die Vorlage von Unterlagen zur Kontrolle der Einhaltung der ortsüblichen Arbeitsbedingungen. Damit sind die Arbeitsverträge mit dem verliehenen Personal sowie die Lohnabrechnungen gemeint.

12 Das weiter gefasste Einsichtsrecht der Bewilligungsbehörde umfasst daneben aber z.B. auch die Verleihverträge oder Buchhaltungsunterlagen, bspw. zur Kontrolle, ob auch der gesamte AVG-relevante Umsatz rechtskonform deklariert und behandelt wird.

13 Ist umstritten, ob ein Betrieb die Lohnsumme von CHF 1,2 Millionen pro Jahr erreicht (Art. 2 Abs. 2 lit. c des Bundesratsbeschlusses über die Allgemeinverbindlicherklärung des GAV für den Personalverleih; Anhang 3) und damit unter den Anwendungsbereich des GAV-AVG fällt, steht wohl auch den Kommissionen ein entsprechendes Einsichtsrecht zu. Dies deshalb, weil sich die Mindestlöhne nach dem GAV-AVG teils höher ausnehmen als diejenigen nach anwendbaren Normalarbeitsverträgen (NAV; als Beispiel können die kantonalen NAV-Hauswirtschaft angeführt werden).

2. Abschnitt: *Verleihtätigkeit*

Art. 18

Besondere Pflichten des Verleihers

[1] Bei der öffentlichen Ausschreibung von Arbeitsangeboten muss der Verleiher seinen Namen und seine genaue Adresse angeben. Er muss in der Ausschreibung klar darauf hinweisen, dass der Arbeitnehmer für den Personalverleih angestellt wird.

[2] Zur Beobachtung des Arbeitsmarktes kann die Bewilligungsbehörde den Verleiher verpflichten, ihr anonymisierte statistische Angaben über seine Tätigkeit zu liefern.

[3] Der Verleiher darf Daten über den Arbeitnehmer nur bearbeiten und an Einsatzbetriebe weitergeben, soweit und solange sie für die Verleihung erforderlich sind. Jede darüber hinausgehende Bearbeitung oder Weitergabe dieser Daten bedarf der ausdrücklichen Zustimmung des Arbeitnehmers.

Obligations propres au bailleur de services

[1] Le bailleur de services ne peut publier des offres d'emploi que sous son propre nom et en indiquant son adresse exacte. Il mentionnera clairement dans les annonces que les travailleurs seront engagés pour la location de services.

[2] Aux fins d'observer le marché du travail, l'autorité qui délivre l'autorisation peut obliger le bailleur de services à lui fournir, sous une forme anonyme, des indications statistiques sur ses activités.

[3] Le bailleur de services n'est habilité à traiter les données concernant les travailleurs et à les communiquer à des entreprises locataires de services que dans la mesure où et aussi longtemps que ces données sont nécessaires au placement. Hors de ce cadre, ces données ne peuvent être traitées ou communiquées qu'avec l'assentiment exprès du travailleur.

Obblighi specifici del prestatore

[1] Il prestatore, nella pubblicazione delle offerte d'impiego, deve indicare il suo nome e il suo indirizzo esatto. Negli annunci deve menzionare chiaramente che i lavoratori sono assunti per la fornitura di personale a prestito.

[2] Al fine di seguire l'andamento del mercato del lavoro, l'autorità di rilascio può obbligare il prestatore a fornirle dati statistici impersonali sulla sua attività.

[3] Il prestatore può elaborare i dati concernenti i lavoratori e trasmetterli ad imprese acquisitrici soltanto nella misura in cui e fintanto che siano necessari per la fornitura di personale. Ogni ulteriore elaborazione o trasmissione necessita del consenso espresso del lavoratore.

Inhaltsübersicht   Note   Seite

		Note	Seite
I.	Einleitung	1	104
II.	Mindestanforderungen an die öffentliche Ausschreibung	2	104
III.	Arbeitsmarktbeobachtung (Abs. 2, Art. 46 AVV)	4	105
IV.	Datenschutz (Abs. 3, Art. 47 AVV)	6	105
	1. Im Allgemeinen	6	105
	2. Zustimmungserfordernis des Betroffenen	7	106
	a. Formelle Erfordernisse	7	106
	b. Materielle Erfordernisse	8	106
	3. Zustimmungserfordernis des Betroffenen	11	108

I. Einleitung

1   Die Bestimmungen dieses Abschnittes über die Verleihtätigkeit erfassen über Art. 12 ff. AVG hinaus jede Personalverleihtätigkeit, es sei denn, die AVV statuiere präzisierend, dass nur bewilligungspflichtige Personalverleiher erfasst seien, wie dies etwa im Rahmen von Art. 46 AVV geschieht (HEIZ, 68; REHBINDER, 57; RITTER, 133). Unabhängig von einer allfälligen Bewilligungspflicht ist in der Lehre umstritten, ob die speziellen Bestimmungen des AVG (Art. 18–22 AVG und Art. 46–50 AVV) auch bei der gelegentlichen Überlassung von Arbeitnehmern zur Anwendung kommen sollen (vgl. BACHMANN, 93 f.; befürwortend: RITTER, 55 f., HEIZ, 61; DRECHSLER, 316; dagegen: REHBINDER, KOMMENTAR, Art. 333 N 12; VISCHER, 53; differenziert: WEISUNGEN SECO, 152; unentschieden: STAEHELIN, Art. 333 N 20; STREIFF/VON KAENEL/RUDOLPH, Art. 333 N 21, THEURILLAT LAGENEGGER, 111, FN 8). Das Bundesgericht geht wohl davon aus, dass das gelegentliche Überlassen überhaupt nicht vom AVG erfasst wird (so BACHMANN, 94; vgl. BGer 4C.60/2007, E. 4.2.2, obiter dictum).

II. Mindestanforderungen an die öffentliche Ausschreibung (Abs. 1)

2   Art. 18 Abs. 1 AVG statuiert die Pflicht zur Angabe von Name und Adresse des Verleihers bei öffentlichen Ausschreibungen von Stellenangeboten (BOTSCHAFT REV. AVG, 612; REHBINDER, 58; RITTER, 133). Der Gesetzgeber will dadurch sicherstellen, dass Stellenanzeigen präzise formuliert sind (BOTSCHAFT REV. AVG, 612; REHBINDER, 58). Der Stellensuchende soll klar erkennen können, wer für das Inserat verantwortlich ist und wo dieser allenfalls rechtlich belangt werden kann (REHBINDER, 58; RITTER, 133). Chiffre-Inserate sind somit für Personalbetriebe genauso untersagt wie für Vermittlungsbetriebe (vgl. Art. 7 Abs. 1 AVG) (LEITFADEN EDÖB DATENBEARBEITUNG, 8 Ziff. 3.1.1; MATILE/ZILLA, 77; RITTER, 133).

Der zweite Satz von Art. 18 Abs. 1 AVG stellt sicher, dass der Stellensuchende 3
von Beginn an darüber informiert ist, dass es sich beim Angebot um ein Verleihverhältnis handelt (BOTSCHAFT REV. AVG, 612; LEITFADEN EDÖB DATENBEARBEITUNG, 8 Ziff. 3.1.1; MATILE/ZILLA, 77; PORTMANN/STÖCKLI, 111 N 450; REHBINDER, 58; RITTER, 133).

III. Arbeitsmarktbeobachtung (Abs. 2, Art. 46 AVV)

Die Pflicht zur regelmässigen Übermittlung von anonymisierten statisti- 4
schen Angaben über die Verleihtätigkeit gilt nur für bewilligungspflichtige Personalverleiher (vgl. Art. 46 AVV sowie REHBINDER, 58; RITTER, 134). Diese Mitteilungspflicht, die periodisch nach Abschluss jedes Kalenderjahres zu erfüllen ist, wird in Art. 46 AVV näher umschrieben. Art. 46 Abs. 2 lit. a und b AVV zufolge sind den zuständigen kantonalen Behörden Angaben über die Summe der geleisteten Einsatzstunden sowie über Anzahl, Geschlecht und Herkunft (Schweiz oder Ausland) der verliehenen Personen abzuliefern. Ferner kann das SECO gemäss Art. 46 Abs. 4 AVV im Rahmen einer Teilerhebung den Verleiher bzw. den Verleihbetrieb dazu verpflichten, zusätzlich persönliche und arbeitsmarktbezogene Merkmale der verliehenen Personen in anonymisierter Form mitzuteilen (REHBINDER, 58). Um die Verleiher nicht unnötig zu belasten, werden nur effektiv nützliche Daten verlangt (RITTER, 134). Mit Hilfe von Angaben über den Einsatzbetrieb sowie über die entrichteten Löhne und Sozialversicherungsbeiträge etc. können die Behörden Statistiken über den Arbeitsmarkt erstellen und die Verleihtätigkeit überprüfen (BOTSCHAFT REV. AVG, 612; REHBINDER, 58; RITTER, 134). Das SECO muss gemäss Art. 46 Abs. 3 AVV einen einheitlichen Meldevorgang sicherstellen.

Im Übrigen ist darauf hinzuweisen, dass Art. 18 Abs. 2 AVG und Art. 7 Abs. 2 5
AVG die Basis für Art. 36 Abs. 2 AVG schaffen, der die Arbeitsämter zur Beobachtung der Arbeitsmarktentwicklung und -lage verpflichtet (REHBINDER, 58).

IV. Datenschutz (Abs. 3, Art. 47 AVV)

1. Im Allgemeinen

Art. 18 Abs. 3 AVG ist eine Datenschutzbestimmung für den Personal- 6
verleih und entspricht Art. 7 Abs. 3 AVG sowie Art. 19 AVV, die den Datenschutz für den Bereich der Personalvermittlung regeln (BOTSCHAFT REV. AVG, 612; REHBINDER, 58; STREIFF/VON KAENEL/RUDOLPH, Art. 328b, N 22 betreffend die allgemeinen datenschutzrechtlichen Grundprinzipien wie Rechtmässigkeit, Verhältnismässigkeit, Zweckbindung und Transparenz vgl. Art. 4 DSG und die einschlägige Literatur; im Kontext des Personalverleihs vgl. MATILE/ZILLA,

72 ff.). Allerdings gibt es einige, für den hier vorliegenden Vertragstypus erforderliche Unterschiede, was insbesondere für die Datenweitergabe an Einsatzbetriebe gilt (REHBINDER, 58). Im Personalverleihgewerbe spielt die vertrauliche Behandlung von Arbeitnehmerdaten eine besonders grosse Rolle. Gerade hier ist jedoch das Risiko hoch, dass Daten an eine für den Betroffenen nicht mehr überblickbare und unbestimmte Anzahl von Interessenten weitergegeben werden (FLÜTSCH, 201; MATILE/ZILLA, 72; REHBINDER, 58; RITTER, 134). Wird die Datenschutzpflicht verletzt, kann dies beim Vermittler bzw. Verleiher nicht nur zum Bewilligungsentzug führen, sondern auch Schadenersatz- und Genugtuungsansprüche des Verletzten zur Folge haben (FLÜTSCH, 202; BOTSCHAFT REV. AVG, 612; REHBINDER, 58; STREIFF/VON KAENEL/RUDOLPH, Art. 328b, N 22).

2. Zustimmungserfordernis des Betroffenen

a. Formelle Erfordernisse

7 Laut Art. 47 Abs. 4 AVV hat der Arbeitsuchende bzw. Arbeitnehmer seine Zustimmung schriftlich abzugeben und kann diese jederzeit widerrufen. Hierüber besteht eine Aufklärungspflicht des Verleihers gegenüber dem Betroffenen (Art. 47 Abs. 4 Satz 2 AVV; HEIZ, 120; MATILE/ZILLA, 76).

b. Materielle Erfordernisse

8 Bereits Art. 18 Abs. 3 AVG besagt, dass Daten nur mit Zustimmung bearbeitet oder weitergegeben werden dürfen, sofern die Bearbeitung und/oder Weitergabe über das erforderliche Mass hinausgeht. Diese Bestimmung kommt auch im Konzernverhältnis zum Tragen (vgl. HEIZ, 120) und geht als lex specialis dem Datenschutzgesetz vor. Sofern das AVG aber keine strengere Regelung enthält, kommt das DSG auch im Bereich des Arbeitsverleihs zur Anwendung (STREIFF/VON KAENEL/RUDOLPH, Art. 328b, N 22). Ferner gilt Art. 328b Abs. 1 OR auch für Verleiher, gemäss dem der Arbeitgeber nur Daten bearbeiten darf, soweit sie die Eignung des Arbeitsuchenden für eine gewisse Stelle betreffen oder zur Umsetzung des Arbeitsvertrages erforderlich sind (WEISUNGEN SECO, 91; WEISUNGEN SECO 2008/1, 4; FLÜTSCH, 198; MATILE/ZILLA, 72; RITTER, 135; STREIFF/VON KAENEL/RUDOLPH, Art. 328b, N 22). Im Verhältnis zwischen dem Einsatzbetrieb und dem (temporären) Arbeitnehmer gelten die Art. 18 AVG und Art. 328b OR nach deren Wortlaut nicht, sondern das Datenschutzgesetz, auch wenn ein darüber hinausgehendes Schutzbedürfnis nicht von der Hand gewiesen werden kann (STREIFF/VON KAENEL/RUDOLPH, Art. 328b, N 22).

9 Der Verleiher hat sich als Arbeitgeber somit auch an Art. 328b OR zu halten; es können hierbei zwei Situationen unterschieden werden. Zunächst gilt Art. 328b

OR ohne Weiteres, wenn sich ein Stellensuchender an einen Verleiher für einen ganz konkreten Einsatz wendet, da die Parteien hier in einem vorvertraglichen Verhältnis zueinander stehen (WEISUNGEN SECO 2008/1, 4). *«Hingegen findet Artikel 328b OR keine Anwendung, wenn Bewerbende einem Verleiher den Auftrag erteilen, ihnen irgendeine Stelle zu vermitteln und sie sogar jeden Vorschlag unabhängig von ihrer Ausbildung oder ihrer beruflichen Erfahrung anzunehmen bereit sind. Es ist richtig, wenn die für private Vermittler geltenden Grundsätze eingehalten werden, da Stellensuchende in diesem Stadium nicht in einer vorvertraglichen Beziehung stehen, sondern an den Verleihbetrieb durch einen Mäklervertrag im Sinne von Artikel 412 OR gebunden sind; im Übrigen darf gemäss Artikel 18 Absatz 3 AVG der Verleiher Daten über Arbeitnehmende bearbeiten, soweit sie für die Verleihung erforderlich sind.»* (WEISUNGEN SECO 2008/1, 4 mit weiteren Erläuterungen für den Fall, dass sich ein Stellensuchender für einen ganz bestimmten Einsatz an einen Verleihbetrieb wendet.)

Der in Art. 18 Abs. 3 AVG beschriebene Schutz betrifft vor allem persönliche Daten, die gegebenenfalls Rückschlüsse auf den Betroffenen zulassen. Die Bearbeitung und Weitergabe von anonymisierten Daten ist hingegen auch ohne Zustimmung zulässig (REHBINDER, 58; RITTER, 134; STREIFF/VON KAENEL/RUDOLPH, Art. 328b, N 22). Art. 47 AVV konkretisiert, dass Daten über Stellensuchende und offene Stellen, die Rückschlüsse auf die Person erlauben, nur mit Zustimmung des Betroffenen bearbeitet werden dürfen (REHBINDER, 58). Art. 47 Abs. 1 AVV enthält eine beispielhafte Aufzählung von Fällen, in denen eine Zustimmung notwendig ist. Gemäss Art. 47 Abs. 1 lit. a AVV ist eine Zustimmung erforderlich, wenn der Verleiher *«Daten über Arbeitsuchende und Arbeitnehmer an andere Geschäftsniederlassungen oder an von seinem Betrieb unabhängige Geschäftspartner weitergibt»* (vgl. dazu MATILE/ZILLA, 75, die eine *«autorisation expresse»* verlangen), nach lit. b, wenn er *«Gutachten und Referenzen über Arbeitsuchende und über seine Arbeitnehmer einholt»*, und laut lit. c, wenn der Verleiher *«Daten über Arbeitsuchende und Arbeitnehmer über die Landesgrenze hinaus weitergibt»*. Demgegenüber werden in Abs. 2 von Art. 47 AVV diejenigen Fälle aufgezählt, in denen es ausdrücklich keiner Zustimmung der Betroffenen bedarf. Dies ist nach Art. 47 Abs. 2 lit. a AVV bei der Weitergabe an Mitarbeiter der eigenen Geschäftsniederlassung, nach lit. b bei der Weitergabe an interessierte Einsatzbetriebe aufgrund eines speziellen Interesses, welches sie geltend gemacht haben, und nach lit. c bei der Weitergabe an einen grösseren Kreis möglicher Einsatzbetriebe, sofern die Daten keinen Rückschluss auf die Identität des Arbeitsuchenden oder des Arbeitnehmers zulassen, der Fall. Durch diese abschliessende Aufzählung wird klar abgegrenzt, wie weit Daten ohne Zustimmung bearbeitet bzw. weitergegeben werden dürfen (REHBINDER, 59; RITTER, 134). Mit anderen Worten enthält Art. 47 AVV eine nicht abschliessende Aufzählung von Datenbearbeitungen, die der Zustimmung bedürfen (STREIFF/VON KAENEL/RUDOLPH, Art. 328b, N 22).

3. Zustimmungserfordernis des Betroffenen

11 Mit Beendigung der Geschäftsbeziehung endet das Recht des Verleihers, Daten des Betroffen weiterhin zu bearbeiten, es sei denn, der Arbeitnehmer habe zugestimmt (Art. 47 Abs. 3 Satz 1 AVV). Vorbehalten bleiben nach Art. 47 Abs. 3 Satz 2 AVV jedoch die Aufbewahrung einzelner Daten aufgrund von anderen rechtlichen Anordnungen.

12 Lohnabrechnungen und Verträge dürfen zur Beweisführung in allfälligen arbeitsrechtlichen Streitigkeiten oder betreffend die Einhaltung von allgemeinverbindlich erklärten Gesamtarbeitsverträgen vom Verleiher aufbewahrt werden. Aufbewahrte Daten sind gegen unberechtigte Verwendungen zu schützen (MATILE/ ZILLA, 76). Alle übrigen Personaldaten – es sei denn, sie sind für die genannte Beweisführung von Bedeutung – müssen nach erfolgtem Einsatz und nach der Abrechnung mit dem Einsatzbetrieb vernichtet werden. Dies gilt nicht, falls der Betroffene der Archivierung zugestimmt hat (WEISUNGEN SECO, 91; RITTER, 135; HEIZ, 120). Im Falle einer rechtlichen Auseinandersetzung darf der Verleiher bis zum Abschluss des Rechtsstreits die Personalakten beziehen. Art. 18 Abs. 3 AVG will die prozessualen Chancen des Verleihers nicht durch ein Zustimmungsbedürfnis des Arbeitnehmers einschränken (WEISUNGEN SECO, 91).

Art. 19

Arbeitsvertrag

¹ Der Verleiher muss den Vertrag mit dem Arbeitnehmer in der Regel schriftlich abschliessen. Der Bundesrat regelt die Ausnahmen.

² Im Vertrag sind die folgenden Punkte zu regeln:
a) die Art der zu leistenden Arbeit;
b) der Arbeitsort sowie der Beginn des Einsatzes;
c) die Dauer des Einsatzes oder die Kündigungsfrist;
d) die Arbeitszeiten;
e) der Lohn, allfällige Spesen und Zulagen sowie die Abzüge für die Sozialversicherung;
f) die Leistungen bei Überstunden, Krankheit, Mutterschaft, Unfall, Militärdienst und Ferien;
g) die Termine für die Auszahlung des Lohnes, der Zulagen und übrigen Leistungen.

³ Werden die Erfordernisse hinsichtlich Form oder Inhalt nicht erfüllt, so gelten die orts- und berufsüblichen Arbeitsbedingungen oder die gesetzlichen Vorschriften, ausser es seien für den Arbeitnehmer günstigere Arbeitsbedingungen mündlich vereinbart worden.

⁴ Bei unbefristeten Einsätzen kann das Arbeitsverhältnis während der ersten sechs Monate von den Vertragsparteien wie folgt gekündigt werden:
a) während der ersten drei Monate der ununterbrochenen Anstellung mit einer Frist von mindestens zwei Tagen;
b) in der Zeit vom vierten bis und mit dem sechsten Monat der ununterbrochenen Anstellung mit einer Frist von mindestens sieben Tagen;

⁵ Nichtig sind Vereinbarungen, die
a) vom Arbeitnehmer Gebühren, finanzielle Vorleistungen oder Lohnrückbehalte verlangen;
b) es dem Arbeitnehmer verunmöglichen oder erschweren, nach Ablauf des Arbeitsvertrags in den Einsatzbetrieb überzutreten.

⁶ Verfügt der Verleiher nicht über die erforderliche Bewilligung, so ist sein Arbeitsvertrag mit dem Arbeitnehmer ungültig. In diesem Fall ist Artikel 320 Absatz 3 des Obligationenrechts über die Folgen des ungültigen Arbeitsvertrags anwendbar.

Contrat de travail

¹ En règle générale, le bailleur de services doit conclure un contrat écrit avec le travailleur. Le Conseil fédéral règle les exceptions.

² Le contrat contiendra les points suivants:
a) le genre de travail à fournir;
b) le lieu de travail et le début de l'engagement;
c) la durée de l'engagement ou le délai de congé;
d) l'horaire de travail;
e) le salaire, les indemnités et allocations éventuelles ainsi que les déductions afférentes aux assurances sociales;

f) les prestations dues en cas d'heures supplémentaires, de maladie, de maternité, d'accident, de service militaire et de vacances;
g) les dates de paiement du salaire, des allocations et des autres prestations.

³ Si les exigences relatives à la forme ou au contenu ne sont pas remplies, les conditions de travail selon les usages locaux et professionnels ou les dispositions légales en la matière sont applicables, à moins que des conditions plus favorables aient été conclues verbalement.

⁴ Lorsque l'engagement est d'une durée indéterminée, le contrat de travail peut, pendant les six premiers mois de service, être résilié par les deux parties moyennant un délai de congé de:
a) deux jours au moins durant les trois premier mois d'un emploi ininterrompu;
b) sept jours au moins entre le quatrième et le sixième mois d'un emploi ininterrompu.

⁵ Sont nuls et non avenus les accords qui:
a) exigent du travailleur qui loue ses services le paiement d'émoluments ou de prestations financières préalables.
b) empêchent ou entravent son transfert à l'entreprise locataire de services, une fois son contrat de travail arrivé à échéance.

⁶ Si le bailleur de services ne possède pas l'autorisation nécessaire, son contrat de travail avec le travailleur est nul et non avenu. Dans ce cas, l'art. 320, al. 3, du code des obligations, qui règle les suites d'un contrat nul, est applicable.

Contratto di lavoro

¹ Di regola, il prestatore deve concludere per scritto il contratto col lavoratore. Il Consiglio federale regola le eccezioni.

² Il contratto regola i punti seguenti:
a) il genere del lavoro da fornire;
b) il luogo di lavoro e l'inizio dell'impiego;
c) la durata dell'impiego o il termine di disdetta;
d) l'orario di lavoro;
e) il salario, le spese e gli assegni eventuali e le deduzioni per le assicurazioni sociali;
f) le prestazioni in caso di lavoro supplementare, di malattia, di maternità, d'infortunio, di servizio militare e di vacanze;
g) le date di pagamento del salario, degli assegni e delle altre prestazioni.

³ Se i requisiti di forma o contenuto non sono adempiti, si applicano le usuali condizioni di lavoro locali e professionali o le disposizioni legali, eccetto che siano state pattuite oralmente condizioni di lavoro più favorevoli per il lavoratore.

⁴ Durante i primi sei mesi di servizio, ove l'impiego sia di durata indeterminata, il rapporto di lavoro può essere disdetto da entrambe le parti con preavviso di:
a) almeno due giorni, durante i primi tre mesi d'impiego ininterrotto;
b) almeno sette giorni, dal quarto al sesto mese compreso di impiego ininterrotto.

⁵ Sono nulli gli accordi che:
a) esigono dal lavoratore emolumenti, prestazioni finanziarie anticipate o trattenute sul salario;
b) impediscono o intralciano il trasferimento del lavoratore all'impresa acquisitrice al termine del contratto di lavoro.

⁶ Se il prestatore è privo dell'autorizzazione necessaria, il contratto di lavoro con il lavoratore è nullo. In questo caso, è applicabile l'articolo 320 capoverso 3 del Codice delle obbligazioni sulle conseguenze di un contratto di lavoro nullo.

Inhaltsübersicht

		Note	Seite
I.	Einleitung	1	111
II.	Besonderheiten des Verleihvertrags im Allgemeinen	2	112
III.	Prozessuales	6	113
IV.	Gesetzliche Regelung im Einzelnen	7	113
	1. Schriftlichkeit (Abs. 1, Art. 48 AVV)	7	113
	2. Inhalt (Abs. 2)	13	115
	a. Art der zu leistenden Arbeit	15	115
	b. Arbeitsort sowie der Beginn des Einsatzes	16	116
	c. Dauer des Einsatzes oder die Kündigungsfrist	17	116
	d. Arbeitszeiten	18	116
	e. Lohn, allfällige Spesen, Zulagen und Abzüge für die Sozialversicherung	19	116
	f. Leistungen bei Überstunden, Krankheit, Mutterschaft, Unfall, Militärdienst und Ferien	20	117
	3. Folgen der Verletzung der Formvorschrift (Abs. 3)	22	117
	4. Kündigungsfristen (Abs. 4, Art. 49 AVV)	24	118
	a. Im Allgemeinen	24	118
	b. Minimale Dauer	25	118
	c. Während der Probezeit	28	119
	5. Nichtige Vereinbarungen (Abs. 5)	29	120
	a. Betreffend Lohnrückbehalte und Ähnliches	29	120
	b. Betreffend den Übertritt in den Einsatzbetrieb	30	120
	c. Besonderheiten beim Konkurrenzverbot	31	121
	6. Fehlen der Bewilligung (Abs. 6)	34	122

I. Einleitung

Art. 19 AVG definiert im Wesentlichen Form und Inhalt des zwischen dem Verleiher und dem Arbeitnehmer geschlossenen Vertrags. Obwohl Arbeitsverträge grundsätzlich an keine besondere Form gebunden sind, schreibt hier das Gesetz im Detail vor, welche Inhalte schriftlich zu vereinbaren sind. Mit Blick auf den Schutz des temporären Mitarbeiters ist diese Ausnahme sinnvoll und gerechtfertigt.

II. Besonderheiten des Verleihvertrags im Allgemeinen

2 Der Verleiher (Arbeitgeber, bailleur de services) und der Arbeitnehmer schliessen miteinander den Arbeitsvertrag ab. Die Eigenart dieses Vertrages ist, dass sich der Arbeitnehmer verpflichtet, die Leistung nicht beim Verleiher, sondern bei einem Dritten (Entleiher bzw. Einsatzbetrieb, loueur de services) zu erbringen, was zu einer Aufspaltung der Arbeitgeberfunktion führt. Dies hat zur Folge, dass das Weisungsrecht zwischen dem Verleiher als rechtlichem Arbeitgeber und dem Einsatzbetrieb als faktischem Arbeitgeber aufgeteilt ist (BACHMANN, 68; HEIZ, 59). Das Weisungsrecht des rechtlichen Arbeitgebers reicht in der Regel weiter als dasjenige des faktischen Arbeitgebers. So kann insbesondere nur der Verleiher die Weisung geben, den Einsatz zu beenden (VISCHER, 54 f.). Nach einem Entscheid des Genfer Cour d'appel des prud'hommes vom 25. November 2010 ist der Entleiher sowohl Hilfsperson nach Art. 101 OR wie auch Stellvertreter nach Art. 32 OR des Verleihers (JAR 2011, 483 E. 2.3.5).

3 Zutreffend weist BACHMANN darauf hin, dass der Arbeitnehmer sich vertraglich verpflichtet, Arbeitseinsätze innerhalb einer Drittorganisation zu erbringen und damit den Weisungen des Entleihers Folge zu leisten. *«Insofern stellt der Arbeitsvertrag zwischen Personalverleiher und dem Arbeitnehmer einen echten Vertrag zugunsten eines Dritten dar. Dem Entleiher steht gegenüber dem Arbeitnehmer ein direktes Forderungsrecht auf Befolgung der erteilten Fachanweisungen bzw. auf Erfüllung der Arbeitspflicht zu (Art. 112 Abs. 2 OR i.V.m. Art. 321d OR). Der Arbeitnehmer ist gegenüber dem Entleiher verpflichtet, die Arbeit sorgfältig auszuführen und die Interessen des Einsatzbetriebes in guten Treuen zu wahren (Art. 321a OR). Aus der Treuepflicht des Arbeitnehmers ergibt sich sodann das Recht des Entleihers, bei betrieblicher Notwendigkeit Überstunden anzuordnen (Art. 321c Abs. 1 OR).»* (BACHMANN, 69 f. mit weiteren Quellenangaben. Hinsichtlich des Kündigungsrechts, siehe 70.)

4 Bei der sog. Temporärarbeit ist zwischen dem generellen Arbeitsvertrag (sog. Rahmenarbeitsvertrag), der die allgemeinen Arbeitsbedingungen beinhaltet, und dem individuellen Arbeitsvertrag (sog. Einsatzvertrag), in dem Dauer, Ort sowie Lohnhöhe definiert sind, zu unterscheiden (BOTSCHAFT REV. AVG, 613; VISCHER, 54 f. Rahmenverträge bestehen hingegen bei der Leiharbeit und dem gelegentlichen Überlassen von Arbeitnehmern nur ausnahmsweise, vgl. BOTSCHAFT REV. AVG, 613, und BACHMANN, 71). Demnach kann der Rahmenvertrag als ein durch den Abschluss eines Einsatzvertrages bedingter Arbeitsvertrag betrachtet werden (STAEHELIN, Art. 333, N 18; BGE 117 V 252; BGE 114 V 340). Dem Arbeitnehmer steht es frei, angebotene Einsätze abzulehnen oder eben durch den Abschluss

des Einsatzvertrages anzunehmen, wobei das Arbeitsverhältnis mit der Annahme eines konkreten Einsatzes zustande kommt und nach dem Einsatz sogleich wieder endet (BACHMANN, 70; BRÜHWILER, 222). Bei der Temporärarbeit folgt daraus, dass zwischen den einzelnen Einsätzen keine Lohnfortzahlungspflicht bestehen kann (BACHMANN, 70 mit weiteren Quellenangaben). Der Einsatzvertrag ist oft zeitlich befristet. Werden einzelne Arbeitsverträge aneinandergereiht, gelten sie selbst dann nicht als missbräuchlicher Kettenarbeitsvertrag, wenn die Einsätze beim gleichen Entleiher stattfinden (VISCHER, 54 f.).

Der Verleihvertrag untersteht grundsätzlich den Bestimmungen des Arbeitsvertragsrechts (Art. 319 ff. OR). Die Bestimmungen im AVG und in der AVV gelten jedoch jeweils als lex specialis und gehen den Bestimmungen des Obligationenrechts vor (WEISUNGEN SECO, 92; RITTER, 136, FLÜTSCH, 199; HEIZ, 139; NEF, 100, BRÜHWILER, 221). Von Art. 19 AVG und Art. 48 AVV kann wegen ihrer zwingenden Natur grundsätzlich nur zugunsten des Arbeitnehmers abgewichen werden. Neben dem OR sind noch weitere arbeitsrechtliche Erlasse auf das Personalverleihverhältnis anwendbar; so etwa das Arbeitsgesetz oder diverse Sozialversicherungsgesetze (RITTER, 136; BRÜHWILER, 221).

III. Prozessuales

Da zwischen dem Verleiher und dem Arbeitnehmer ein Arbeitsvertrag besteht, greift bei arbeitsrechtlichen Streitigkeiten mit einem Streitwert von bis zu CHF 30 000.– nach Art. 247 Abs. 2 lit. b Ziff. 2 ZPO die Untersuchungsmaxime, nicht hingegen bei Streitigkeiten zwischen dem Verleiher und dem Einsatzbetrieb (HAUCK, Art. 247 ZPO, RZ 30). Ferner fallen bei einem Streitwert von bis zu CHF 30 000.– keine Gerichtskosten an (Art. 114 lit. c ZPO), und es kommt das vereinfachte Verfahren nach Art. 243 ff. ZPO zur Anwendung (STREIFF/VON KAENEL/RUDOLPH, Art. 319 N 21). Der Gerichtsstand richtet sich bei Streitigkeiten zwischen Verleiher und Arbeitnehmer nach Art. 34 f. ZPO (vgl. auch STREIFF/ VON KAENEL/RUDOLPH, Art. 319 N 21).

IV. Gesetzliche Regelung im Einzelnen

1. Schriftlichkeit (Abs. 1, Art. 48 AVV)

Die Interessen des Arbeitnehmers können nur gewahrt werden, wenn er bereits vor Beginn des Einsatzes über einen schriftlichen Arbeitsvertrag verfügt. Folglich muss der Arbeitsvertrag zwischen Verleiher und Arbeitnehmer in der Regel in schriftlicher Form vereinbart werden (Art. 19 Abs. 1 AVG, vgl. dazu VISCHER, 55; RITTER, 136; SENTI, UNTYPISCHER PERSONALVERLEIH, 1501; STREIFF/VON KAENEL/RUDOLPH, Art. 319 N 21; BRÜHWILER, 222). Um das Schriftformerfordernis zu erfüllen, muss der Vertrag die Unterschriften aller Personen tragen, die sich durch den Vertrag verpflichten (Art. 13 Abs. 1 OR). Ein blosses Bestätigungsschreiben des Verleihers genügt diesen Anforderungen nicht (RITTER, 137; SENTI, UNTYPISCHER PERSONALVERLEIH, 1501; BRÜHWILER, 222); dies dürfte nach SENTI insbesondere auch für die Bestätigung nach Art. 330b OR gelten (SENTI, UNTYPISCHER PERSONALVERLEIH, 1501, FN 41). Es ist jedoch nicht zwingend erforderlich, dass der Arbeitnehmer und der Verleiher auf derselben Urkunde unterzeichnen (MATILE/ZILLA, 107). Der Verleiher kann dem Arbeitnehmer einen unterschriebenen Einsatzvertrag zustellen, der Arbeitnehmer kann sodann in einem vorbereiteten, separaten Formular gegenüber dem Verleiher schriftlich seine Zustimmung zum Einsatzvertrag erklären (vgl. Art. 13 Abs. 2 OR; RITTER, 137; BRÜHWILER, 222).

8 Zulässige Ausnahmen vom Schriftformerfordernis sind in Art. 48 AVV abschliessend aufgezählt (WEISUNGEN SECO, 92). Gemäss Art. 48 Abs. 1 AVV kann in zeitlich dringenden Fällen vorerst auf die Schriftlichkeit des Arbeitsvertrages vor Arbeitsbeginn ausnahmsweise verzichtet werden. Der schriftliche Vertragsschluss muss jedoch zum nächstmöglichen Zeitpunkt erfolgen. Art. 48 Abs. 2 AVV statuiert für Arbeitseinsätze, die nicht mehr als sechs Stunden dauern, eine echte Ausnahme vom Schrifterfordernis. Bei zeitlicher Dringlichkeit kann in diesen Fällen vollständig von der Schriftlichkeit abgesehen werden (RITTER, 137).

9 RITTER moniert, dass der Grundsatz der Schriftlichkeit wegen des «In-der-Regel»-Zusatzes an Bestimmtheit verliert. Vertragsverhältnisse, in denen von vornherein immer auf deren Beweis- und Schutzfunktion verzichtet werden könne, seien inexistent. Zwar hielte sich der Schaden für den Arbeitnehmer bei Verträgen von kurzer Laufzeit im Falle des Beweisnotstands in Grenzen, dennoch sei es falsch, dem Arbeitnehmer in diesen Fällen a priori jeglichen Schutz zu verwehren. Der Gesetzgeber wählte, so RITTER, eine Variante, die den Schutz des Arbeitnehmers *«empfindlich verwässert»* (RITTER, 137). Ein Trend zur grosszügigen Bewilligung von Ausnahmen werde kaum vermeidbar sein. Hierzu bleibt zu sagen, dass Art. 48 AVV die Ausnahmen abschliessend und mit einer klaren zeitlichen Grenze von sechs Stunden regelt, die nicht überschritten werden darf und überdies einen *dringlich* erforderlichen Arbeitseinsatz voraussetzt. Darüber hinausgehende Ausnahmen hinsichtlich des beanstandeten «In-der-Regel»-Zusatzes müssten wiederum durch den Bundesrat geregelt werden (RITTER, 137). Allenfalls befürchtet Ritter, dass der Bundesrat übermässigen Gebrauch von dieser Kompetenz machen könnte und dadurch der Schutz des Arbeitnehmers allzu stark verloren ginge.

10 Nach Art. 39 Abs. 2 lit. c AVG kann sich ein Verleiher, der die Schriftlichkeitserfordernisse nicht einhält, strafbar machen (WEISUNGEN SECO, 92; RITTER, 138). Ferner kann die Bewilligungsbehörde gemäss Art. 16 AVG mangels fachgerech-

ter Verleihung Sanktionen ergreifen (WEISUNGEN SECO, 92; BOTSCHAFT REV. AVG, 613 f.; RITTER, 138).

Ungeachtet all dessen ist die Schriftform keine Gültigkeitsvoraussetzung, denn es kommen ihr lediglich Schutz- und Beweisfunktionen zu (WEISUNGEN SECO, 92; BOTSCHAFT REV. AVG, 613; VISCHER, 55; RITTER, 138; SENTI, UNTYPISCHER PERSONALVERLEIH, 1502). In analoger Anwendung von Art. 19 AVG gilt dies wohl auch für die Nichteinhaltung der Schriftform im Bereich von Art. 22 AVG (siehe Entscheid des St. Galler Kantonsgericht vom 24.9.2007, VZ_2007/41).

Dem Schutzzweck von Art. 19 AVG würde widersprochen werden, wenn die Nichteinhaltung dieser Formvorschrift in die Nichtigkeit des Arbeitsvertrags münden würde. Es wäre unverhältnismässig, wenn der Arbeitnehmer seine Arbeit einzig wegen eines Formfehlers unvermittelt einstellen müsste (BOTSCHAFT REV. AVG, 613).

2. Inhalt (Abs. 2)

Art. 19 Abs. 2 AVG listet diejenigen Vertragspunkte auf, die im Arbeitsvertrag schriftlich zu regeln sind. Falls sich der Vertrag aus einem Rahmen- und einem Einsatzvertrag zusammensetzt, müssen beide Verträge zusammen die entsprechenden schriftlichen Abreden enthalten (WEISUNGEN SECO, 92; RITTER, 137 f.; BRÜHWILER, 222; MATILE/ZILLA, 108). Die Lohnfortzahlungspflicht, die Versicherungspflicht, das Kündigungsrecht und der Anspruch auf Arbeitsleistung verbleiben beim Verleiher (RIEMER-KAFKA/KRENGER, 25). Kündigt ein Entleiher einem Arbeitnehmer in Überschreitung seiner Kompetenzen und bleibt diese Kündigung durch den Verleiher unwidersprochen, so akzeptiert der Verleiher dies und haftet dem Arbeitnehmer gegenüber für Ansprüche aus ungerechtfertigter Entlassung (BGer 4C.245/2006 E. 3 = ARV 2007, 85). Auch der Lohnanspruch, der Anspruch auf Auslagenersatz wie auch der Anspruch auf ein Arbeitszeugnis richten sich gegen den Verleiher, der sich seinerseits im Hinblick auf das Arbeitszeugnis beim Einsatzbetrieb über die Leistungen des Arbeitnehmers zu informieren hat (BACHMANN, ArbR, 69). Entsprechend der Lohnpflicht trifft den Verleiher auch die Pflicht, mit den Sozialkassen und Steuerbehörden abzurechnen, wobei sich die Nebenpflicht des Entleihers, diesbezügliche Informationen zu erteilen, aus dem Verleihvertrag ergibt (vgl. BACHMANN, 68 f. mit weiteren Nachweisen).

Das Gesetz verlangt die schriftliche Regelung der nachfolgend genannten Punkte:

a. Art der zu leistenden Arbeit

Die zu leistende Arbeit muss in einer klaren und verständlichen Form umschrieben werden. Sinnvoll und möglich ist die Angabe einer Berufsbezeichnung.

b. *Arbeitsort sowie der Beginn des Einsatzes*

16 Die Angabe des Arbeitsortes erfolgt in der Regel mittels Angabe einer genauen Adresse, wobei der Beginn des Einsatzes bei auswärtigen Arbeiten nicht zwingend mit der Adresse des Einsatzbetriebs übereinstimmen muss. Zeitlich wird der Beginn des Einsatzes mit einer Datums- und Uhrzeitangabe angegeben.

c. *Dauer des Einsatzes oder die Kündigungsfrist*

17 Die Dauer des Einsatzes oder die Kündigungsfrist sind in normalen Zeiteinheiten wie Tage oder Wochen anzugeben. Die Kündigungsfristen bei unbefristeten Einsätzen sind in Abs. 4 geregelt.

d. *Arbeitszeiten*

18 Ebenfalls schriftlich im Arbeitsvertrag geregelt gehören die Arbeitszeiten. Damit wird der sozialen Unsicherheit, ausgelöst durch ein nicht konstantes Arbeitspensum bei der Arbeit auf Abruf, entgegengewirkt, also gleichsam ein zugesichertes Pensum garantiert (RIEMER-KAFKA/KRENGER, 117; WEISUNGEN SECO 2009/2). Die genaue Regelung der Arbeitszeiten ist essentiell, da gerade von ihr regelmässig die Lohnhöhe abhängig ist. Da es im Zusammenhang mit der Arbeitszeitenregelung und den damit verbundenen Lohnzahlungen in der Branche immer wieder zu Verfehlungen gekommen war, sah sich das SECO dazu veranlasst, eine diesbezüglich erläuternde Weisung herauszugeben (vgl. WEISUNGEN SECO 2009/2). Darin wird aufgezeigt, wie die Arbeitszeiten geregelt werden können und wie die auf der vereinbarten Arbeitszeit beruhenden Lohnzahlungen in der Regel zu erfolgen haben. Eine saubere Arbeitszeitenregelung ist für den Arbeitnehmer unerlässlich, weil er erst aus ihr erkennen kann, in welchem Ausmass er seine Arbeitskraft anzubieten hat und welches Einkommen er erzielen kann (für Näheres zur Arbeitszeitenregelung samt Beispielen und zur Lohnzahlung vgl. WEISUNGEN SECO 2009/2).

e. *Lohn, allfällige Spesen, Zulagen und Abzüge für die Sozialversicherung*

19 Lohn, Spesen, Zulagen und Sozialversicherungsabzüge werden im Normalfall in Landeswährung angegeben (betreffend die genaue Abrechnung von Spesen vgl. WEISUNGEN SECO, 93 f.).

f. Leistungen bei Überstunden, Krankheit, Mutterschaft, Unfall, Militärdienst und Ferien

Das unter lit. e hiervor Gesagte gilt grundsätzlich auch für die Leistungen bei Überstunden, Arbeitsverhinderungen und Ferien. In den Vertrag gehört eine schriftliche Regelung betreffend die Lohnfortzahlung bei unverschuldeter Verhinderung an der Arbeitsleistung, unter Vorbehalt der relativ zwingenden Bestimmung des Art. 324a OR (vgl. dazu STAEHELIN, Art. 324a, N 6a; zur Koordination der verschiedenen Tätigkeiten, wenn ein Arbeitnehmer sowohl im Betrieb des Arbeitgebers wie auch als Leiharbeiter in einem Drittunternehmen tätig ist, vgl. SENTI, UNTYPISCHER PERSONALVERLEIH, 1506 f.). 20

Mit Bezug auf die zu regelnden Ferien des Arbeitnehmers gilt es, darauf hinzuweisen, dass in der Lehre für die Bemessung des Ferienanspruchs die Meinung vertreten wird, dass dieser Anspruch anhand der verschiedenen kumulierten Arbeitseinsätze berechnet werden soll (STREIFF/VON KAENEL/RUDOLPH, Art. 329a N 5; BACHMANN, 71, der darauf hinweist, dass sich diese Berechnungsweise rechtfertige, weil der Ferienanspruch proportional zur geleisteten Arbeitszeit entsteht). Eine andere Frage ist, wie die Ferien des Arbeitnehmers auf das Jahr aufzuteilen sind, wenn dieser hintereinander in verschiedenen Einsatzbetrieben Arbeit geleistet hat, weil Art. 329c Abs. 1 OR mindestens zwei zusammenhängende Wochen Ferien pro Jahr vorsieht. In diesem Zusammenhang schlägt BACHMANN vor, dass dem Einsatzbetrieb während der Feriendauer des Arbeitnehmers eine Ersatzkraft zur Verfügung gestellt wird, was dann aber mit höheren Lohnkosten für den Verleihbetrieb zusammenhängen würde (BACHMANN, 71). Alternativ schlägt er vor, dem Arbeitnehmer könnten die Ferien auch am Ende eines Einsatzes gewährt oder, sofern die Voraussetzungen dafür gegeben sind, ausbezahlt werden (BACHMANN, 71). «*Es ist jedenfalls ratsam, solche Fragen im Verleih- bzw. Arbeitsvertrag ausdrücklich zu regeln. Die gesetzliche Ordnung hält dafür keine Regeln bereit, die auf den Personalverleih zugeschnitten wären.*» (BACHMANN, 71) 21

3. Folgen der Verletzung der Formvorschrift (Abs. 3)

Gemäss Art. 19 Abs. 3 AVG kommen bei Nichteinhaltung der gesetzlichen Anforderungen hinsichtlich Form oder Inhalt die orts- und berufsüblichen Arbeitsbedingungen oder die gesetzlichen Vorschriften zur Anwendung, es sei denn, dass günstigere Bedingungen mündlich vereinbart wurden (WEISUNGEN SECO, 92; BOTSCHAFT REV. AVG, 613; VISCHER, 55; RITTER, 138 f.; HEIZ, 139; STREIFF/VON KAENEL/RUDOLPH, Art. 319 N 21 und Art. 320 N 3; BGer 4A_292/2008 betr. Nichteinhaltung der Schriftform). Mithin handelt es sich also nicht um «typische» vertragsrechtliche Formvorschriften, deren Verletzung zur 22

Nichtigkeit des Vertrages führt, sondern um Vorschriften mit Beweissicherungs- und Schutzfunktion (DRECHSLER, 316; HEIZ, 139).

23 Besteht für den Einsatzbetrieb ein allgemein verbindlich erklärter GAV, so müssen dessen Lohn- und Arbeitszeitbestimmungen auch im Verhältnis zwischen dem Verleiher und dem Arbeitnehmer zur Geltung gelangen (Art. 20 AVG; STAEHELIN, Art. 322, N 21). Für den Fall, dass zwischen den Parteien kein schriftlicher Arbeitsvertrag vorliegt und die Parteien einem GAV unterstehen, geht Art. 20 AVG dem Art. 19 Abs. 3 AVG vor (WEISUNGEN SECO, 93; RITTER, 139). Dabei sind insbesondere die Lohn- und Arbeitszeitbestimmungen des GAV vom Verleiher einzuhalten. RITTER zufolge lässt sich diese Rangordnung damit begründen, dass Art. 19 Abs. 3 AVG nicht zwingend ist (RITTER, 139).

4. Kündigungsfristen (Abs. 4, Art. 49 AVV)

a. Im Allgemeinen

24 Das AVG sieht in Art. 19 Abs. 4 AVG spezielle Kündigungsfristen für unbefristete Verträge vor, die von der üblichen gesetzlichen Regelung abweichen (VISCHER, 55; RITTER, 133, REHBINDER, 57 f., STÖCKLI, 142; STREIFF/VON KAENEL/ RUDOLPH, Art. 335c N 7; aus Art. 19 Abs. 4 AVG kann aber im Umkehrschluss nicht gefolgert werden, dass dort, wo Kündigungsfristen vorgesehen sind, automatisch ein unbefristetes Arbeitsverhältnis vorliegt. Vgl. BGer 9C_445/2007 vom 4.4.2008, E. 2.2; siehe auch BRÜHWILER, 225 ff., insbes. FN 25). Diese spezialgesetzlich geregelten Kündigungsfristen gelten während der ersten sechs Monate des Arbeitsverhältnisses und gehen den Kündigungsfristen des OR vor (WEISUNGEN SECO, 95; RITTER, 144 f.). Des Weiteren gelten sie gemäss Art. 49 AVV nur für Temporärarbeitseinsätze (WEISUNGEN SECO, 95; RITTER, 133, 144; REHBINDER, 58; STÖCKLI, 142 FN 34; HEIZ, 59; BRÜHWILER, 223), nicht aber für die Leiharbeit und das gelegentliche Überlassen von Arbeitnehmern (DRECHSLER, 318; SENTI, UNTYPISCHER PERSONALVERLEIH, 1502; HEIZ, 69; WEISUNGEN SECO, 152. Zur Frage, ob Art. 19 Abs. 4 AVG analog auch auf Arbeitsverhältnisse mit sog. «freien Mitarbeitern» zur Anwendung gelangen soll, vgl. HARDER, 990).

b. Minimale Dauer

25 Nach Art. 19 Abs. 4 lit. a AVG muss in den ersten drei Monaten der ununterbrochenen Anstellung eine Kündigungsfrist von mindestens zwei Tagen eingehalten werden. Im Zeitraum vom vierten bis und mit dem sechsten Monat einer ununterbrochenen Anstellung ist nach Art. 19 Abs. 4 lit. b AVG eine Kündigungsfrist von mindesten sieben Tagen einzuhalten (WEISUNGEN SECO, 95; RITTER, 145). Dabei zählen hier jeweils nur die Arbeitstage, nicht die Kalender-

tage (STREIFF/VON KAENEL/RUDOLPH, Art. 335c N 7; ZK-STAEHELIN, Art. 335c, N 7; NEF, 101; siehe auch WEISUNGEN SECO, 96). Keinen erhöhten zeitlichen Kündigungsschutz bieten allfällige Gesamtarbeitsverträge, denn diese zwingen den Verleiher nach Art. 20 Abs. 1 AVG, lediglich die Lohn- und Arbeitszeitbestimmungen, nicht aber die Kündigungsfristen einzuhalten (STÖCKLI, 142). Diese speziellen Kündigungsfristen können verlängert, nicht jedoch verkürzt werden (BRÜHWILER, 223). Die schriftliche Integration der Kündigungsfristen in den Arbeitsvertrag ist anzuraten (RITTER, 145). Auf Arbeitgeberseite steht das Recht, die Kündigung auszusprechen, alleine dem Verleiher zu (siehe etwa HEIZ, 59). Auch fristlose Kündigungen, die aus Gründen, die der Einsatzbetrieb geltend macht, erfolgen, werden durch den Verleiher ausgesprochen, der sich hierfür auf diese Gründe berufen darf (VISCHER, 55). Im Übrigen ist die Kündigung nicht zwingend mit Endtermin per Ende Monat auszusprechen (BRÜHWILER, 223).

Ab dem siebten Monat einer ununterbrochenen Anstellung und für alle übrigen Formen des Verleihs gelten die Kündigungsfristen nach Art. 335c OR (WEISUNGEN SECO, 95; RITTER, 145; STREIFF/VON KAENEL/RUDOLPH, Art. 335c N 7) resp. jene des allgemeinverbindlich erklärten GAV Personalverleih (STREIFF/VON KAENEL/RUDOLPH, Art. 319 N 21). STREIFF/VON KAENEL/RUDOLPH weisen darauf hin, dass das Bundesgericht früher Klauseln geschützt hatte, welche eine sofortige Auflösung des Arbeitsvertrages bei der Beendigung des Einsatzes beim Entleiher vorsahen (BGer vom 25.2.1983 in JAR 1984, 113). Ihrer Meinung nach ist zu hoffen, *«dass diese Praxis geändert wird, denn es kann nicht dem Willen des Gesetzgebers entsprechen, dass der Arbeitnehmer ab dem sechsten Monat plötzlich schlechter gestellt sein soll [...]»* (STREIFF/VON KAENEL/RUDOLPH, Art. 335c N 7). Es sei einzig dann eine Ausnahme zu machen, wenn auch für den Arbeitnehmer das Einsatzende zeitlich im Voraus bestimmbar ist und somit ein gültiger befristeter Vertrag vorliegt (STREIFF/VON KAENEL/RUDOLPH, Art. 335c N 7).

26

Analog gelangt Art. 19 Abs. 4 AVG auch bei sog. Aushilfsverhältnissen zur Anwendung, *«bei welchen der Arbeitnehmer beim Arbeitgeber einsatzweise Arbeit verrichtet, und zwar auf einseitigen Abruf durch den Arbeitgeber oder in gegenseitigem Einvernehmen»* (STAEHELIN, Art. 335c, N 7; STREIFF/VON KAENEL/ RUDOLPH, Art. 335c N 7).

27

c. *Während der Probezeit*

Das AVG sieht keine spezielle Bestimmung hinsichtlich der Probezeit vor, womit die allgemeinen arbeitsrechtlichen Bestimmungen zur Anwendung gelangen (siehe dazu BRÜHWILER, 224 f.). Auch während der Probezeit des temporären Arbeitnehmers gelten die Kündigungsfristen von Art. 19 Abs. 4 AVG (WEISUNGEN SECO, 97; MATILE/ZILLA, 111). Allerdings ist wegen des vorübergehenden Charakters der Temporärarbeit eine Probezeit ausdrücklich zu vereinbaren, da sie an-

28

dernfalls als stillschweigend wegbedungen gilt (WEISUNGEN SECO, 98). Grundsätzlich beginnt mit jedem neuen Einsatz eine neue Probezeit zu laufen, wobei das Bundesgericht festgehalten hat, dass dies selbst dann gilt, wenn der Arbeitnehmer nach dem Einsatz nahtlos in den Einsatzbetrieb überwechselt und als Festangestellter dieselbe Stelle innehält (BACHMANN, 70 f., BGE 129 III 124 ff.; BACHMANN, 14 ff.; siehe auch die diesbezügliche Urteilsbesprechung von SENTI, in: AJP 7/2003, S. 851 ff.). Der Beginn einer neuen Probezeit bei jedem neuen Arbeitseinsatz im selben Betrieb ist nur dann gerechtfertigt, wenn vom Mitarbeiter neue Aufgaben wahrgenommen werden (VISCHER, 55). Ansonsten kann sich der Arbeitnehmer im Hinblick auf die in Art. 19 Abs. 4 AVG enthaltenen Minimalkündigungsfristen auf seine früheren Einsätze berufen (STAEHELIN, Art. 333, N 18).

5. Nichtige Vereinbarungen (Abs. 5)

a. Betreffend Lohnrückbehalte und Ähnliches

29 Nach Art. 19 Abs. 5 lit. a AVG sind Vereinbarungen, die vom Leiharbeitnehmer Gebühren (sog. Depotgebühren oder Kautionen), finanzielle Vorleistungen oder Lohnrückbehalte verlangen, nichtig. Damit soll verhindert werden, dass der Arbeitnehmer durch finanzielle Verpflichtungen an den Verleihbetrieb gebunden wird (WEISUNGEN SECO, 111; BOTSCHAFT REV. AVG, 614; VISCHER, 56; RITTER, 146).

b. Betreffend den Übertritt in den Einsatzbetrieb

30 Art. 19 Abs. 5 lit. b AVG verbietet Vereinbarungen zwischen Verleiher und Arbeitnehmer, die es dem Leiharbeitnehmer nach Ablauf des Arbeitsvertrages direkt verunmöglichen oder erschweren, in den Einsatzbetrieb überzutreten (WEISUNGEN SECO, 110 f.; BOTSCHAFT REV. AVG, 614; VISCHER, 56; RITTER, 146, STAEHELIN, Art. 340, N 5 und 29; SENTI, UNTYPISCHER PERSONALVERLEIH, 1502; STREIFF/VON KAENEL/RUDOLPH, Art. 319 N 21 und insbes. OR 340 N 17), und zwar unabhängig davon, ob eine solche Vereinbarung im Arbeitsvertrag oder im Einsatzvertrag enthalten ist (DRECHSLER, 317). Nach SENTI dürfte diese Bestimmung zur Folge haben, «dass mit Angestellten keine nachvertraglichen Konkurrenzverbote vereinbart werden können, sofern eine Beschäftigung in einer Unternehmung unterbunden werden soll, in welcher die oder der Angestellte als Leiharbeiter tätig war» (SENTI, UNTYPISCHER PERSONALVERLEIH, 1502, vgl. auch 1507). Grundsätzlich unzulässig sind auch sog. Sperrklauseln, worin sich der Kunde gegenüber dem Verleiher verpflichtet, den vermittelten Arbeitnehmer während einer bestimmten Zeit nach Beendigung des Arbeitseinsatzes nicht direkt anzustellen (STAEHELIN, Art. 340, N 5). Allerdings sind gewisse indirekte Erschwerungen im Rahmen von Art. 22 Abs. 3 AVG ausdrücklich erlaubt (mehr

hierzu unter Art. 22 AVG; RITTER, 146; STREIFF/VON KAENEL/RUDOLPH, Art. 340 N 17; HEIZ, 109). Ferner darf der Verleiher den Übertritt zum Einsatzbetrieb für die vereinbarte Dauer des Arbeitsvertrages vertraglich ausschliessen (WEISUNGEN SECO, 110).

c. Besonderheiten beim Konkurrenzverbot

Für den Fall, dass der Leiharbeitnehmer Einblick in den Kundenkreis oder in sensible Systeme des Unternehmens hat, ist es zulässig, dem Arbeitnehmer im Rahmen von Art. 340 ff. OR ein Konkurrenzverbot aufzuerlegen (WEISUNGEN SECO, 110; BOTSCHAFT REV. AVG, 614; RITTER, 146, STAEHELIN, Art. 340, N 29). Solche Klauseln werden vom AVG nicht erfasst. Dementsprechend kann dem Arbeitnehmer untersagt werden, sich über einen anderen Verleiher an den bisherigen Einsatzbetrieb verleihen zu lassen (WEISUNGEN SECO, 110). Auch kann dem Arbeitnehmer verboten werden, einen eigenen Personalverleih zu führen (BOTSCHAFT REV. AVG, 614; RITTER, 146).

31

Ein Konkurrenzverbot gemäss Art. 340 ff. OR ist allerdings nur dann zulässig, wenn *«der neue Arbeitgeber in einer Wettbewerbssituation zum alten Arbeitgeber steht, also gleichartige Leistungen anbietet und sich an das gleiche Zielpublikum richtet»* und *«der Arbeitnehmer im Verlauf seiner Tätigkeit besonderen Einblick in den Kundenkreis oder in Geschäfts- und Fabrikationsgeheimnisse erhält»* sowie wenn *«deren Verwendung beim neuen Arbeitgeber den alten Arbeitgeber erheblich schädigen könnte»* (WEISUNGEN SECO, 110). Unter diesen Voraussetzungen kann ein Arbeitnehmer, der selbst in einem Personalverleihbetrieb arbeitet, seinerseits unter den obigen Voraussetzungen von Art. 340 OR ohne Weiteres ein Konkurrenzverbot vereinbaren, was in der Praxis auch oft geschieht (vgl. dazu STREIFF/VON KAENEL/RUDOLPH, Art. 340 N 17). STREIFF/VON KAENEL/ RUDOLPH weisen treffend darauf hin, dass – soweit ersichtlich – noch nicht entschieden wurde, ob ein Leiharbeitnehmer zugunsten des Einsatzbetriebs ein Konkurrenzverbot eingehen kann (STREIFF/VON KAENEL/RUDOLPH, Art. 340 N 17, die zwar hinsichtlich der in Art. 340 Abs. 1 OR enthaltenen Voraussetzung «gegenüber dem Arbeitgeber» formelle Bedenken haben, im Ergebnis die Zulässigkeit aber bejahen. Ebenfalls bejahend STAEHELIN, Art. 340, N 29).

32

Ein Konkurrenzverbot ist regelmässig unzulässig, wenn es die persönliche Geschicklichkeit und die besonderen Fähigkeiten des Arbeitnehmers betrifft sowie wenn die persönlichen Beziehungen des Arbeitnehmers zu den Kunden im Vordergrund stehen; will heissen, falls die Kunden dem Arbeitnehmer wegen dessen besonderen persönlichen Eigenschaften folgen (WEISUNGEN SECO, 110).

33

6. Fehlen der Bewilligung (Abs. 6)

34 Gemäss Art. 19 Abs. 6 AVG ist ein Arbeitsvertrag zwischen Verleiher und Arbeitnehmer ungültig, wenn dem Personalverleihbetrieb die erforderlichen Bewilligungen fehlen (STREIFF/VON KAENEL/RUDOLPH, Art. 319 N 21). Diese Regelung widerspricht dem allgemeinen Grundsatz des Privatrechts, wonach ein Vertrag auch dann gültig ist, wenn eine Partei aufgrund ihrer Eigenschaften nicht zum Abschluss hierzu berechtigt war. Die Begründung der Ungültigkeit des Arbeitsvertrages zwischen Arbeitnehmer und Verleiher ohne Bewilligung erforderte deshalb eine ausdrückliche Normierung (BOTSCHAFT REV. AVG, 614). Der Verleiher soll insbesondere nicht dazu berechtigt sein, eine Arbeitsleistung fordern zu dürfen, wenn er nicht über die erforderliche Bewilligung verfügt. Ausserdem sollen mit dieser Regelung Arbeitnehmer, die von der fehlenden Bewilligung des Verleihers wissen, davon abgehalten werden, mit diesem einen Vertrag abzuschliessen. Primärer Zweck der Norm ist jedoch der Schutz des Arbeitsnehmers, der im berechtigten Vertrauen auf einen Lohn Arbeit geleistet hat (BOTSCHAFT REV. AVG, 614; RITTER, 147).

35 Zusätzlich wird der Verleiher, wie allenfalls auch der Einsatzbetrieb, nach Art. 39 AVG mit einer Busse bestraft, und der Vertrag zwischen dem Verleiher und dem Einsatzbetrieb ist nach Art. 22 Abs. 5 AVG nichtig, wobei in diesem Falle die Bestimmungen über die unerlaubte Handlungen und die ungerechtfertigte Bereicherung zur Anwendung gelangen (STAEHELIN, Art. 333, N 17; DRECHSLER, 318).

36 Für die Folgen der Ungültigkeit wird in Art. 19 Abs. 6 Satz 2 AVG auf Art. 320 Abs. 3 OR verwiesen (STAEHELIN, Art. 333, N 17; DRECHSLER, 318; STREIFF/ VON KAENEL/RUDOLPH, Art. 320 N 8 f.; BACHMANN, 55). Diese Bestimmung lässt bis zur Aufhebung des Vertrages wegen Ungültigkeit die quasivertraglichen Wirkungen gelten (BOTSCHAFT REV. AVG, 614; RITTER, 147; STREIFF/VON KAENEL/ RUDOLPH, Art. 320 N 8), wobei bei nachweislicher Bösgläubigkeit des Arbeitnehmers Art. 62 ff. und allenfalls Art. 41 ff. OR zur Anwendung gelangen können (STREIFF/VON KAENEL/RUDOLPH, Art. 319 N 21). Dies hat zur Folge, dass der gutgläubige Arbeitnehmer – auch wenn das Verschulden allein beim Arbeitgeber liegt – seine Stelle und den Lohnfortzahlungsanspruch plötzlich verlieren kann (BOTSCHAFT REV. AVG, 614 f.; RITTER, 148). Der Arbeitnehmer hat einzig die Möglichkeit, auf Schadenersatz zu klagen. Der Schaden bemisst sich am vereinbarten Lohn für die gesamte Einsatzdauer abzüglich des Betrages, den der Arbeitnehmer durch anderweitige Arbeit während dieser Zeit erworben hat oder absichtlich zu erwerben unterlassen hat (BOTSCHAFT REV. AVG, 614; RITTER, 148).

Art. 20

Allgemein verbindliche Gesamtarbeitsverträge

¹ Untersteht ein Einsatzbetrieb einem allgemein verbindlich erklärten Gesamtarbeitsvertrag, so muss der Verleiher gegenüber dem Arbeitnehmer die Lohn- und Arbeitszeitbestimmungen des Gesamtarbeitsvertrages einhalten. Sieht ein allgemein verbindlich erklärter Gesamtarbeitsvertrag einen obligatorischen Beitrag an Weiterbildungs- und Vollzugskosten vor, so gelten die entsprechenden Bestimmungen auch für den Verleiher, wobei die Beiträge anteilsmässig nach Massgabe der Dauer des Einsatzes zu leisten sind. Der Bundesrat regelt die Einzelheiten.

² Das im allgemein verbindlich erklärten Gesamtarbeitsvertrag zur Kontrolle vorgesehene paritätische Organ ist zur Kontrolle des Verleihers berechtigt. Bei nicht geringfügigen Verstössen muss es dem kantonalen Arbeitsamt Meldung erstatten und kann dem fehlbaren Verleiher:
a) nach Massgabe des Gesamtarbeitsvertrages eine Konventionalstrafe auferlegen;
b) die Kontrollkosten ganz oder teilweise auferlegen.

³ Untersteht ein Einsatzbetrieb einem allgemein verbindlich erklärten Gesamtarbeitsvertrag, der den flexiblen Altersrücktritt regelt, so muss der Verleiher gegenüber dem Arbeitnehmer diese Regelung ebenfalls einhalten. Der Bundesrat kann Vorschriften darüber erlassen, ab welcher Mindestanstellungsdauer der Arbeitnehmer einer solchen Regelung zu unterstellen ist.

Conventions collectives de travail avec déclaration d'extension

¹ Lorsqu'une entreprise locataire de services est soumise à une convention collective de travail étendue, le bailleur de services doit appliquer au travailleur celles des dispositions de la convention qui concernent le salaire et la durée du travail. Si une convention collective de travail étendue prévoit une contribution obligatoire aux frais de formation continue et aux frais d'exécution, les dispositions concernées s'appliquent aussi au bailleur de services, auquel cas les contributions doivent être versées au prorata de la durée de l'engagement. Le Conseil fédéral règle les modalités.

² L'organe paritaire de contrôle prévu par la convention collective de travail étendue est habilité à contrôler le bailleur de services. En cas d'infraction grave, il doit en informer l'office cantonal du travail et peut:
a) infliger au bailleur de services une peine prévue par la convention collective de travail;
b) imputer au bailleur de services tout ou partie des frais de contrôle.

³ Lorsqu'une entreprise locataire de services est soumise à une convention collective de travail avec déclaration d'extension instituant un régime de retraite anticipée, le bailleur de service est également tenu de respecter ce régime envers le travailleur. Le Conseil fédéral peut fixer la durée minimale d'engagement à partir de laquelle le travailleur doit être mis au bénéfice de ce régime.

Art. 20

Contratti
collettivi di lavoro
di obbligatorietà
generale

¹ Se un'impresa acquisitrice è sottoposta a un contratto collettivo di lavoro di obbligatorietà generale, il prestatore deve rispettare, riguardo al lavoratore, le disposizioni del contratto collettivo concernenti il salario e la durata del lavoro. Se un contratto di lavoro di obbligatorietà generale prevede un contributo obbligatorio a spese di perfezionamento e d'esecuzione, le pertinenti disposizioni si applicano anche al prestatore, nel qual caso i contributi devono essere versati in funzione della durata dell'impiego. Il Consiglio federale disciplina i particolari.

² L'organo paritetico di controllo previsto nel contratto collettivo di obbligatorietà generale ha il diritto di controllare il prestatore. Se accerta infrazioni che non siano di lieve entità, deve darne comunicazione all'ufficio cantonale del lavoro e può:
a) infliggere al prestatore una pena convenzionale secondo quanto disposto dal contratto collettivo;
b) addossare interamente o parzialmente al prestatore le spese dei controlli.

³ Se un'impresa acquisitrice è sottoposta a un contratto collettivo di lavoro di obbligatorietà generale che disciplina il pensionamento flessibile, il prestatore deve pure rispettare, riguardo al lavoratore, le pertinenti disposizioni del contratto collettivo. Il Consiglio federale può fissare la durata minima d'impiego a partire dalla quale il lavoratore fruisce di una siffatta disciplina.

Inhaltsübersicht	Note	Seite
I. Einleitung	1	124
II. Anwendbarkeit von allgemeinverbindlich erklärten Gesamtarbeitsverträgen (Abs. 1, Art. 48a, 48b, 48e AVV)	2	125
1. Im Allgemeinen	2	125
2. Vorschriften betreffend den Lohn	4	125
3. Vorschriften betreffend die Arbeitszeit	8	126
4. Vorschriften betreffend Weiterbildungs- und Vollzugskostenbeiträge	9	127
III. Kontrolle durch die paritätischen Organe (Abs. 2, Art. 48d AVV)	10	127
IV. Flexibler Altersrücktritt (Abs. 3, Art. 48c AVV)	14	128
V. Anwendbarkeit des allgemeinverbindlich erklärten Gesamtarbeitsvertrags für den Personalverleih	17	129
1. Geltungsbereich	17	129
2. Verhältnis des GAV Personalverleih zu anderen Gesamtarbeitsverträgen	20	129

I. Einleitung

1   Art. 20 AVG regelt zusammen mit den Ausführungsbestimmungen gemäss Art. 48a ff. AVV die Anwendbarkeit von allgemeinverbindlich erklärten Gesamtarbeitsverträgen beim Personalverleih. Dabei ergibt sich, dass die branchenspezifischen Gesamtarbeitsverträge grundsätzlich zu berücksichtigen sind.

Ferner wird in dieser Bestimmung das Verhältnis der Branchen-Gesamtarbeitsverträge zum GAV Personalverleih geregelt.

II. Anwendbarkeit von allgemeinverbindlich erklärten Gesamtarbeitsverträgen (Abs. 1, Art. 48a, 48b, 48e AVV)

1. Im Allgemeinen

Gemäss Art. 20 Abs. 1 AVG ist der Verleiher verpflichtet, die Arbeitszeit- 2
und Lohnbestimmungen von allgemeinverbindlich erklärten Gesamtarbeitsverträgen einzuhalten, sofern der Einsatzbetrieb einem solchen untersteht (RIEMER-KAFKA/KRENGER, 25, 107; WEISUNGEN SECO, 134). Die obligatorischen Beiträge an Weiterbildungs- und Vollzugskosten, die in einem allgemeinverbindlich erklärten Gesamtarbeitsvertrag geregelt sind, gelten ebenfalls für den Verleiher. Diese Kosten sind jedoch nur «anteilsmässig nach Massgabe der Dauer des Einsatzes zu leisten». Der Bundesrat hat gemäss Art. 20 Abs. 1 AVG die Kompetenz, die diesbezüglichen Einzelheiten zu regeln. Alle weiteren Bestimmungen eines allgemeinverbindlich erklärten Gesamtarbeitsvertrags, die über die oben erwähnten Bestimmungen hinausgehen, sind auf den verliehenen Arbeitnehmer nicht anwendbar. Sind nur Teile des Einsatzbetriebes vom Anwendungsbereich eines allgemeinverbindlich erklärten Gesamtarbeitsvertrags erfasst, ist der Verleiher dem GAV unterstellt, sofern der verliehene Arbeitnehmer in einen solchen Betriebsteil zum Einsatz kommt (WEISUNGEN SECO, 134).

Gestützt auf Art. 7 Abs. 1 des Bundesgesetzes über die Allgemeinverbindlicher- 3
klärung von Gesamtarbeitsverträgen können Gesamtarbeitsverträge durch eine Anordnung des Bundesrates entweder für die ganze Schweiz oder für mehrere Kantone als allgemeinverbindlich erklärt werden. Gesamtarbeitsverträge können zudem für einzelne Kantone oder für Teile derselben als allgemeinverbindlich erklärt werden. Gemäss Art. 7 Abs. 2 des Bundesgesetzes über die Allgemeinverbindlicherklärung von Gesamtarbeitsverträgen ist die hierfür zuständige Behörde von den Kantonen zu bezeichnen.

2. Vorschriften betreffend den Lohn

Lohnbestimmungen im Sinne von Art. 48a Abs. 1 AVV sind Regelungen 4
über
- den Mindestlohn, dem allfällige Spesen nicht hinzuzurechnen sind; ist kein Mindestlohn vorgeschrieben, gilt der Betriebsdurchschnittslohn (lit. a),
- Spesen (lit. a^{bis}),
- Lohnzuschläge für Überstunden-, Schicht-, Akkord-, Nacht-, Sonntags- und Feiertagsarbeit (lit. b),

- den anteilsmässigen Ferienlohn (lit. c),
- den anteilsmässigen 13. Monatslohn (lit. d),
- die bezahlten Feier- und Ruhetage (lit. e),
- die Lohnfortzahlung bei unverschuldeter Verhinderung an der Arbeitsleistung nach Artikel 324a des Obligationenrechts (OR) wie infolge Krankheit, Unfall, Invalidität, Militär, Zivilschutz, Zivildienst, Schlechtwetter, Heirat, Geburt, Todesfall, Umzug, Pflege eines kranken Familienangehörigen (lit. f) sowie über
- den Prämienanteil an die Krankentaggeldversicherung nach Artikel 324a Absatz 4 OR (lit. g),

die aufgrund eines allgemeinverbindlich erklärten Gesamtarbeitsvertrags gelten und somit auch gegenüber verliehenen Arbeitnehmern einzuhalten sind.

5   Die Lohnfortzahlungspflicht und deren Ersatzlösungen i.S.v. Art. 324a Abs. 4 OR sind gemäss Bundesgericht hier hinzuzuzählen (BGE 124 III 126 f.; RIEMER-KAFKA/KRENGER, 25, 107; STREIFF/VON KAENEL/RUDOLPH, Art. 319, N 21, Art. 356, N 13, Art. 356b, N 11). Bestimmungen betreffend das Recht auf Übertritt von der Kollektiv- in die Einzelversicherung gehören jedoch laut Rechtsprechung nicht dazu (BGE 135 III 640 = Pra 2010 Nr. 73, 534 ff.; RIEMER-KAFKA/KRENGER, 25; STREIFF/VON KAENEL/RUDOLPH, Art. 319, N 21, Art. 324b, N 13, Art. 356, N 13, Art. 356b, N 11). KOLLER kritisiert dies zu Recht (vgl. Ausführungen KOLLER in ZBJV 147/2011, 424 ff.). Zu beachten ist, dass der betriebsdurchschnittliche Lohn subsidiär zur Anwendung kommt, wenn ein allgemeinverbindlich erklärter Gesamtarbeitsvertrag keinen Mindestlohn festlegt. Pauschalspesen dürfen bei der Einhaltung der Mindestlöhne nicht berücksichtigt werden. Spesen sind grundsätzlich ihrer tatsächlichen Höhe nach rückzuvergüten, sofern sie belegt sind (WEISUNGEN SECO, 135).

6   Spesen und Lohn sind zwingend auseinanderzuhalten. Während Spesen eine Unkostenvergütung darstellen, ist der Lohn ein Entgelt für die Arbeitsleistung. Eine Vermischung dieser beiden Faktoren würde zu Kürzungen der Sozialleistungen des Arbeitnehmers führen. Die Mindestlöhne dürfen niemals mittels Pauschalspesen unterschritten werden (WEISUNGEN SECO, 136).

7   Bestimmungen über die berufliche Vorsorge werden gemäss Art. 48a AVV nicht von Art. 20 AVG erfasst (WEISUNGEN SECO, 136).

3. Vorschriften betreffend die Arbeitszeit

8   Arbeitszeitbestimmungen in Sinne von Art. 48a Abs. 2 AVV sind Regelungen über
- die ordentliche Arbeitszeit (lit. a),
- die 5-Tage-Woche (lit. b),
- Überstunden-, Nacht-, Sonntags- und Schichtarbeit (lit. c),

- Ferien-, Frei- und Feiertage (lit. d),
- Absenzen (lit. e),
- Ruhezeiten und Pausen (lit. f) sowie über
- Reise- und Wartezeiten (lit. g),

die aufgrund eines allgemeinverbindlich erklärten Gesamtarbeitsvertrags gelten und somit auch gegenüber verliehenen Arbeitnehmern einzuhalten sind.

4. Vorschriften betreffend Weiterbildungs- und Vollzugskostenbeiträge

Art. 48b AVV präzisiert die Weiterbildungs- und Vollzugskostenbeiträge. Diese sind gemäss Art. 48b Abs. 1 AVV vom ersten Arbeitstag an für die gesamte Einsatzdauer zu leisten, sofern sie in einem allgemeinverbindlich erklärten Gesamtarbeitsvertrag vorgesehen sind. Abs. 2 verdeutlicht, dass die Beiträge gemäss den Regeln des allgemeinverbindlich erklärten Gesamtarbeitsvertrages einbezahlt und verwendet werden müssen. Nach Art. 48b Abs. 3 lit. a AVV hat der verliehene Arbeitnehmer den gleichen Anspruch wie ein Arbeitnehmer aus der Branche auf den Besuch von Weiterbildungsveranstaltungen, die mit Hilfe der Weiterbildungskostenbeiträge angeboten werden. Das Gleiche gilt gemäss lit. b für den Zugang zu weiteren Leistungen, die mit Hilfe von Vollzugskostenbeiträgen angeboten werden. 9

III. Kontrolle durch die paritätischen Organe (Abs. 2, Art. 48d AVV)

Art. 20 Abs. 2 AVG bildet die Grundlage für die paritätischen Organe, die in einem allgemeinverbindlich erklärten Gesamtarbeitsvertrag dafür vorgesehen sind, den Verleiher zu kontrollieren. Dieses Kontrollsystem wurde bereits vor Inkrafttreten dieses Absatzes von der Rechtsprechung sowie vom SECO gefordert (vgl. Urteil der III. Zivilkammer des Appellationshofs des Kantons Bern vom 30. August 1995 sowie WEISUNGEN SECO, 137 ff.), da andernfalls die Intention von Art. 20 AVG nicht erreicht werden könne. 10

Bei Verstössen, die mehr als geringfügig sind, ist das Kontrollorgan dazu verpflichtet, dies dem kantonalen Arbeitsamt zu melden. Ob ein geringfügiger Verstoss gegen einen GAV vorliegt, ist anhand der gesamten Umstände des Einzelfalls zu beurteilen. Dem Verleiher kann im Falle eines Verstosses eine Konventionalstrafe auferlegt werden, die nach Massgabe des entsprechenden GAV zu bemessen ist. Die oftmals erheblichen Kontrollkosten des Kontrollorgans können ganz oder teilweise auf den Verleiher überwälzt werden. 11

In Art. 48d AVV werden die Kontrollkosten und die Konventionalstrafe näher umschrieben. Die Kontrollkosten und die Konventionalstrafe müssen entspre- 12 chend dem anwendbaren GAV einbezahlt und verwendet werden (Abs. 1). Die Kontrollorgane haben die geplanten Kontrollen innert angemessener Frist anzukünden und die Verleiher gleich zu behandeln wie brancheninterne Arbeitgeber (Abs. 2). Art. 48d AVV verpflichtet die paritätischen Organe bzw. die beauftragten Stellen zur Wahrung der Schweigepflicht, die in Art. 34 AVG verankert ist. Geringfügige Verstösse sind dem kantonalen Arbeitsamt zu melden (Abs. 3). Analog zu Art. 6 des Bundesgesetzes über die Allgemeinverbindlicherklärung von Gesamtarbeitsverträgen vom 28. September 1956 kann der Verleiher bei der zuständigen kantonalen Behörde die Kontrolle durch ein unabhängiges Kontrollorgan verlangen (Abs. 4).

13   In Art. 48e Abs. 1 AVV wird bestimmt, dass die paritätischen Organe «gegenüber dem SECO als Aufsichtsbehörde hinsichtlich der Weiterbildung von verliehenen Arbeitnehmern, der Anwendung von Vorruhestandsregelungen auf verliehene Arbeitnehmer sowie der Verhängung von Kontrollkosten und Konventionalstrafen gegenüber fehlbaren Verleihern jederzeit rechenschaftspflichtig» und zur jährlichen Berichterstattung zuhanden des SECO verpflichtet sind. Gemäss dem Abs. 2 von Art. 48e AVV sind diese Berichte gegenüber den von diesen Regelungen betroffenen Verbänden der Verleihbranche offenzulegen.

IV.   Flexibler Altersrücktritt (Abs. 3, Art. 48c AVV)

14   Art. 20 Abs. 3 AVG verpflichtet die Verleihunternehmen, Regelungen über den flexiblen Altersrücktritt gegenüber den ausgeliehenen Arbeitnehmern einzuhalten, sofern der Einsatzbetrieb einem allgemeinverbindlich erklärten Gesamtarbeitsvertrag untersteht, der solche Regelungen beinhaltet (KELLER, 381 f.). Diese Bestimmung wurde vom Ständerat als notwendig erachtet, damit die Arbeitgeber nicht Temporärarbeitnehmer missbrauchen, um ihre Lohnkosten zu senken. Temporärarbeiter sollten vielmehr dazu eingesetzt werden, Bedarfsspitzen abzudecken (KELLER, 382).

15   Im 2. Satz von Art. 20 Abs. 3 AVG wird dem Bundesrat die Kompetenz erteilt, eine Mindestbeschäftigungsdauer festzulegen, ab welcher der verliehene Arbeitnehmer den gesamtarbeitsvertraglichen Frühpensionierungsregeln zufolge versichert werden muss. Der Bundesrat hat mit Art. 48c AVV von dieser Kompetenz Gebrauch gemacht (KELLER, 382). Nach Art. 48c AVV muss die Betragspflicht für die Regelung des flexiblen Altersrücktritts, die in einem allgemeinverbindlich erklärten Gesamtarbeitsvertrag vorgesehen ist, vom ersten Arbeitstag an eingehalten werden, und zwar für die gesamte Dauer, während der ein Arbeitnehmer im Geltungsbereich des entsprechenden GAV zum Einsatz kommt. Art. 48c Abs. 2 AVV begrenzt diese Pflicht jedoch dahingehend, als Arbeitnehmer ausgeschlossen sind, «die das 28. Lebensjahr noch nicht vollendet haben» (lit. a) oder «die sich in einer Ausbildung befinden, die nicht zu einem Beruf im Geltungsbereich

des entsprechenden Gesamtarbeitsvertrags führt» (lit. b), sowie solche, «deren Einsatzvertrag auf drei Monate befristet ist» (lit. c).

Art. 48c Abs. 3 AVV stellt klar, dass die Beiträge nach den Regeln des anzuwendenden GAV einbezahlt und verwendet werden müssen.

V. Anwendbarkeit des allgemeinverbindlich erklärten Gesamtarbeitsvertrags für den Personalverleih

1. Geltungsbereich

Für den Personalverleih gelten die weiter gehenden Bestimmungen des entsprechenden Gesamtarbeitsvertrags, die in einem separaten Vertragswerk geregelt wurden und vom Bundesrat mit Beschluss vom 13. Dezember 2011 per 1. Januar 2012 für allgemeinverbindlich erklärt wurden. Der GAV Personalverleih gilt vorerst bis zum 31. Dezember 2014 (vgl. Art. 4 Bundesratsbeschluss über die Allgemeinverbindlicherklärung des GAV Personalverleih).

Der GAV Personalverleih gilt nach Art. 2 Abs. 1 BRB in der ganzen Schweiz für alle Betriebe, die
- Inhaber einer eidgenössischen oder kantonalen Arbeitsverleihbewilligung nach Arbeitsvermittlungsgesetz sind (Art. 2 Abs. 2 lit. a),
- gemäss Artikel 66 des Unfallversicherungsgesetzes in der Klasse 70C SUVA-versichert sind (Art. 2 Abs. 2 lit. b) und
- bezüglich der verliehenen Arbeitnehmenden pro Kalenderjahr eine Lohnsumme von mindestens CHF 1 200 000.– ausweisen (Art. 2 Abs. 2 lit. c).

Somit sind Betriebe, die diese Lohnsumme unterschreiten, vom Anwendungsbereich ausgenommen. Kommt es zu Überschreitungen, die nur konjunkturell bedingt und von vorübergehender Dauer sind, werden sie von der Schweizerischen Paritätischen Berufskommission Arbeitsverleih (SPKA) weiterhin ausgenommen, sofern dies vom Betrieb glaubhaft dargelegt werden kann (Art. 2 Abs. 3). Ebenfalls nicht zur Anwendung kommt die Allgemeinverbindlicherklärung für Arbeitnehmende mit Löhnen über dem maximal versicherten Verdienst nach SUVA sowie für jene, die bei Engpässen (z.B. bei Ferienabwesenheiten und Arbeitsverhinderungen der Betriebsleiter oder bei Arbeitsspitzen) an landwirtschaftliche Betriebe verliehen werden (Art. 2 Abs. 4).

2. Verhältnis des GAV Personalverleih zu anderen Gesamtarbeitsverträgen

Art. 3 GAV Personalverleih regelt das Verhältnis dieses GAV zu Art. 20 AVG sowie zu den entsprechenden Artikeln der AVV (Art. 48a ff. AVV). Danach gilt der GAV Personalverleih selbst dann, wenn für den Einsatzbetrieb ein anderer Gesamtarbeitsvertrag gilt. Hiervon sind jedoch die rechtskräftigen, gesamtarbeitsvertraglich geregelten Lohn- und Arbeitszeitbestimmungen ausgenommen, sofern sie im für den Einsatzbetrieb geltenden GAV allgemeinverbindlich erklärt wurden und nicht unter das Vorrangprinzip der im Anhang 1 aufgezählten nicht allgemeinverbindlich erklärten Regelungen von sozialpartnerschaftlichen Verträgen fallen. Die Bestimmungen über den flexiblen Altersrücktritt gem. Art. 20 AVG kommen hingegen immer zur Anwendung (Art. 3 Abs. 1 GAV Personalverleih).

21 Um dem Dilemma von sich konkurrenzierenden Gesamtarbeitsverträgen beizukommen, werden in Art. 3 Abs. 2 GAV Personalverleih die Ausnahmen geregelt, in denen sich beide Gesamtarbeitsverträge überschneiden würden. So werden die Bestimmungen betreffend Krankentaggeldversicherung, berufliche Vorsorge, Beiträge für Vollzug und Weiterbildung nicht übernommen, sofern die im vorliegenden GAV Personalverleih vorgesehenen Lösungen mindestens gleichwertig mit den Bestimmungen des für die entsprechende Branchen gültigen allgemeinverbindlich erklärten GAV sind (Art. 3 Abs. 2 GAV Personalverleih).

22 Art. 3 Abs. 3 GAV Personalverleih statuiert branchenspezifische Ausnahmen betreffend die Bestimmungen über die Mindestlöhne gemäss Art. 20 GAV Personalverleih für den Geltungsbereich von nicht allgemeinverbindlich erklärten Gesamtarbeitsverträgen, die nicht im Anhang 1 dieses GAV aufgeführt sind. Art. 20 GAV Personalverleih wurde am 20. Juni 2013 um einen Abs. 1bis ergänzt. Darin wurden Bestimmungen über die Mindestlöhne für Arbeitnehmende mit eidgenössischem Fähigkeitsausweis (EFZ), Attestlehre und ungelernte Arbeitskräfte erlassen (siehe Anhang «Bundesratsbeschluss über die Allgemeinverbindlicherklärung des Gesamtarbeitsvertrages für den Personalverleih, Änderung vom 20. Juni 2013»).

23 Art. 3 Abs. 4 GAV Personalverleih regelt die Übergangsfristen für allfällige Änderungen der im Anhang 1 aufgelisteten Verträge.

24 Die einzelnen für allgemeinverbindlich erklärten Bestimmungen des GAV Personalverleih ergeben sich aus dem Anhang zum Bundesratsbeschluss über die Allgemeinverbindlicherklärung des Gesamtarbeitsvertrages für den Personalverleih vom 13. Dezember 2011.

25 Für weitergehende Ausführungen bez. des Art. 20 AVG vgl. MATILE/ZILLA, 143 ff.

Art. 21	
Ausländische Arbeitnehmer in der Schweiz	¹ Der Verleiher darf in der Schweiz nur Ausländer anstellen, die zur Erwerbstätigkeit zugelassen und zum Stellenwechsel berechtigt sind. ² Ausnahmen sind möglich, wenn besondere wirtschaftliche Gründe dies rechtfertigen.
Travailleurs étrangers en Suisse	¹ Le bailleur de services n'engage en Suisse que des étrangers qui sont admis en vue de l'exercice d'une activité lucrative et autorisés à changer d'emploi. ² Des exceptions sont possibles pour protéger des intérêts économiques particuliers.
Lavoratori stranieri in Svizzera	¹ Il prestatore può assumere in Svizzera soltanto stranieri che vi sono ammessi per esercitare un'attività lucrativa e autorizzati a cambiare impiego. ² Sono possibili deroghe se motivi economici speciali lo giustificano.

Inhaltsübersicht	Note	Seite
I. Einleitung	1	131
II. Regelfall (Abs. 1)	2	131
III. Ausnahmen (Abs. 2)	6	132

I. Einleitung

In Art. 21 AVG werden die Voraussetzungen der Anstellung von Ausländern durch einen Personalverleihbetrieb geregelt. Die Bestimmung steht im Spannungsfeld zum Ausländergesetz sowie zum Freizügigkeitsabkommen mit der Europäischen Union.

II. Regelfall (Abs. 1)

Der Verleih von Ausländern durch einen Personalverleiher mit Sitz in der Schweiz an einen Einsatzbetrieb stellt einen Inlandverleih dar. Es liegt kein Verleih vom Ausland in die Schweiz in Sinne des Art. 12 Abs. 2 AVG vor, sondern einen Inlandverleih (BACHMANN, ArbR, 53). In der Regel darf der Verleiher in der Schweiz nur Ausländer und Ausländerinnen anstellen, die zur Erwerbstätigkeit zugelassen sowie zum Stellen- und Berufswechsel berechtigt sind (Art. 21 Abs. 1 AVG; WEISUNGEN SECO/BFM, 3; BACHMANN, ArbR, 53). Dies bedeutet im Umkehrschluss, dass grundsätzlich keine erstmalige Arbeitsbewilligung zwecks Verleihs erfolgen darf (LOSADA, 334; CARRUZZO, 20).

3   Ausländer, die sich auf das FZA (vgl. Art. 4 FZA) berufen können, würden die Anforderungen von Art. 21 Abs. 1 AVG grundsätzlich erfüllen und wären somit zum Verleih in der Schweiz zugelassen (WEISUNGEN SECO/BFM, 2 f.; BACHMANN, 53). Die Schweiz hat allerdings bei massiver Einwanderung die Möglichkeit, die als *Ventilklausel* bezeichnete Schutzvereinbarung anzurufen. Dies hat zur Konsequenz, dass Kontingentierungsmassnahmen eingeführt werden (Art. 10 FZA). Die Gültigkeit der Vereinbarung endet am 31. Mai 2014 (WEISUNGEN SECO/BFM, 3). Der Bundesrat hat die Ventilklausel im Frühling 2013 angerufen. Entsprechend sind auch für EU-Bürger bestimmte Kontingentierungen zu berücksichtigen (vgl. dazu «Bundesrat ruft Ventilklausel für EU-17- und EU-8-Staaten an, Medienmitteilung, Der Bundesrat, 24.4.2013, Berichtigte Fassung» sowie die beiden Rundschreiben des Bundesamtes für Migration vom 29.4.2013 [EU-8] und 22.5.2013 [EU-17]).

4   Alle übrigen Ausländer müssen die Bewilligungs- und Zulassungsvoraussetzungen des Ausländergesetzes (insbesondere Art. 11 ff. und 18 ff. AuG) sowie die Ausführungsbestimmungen der Verordnung über Zulassung, Aufenthalt und Erwerbstätigkeit (insbesondere Art. 1 ff. und 12 ff. VZAE) erfüllen.

5   Jeder Arbeitgeber ist nach Art. 91 Abs. 1 AuG verpflichtet, die Zulassung zur Erwerbstätigkeit der von ihm angestellten Ausländer zu überprüfen. Dieselbe Pflicht obliegt dem Entleiher betreffend die Berechtigung zur Erwerbstätigkeit des ausländischen Verliehenen. Gemäss Art. 91 Abs. 2 AuG muss bei der Inanspruchnahme grenzüberschreitender Dienstleistungen überprüft werden, ob der die Dienstleistung Erbringende hierzu berechtigt ist (BACHMANN, 53; MATILE/ ZILLA, 214). Die Missachtung dieser Pflichten kann nach Art. 122 AuG sanktioniert werden (MATILE/ZILLA, 214).

III.   Ausnahmen (Abs. 2)

6   Am 1. Januar 2008 traten das Ausländergesetz und die Ausnahmebestimmung von Art. 21 Abs. 2 AVG in Kraft. In dieser wurde die bisherige Praxis betreffend die Zulassung von Ausnahmen im Rahmen des Verleihs von Nicht-EU/EFTA-Ausländern gesetzlich verankert (BERICHT SECO, 66; BACHMANN, 53). Gemäss Art. 21 Abs. 2 AVG können besondere wirtschaftliche Gründe Ausnahmen rechtfertigen (WEISUNGEN SECO/BFM, 3).

7   Die Klausel *«besondere wirtschaftliche Gründe»* ist ein unbestimmter Gesetzesbegriff, der nicht immer einheitlich ausgelegt und nicht abschliessend definiert werden kann. Vielmehr beeinflusst die jeweilige Arbeitsmarktsituation die Auslegung. In Analogie zum Begriff des *«gesamtwirtschaftlichen Interesses»*, der an

verschiedenen Stellen des Ausländergesetzes verwendet wird, liegt es auch hier im pflichtgemässen Ermessen der Arbeitsmarktbehörde, unter Berücksichtigung des Arbeitsmarktes sowie der wirtschaftlichen Voraussetzungen eine Beurteilung des Einzelfalls vorzunehmen (BOTSCHAFT AuG, 3725 f.).

Art. 22

Verleih-
vertrag

¹ Der Verleiher muss den Vertrag mit dem Einsatzbetrieb schriftlich abschliessen. Er muss darin angeben:
a) die Adresse des Verleihers und der Bewilligungsbehörde;
b) die beruflichen Qualifikationen des Arbeitnehmers und die Art der Arbeit;
c) den Arbeitsort und den Beginn des Einsatzes;
d) die Dauer des Einsatzes oder die Kündigungsfristen;
e) die für den Arbeitnehmer geltenden Arbeitszeiten;
f) die Kosten des Verleihs, einschliesslich aller Sozialleistungen, Zulagen, Spesen und Nebenleistungen.

² Vereinbarungen, die es dem Einsatzbetrieb erschweren oder verunmöglichen, nach Ende des Einsatzes mit dem Arbeitnehmer einen Arbeitsvertrag abzuschliessen, sind nichtig.

³ Zulässig sind jedoch Vereinbarungen, wonach der Verleiher vom Einsatzbetrieb eine Entschädigung verlangen kann, wenn der Einsatz weniger als drei Monate gedauert hat und der Arbeitnehmer weniger als drei Monate nach Ende dieses Einsatzes in den Einsatzbetrieb übertritt.

⁴ Die Entschädigung darf nicht höher sein als der Betrag, den der Einsatzbetrieb dem Verleiher bei einem dreimonatigen Einsatz für Verwaltungsaufwand und Gewinn zu bezahlen hätte. Das bereits geleistete Entgelt für Verwaltungsaufwand und Gewinn muss der Verleiher anrechnen.

⁵ Verfügt der Verleiher nicht über die erforderliche Bewilligung, so ist der Verleihvertrag nichtig. In diesem Fall sind die Bestimmungen des Obligationenrechts über unerlaubte Handlungen und ungerechtfertigte Bereicherung anwendbar.

Contrat
de location
de services

¹ Le bailleur de services doit conclure un contrat écrit avec l'entreprise locataire de services. Il y indiquera:
a) sa propre adresse et celle de l'autorité qui délivre l'autorisation;
b) les qualifications professionnelles du travailleur et le genre de travail;
c) le lieu de travail du travailleur ainsi que le début de l'engagement;
d) la durée de l'engagement ou les délais de congé;
e) l'horaire de travail du travailleur;
f) le coût de la location de services, y compris les prestations sociales, les allocations, les indemnités et les prestations accessoires.

² Sont nuls et non avenus les accords qui entravent ou empêchent l'entreprise locataire de services de conclure un contrat de travail avec le travailleur une fois que le contrat de location de services arrive à son terme.

³ Sont toutefois admissibles les accords selon lesquels le bailleur de services peut exiger de l'entreprise locataire de services le versement d'une indemnité lorsque la location de services a duré moins de trois mois et que le travailleur a repris son activité au sein de l'entreprise locataire

de services moins de trois mois après la fin de la location de ses services à cette entreprise.

⁴ L'indemnité atteindra au maximum le montant que l'entreprise locataire de services aurait eu à payer au bailleur de services à titre de frais d'administration et de bénéfice pour un engagement de trois mois. Le bailleur de services doit imputer sur l'indemnité le montant déjà versé au titre de frais d'administration et de bénéfice.

⁵ Si le bailleur de services ne possède pas l'autorisation nécessaire, le contrat de location de services est nul et non avenu. Dans ce cas, les dispositions du code des obligations concernant les actes illicites et l'enrichissement illégitime sont applicables.

Contratto
di fornitura
di personale
a prestito

¹ Il prestatore deve concludere con l'impresa acquisitrice un contratto scritto. Deve indicarvi:
a) il proprio indirizzo e quello dell'autorità che rilascia l'autorizzazione;
b) le qualifiche professionali del lavoratore e il genere di lavoro;
c) il luogo di lavoro e l'inizio dell'impiego;
d) la durata dell'impiego o i termini di disdetta;
e) l'orario di lavoro valevole per il lavoratore;
f) il costo della fornitura di personale a prestito, comprese le prestazioni sociali, gli assegni, le spese e le prestazioni accessorie.

² Sono nulli gli accordi che intralciano o impediscono l'impresa acquisitrice di concludere con il lavoratore un contratto di lavoro al termine dell'impiego.

³ Sono nondimeno ammessi gli accordi secondo i quali il prestatore può esigere un'indennità dall'impresa acquisitrice qualora l'impiego sia durato meno di tre mesi e il lavoratore, entro un periodo inferiore a tre mesi dalla fine dell'impiego, passi a questa impresa.

⁴ L'indennità non può superare l'importo che l'impresa acquisitrice avrebbe dovuto pagare al prestatore, per un impiego di tre mesi, a compensazione delle spese amministrative e dell'utile. Il prestatore deve computare tale indennità nell'importo già pagato per le spese amministrative e per l'utile.

⁵ Se il prestatore è privo dell'autorizzazione necessaria, il contratto di fornitura di personale a prestito è nullo. In questo caso, sono applicabili le disposizioni del Codice delle obbligazioni sugli atti illeciti e sull'indebito arricchimento.

Inhaltsübersicht	Note	Seite
I. Einleitung	1	136
II. Schriftlichkeit des Verleihvertrags (Abs. 1)	3	136
1. Inhalt	3	136
2. Zeitpunkt (Art. 50 AVV)	4	137
3. Folgen der Verletzung	5	137
III. Nichtige Vereinbarungen (Abs. 2)	6	138

	Note	Seite
IV. Entschädigung bei vereinbartem Übertritt in den Einsatzbetrieb (Abs. 3 und 4)	7	138
1. Normalfall	7	138
2. Ausnahmefall	8	139
V. Fehlen der Bewilligung (Abs. 5)	9	140

I. Einleitung

1   Art. 22 AVG definiert, welche Inhalte zwischen dem Verleiher und dem Einsatzbetrieb schriftlich vereinbart werden müssen, sowie die Folgen der Verletzung dieser Formvorschrift. Die Bestimmung hält zusätzlich fest, was gilt, falls der Verleiher nicht über die notwendige Bewilligung für den Personalverleih verfügt.

2   Wesentlich ist ferner die Bestimmung, dass Vereinbarungen, die den Übertritt des temporären Mitarbeiters in den Einsatzbetrieb erschweren oder verunmöglichen, grundsätzlich nichtig sind, mit der dazugehörenden Ausnahmeregelung. In diesem Zusammenhang ist das Problem zu erwähnen, dass es immer wieder vorkommt, dass temporäre Mitarbeiter wegen Dringlichkeit kurzfristig ausgeliehen werden und es der Einsatzbetrieb in der Folge – aus welchen Gründen auch immer – versäumt, den Verleihvertrag zu unterzeichnen. Beendet der Einsatzbetrieb den Einsatz des temporären Mitarbeiters kurzfristig und stellt er den «freien» Mitarbeiter danach direkt an, wird der Verleiher oft um das Vermittlungshonorar geprellt. Hier muss eine alternative Begründung des Vermittlungshonorars geltend gemacht werden, um die Interessen der Verleiher bzw. Vermittler zu wahren.

II. Schriftlichkeit des Verleihvertrags (Abs. 1)

1. Inhalt

3   Art. 22 Abs. 1 AVG statuiert das Schriftformerfordernis für den Verleihvertrag. Der Verleihvertrag ist ein Dienstverschaffungsvertrag (FISCHER, 4; RIEMER-KAFKA/KRENGER, 25, 107). Gemäss Rechtsprechung des Bundesgerichts ist der Verleihvertrag des Weiteren als Vertrag sui generis zu qualifizieren (BGE 119 V 357, E. 2a.). Das Handelsgericht Zürich geht ebenfalls hiervon aus (HG ZH 100031, E. 5.1.1). In der Lehre ist diese Einordnung umstritten (bejahend: BACHMANN, 65; FISCHER, 4; MATILE/ZILLA, 229; RIEMER-KAFKA/KRENGER, 25; SENTI, UNTYPISCHER PERSONALVERLEIH, 1500; verneinend: REHBINDER, 48). Inhalt des Verleihvertrags ist einerseits das Versprechen des Verleihers, dem Entleiher einen sorgfältig ausgewählten und instruierten Arbeitnehmer zur Verfügung zu stellen,

sowie andererseits die Verpflichtung des Entleihers zur Zahlung eines Entgelts (FISCHER, 4 f.; HEIZ, 59; MATILE/ZILLA, 229 f., 234 f.; vgl. Art. 26 AVV; a.A. betreffend die cura in instruendo: BACHMANN, 67). Es resultiert kein Anspruch auf eine bestimmte Person, sondern nur auf einen Arbeitnehmer, welcher die entsprechenden Qualifikationen aufweist (BACHMANN, ARV, 19). Der Verleiher ist auch nicht verpflichtet, weiter gehende Abklärungen über den zu vermittelnden Arbeitnehmer vorzunehmen, welche nicht berufliche Qualifikation oder die Eignung für den fraglichen Einsatzbetrieb betreffen (Gerichtshof Genf, 19.1.2007). Der Verleihvertrag gilt für alle Arten des Personalverleihs (HEIZ, 59). Wie beim Arbeitsvertrag nennt das Gesetz auch hier den Mindestinhalt des Vertrages (vgl. Art. 19 Abs. 2 AVG sowie BOTSCHAFT REV. AVG, 617; REHBINDER, 71). Sämtliche Bestimmungen betreffen persönliche Merkmale des Arbeitnehmers bzw. die Rahmenbedingungen seiner Tätigkeit, nicht aber die Modalitäten der zu erbringenden Arbeitsleistung (SENTI, 361). Die Kosten des Verleihs (Art. 22 Abs. 1 lit. f AVG) müssen so detailliert aufgezählt werden, dass ersichtlich ist, welches die Komponenten der Entschädigung sind und wie sie diese beeinflussen (HG ZH, 100031, E. 5.2.3).

2. Zeitpunkt (Art. 50 AVV)

Grundsätzlich muss der Verleihvertrag vor der Arbeitsaufnahme vorliegen. Der Verleihvertrag muss von beiden Vertragsparteien vor dem Arbeitseinsatz unterzeichnet werden (MATILE/ZILLA, 227; SENTI, UNTYPISCHER PERSONALVERLEIH, 1503; REHBINDER, 70). Auch spätere Änderungen des Vertrags unterliegen der Schriftform (SENTI, UNTYPISCHER PERSONALVERLEIH, 1503, 1507; REHBINDER, 70). Analog zu der den Arbeitsvertrag betreffenden Regelung gemäss Art. 48 Abs. 1 AVV sieht Art. 50 AVV eine Ausnahme hiervon vor, die besagt, dass in zeitlich dringenden Fällen ausnahmsweise auf die Schriftlichkeit des Arbeitsvertrages vor Arbeitsbeginn verzichtet werden kann. Der schriftliche Vertragsschluss muss jedoch zum nächstmöglichen Zeitpunkt nachgeholt werden (WEISUNGEN SECO, 144; MATILE/ZILLA, 227; REHBINDER, 70 f.).

4

3. Folgen der Verletzung

Die Schriftlichkeit des Vertrags ist zwar keine Gültigkeitsvoraussetzung (HG ZH, 100031, E. 5.1.8; GK SG, VZ_2007_41 E. 3b; RIEMER-KAFKA, KRENGER, 107; SENTI, UNTYPISCHER PERSONALVERLEIH, 1503; vgl. DRECHSLER, 316; a.A.: ZG VS, 20.8.2007, 302; MATILE/ZILLA, 227; THÉVENOZ, 70), ein Verstoss gegen das Formerfordernis kann aber nach Art. 39 Abs. 2 lit. c AVG mit Busse von bis zu CHF 40 000.– sanktioniert werden (HG ZH, 100031, E. 5.2.3; HENSCH, 22; MATILE/ZILLA, 228; STREIFF/VON KAENEL/RUDOLPH, Art. 319, N 21; SENTI, UNTYPISCHER PERSONALVERLEIH, 1503, 1505; vgl. SENTI, 357).

5

Sinn und Zweck des Formzwangs ist die daraus resultierende Beweis- und Schutzfunktion (GK SG, VZ_2007_41 E. 3b). Wurde ein formungültiger Personalverleihvertrag während längerer Zeit gegenseitig erfüllt, ist die Berufung auf dessen Mangelhaftigkeit allerdings rechtsmissbräuchlich (Art. 2 Abs. 2 ZGB) (OG TG, ZBR.2010.61).

III. Nichtige Vereinbarungen (Abs. 2)

6   Nach Art. 22 Abs. 2 AVG ist es untersagt, Vereinbarungen zu treffen, die es dem Einsatzbetrieb verunmöglichen oder erschweren, mit dem Arbeitnehmer nach Ablauf des Einsatzes einen Arbeitsvertrag abzuschliessen (WEISUNGEN SECO, 144; DRECHSLER, 317; RIEMER-KAFKA/KRENGER, 107; STÖCKLI, 271; STREIFF/VON KAENEL/RUDOLPH, Art. 319, N 21; Art. 340, N 17). Beim Personalverleih kommt es regelmässig vor, dass zwischen dem Einsatzbetrieb und dem Leiharbeitnehmer das Bedürfnis nach einem festen Arbeitsverhältnis entsteht. Ferner können die relativ hohen Verleihgebühren durch den Einsatzbetrieb vermieden werden, wenn er den Arbeitnehmer direkt anstellt. Dies ist wegen der normalerweise kurzen Kündigungsfristen im Verleihgewerbe eine Gefahr für den Verleiher, denn es entgehen ihm dadurch die Verleihgebühren. Nichtsdestotrotz sind Konkurrenzklauseln im Verleihvertrag gemäss Art. 22 Abs. 2 AVG genauso verboten wie für den Arbeitsvertrag nach Art. 19 Abs. 5 lit. b AVG (BOTSCHAFT REV. AVG, 617; RITTER, 157; REHBINDER, 71). Der Arbeitnehmer jedoch, der selbst im Personalverleihunternehmen arbeitet und Arbeitnehmer an Einsatzbetriebe vermittelt, kann ein Konkurrenzverbot gültig eingehen (STREIFF/VON KAENEL/RUDOLPH, Art. 340, N 17).

IV. Entschädigung bei vereinbartem Übertritt in den Einsatzbetrieb (Abs. 3 und 4)

1. Normalfall

7   Nach Art. 22 Abs. 3 AVG sind Vereinbarungen, die eine Übernahme des Arbeitnehmers durch den Einsatzbetrieb indirekt erschweren, im Rahmen gewisser Grenzen jedoch rechtens (WEISUNGEN SECO, 144; RITTER, 146). Unter gewissen Umständen ist es somit erlaubt, für den Übertritt des Arbeitnehmers eine Entschädigung vom Einsatzbetrieb an den Verleiher zu vereinbaren (STÖCKLI, 271; BOTSCHAFT REV. AVG, 617 f.), weil der Kontakt, der zwischen dem Arbeitnehmer und dem Einsatzbetrieb zustande gekommen ist und schliesslich zu einem direkten Arbeitsverhältnis führt – auch wenn dies nicht unmittelbar nach dem Einsatz, sondern erst nach einer gewissen Zeit geschieht – eine Entschädigung für den Verleiher rechtfertigen (BOTSCHAFT REV. AVG, 618; RITTER, 157; REHBINDER,

71 f.). Dies betrifft insbesondere das «Try and Hire-Modell», bei dem der Arbeitnehmer nach zufriedenstellender Leistung während der Testphase eine Festanstellung im Einsatzbetrieb erhalten soll (BACHMANN, ArbR, 63 f.). So ist gemäss Art. 22 Abs. 3 AVG eine Entschädigung erlaubt, wenn der Einsatz nicht länger als drei Monate gedauert hat und der Arbeitnehmer innert einer Frist, die kürzer als drei Monate ist, in den Einsatzbetrieb überwechselt (WEISUNGEN SECO, 144; BOTSCHAFT REV. AVG, 618; MATILE/ZILLA, 228 f.; STREIFF/VON KAENEL/ RUDOLPH, Art. 340, N 17; REHBINDER, 72). Im Umkehrschluss bedeutet dies, dass keine Entschädigung eingefordert werden kann, wenn der Einsatz über drei Monate gedauert hat oder im Moment der Anstellung durch den Einsatzbetrieb bereits mehr als drei Monate zurückliegen (WEISUNGEN SECO, 144). Laut Art. 22 Abs. 4 AVG darf diese Entschädigung nicht höher sein als der Verwaltungsaufwand und der Gewinn, die der Einsatzbetrieb an den Verleiher bei einem dreimonatigen Einsatz zu bezahlen hätte (WEISUNGEN SECO, 145). Dieser Absatz schützt den Verleiher davor, als billiger Vermittler ausgenutzt oder zum Zwecke des Erprobens der Arbeitskraft missbraucht zu werden (BOTSCHAFT REV. AVG, 618; RITTER, 157). Zugleich soll das öffentliche Interesse, das an der Aufrechterhaltung eines flexiblen Arbeitsmarkts und am Schutz des Arbeitsnehmers besteht, gewährleistet werden (BOTSCHAFT REV. AVG, 618; REHBINDER, 72). Die Art. 22 Abs. 3 und 4 AVG dienen ebenfalls dem Schutz des Verleihers vor der Ausschaltung durch die anderen beiden Beteiligten (STÖCKLI, 271). Die Befristung auf drei Monate soll sicherstellen, dass der Verleiher seinen Aufwand decken und einen angemessenen Gewinn realisieren kann. Diese Frist wurde gestützt auf empirische Erhebungen festgelegt (BOTSCHAFT REV. AVG, 618). Die Bestimmung verfolgt allerdings nicht das Ziel, den Gewinn des Verleihers zu begrenzen, denn das Entgelt für den Verwaltungsaufwand und den Gewinn aus bereits geleisteten Einsätzen muss er sich nicht anrechnen lassen (WEISUNGEN SECO, 145; BOTSCHAFT REV. AVG, 618; RITTER, 157).

2. Ausnahmefall

In der Praxis kann es vorkommen, dass der Einsatzbetrieb einen Mitarbeiter wegen (angeblicher) zeitlicher Dringlichkeit kurzfristig ausleiht, bevor der Verleihvertrag mit den Abmachungen betreffend die Übernahmekosten unterzeichnet wurde. Ferner kann es der Einsatzbetrieb aus Nachlässigkeit unterlassen, den unterzeichneten Verleihvertrag zu retournieren, obwohl der Einsatz bereits begonnen hat. Stellt der Einsatzbetrieb unter diesen Umstände den Mitarbeiter nach kurzer Zeit fest bei sich an, kann der Verleiher nicht belegen, dass mit dem Einsatzbetrieb eine Vereinbarung gemäss Art. 22 Abs. 3 AVG getroffen wurde. Um diese Situation zu vermeiden, empfiehlt es sich für den Verleiher, die entsprechende Vereinbarung mittels AGB auf den Arbeitsrapporten abzudrucken, die der ausgeliehene Mitarbeiter vom Einsatzbetrieb unterzeichnen lassen muss.

8

Ebenso muss ein entsprechender Verweis auf die auf der Rückseite des Arbeitsrapports abgedruckten AGB des Verleihers genügen, damit sich der Verleiher bei Unterzeichnung des Arbeitsrapports durch den Einsatzbetrieb auf eine Vereinbarung gemäss Art. 22 Abs. 3 AVG berufen kann. Sollte sich aus den Arbeitsrapporten keine entsprechende Vereinbarung ergeben oder liegen überhaupt keine Arbeitsrapporte vor, gelangen die Vorschriften über den Mäklervertrag als Auffangtatbestand zur Anwendung. Die Begründung hierfür ist, dass derjenige, der einen Betrieb führt und entsprechende Fachleute von einem Personalverleih ausleiht, wissen muss, dass es sich bei deren fester Übernahme in den eigenen Betrieb nach einem vorgängigen Verleih um eine entgeltliche Dienstleistung des Verleihers handelt. Wegen des Fehlens einer Vereinbarung über die Ausleihkosten ist in diesem Fall die Entschädigung anhand der GAV-Mindestlöhne oder der Ortsüblichkeit zzgl. eines Zuschlags für die Verwaltungskosten sowie eine normale Gewinnmarge des Vermittlers zu berechnen.

V. Fehlen der Bewilligung (Abs. 5)

9   Gemäss Art. 22 Abs. 5 AVG ist der Verleihvertrag nichtig, wenn der Verleiher nicht über die nötigen Bewilligungen verfügt (BOTSCHAFT REV. AVG, 618; BACHMANN, 55; DRECHSLER, 318; MATILE/ZILLA, 259; RIEMER-KAFKA/KRENGER, 107; SENTI, UNTYPISCHER PERSONALVERLEIH, 1503; STÖCKLI, 271). Verdeckter Personalverleih wird mit Busse bis CHF 20 000.– (Art. 39 Abs. 3 AVG), bei vorsätzlichem Nichteinholen der Bewilligung mit Busse bis CHF 100 000.– (Art. 39 Abs. 1 AVG) sanktioniert (BACHMANN, 55). Damit soll verhindert werden, dass ein bewilligungsloser Verleiher den Vollzug eines Verleihvertrages durchsetzen kann. Für den Fall, dass ein Einsatzbetrieb wissentlich mit einem bewilligungslosen Verleiher zusammenarbeitet, soll auch diesem die Berufung auf den Verleihvertrag versagt werden (BOTSCHAFT REV. AVG, 618). Der Schaden, der dem gutgläubigen Einsatzbetrieb durch die Nichtigkeit des Verleihvertrages entstanden ist, kann mittels Klage geltend gemacht werden (BOTSCHAFT REV. AVG, 618 F.; REHBINDER, 72). Nach Art. 22 Abs. 5 Satz 2 AVG kann sich der Betrieb auf die Bestimmungen über die ungerechtfertigte Bereicherung sowie der unerlaubten Handlung gemäss Obligationenrecht berufen. Geltend gemacht werden können bezahlte Saläre, Sozialversicherungsleistungen und Gebühren, nicht aber Administrativkosten oder Gewinnansprüche (MATILE/ZILLA, 259).

10   Verleihverträge, welche die direkte Personalvermittlung oder den direkten Personalverleih vom Ausland in die Schweiz beinhalten, sind wegen des Verbots derartiger Vermittlungen und Verleihungen (Art. 3 Abs. 1 lit. a AVG; Art. 12 Abs. 2 AVG) nichtig (DRECHSLER, 317; HENSCH, 21; SENTI, 357).

4. Kapitel: Öffentliche Arbeitsvermittlung

Art. 24

Aufgaben

[1] Die Arbeitsämter in den Kantonen erfassen die sich meldenden Stellensuchenden und die gemeldeten offenen Stellen. **Sie beraten Stellensuchende und Arbeitgeber bei der Wahl oder der Besetzung eines Arbeitsplatzes und bemühen sich, die geeigneten Stellen und Arbeitskräfte zu vermitteln.**

[2] **Sie berücksichtigen bei der Vermittlung die persönlichen Wünsche, Eigenschaften und beruflichen Fähigkeiten der Stellensuchenden sowie die Bedürfnisse und betrieblichen Verhältnisse der Arbeitgeber sowie die allgemeine Arbeitsmarktlage.**

Tâches

[1] Quiconque entend exercer en Suisse, régulièrement et contre rémunération, une activité de placeur, qui consiste à mettre employeurs et demandeurs d'emploi en contact afin qu'ils puissent conclure des contrats de travail, doit avoir obtenu une autorisation de l'office cantonal du travail.

[2] En plaçant les demandeurs d'emploi, ils tiennent compte de leurs dispositions et goûts personnels, de leurs aptitudes professionnelles, des besoins de l'employeur et de la situation de l'entreprise ainsi que de la conjoncture sur le marché de travail.

Compiti

[1] Gli uffici del lavoro nei Cantoni registrano le persone in cerca d'impiego che si notificano ed i posti vacanti annunciati. Consigliano le persone in cerca d'impiego e i datori di lavoro nella scelta o nell'occupazione di un posto di lavoro e si adoperano per procurare posti di lavoro e manodopera adeguati.

[2] Per il collocamento, tengono conto dei desideri individuali, delle qualità e delle capacità professionali delle persone in cerca d'impiego, come pure dei bisogni e della situazione aziendale del datore di lavoro nonché della situazione generale del mercato del lavoro.

Inhaltsübersicht Note Seite

I. Einleitung 1   142
II. Erfassung von Stellensuchenden und offenen Stellen (Art. 51 AVV) 2   142
III. Die Vermittlungstätigkeit 4   142
    1. Beratung von Stellensuchenden (Art. 52 AVV) 6   143
    2. Individuelle Vermittlung 9   143

I. Einleitung

1 Die Erfassung der sich meldenden Stellensuchenden und der gemeldeten offenen Stellen gehört zu den Hauptaufgaben der öffentlichen Arbeitsvermittlung. Dabei haben die Arbeitsämter die Stellensuchenden und Arbeitgeber bei der Wahl oder der Besetzung eines Arbeitsplatzes zu beraten und Stellen zu vermitteln.

II. Erfassung von Stellensuchenden und offenen Stellen (Art. 51 AVV)

2 Art. 51 AVV regelt die Erfassung von Stellensuchenden und offenen Stellen. Die Arbeitsmarktbehörden bzw. die kantonalen Amtsstellen (Art. 85 AVIG) oder die RAV (Regionalen Arbeitsvermittlungszentren; Art. 85b AVIG) erfassen die sich meldenden Stellensuchenden und die gemeldeten offenen Stellen nach einheitlichen Kriterien. Das SECO legt die Kriterien im Einvernehmen mit den zuständigen kantonalen Behörden fest (Art. 51 Abs. 2 AVV). Gemäss Art. 51 Abs. 3 AVV sind offene Stellen zur Besetzung für jeweils beide Geschlechter auszuschreiben. In gesetzlich begründeten Fällen oder bei Tätigkeiten, die nur durch eine Person bestimmten Geschlechts ausgeführt werden können, sind Ausnahmen möglich.

3 Gestützt auf die kantonale Gesetzgebung ist es den Kantonen freigestellt, eine Meldepflicht für offene Stellen einzuführen oder beizubehalten (WEISUNGEN SECO, 162; vgl. Art. 29 AVG). In den meisten Kantonen besteht eine gesetzliche Grundlage dafür, wobei eine Meldepflicht für offene Stellen die Ausnahme bildet.

III. Die Vermittlungstätigkeit

4 · Neben der vorerwähnten Erfassung der Stellensuchenden und der offenen Stellen zählt die Vermittlung von geeigneten Stellen und Arbeitskräften zu den Kernaufgaben der öffentlichen Arbeitsvermittlung (BOTSCHAFT REV. AVG, 234). Die RAV dürfen aber keinen Personalverleih betreiben (WEISUNGEN SECO, 162).

5 Grundsätzlich ist aufgrund des Gesetzesauftrags jede Vermittlung von Stellensuchenden möglich. Dies bedeutet die Vermittlung von kurzen Arbeitseinsätzen ebenso wie die Vermittlung von Teilzeitstellen. Bei arbeitslosen Personen muss dabei das Institut des Zwischenverdienstes beachtet werden (Art. 24 AVIG). Bei der Vermittlung gemäss den WEISUNGEN SECO ist Folgendes zu beachten (WEISUNGEN SECO, 162):
1. Die vermittelten Personen sind darauf hinzuweisen, dass
    a) der neue Arbeitgeber sie korrekt nach Obligationenrecht anzustellen hat;

b) der neue Arbeitgeber allfällige GAV- oder NAV-Bestimmungen einhalten muss (insbesondere die Mindestlohnbestimmungen; bei arbeitslosen Personen darf das Institut des Zwischenverdienstes also nicht dazu missbraucht werden, dass der vermittelten Person ein Lohn unterhalb dem Mindestlohn bezahlt wird).
2. Von den RAV vermittelte Personen dürfen keine Spezialbehandlung erfahren. So müssen auch von den RAV vermittelte arbeitslose Personen im Zwischenverdienst ihren in Art. 22 AVIV festgelegten Kontrollpflichten nachkommen.

1. Beratung von Stellensuchenden (Art. 52 AVV)

Die Arbeitsämter in den Kantonen beraten Stellensuchende und Arbeitgeber bei der Wahl oder der Besetzung eines Arbeitsplatzes und bemühen sich, die geeigneten Stellen und Arbeitskräfte zu vermitteln (Art. 24 Abs. 1 AVG). Die Beratung soll sich dabei nicht auf den Austausch von Adressen beschränken (BOTSCHAFT REV. AVG, 234). Die Beratung ist nur sinnvoll, sofern dabei auf die individuellen Verhältnisse der zu vermittelnden Parteien Rücksicht genommen wird. Die Anforderungen an die mit der öffentlichen Arbeitsvermittlung betrauten Personen sind gemäss Art. 119b AVIV mittlerweile derart hoch, dass eine sinnvolle Beratung gewährleistet sein sollte. 6

Bei Bedarf stellen die zuständigen Amtsstellen sicher, dass Eignungs- und Neigungsabklärungen bei den Stellensuchenden durchgeführt werden sowie Stellensuchende bezüglich Weiterbildungs- und Umschulungsmöglichkeiten beraten werden (Art. 52 AVV). 7

Wenn Eignungs- und Neigungsabklärungen gemäss Art. 52 AVV durchgeführt werden, so sollen diese von Fachleuten durchgeführt werden, die in der Beratung von Arbeitslosen erfahren sind. Dabei kommt dem Kontakt zwischen den Arbeitsberatern und den Arbeitsmarktbehörden eine bedeutende Rolle zu. Daher ist eine Institutionalisierung dieser Zusammenarbeit anzustreben (WEISUNGEN SECO, 162). 8

2. Individuelle Vermittlung

Individuelle Vermittlung, wie sie Art. 24 Abs. 2 AVG vorsieht, kommt nur in Frage, wenn der Stellensuchende oder der Arbeitgeber dies wünschen. Dabei kann niemand gezwungen werden, persönliche Wünsche und berufliche Fähigkeiten bzw. betriebliche Vertrauensbereiche über die zur Vermittlung notwendigen Informationen hinaus offenzulegen (BOTSCHAFT REV. AVG, 234). 9

Gemäss Art. 24 Abs. 2 AVG sind die persönlichen Eigenschaften der Stellensuchenden zu berücksichtigen. Die Vermittlung von Behinderten fällt daher auch in 10 den Aufgabenbereich der öffentlichen Arbeitsvermittlung. Dabei kommt eine Vermittlung körperlich oder geistig Behinderter nur in Frage, wenn die Stellensuchenden im Sinne des Arbeitslosenversicherungsgesetzes (Art. 15 AVIG) vermittlungsfähig sind. Der körperlich oder geistig Behinderte gilt als vermittlungsfähig, wenn ihm bei ausgeglichener Arbeitsmarktlage, unter Berücksichtigung seiner Behinderung, auf dem Arbeitsmarkt eine zumutbare Arbeit vermittelt werden könnte (Art. 15 Abs. 2 AVIG).

Art. 25

Auslands- vermittlung	¹ **Das Bundesamt für Migration (BFM) unterhält einen Beratungsdienst, der Informationen über Einreise, Arbeitsmöglichkeiten und Lebensbedingungen in ausländischen Staaten beschafft und an Personen weitergibt, die im Ausland eine Erwerbstätigkeit ausüben wollen. Es kann die Suche nach Auslandstellen mit weiteren Massnahmen unterstützen.** ² **Das BFM koordiniert und unterstützt die Bemühungen der Arbeitsämter bei der Vermittlung schweizerischer Rückwanderer aus dem Ausland.** ³ **Das BFM vermittelt ausländische und schweizerische Stagiaires aufgrund der zwischenstaatlichen Vereinbarungen über den Austausch von Stagiaires. Für die Vermittlung kann es die Arbeitsämter zur Mitwirkung heranziehen.**
Placement intéressant l'étranger	¹ L'Office fédéral des migrations (ODM) assure un service d'information et de conseil qui renseigne les personnes désireuses d'exercer une activité lucrative à l'étranger sur les prescriptions d'entrée, les possibilités de travail et les conditions d'existence dans les pays étrangers. Il peut appuyer par d'autres mesures la recherche d'emploi à l'étranger. ² L'ODM coordonne et encourage les efforts des offices du travail tendant au placement des émigrés suisses rentrant au pays. ³ L'ODM place des stagiaires étrangers et suisses en application des arrangements, bilatéraux ou multilatéraux sur l'échange de stagiaires. Il peut demander le concours des offices du travail pour le placement de stagiaires étrangers.
Collocamento in relazione con l'estero	¹ L'Ufficio federale della migrazione (UFM) tiene un servizio di consulenza che si procura informazioni sulle prescrizioni d'entrata, le possibilità di lavoro e le condizioni di vita negli altri Stati e le trasmette a persone che intendono esercitare all'estero un'attività lucrativa. Può sostenere la ricerca di posti all'estero con altri provvedimenti. ² L'UFM coordina e sostiene gli sforzi degli uffici del lavoro per il collocamento degli svizzeri rimpatriati. ³ L'UFM colloca praticanti stranieri e svizzeri sul fondamento degli accordi interstatali sullo scambio di praticanti. A tal fine, può chiedere la cooperazione degli uffici del lavoro.

Inhaltsübersicht Note Seite

I. Einleitung 1 146
II. Der Auswanderungsberatungsdienst des EDA (Abs. 1) 2 146
III. Das EDA als Koordinationsstelle (Abs. 2) 8 147
IV. Vermittlung von ausländischen und schweizerischen Stagiaires
    durch das BFM (Abs. 3) 14 148

I. Einleitung

1 Das EDA unterhält einen Auswanderungsberatungsdienst und dient als Koordinationsstelle für schweizerische Rückwanderer. Daneben vermittelt das BFM ausländische und schweizerische Stagiaires. Zahlreiche Internetseiten helfen in Fragen der Auslandsvermittlung weiter.

II. Der Auswanderungsberatungsdienst des EDA (Abs. 1)

2 Die gesetzliche Grundlage von Art. 25 Abs. 1 AVG entstammt der Regelung von Art. 25 des Bundesgesetzes vom 22. März 1888 über den Geschäftsbetrieb von Auswanderungsagenturen (BGAA). Gemäss der gesetzlichen Grundlage sollte der Auswanderungsberatungsdienst des Bundes vom Bundesamt für Migration (BFM) wahrgenommen werden.

3 Mittlerweile nimmt das EDA den Auswanderungsberatungsdienst gemäss Art. 25 Abs. 1 AVG wahr. Der Gesetzgeber täte gut daran, möglichst zeitnah bzw. bei der nächsten Revision das Gesetz anzupassen.

4 Das EDA unterstützt umfassend Personen, welche im Ausland einer Erwerbstätigkeit nachgehen wollen (vgl. dazu das Dossier *«Leben im Ausland»* auf der Homepage des EDA, <http://www.eda.admin.ch/eda/de/home/serv/swiabr/goabr/workab.html>, zuletzt besucht am 7.3.2014). Zusätzlich unterhält das EDA eine telefonische *«helpline»*.

5 Für die Stellensuche im Ausland können mehrere Internetseiten behilflich sein. Das SECO betreibt zusammen mit den Arbeitsämtern der Kantone für die Arbeitsvermittlung und Arbeitsmarktbeobachtung ein gemeinsames Informationssystem für offene Stellen. Die frei zugänglichen Angebote werden im Internet publiziert. Darunter befinden sich auch Stellenangebote aus dem Ausland (vgl. dazu < http://www.treffpunkt-arbeit.ch>, zuletzt besucht am 7.3.2014).

6 Im Jahre 1993 haben die Arbeitsmarktbehörden der EU beschlossen, ein Netzwerk namens EURES zu gründen. Ziel von EURES ist die Förderung der grenzüberschreitenden Mobilität von Arbeitskräften innerhalb Europas. Zu diesem Zweck haben 31 Staaten – seit Inkrafttreten der Bilateralen Abkommen auch die Schweiz – rund 850 Beratende eingesetzt. Die Dienstleistungen umfassen unter anderem auch die Vermittlung von Stellen in den EU/EFTA-Staaten (vgl. dazu <http://www.eures.ch>, zuletzt besucht am 7.3.2014).

7 Hinzu kommt, dass das SECO eine Liste anerkannter privater Arbeitsvermittlungsagenturen führt. Agenturen, welche ins Ausland vermitteln, sind besonders gekennzeichnet. Die Stellenangebote sowie die Art der Vermittlungshilfe dieser kommerziell arbeitenden Büros sind unterschiedlich (vgl. dazu <http://www.

avg-seco.admin.ch/WebVerzeichnis/ServletWebVerzeichnis>, zuletzt besucht am 7.3.2014).

III. Das EDA als Koordinationsstelle (Abs. 2)

Bei der Vermittlung schweizerischer Rückwanderer ist das BFM Koordinationsstelle für die Arbeitsämter (BOTSCHAFT REV. AVG, 621). Art. 25 Abs. 2 entspricht in den Grundzügen der Regelung des Bundesbeschlusses über die Organisation des BIGA vom 15. Januar 1946 (SR 172.216.32).

8

Für rückwanderungswillige Auslandschweizer wäre das BFM ex lege zuständig. Die Koordinierung und Unterstützung der Arbeitsämter bei der Vermittlung schweizerischer Rückwanderer aus dem Ausland wird durch das EDA wahrgenommen. Eine Anpassung der gesetzlichen Grundlage ist hier ebenfalls angebracht.

9

Rückwanderungswillige Auslandschweizer können in der Schweiz arbeiten und benötigen dafür keine Arbeitsbewilligung. Bei der Stellensuche werden diese durch verschiedene Behörden und Hilfsmittel unterstützt (vgl. dazu ausführlicher das Dossier *«Rückkehr in die Schweiz»* auf der Homepage des EDA, <http://www.eda.admin.ch/eda/de/home/serv/swiabr/retswi.html>, zuletzt besucht am 7.3.2014). Hinzu kommt, dass das EDA eine telefonische *«helpline»* eingerichtet hat.

10

Für Personen mit Wohnsitz im Ausland, welche eine Stelle in der Schweiz suchen, ist das SECO im Rahmen der öffentlichen Stellenvermittlung behilflich. Dabei können sich die Betroffenen sowohl schriftlich als auch elektronisch anmelden. Die eingereichte Bewerbung wird zuhanden der zuständigen RAV an die kantonalen Arbeitsämter weitergeleitet.

11

Das SECO betreibt zusammen mit den Arbeitsämtern der Kantone für die Arbeitsvermittlung und Arbeitsmarktbeobachtung ein gemeinsames Informationssystem für offene Stellen. Die frei zugänglichen Angebote werden im Internet publiziert (vgl. dazu <www.treffpunkt-arbeit.ch>, zuletzt besucht am 7.3.2014).

12

Zusätzlich stehen Interessierten in den kantonalen Arbeitsämtern sowie bei verschiedenen öffentlichen Berufsbildungszentren der Schweiz sogenannte «Self Service Information SSI»-Terminals zur Verfügung. Dieses Angebot umfasst Voll- und Teilzeitstellen sowie Lehrstellen- und Weiterbildungsangebote (vgl. dazu < http://www.ssi.ch>, zuletzt besucht am 7.3.2014).

13

IV. Vermittlung von ausländischen und schweizerischen Stagiaires durch das BFM (Abs. 3)

14 Personen mit abgeschlossener Berufsausbildung, die im Ausland ihre beruflichen und vorwiegend sprachlichen Kenntnisse erweitern wollen, werden als Stagiaires bezeichnet. Das BFM vermittelt ausländische und schweizerische Stagiares (vgl. dazu <https://www.bfm.admin.ch/content/bfm/de/home/themen/auslandaufenthalt/stagistagi.html>, zuletzt besucht am 7.3.2014).

15 Die Schweiz hat mit verschiedenen Staaten sog. Stagiaires-Abkommen abgeschlossen. Dabei geht es darum, jungen Berufsleuten die Erweiterung ihrer beruflichen und sprachlichen Kenntnisse im Ausland zu ermöglichen. Mit den nachfolgend genannten Ländern ermöglichen die Stagiaires-Abkommen einen einfachen Weg zum Erhalt der Einreise-, Aufenthalts- und Arbeitsbewilligung ohne Rücksicht auf die Lage am Arbeitsmarkt für maximal 18 Monate: Argentinien, Australien, Japan, Kanada, Monaco, Neuseeland, Philippinen, Russland, Südafrika, Ukraine, USA.

16 Zugelassen werden Schweizer Staatsangehörige, die eine Berufsausbildung oder einen Studienabschluss vorweisen können. Kanada lässt bspw. auch Studierende zu, die als Bestandteil ihrer Ausbildung ein Praktikum absolvieren müssen, Japan dagegen nur Personen mit Fachhochschul- oder Hochschulabschluss. Die Altersgrenze liegt in der Regel bei 35 Jahren (Ausnahmen: Australien, Neuseeland und Russland: 30 Jahre).

17 Berufspraktika dienen der Weiterbildung, sie müssen im erlernten Beruf respektive Studiengebiet erfolgen. Teilzeitarbeit oder die Ausübung einer selbständigen Tätigkeit sind nicht gestattet. Berufspraktikanten müssen einen orts- und branchenüblichen Lohn erhalten.

18 Die Bewilligungsverfahren unterscheiden sich von Land zu Land (vgl. dazu <https://www.bfm.admin.ch/bfm/de/home/themen/auslandaufenthalt/stagiaires.htht>, zuletzt besucht am 7.3.2014).

19 Die Schweiz hat neu mit Brasilien (am 13.10.2011) und Tunesien (11.6.2012) Abkommen über den Austausch junger Berufsleute unterzeichnet. Die beiden Stagiaires-Abkommen sind jedoch noch nicht in Kraft.

Art. 26

Vermittlungspflicht und Unparteilichkeit

¹ Die Arbeitsämter stellen ihre Dienste allen schweizerischen Stellensuchenden und den in der Schweiz domizilierten Arbeitgebern unparteiisch zur Verfügung.

² Ebenso vermitteln und beraten sie ausländische Stellensuchende, die sich in der Schweiz aufhalten und zur Erwerbstätigkeit sowie zum Stellen- und Berufswechsel berechtigt sind.

³ Die Arbeitsämter dürfen an der Arbeitsvermittlung nicht mitwirken, wenn der Arbeitgeber:
a. die orts- und berufsüblichen Lohn- und Arbeitsbedingungen erheblich unterschreitet;
b. mehrfach oder schwer gegen Arbeitnehmerschutzbestimmungen verstossen hat.

Obligation de placer et impartialité

¹ Les offices du travail fournissent leurs services en toute impartialité aux demandeurs d'emploi suisses et aux employeurs domiciliés en Suisse.

² Ils placent et conseillent de même les demandeurs d'emploi étrangers séjournant en Suisse, dont le permis les autorise à exercer une activité lucrative et à changer d'emploi et de profession.

³ Les offices du travail ne sont pas autorisés à collaborer au placement lorsque l'employeur:
a. offre des salaires et des conditions de travail sensiblement inférieurs aux normes usuelles dans la profession et le lieu de travail;
b. a contrevenu à plusieurs reprises ou de façon grave aux dispositions relatives à la protection des travailleurs.

Obbligo di collocare e imparizialità

¹ Gli uffici del lavoro mettono imparzialmente i loro servizi a disposizione di tutti gli svizzeri che cercano lavoro e dei datori di lavoro domiciliati in Svizzera.

² Essi collocano e consigliano gli stranieri in cerca di lavoro che dimorano in Svizzera e vi sono autorizzati ad esercitare un'attività lucrativa e a cambiare impiego e professione.

³ Gli uffici del lavoro non possono cooperare al collocamento se il datore di lavoro:
a. offre condizioni di salario e di lavoro considerevolmente inferiori a quelle usuali nel luogo e nella professione;
b. ha ripetutamente o gravemente violato le disposizioni concernenti la protezione dei lavoratori.

Inhaltsübersicht		Note	Seite
I.	Einleitung	1	150
II.	Unparteilichkeit der Dienstleistung	2	150
III.	Vermittlungspflicht	5	150
IV.	Zugang zur öffentlichen Arbeitsvermittlung	6	150
V.	Mitwirkungsverbot	13	151

I. Einleitung

1 Für die Arbeitsämter besteht eine Vermittlungspflicht. Die Vermittlung hat stets unparteiisch zu erfolgen. Neben den Schweizern steht die Arbeitsvermittlung auch ausländischen Stellensuchenden, die zur Erwerbstätigkeit und zum Stellen- und Berufswechsel berechtigt sind, zur Verfügung.

II. Unparteilichkeit der Dienstleistung

2 Gemäss Art. 26 Abs. 1 AVG stellen die Arbeitsämter ihre Dienste allen schweizerischen Stellensuchenden und den in der Schweiz domizilierten Arbeitgebern unparteiisch zur Verfügung.

3 Die Dienstleistung der Arbeitsämter hat unparteiisch zu erfolgen. Der Grundsatz der Unparteilichkeit wurde aus Art. 6 Abs. 3 aAVG übernommen (BOTSCHAFT REV. AVG, 622).

4 Unparteiisch ist dabei als unabhängig zu verstehen. Dies bedeutet, dass die Arbeitsämter ihre Dienste unvoreingenommen und unbefangen den Betroffenen zur Verfügung stellen müssen.

III. Vermittlungspflicht

5 Die Vermittlungspflicht der Arbeitsämter gemäss Art. 26 AVG ist als Pflicht zum Tätigwerden zu verstehen. Aus dem AVG lässt sich aber kein Anspruch auf einen Vermittlungserfolg ableiten. Somit kann der Stellensuchende auch kein Recht auf eine Entschädigung, wenn die Vermittlungstätigkeit des Arbeitsamtes nicht zum Ziel führt, geltend machen (RITTER, 181). Für die Ansprüche auf eine Arbeitslosenentschädigung sind die Voraussetzungen des AVIG massgebend (vgl. Art. 8 AVIG).

IV. Zugang zur öffentlichen Arbeitsvermittlung

6 Die Dienstleistungen der Arbeitsämter stehen allen schweizerischen Stellensuchenden und allen Unternehmen mit Sitz in der Schweiz zur Verfügung. Unternehmen mit Sitz in der Schweiz können beim RAV offene Stellen für Auslandeinsätze melden und sich für Auslandeinsätze Stellensuchende vermitteln lassen.

7 Neben den schweizerischen Stellensuchenden müssen die Arbeitsämter ihre Dienste auch ausländischen Stellensuchenden, die zur Erwerbstätigkeit und zum Stellen- und Berufswechsel berechtigt sind, zur Verfügung stehen.

Gemäss der Botschaft soll diese Formulierung gewährleisten, dass Ausländer die öffentliche Arbeitsvermittlung nur in Anspruch nehmen können, wenn sie grundsätzlich Anspruch auf Leistungen der Arbeitslosenversicherung haben (vgl. BOTSCHAFT REV. AVG, 621).

Für die Beurteilung des Zuganges von Ausländern zur öffentlichen Arbeitsvermittlung sind die ausländerrechtlichen Vorschriften massgebend. Dabei ist zwischen EU-/EFTA-Staatsangehörigen und Drittstaatsangehörigen zu unterscheiden.

EU-/EFTA-Staatsangehörige bzw. Ausländer, welche sich auf das FZA berufen können, haben das Recht auf Zugang zu einer Erwerbstätigkeit (Art. 4 FZA). Somit haben EU-/EFTA-Staatsangehörige Zugang zur öffentlichen Arbeitsvermittlung.

Für Drittstaatsangehörige sind die Vorschriften des AuG sowie die der VZAE einschlägig (vgl. dazu Art. 18–26 AuG). Erfüllt ein Drittstaatsangehöriger die vorgenannten Voraussetzungen und ist demgemäss zur Erwerbstätigkeit und zum Stellen- und Berufswechsel berechtigt, so muss ihm Zugang zur öffentlichen Arbeitsvermittlung gewährt werden.

Ausländerinnen und Ausländer mit Niederlassungsbewilligung fallen nicht unter die arbeitsmarktlichen Begrenzungs- und Kontrollbestimmungen von AuG und VZAE. Diese sind in wirtschaftlicher und arbeitsmarktlicher Hinsicht den Schweizern grundsätzlich gleichgestellt. Somit haben ausländische Stellensuchende mit Niederlassungsbewilligung ebenfalls Zugang zur öffentlichen Arbeitsvermittlung.

V. Mitwirkungsverbot

Gemäss Art. 26 Abs. 3 dürfen die Arbeitsämter nicht an der Arbeitsvermittlung mitwirken, wenn der Arbeitgeber die orts- und berufsüblichen Lohn- und Arbeitsbedingungen erheblich unterschreitet (lit. a) oder mehrfach oder schwer gegen Arbeitnehmerschutzbestimmungen verstossen hat (lit. b).

Diese Regelung verstösst streng genommen gegen die gesetzliche Vermittlungspflicht. Im Interesse des Arbeitnehmerschutzes ist eine Ausnahme von dieser Pflicht aber gerechtfertigt (BOTSCHAFT REV. AVG, 621).

Die Aufzählung der Gründe gemäss Art. 26 Abs. 3 AVG, aus denen die Vermittlungspflicht der Arbeitsämter entfällt, ist als abschliessend zu betrachten.

Bezüglich der orts- und berufsüblichen Lohn- und Arbeitsbedingungen ist vorab auf Gesamtarbeitsverträge abzustellen. Die orts- und berufsüblichen Lohn- und Arbeitsbedingungen sind erheblich unterschritten, wenn beispielsweise der Arbeitgeber die Minimalvorschriften eines allgemeinverbindlichen Gesamtarbeitsvertrages nicht einhält (BOTSCHAFT REV. AVG, 622).

17 Von mehrfachen Verstössen gegen die Arbeitnehmerschutzbestimmungen kann nur die Rede sein, wenn der Arbeitgeber mehr als einmal gegen die einschlägigen Arbeitnehmerschutzbestimmungen verstösst. Dabei ist es für den einzelnen Arbeitgeber nicht möglich, mit einer fehlbaren Handlung mehrfach gegen Arbeitnehmerschutzbestimmungen im vorgenannten Sinne zu verstossen. Hält der Arbeitgeber bspw. die Ruhezeiten gemäss Art. 15 ff. des ArG gegenüber 60 Arbeitnehmern nicht ein, so ist nicht von einem mehrfachen Verstoss auszugehen. Vielmehr ist dann von einem schweren Verstoss gegen die Arbeitnehmerschutzbestimmungen die Rede.

18 Im Zweifel hat bei einem mehrfachen Verstoss gegen die Arbeitnehmerschutzbestimmungen durch eine Handlung eine Angemessenheitsprüfung nach den üblichen Regeln stattzufinden. Dabei sind die Interessen des Arbeitnehmerschutzes gegenüber den Interessen des Arbeitgebers abzuwägen.

Art. 27

Unentgeltlichkeit	Die öffentliche Arbeitsvermittlung ist unentgeltlich. Den Benützern dürfen nur Auslagen in Rechnung gestellt werden, die mit ihrem Einverständnis durch besonderen Aufwand entstanden sind.
Gratuité	Le service public de l'emploi est gratuit. Les personnes qui y recourent ne sont tenues de supporter que les frais causés par des démarches spéciales entreprises avec leur assentiment.
Gratuità	Il servizio pubblico di collocamento è gratuito. Agli utenti possono essere addossate soltanto le spese causate da pratiche speciali svolte con il loro consenso.

Inhaltsübersicht Note Seite

I. Einleitung 1 153
II. Grundsatz: unentgeltliche Arbeitsvermittlung 2 153
III. Ausnahme: Kostenauferlegung bei besonderem Aufwand 4 153

I. Einleitung

Die öffentliche Arbeitsvermittlung hat kostenlos zu erfolgen. Sollte dem Arbeitsamt ein besonderer Aufwand entstehen, so kann dieser dem Benutzer ausnahmsweise in Rechnung gestellt werden. 1

II. Grundsatz: unentgeltliche Arbeitsvermittlung

Art. 27 AVG statuiert die Unentgeltlichkeit der öffentlichen Arbeitsvermittlung. 2

Aus dem Internationalen Übereinkommen über die Organisation der Arbeitsmarktverwaltung (IAO-ÜBEREINKOMMEN Nr. 88) ergibt sich die Verpflichtung zur unentgeltlichen Arbeitsvermittlung. Demnach muss die öffentliche Arbeitsvermittlung für jedermann (Arbeitslose, nicht arbeitslose Stellensuchende sowie Arbeitgeber) unentgeltlich sein. Dies wird in der Praxis von den Kantonen auch so gehandhabt. 3

III. Ausnahme: Kostenauferlegung bei besonderem Aufwand

Den Benützern dürfen nur Auslagen in Rechnung gestellt werden, die mit ihrem Einverständnis durch besonderen Aufwand entstanden sind. Als *«besonde-* 4 *rer Aufwand»* im Sinne dieses Artikels sind alle Bemühungen der Arbeitsämter, die nicht zum üblichen Geschäftsgang der Arbeitsvermittlung gehören, zu verstehen. Darunter können bspw. Übersetzungsgebühren für ausländische Dokumente, allfällige Beglaubigungen etc. fallen.

5 Dabei obliegt es den Kantonen, in ihren Einführungsgesetzen den Begriff näher zu definieren. Die Gebühren müssen sich jedoch nach dem geltenden Kostendeckungsprinzip richten (BOTSCHAFT REV. AVG, 622). Diese Regelung ist mit dem IAO-ÜBEREINKOMMEN Nr. 88 vereinbar, solange nur die wirklich ausserordentlichen Bemühungen verrechnet werden. In der Regel bildet jedoch die Kostenauferlegung die Ausnahme.

Art. 28

Besondere Massnahmen zur Bekämpfung der Arbeitslosigkeit

[1] Die Arbeitsämter helfen Stellensuchenden, deren Vermittlung unmöglich oder stark erschwert ist, bei der Wahl einer geeigneten Umschulung oder Weiterbildung.

[2] Die Kantone können für Arbeitslose, deren Vermittlung unmöglich oder stark erschwert ist, Kurse zur Umschulung, Weiterbildung und Eingliederung organisieren.

[3] Sie können durch die Organisation von Programmen zur Arbeitsbeschaffung im Rahmen von Artikel 72 des Arbeitslosenversicherungsgesetzes vom 25. Juni 1982 für die vorübergehende Beschäftigung von Arbeitslosen sorgen.

[4] Die Arbeitsämter setzen ihre Bemühungen um Arbeitsvermittlung in geeigneter Weise fort, auch wenn der Arbeitslose im Rahmen der Massnahmen nach den Artikeln 59–72 des Arbeitslosenversicherungsgesetzes vom 25. Juni 1982 einen Kurs besucht oder einer vorübergehenden Beschäftigung nachgeht.

Mesures spéciales de lutte contre le chômage

[1] Les offices du travail aident les demandeurs d'emploi dont le placement est impossible ou très difficile à choisir un mode de reconversion ou de perfectionnement professionnel adéquat.

[2] Les cantons peuvent organiser des cours de reconversion, de perfectionnement et d'intégration pour les demandeurs d'emploi dont le placement est impossible ou très difficile.

[3] Ils peuvent organiser des programmes de travail aux conditions fixées à l'art. 72 de la loi du 25 juin 1982 sur l'assurance-chômage afin de pourvoir à l'occupation temporaire de chômeurs.

[4] Les offices du travail poursuivent dans une mesure appropriée les efforts visant à placer un chômeur, même lorsque ce dernier suit un cours ou travaille temporairement dans le cadre des mesures prévues aux art. 59 à 72 de la loi du 25 juin 1982 sur l'assurance-chômage.

Provvedimenti particolari per lottare contro la disoccupazione

[1] Gli uffici del lavoro aiutano le persone in cerca d'impiego, il cui collocamento è impossibile o molto difficile, nella scelta di una riqualificazione o di un perfezionamento adeguati.

[2] I Cantoni possono organizzare, per i disoccupati il cui collocamento è impossibile o molto difficile, corsi di riqualificazione, perfezionamento e reintegrazione.

[3] I Essi possono organizzare programmi destinati a procurare lavoro nei limiti dell'articolo 72 della legge del 25 giugno 1982 sull'assicurazione contro la disoccupazione per provvedere all'occupazione temporanea di disoccupati.

[4] Gli uffici del lavoro proseguono adeguatamente i loro sforzi per collocare il disoccupato, anche se egli segue un corso o lavora temporaneamente nell'ambito dei provvedimenti di cui agli articoli 59–72 della legge 25 giugno 1982 sull'assicurazione contro la disoccupazione.

Inhaltsübersicht Note Seite

I. Einleitung 1 156
II. Allgemeines 2 156
III. Bildungsmassnahmen für Stellensuchende (Abs. 1) 5 156
IV. Arbeitsmarktliche Massnahmen für Arbeitslose (Abs. 2, 3 und 4) 9 157

I. Einleitung

1 Die Arbeitsämter sollen Stellensuchende, deren Vermittlung unmöglich oder stark erschwert ist, mit Bildungsmassnahmen unterstützen. Zusätzlich können die Arbeitsämter für die Stellensuchenden weitere Beschäftigungsmassnahmen vorsehen. Mit den arbeitsmarktlichen Massnahmen soll die Eingliederung bzw. die Vermittlungsfähigkeit von Arbeitslosen gefördert und so die Arbeitslosigkeit bekämpft werden.

II. Allgemeines

2 Art. 28 AVG enthält einen Leistungsauftrag und ergänzt die Präventivmassnahmen des AVIG (vgl. Art. 59 ff. AVIG). Jedoch bildet diese Bestimmung keine selbständige Subventionsgrundlage und entfaltet keine eigenständige Bedeutung neben dem AVIG (REHBINDER, 81).

3 Für die Unterstützung gelten die Voraussetzungen von Art. 59 ff. AVIG. Arbeitsmarktliche Massnahmen sind Bildungsmassnahmen, Beschäftigungsmassnahmen und solche spezieller Natur. Mit arbeitsmarktlichen Massnahmen soll die Eingliederung von Versicherten gefördert werden, die aus Gründen des Arbeitsmarktes erschwert vermittelbar sind (Art. 59 Abs. 2 AVIG). Die Unmöglichkeit der Vermittlung darf nur vorübergehend bestehen, muss durch die besonderen Massnahmen behebbar sein und ihre Ursache im individuellen Qualifikationsprofil oder in der Arbeitsmarktsituation finden (WEISUNGEN SECO, 169).

4 In Art. 28 AVG wird zwischen sog. *«Stellensuchenden»* (Abs. 1) und *«Arbeitslosen»* (Abs. 2–4) unterschieden. Dies soll deutlich machen, dass Massnahmen nach den Absätzen 2–4 nur den tatsächlich Arbeitslosen zur Verfügung stehen sollen.

III. Bildungsmassnahmen für Stellensuchende (Abs. 1)

5 Art. 28 Abs. 1 sieht vor, dass die Arbeitsämter den Stellensuchenden, deren Vermittlung unmöglich oder stark erschwert ist, bei der Wahl einer geeigneten Umschulung oder Weiterbildung helfen.

Bei dieser Hilfe handelt es sich um sog. Bildungsmassnahmen gemäss Art. 60 AVIG. Als Bildungsmassnahmen gelten namentlich individuelle Kurse oder kollektive Kurse zur Umschulung, Weiterbildung oder Eingliederung sowie Übungsfirmen und Ausbildungspraktika (Art. 60 Abs. 1 AVIG).

Die Arbeitsämter sollen dabei die Stellensuchenden über das Bildungsangebot informieren und diesen entsprechende Vorschläge unterbreiten. Gleichzeitig haben sie bei der Realisierung der Kursbesuche behilflich zu sein und die Möglichkeit finanzieller Unterstützung abzuklären (BOTSCHAFT REV. AVG, 623).

Für die näheren Anspruchsvoraussetzungen von Bildungsmassnahmen gilt Art. 59 Abs. 3 AVIG.

IV. Arbeitsmarktliche Massnahmen für Arbeitslose (Abs. 2, 3 und 4)

Die Kantone können für Arbeitslose Kurse zur Umschulung, Weiterbildung und Eingliederung organisieren, sollte deren Vermittlung unmöglich oder stark erschwert sein (Art. 28 Abs. 2 AVG). Die Arbeitsämter verfügen somit über die Möglichkeit, Bildungmassnahmen, Beschäftigungsmassnahmen und spezielle Massnahmen, wie sie unter den arbeitsmarktlichen Massnahmen gemäss Art. 59 ff. AVIG aufgeführt sind, zu organisieren.

Gemäss Art. 28 Abs. 3 AVG können die Kantone durch die Organisation von Programmen zur Arbeitsbeschaffung im Rahmen von Art. 72 AVIG für die vorübergehende Beschäftigung von Arbeitslosen sorgen.

Artikel 72 AVIG wurde durch Ziff. I des Bundesgesetzes vom 22. März 2002 mit Wirkung seit 1. Juli 2003 (AS 2003 1728; BBl 2001 2245) aufgehoben. Dabei wurde Art. 72 AVIG neu in Art. 64a AVIG integriert. In Art. 64a AVIG werden die Beschäftigungsmassnahmen, insbesondere die Programme zur vorübergehenden Beschäftigung, Berufspraktika und Motivationssemester geregelt.

Die arbeitsmarktlichen Massnahmen sollen unter anderem die Eingliederung bzw. die Vermittlungsfähigkeit von Arbeitslosen fördern. Arbeitslose, die nur schwer vermittelbar sind, werden häufig schon bald nach ihrer Meldung auf dem Arbeitsamt in arbeitsmarktliche Massnahmen eingewiesen. Erfolgreich können diese jedoch nur verlaufen, wenn gleichzeitig die Vermittlungsbemühungen gemäss Art. 28 Abs. 4 AVG weiterlaufen. Wenn für den Betroffenen in dieser Zeit eine Stelle gefunden werden kann, so muss das Arbeitsamt im Einvernehmen mit dem Arbeitslosen entscheiden, ob für ihn der ordentliche Abschluss des Kurses oder die unmittelbare Arbeitsaufnahme sinnvoller ist. Dabei soll der Arbeitslose nicht wegen einer kaum zumutbaren oder nur kurzfristig zu besetzenden Stelle zum Abbruch eines Kurses gezwungen werden können (BOTSCHAFT REV. AVG, 623).

Art. 29

Meldepflicht der Arbeitgeber bei Entlassungen und Betriebsschliessungen

[1] Entlassungen einer grösseren Anzahl von Arbeitnehmern sowie Betriebsschliessungen muss der Arbeitgeber dem zuständigen Arbeitsamt möglichst frühzeitig melden, spätestens aber zum Zeitpunkt, in dem er die Kündigungen ausspricht.

[2] Der Bundesrat bestimmt die Ausnahmen von der Meldepflicht.

Obligation des employeurs de déclarer les licenciements et fermetures d'entreprise

[1] L'employeur est tenu d'annoncer à l'office du travail compétent tout licenciement d'un nombre important de travailleurs ainsi que toute fermeture d'entreprise; il doit l'annoncer dès que possible, au plus tard au moment où les congés sont donnés.

[2] Le Conseil fédéral fixe les dérogations à l'obligation d'annoncer.

Obbligo dei datori di lavoro di annunciare i licenziamenti e le chiusure d'impresa

[1] Il datore di lavoro è tenuto ad annunciare al più presto all'ufficio del lavoro competente, ma al più tardi al momento in cui notifica le disdette, qualsiasi licenziamento di un numero importante di lavoratori e qualsiasi chiusura d'impresa.

[2] Il Consiglio federale determina le eccezioni all'obbligo di annunciare.

Inhaltsübersicht	Note	Seite
I. Zweck und Inhalt..	1	158
II. Zur Entstehung von Art. 29 AVG	4	159
III. Zur Meldepflicht der Arbeitgeber bei Entlassungen und Betriebsschliessungen (Abs. 1)...	8	159
IV. Ausnahmen von der Meldepflicht (Abs. 2)	17	160

I. Zweck und Inhalt

1 Art. 29 AVG regelt die Meldepflicht der Arbeitgeber bei Entlassungen und Betriebsschliessungen. Mit einer rechtzeitigen Meldung der betroffenen Arbeitgeber sollen die entlassenen Arbeitnehmer rascher vermittelt und demzufolge die Kosten für Sozialpläne eingespart werden.

2 In der Praxis wird häufig übersehen, dass neben den Informations- und Konsultationspflichten gemäss Art. 335f und 335g OR noch andere Meldepflichten bestehen.

3 Nach Art. 29 AVG ist der Arbeitgeber verpflichtet, Entlassungen einer grösseren Anzahl von Arbeitnehmern sowie Betriebsschliessungen dem zuständigen Arbeitsamt möglichst frühzeitig, spätestens aber mit Aussprechen der Kündigungen, zu melden.

II. Zur Entstehung von Art. 29 AVG

Die Meldepflicht in Art. 29 Abs. 1 AVG wurde bereits vor Erlass des Bundesgesetzes über die Arbeitsvermittlung vom 22. Juni 1951 (aAVG) diskutiert. Sie wurde jedoch mit der Begründung abgelehnt, dass der Gestaltung liberaler Arbeitsmarktverhältnisse gegenüber dem öffentlichen Interesse an einer derartigen Meldepflicht der Vorrang einzuräumen sei (BOTSCHAFT REV. AVG, 624).

4

Mit der Erfahrung aus den vergangenen Jahren hat sich gezeigt, wie wichtig eine frühzeitige Information der Arbeitsmarktbehörden ist. Eine frühzeitige Anzeige liegt auch im Interesse der betroffenen Betriebe, die bei rechtzeitiger Meldung und demzufolge rascher Vermittlung, Kosten für Sozialpläne einsparen können (BOTSCHAFT REV. AVG, 624).

5

Der Gesetzgeber erachtete es als angebracht, die Verpflichtung der Arbeitgeber zur Meldung von Entlassungen einer grösseren Zahl von Arbeitnehmern sowie von Betriebsschliessungen in das AVG zu übernehmen. Bereits in den Entwurfsberatungen zeigte sich, dass die Arbeitgebervertreter dem Grundgedanken in Abs. 1 zwar zustimmten, jedoch den Anspruch auf Erstinformation der Arbeitsämter ablehnten. Die Arbeitnehmervertreter postulierten dagegen eine umfassende Meldepflicht auch für offene Stellen und verlangten, dass Kündigungen in jedem Falle gemeldet werden müssten, bevor der Arbeitgeber sie ausspricht. In der Folge wurde ein Kompromiss gefunden: Die Meldung soll gemäss Abs. 1 nach Möglichkeit vor der Kündigungserklärung erfolgen, spätestens aber gleichzeitig.

6

Anlässlich der Beratungen innerhalb der Eidgenössischen Kommission für Arbeitsmarktfragen wurde deutlich, dass eine Meldepflicht für offene Stellen von der Arbeitgeberseite als ordnungspolitisch unzulässiger Eingriff des Staates in die Privatwirtschaft, als ein Schritt in Richtung dirigistischer Stellenbewirtschaftung und Kontrahierungszwang betrachtet wurde. Zudem könnte die Meldepflicht für offene Stellen zu einem moralischen Zwang führen, die vakanten Stellen rasch mit Personen zu besetzen, die beim Arbeitsamt als Arbeitslose gemeldet sind (BOTSCHAFT REV. AVG, 625).

7

III. Zur Meldepflicht der Arbeitgeber bei Entlassungen und Betriebsschliessungen (Abs. 1)

Gemäss Art. 29 Abs. 1 AVG muss der Arbeitgeber Betriebsschliessungen dem zuständigen Arbeitsamt möglichst frühzeitig melden, spätestens aber zum Zeitpunkt, in dem er die Kündigungen ausspricht.

8

Der Begriff der Betriebsschliessung wird in der AVV nicht näher präzisiert. Als Betrieb gilt eine Arbeitsstätte, die eine örtliche Einheit bildet (REHBINDER, 83).

9

10 Von einer Betriebsschliessung ist in folgenden Fällen die Rede: Eine Gesellschaft wird freiwillig liquidiert oder wegen Konkurs aufgelöst; eine Gesellschaft wird ins Ausland oder in einen anderen Kanton verlegt.

11 Betriebsschliessungen müssen nicht zwingend zu Entlassungen und Kündigungen führen. Die betroffenen Arbeitnehmer können bei Betriebsverlegungen an den neuen Arbeitsort umziehen oder in einen anderen Produktionsbereich integriert werden. Das SECO betont, dass auch solche Ereignisse meldepflichtig sind, da für die zuständigen Amtsstellen die zahlenmässige Erfassung der von solchen betrieblichen Massnahmen betroffenen Arbeitnehmer wichtig ist (WEISUNGEN SECO, 170).

12 Mit Art. 29 Abs. 1 AVG wird der Arbeitgeber weiter verpflichtet, die Entlassung einer grösseren Zahl von Arbeitnehmern dem zuständigen Arbeitsamt zu melden. Diese Meldung hat möglichst frühzeitig zu erfolgen, spätestens jedoch zum Zeitpunkt, in dem die Kündigungen ausgesprochen werden.

13 Der Arbeitgeber ist meldepflichtig, wenn die Entlassungen oder eine Betriebsschliessung mindestens zehn Arbeitnehmer betreffen (Art. 53 Abs. 1 AVV). Die Kantone können diese Meldepflicht auf mindestens sechs Arbeitnehmer herabsetzen, wenn die Grösse oder die Strukturen des regionalen Arbeitsmarktes dies verlangen.

14 Der meldepflichtige Arbeitgeber muss der zuständigen Amtsstelle gemäss Art. 53 Abs. 3 AVV folgende Angaben machen:
- Anzahl, Geschlecht und Herkunft (Schweiz oder Ausland) der betroffenen Arbeitnehmer (lit. a);
- Grund der Betriebsschliessung (lit. b);
- bei Entlassungen den Arbeitsbereich der betroffenen Arbeitnehmer (lit. c);
- Zeitpunkt der Wirksamkeit der ausgesprochenen Kündigungen (im Berichtsmonat oder auf einen späteren Zeitpunkt) (lit. d).

15 Zusätzlich sollte der Arbeitgeber der zuständigen Amtsstelle der öffentlichen Arbeitsvermittlung die Ergebnisse der Konsultation der Arbeitnehmerschaft sowie alle zweckdienlichen weiteren Angaben mit der Meldung zukommen lassen.

16 Die Verletzung der Meldepflicht durch den Arbeitgeber führt zu einer Strafverfolgung gemäss Art. 39 AVG. Sie kann gemäss Art. 39 Abs. 2 lit. b AVG mit Busse bis zu CHF 40 000.– bestraft werden (vgl. dazu Art. 39 AVG).

IV. Ausnahmen von der Meldepflicht (Abs. 2)

17 Der Bundesrat kann Ausnahmen von der Meldepflicht bestimmen (Art. 29 Abs. 2 AVG). Bis anhin hat der Bundesrat von dieser Regelung keinen Gebrauch gemacht.

5. Kapitel: Auswanderungspropaganda für Erwerbstätige

Art. 30

Öffentliche Ankündigungen oder Veranstaltungen oder andere Vorkehren, die bestimmt oder geeignet sind, auswanderungswillige Erwerbstätige über die Arbeits- und Lebensbedingungen in ausländischen Staaten irrezuführen, sind verboten.

Les annonces publiques, les manifestations ou autres procédés destinés ou propres à induire en erreur les personnes désirant émigrer sur les conditions de travail et d'existence dans des pays étrangers sont interdits.

Sono vietati annunci pubblici, manifestazioni o altri procedimenti destinati o atti a indurre in errore, sulle condizioni di lavoro e di vita nei Paesi stranieri, i lavoratori che desiderano emigrare.

Inhaltsübersicht	Note	Seite
I. Herkunft der Regelung	1	161
II. Verbot irreführender Auswanderungspropaganda	2	161
1. Tatbestand	2	161
2. Konkurrenz zum Wettbewerbsrecht	4	162
III. Sanktion	7	163

I. Herkunft der Regelung

Die Vorschrift von AVG 30 war an sich bereits bei Erlass nichts Neues. Den Wortlaut übernahm sie von Art. 24 des Bundesgesetzes betreffend den Geschäftsbetrieb von Auswanderungsagenturen aus dem Jahr 1888 (BS 10 232; BOTSCHAFT REV. AVG, 626). Durch die Einführung von AVG 42 II lit. b wurde zudem das Auswanderungsgesetz aufgehoben (AS 1991 392).

II. Verbot irreführender Auswanderungspropaganda

1. Tatbestand

AVG 30 verbietet jede Art der irreführenden Auswanderungspropaganda. Der Gesetzestext untersagt bereits Werbung, die sich bloss eignet, die Irreführung einer auswanderwilligen Person zu bewirken. Folglich ergibt sich bereits hieraus, dass die Täuschung durch den Propagierenden nicht direkt beabsichtigt sein muss.

3 Der erzeugte Trugschluss des auswanderungswilligen Arbeitnehmers hat sich auf die **Arbeits- oder Lebensbedingungen in ausländischen Staaten** zu beziehen. Denkbar ist etwa der Anreiz eines lukrativen Arbeitsangebots aus einem arabischen Staat ohne gleichzeitige Hinweise auf Lohnüberweisungsverbote in die Schweiz, ein extrem strenges Sittlichkeitsstrafrecht und menschenrechtsverletzende Sanktionssysteme sowie ein absolutes Alkoholverbot oder auch die klimatischen Besonderheiten (RITTER, FN 25, und REHBINDER, 85, nennen als weitere Beispiele etwa irreführende Angebote betreffend den Erwerb von landwirtschaftlichen Betrieben in Zentralamerika und Kanada).

2. Konkurrenz zum Wettbewerbsrecht

4 Bereits das Bundesgesetz gegen den unlauteren Wettbewerb (UWG) verbietet irreführende Werbung und umfasst damit in allgemeiner Form auch die Auswanderungspropaganda (BOTSCHAFT REV. AVG, 626; RITTER, 59; REHBINDER, 85). Der Gesetzgeber bestand jedoch auf der Beibehaltung der Spezialnorm in AVG 30, weil ihr insbesondere die *«Verhinderung von kostspieligen Repatriierungsaktionen»* zugeschrieben wurde (BOTSCHAFT REV. AVG, 626). Die Strafbestimmungen des Wettbewerbsrechts sind zudem als Antragsdelikte ausgestaltet (UWG 23 I). Bei AVG 30 handelt es sich demgegenüber um ein **Offizialdelikt.** Die Norm geht dem UWG somit als lex specialis vor (dazu auch DAVID/REUTTER, 354 f.; RITTER, 59 f.; REHBINDER, 85).

5 Ferner definiert UWG 2, welches Verhalten und welche Geschäftsgebaren generell als unlauter qualifiziert werden. UWG 3–8 konkretisieren diesen Grundsatz und regeln detailliert, welche Handlungsweisen das Wettbewerbsrecht verbietet. Irreführende Auswanderungspropaganda ist zwar von UWG 2 erfasst, wird jedoch in den genannten Konkretisierungstatbeständen nicht geregelt. Es liegt deshalb auch im Interesse der Rechtssicherheit, dass solches Verhalten im AVG selbst untersagt wird (i.d.S. RITTER, 59).

6 Ebenfalls für die Beibehaltung von AVG 30 sprechen die Zweckbestimmungen der beiden Gesetze. Während das UWG bestrebt ist, den lauteren und unverfälschten Wettbewerb im Interesse aller Beteiligten zu gewährleisten (UWG 1), zielt das AVG auf den **Schutz der Arbeitnehmer** ab (AVG 1 lit. c). Missbräuche gegenüber Auswanderungswilligen können somit durch das AVG wirksamer verhindert oder aber geahndet werden (RITTER, 60).

III. Sanktion

Die Verletzung von AVG 30 kann mit einer Sanktion gemäss AVG 39 II lit. e bestraft werden. Bei vorsätzlichem Handeln sind Bussen bis zu CHF 40 000.– vorgesehen (AVG 39 II). Demgegenüber wird die fahrlässige Irreführung durch Auswanderungspropaganda nur mit einer Busse von bis zu CHF 20 000.– sanktioniert, wobei das Gericht in leichten Fällen von einer Bestrafung gänzlich Umgang nehmen kann (AVG 39 III).

6. Kapitel: Behörden

Art. 31

Eidgenössische Arbeitsmarktbehörde

[1] Eidgenössische Arbeitsmarktbehörde ist das SECO.

[2] Es beaufsichtigt den Vollzug dieses Gesetzes durch die Kantone und fördert die Koordination der öffentlichen Arbeitsvermittlung unter den Kantonen.

[3] Es beaufsichtigt die private Auslandsvermittlung und den Personalverleih ins Ausland.

[4] Es kann in Zusammenarbeit mit den Kantonen Kurse für die Schulung und Weiterbildung des Personals der Arbeitsmarktbehörden durchführen.

Autorité fédérale dont relève le marché du travail

[1] Le SECO est l'autorité fédérale dont relève le marché du travail.

[2] Il surveille l'exécution de la présente loi par les cantons et encourage la coordination intercantonale du service public de l'emploi.

[3] Il surveille le placement privé de personnel intéressant l'étranger et la location de services vers l'étranger.

[4] Il peut organiser, avec la collaboration des cantons, des cours de formation et de perfectionnement pour le personnel des autorités dont relève le marché du travail.

Autorità federale preposta al mercato del lavoro

[1] La SECO è l'autorità federale preposta al mercato del lavoro.

[2] Sorveglia l'esecuzione della presente legge da parte dei Cantoni e promuove la coordinazione intercantonale del servizio pubblico di collocamento.

[3] Sorveglia il collocamento privato in relazione con l'estero e la fornitura all'estero di personale a prestito.

[4] Può organizzare, in collaborazione con i Cantoni, corsi di formazione e di perfezionamento per il personale delle autorità preposte al mercato del lavoro.

Inhaltsübersicht		Note	Seite
I.	Entstehungsgeschichte..	1	165
II.	Zuständigkeit und Aufgabenfeld	3	165
	1. Übertragung der Aufgabe auf das SECO (Abs. 1)	3	165
	2. Aufsichtsfunktion	4	166
	a. Vollzug durch die Kantone (Abs. 2)	4	166
	b. Private Auslandsvermittlung und Personalverleih ins Ausland (Abs. 3)	5	166

	Note	Seite
c. Vollzug der Arbeitsvermittlungsverordnung (AVV 62)	6	166
d. Kritik an der Aufsichtspraxis	7	166
3. Ausbildung des Personals (Abs. 4)	13	167
a. Schulung als Voraussetzung erfolgreicher Vermittlungstätigkeit	13	167
b. Kritik an der Regelung zur Ausbildung	16	168
c. Ausweitung auf private Arbeitsvermittler (AVV 54)	18	169

I. Entstehungsgeschichte

Nach dem aAVG erschöpfte sich bei der Arbeitsvermittlung die Funktion des Bundesamts für Industrie Gewerbe und Arbeit (BIGA) darin, als *«eidgenössische Zentralstelle»* zu fungieren (aAVG 3 III). Ferner sollte es gemeinsam mit den Kantonen den Ausgleich von Arbeitsangebot und -nachfrage anstreben (BOTSCHAFT REV. AVG, 562; TRIPONEZ, 1). Die in der Praxis wahrgenommenen Aufgaben gingen jedoch deutlich darüber hinaus, weshalb eine Anpassung der Gesetzesgrundlage für die Bundeskompetenzen unumgänglich war (BOTSCHAFT REV. AVG, 592, 626; REHBINDER, 86). Seit dieser grossen Revision erfuhr AVG 31 keine materiellen Änderungen mehr; es wurde einzig der Ausdruck *«BIGA»* durch *«SECO»* ersetzt (ÄNDERUNG AVG 2000, 2744). 1

1998 wurden das BIGA und das Bundesamt für Konjunkturfragen unter dem Mantel des Bundesamtes für Wirtschaft und Arbeit (BWA) vereint. Der Bundesrat schloss im Folgejahr dieses Amt mit dem Bundesamt für Aussenwirtschaft (BAWI) zum **Staatssekretariat für Wirtschaft (SECO)** zusammen und trug damit der zunehmenden Internationalisierung der Wirtschaft Rechnung. Die Aufgaben des SECO gehen folglich weit über jene des BIGA hinaus. Es befasst sich mit sämtlichen Kernproblemen der schweizerischen Wirtschaftspolitik, wobei es auf die Begünstigung eines nachhaltigen Wirtschaftswachstums abzielt (s. PORTRAIT SECO, 3 ff.). 2

II. Zuständigkeit und Aufgabenfeld

1. Übertragung der Aufgabe auf das SECO (Abs. 1)

AVG 31 I definiert das SECO als eidgenössische Arbeitsmarktbehörde. Diesem werden folglich die entsprechenden Aufgaben gesetzlich übertragen. Die allgemeine Kompetenzübertragung wird dabei durch die Definition des konkreten Aufgabenfelds begrenzt. Über die Aufsichtsfunktion hinaus besteht keine gesetzliche Grundlage für die Wahrnehmung weiterer Ausgaben. 3

2. Aufsichtsfunktion

a. Vollzug durch die Kantone (Abs. 2)

4 Die allgemeine Kompetenzzuordnung wird in Abs. 2 dahingehend konkretisiert, als das SECO mit der **Aufsicht über den Vollzug** des AVG durch die Kantone sowie mit der **Förderung der Koordination** der öffentlichen Arbeitsvermittlung unter den Kantonen beauftragt wird (AVG 31 II; vgl. zur Aufsicht und zum Vollzug auch LUGINBÜHL, 37 ff.).

b. Private Auslandsvermittlung und Personalverleih ins Ausland (Abs. 3)

5 Ferner obliegt dem SECO die **Aufsicht über die private Auslandsvermittlung** und den **Personalverleih ins Ausland** (AVG 31 III; vgl. auch vorne zu AVG 2 III sowie zu AVG 12 II; zudem RITTER, 93, 128). Die Aufgabe des SECO erschöpft sich auch hier in der Aufsicht selbst (s. dazu N 7 ff.).

c. Vollzug der Arbeitsvermittlungsverordnung (AVV 62)

6 Zudem beaufsichtigt das SECO den Vollzug der Arbeitsvermittlungsverordnung (AVV 62). Es stehen ihm auch hier für die Aufsicht verschiedene Mittel zur Verfügung (s. dazu N 7 ff.).

d. Kritik an der Aufsichtspraxis

7 Gemäss gängiger Praxis des SECO verfügt dieses regelmässig direkt gegenüber privaten Personalvermittlern und Verleihbetrieben. Damit greift die Aufsichtsbehörde jedoch in den Kompetenzbereich der Kantone ein, ohne dass eine gesetzliche Grundlage dazu bestünde. Begründet wird diese Praxis mit der Aufsichtsfunktion der eidgenössischen Arbeitsmarktbehörde.

8 Für die Aufsicht stehen der Behörde verschiedene Mittel zur Verfügung: So kann sie etwa Weisungen und Kreisschreiben erlassen oder Empfehlungen abgeben. Das Gesetz räumt der Aufsichtsbehörde jedoch keine Kompetenz ein, direkt in den Zuständigkeitsbereich der Kantone einzugreifen. Diesbezügliche Verfügungen des SECO sind folglich formell ungültig und – selbst falls materiell begründet – aufzuheben.

9 Dies wurde denn auch anlässlich einer Beschwerde vor der Rekurskommission EVD gerichtlich bestätigt. Konkret war dabei zu prüfen, ob das BIGA (heute SECO) zum Entscheid berechtigt sei, ob ein Gesuchsteller einer vom Kanton zu erteilenden Bewilligung zum Personalverleih bedürfe. Der Streitfall entwickelte

sich daraus, dass das BIGA der X. AG mitteilte, diese müsse für ihre Geschäftsstellen in verschiedenen Kantonen je einzelne Bewilligungen zur Personalvermittlung einholen. Die X. AG verlangte daraufhin vom BIGA eine anfechtbare Verfügung. Die Bundesbehörde verfügte in der Folge zum einen in der Rechtsfrage selbst und stellte fest, dass jede Geschäftsstelle der X. AG eine Betriebsbewilligung für den Personalverleih gemäss AVG 12 brauche. Zum anderen setzte es der Gesuchstellerin eine Frist, bis wann diese bei den Kantonen die Bewilligungen einzuholen habe.

Die Rekurskommission zog dabei in Erwägung, dass die eidgenössische Arbeitsmarktbehörde die private Auslandsvermittlung und den Personalverleih ins Ausland zwar beaufsichtigt (AVG 31 III), stellte jedoch fest, dass es den Kantonen obliegt, die Aufsicht über die öffentliche und private Arbeitsvermittlung sowie über den Personalverleih ins Inland wahrzunehmen (AVG 32). Die Erteilung der Bewilligung für den Personalverleih sowie damit verbunden die Prüfung der dafür zu erfüllenden Voraussetzungen obliegt damit dem kantonalen Arbeitsamt. 10

Das Bundesamt leitete in casu seine Zuständigkeit aus AVG 12 und 39 I lit. a ab. Diese Bestimmungen enthalten jedoch keine Zuständigkeit der eidgenössischen Arbeitsmarktbehörde. Eine solche lässt sich auch nicht aus der Aufsichtsbefugnis über den Vollzug des AVG durch die Kantone (AVG 31 II) ableiten. Die Rekurskommission weist überzeugend darauf hin, dass dem BIGA andere Aufsichtsmittel offengestanden wären. Das BIGA war deshalb auch nicht befugt, der X. AG eine Frist für die Einholung der kantonalen Bewilligungen zu setzen. 11

Im besagten Urteil der Rekurskommission EVD Nr. 95/4D-001 vom 10. September 1996 wurde aus diesem Grund festgestellt, dass es nicht im Zuständigkeitsbereich der eidgenössischen Arbeitsmarktbehörde liegt, zu beurteilen, ob ein Gesuchsteller einer vom Kanton zu erteilenden Bewilligung zum Personalverleih bedarf. Die Verfügung des BIGA war somit aufzuheben (VPB 1997 Nr. 38, 374 ff.; auch bei MATILE/ZILLA, 252). 12

3. Ausbildung des Personals (Abs. 4)

a. Schulung als Voraussetzung erfolgreicher Vermittlungstätigkeit

Der Bundesrat erkannte die Notwendigkeit von qualifiziertem Personal für eine erfolgreiche Arbeitsvermittlung (dazu auch RITTER, 161 f.; REHBINDER, 86). Die öffentliche Vermittlungstätigkeit wird als besonders anspruchsvoll erachtet, weil sie im Gegensatz zur privaten wenig spezialisiert ist und sich regelmässig mit Langzeitarbeitslosen und Schwervermittelbaren (z.B. älteren Arbeitssuchenden oder solchen mit einem Handicap) zu befassen hat (BOTSCHAFT REV. AVG, 558, 572; s. auch MARELLI, 295 f.). Zudem handelt es sich bei der Vermitt- 13 lungstätigkeit typischerweise um einen Zweitberuf (BOTSCHAFT REV. AVG, 574; REHBINDER, 86).

14 **Spezielle Aus- und Weiterbildungskurse** sind aus diesen Gründen äusserst wichtig; sie wurden jedoch in der Vergangenheit nur sporadisch in einzelnen Kantonen durchgeführt (BOTSCHAFT REV. AVG, 574 f., 626 f.). Die Kompetenzregelung von AVG 31 IV ermöglicht demgegenüber dem SECO, Kurse zu fördern und in Zusammenarbeit mit den Kantonen zentral zu organisieren (BOTSCHAFT REV. AVG, 626 f.).

15 Das AVG strebt damit nicht danach, Grundlage für einen Anstieg der Anzahl öffentlicher Arbeitsvermittler zu sein. Vielmehr zielt es darauf ab, durch Schulung und Weiterbindung die zunehmend spezialisierte **Tätigkeit qualitativ zu verbessern** (RITTER, 162; REHBINDER, 86).

b. Kritik an der Regelung zur Ausbildung

16 Gemäss dem geltenden Gesetzeswortlaut *«kann»* das SECO gemeinsam mit den Kantonen Schulungs- und Weiterbildungskurse durchführen. Die Regelung enthält weder eine ausschliessliche Kompetenz noch eine Verpflichtung der Bundesbehörde, Massnahmen zu treffen. Die Durchführung liegt somit rein in deren Ermessen. Nach Ansicht einiger Kantone sowie des Verbands schweizerischer Arbeitsämter im Vorfeld des Erlasses wäre jedoch eine Verpflichtung zur Durchführung der Kurse notwendig gewesen. Im Gegensatz dazu lehnte der Zentralverband schweizerischer Arbeitgeber-Organisationen Abs. 4 prinzipiell ab und begründete, es habe auch bis dahin kein Bedürfnis nach Schulung durch das BIGA (heute SECO) bestanden (BOTSCHAFT REV. AVG, 582 f.). Die Einführung der Möglichkeit zentral organisierter Schulungen entsprach einem bestehenden Bedürfnis in der Praxis öffentlicher Arbeitsvermittlung. Qualifiziertes Personal ermöglicht ferner, ressourcenschonend und dennoch erfolgreich einen positiven Einfluss auf den Arbeitsmarkt zu nehmen. Die Schaffung von AVG 31 IV ist deshalb zu begrüssen (gl.A. RITTER, 162). Ebenfalls zuzustimmen ist der Entscheidung des Gesetzgebers, die Organisation und Finanzierung der Kurse ins Ermessen der eidgenössischen Arbeitsmarktbehörde zu legen. Nur so kann das notwendige Mass an **Flexibilität** erreicht und stets den aktuellen, praktischen Bedürfnissen der öffentlichen Arbeitsvermittlung entsprochen werden. Starre, gesetzliche Vorgaben wären demgegenüber hierbei kaum hilfreich.

17 Ferner verlangte 1977 eine parlamentarische Initiative (77.231 Familienpolitik NANCHEN), dass bei der öffentlichen Arbeitsvermittlung Frauen besondere Beachtung geschenkt werde, wenn diese zuvor aus familiären Gründen ihre Erwerbstätigkeit für mehrere Jahre unterbrochen haben. Es wurde dabei verlangt, dass der berufliche Wiedereinstieg sowie die Umschulung gefördert wird, und dadurch erhofft, die Wiedereingliederung von Müttern zu vereinfachen sowie

Familien zu stärken (NANCHEN-INITIATIVE I, 439 ff., 457 ff.; NANCHEN-INITIATIVE II, 215 ff.). Die beratende Kommission lehnte eine Änderung des bestehenden Wortlautes jedoch ab, weil AVG 24 II bereits als hinreichen erachtet wurde (NANCHEN-INITIATIVE II, 215 ff.). Dort wird die öffentliche Arbeitsvermittlung verpflichtet, die **persönlichen Eigenschaften** der Arbeitsuchenden zu berücksichtigen (AVG 24 II; ferner REHBINDER, 86 f. sowie 75 f.). Die Lösung erscheint dogmatisch sauber, denn AVG 24 definiert die Aufgaben der öffentlichen Arbeitsvermittlung, wogegen AVG 31 sich lediglich mit den Behörden befasst. Zudem soll die öffentliche Arbeitsvermittlung nicht verleitet werden, sich ausschliesslich auf einzelne, vordefinierte persönliche Eigenschaften zu versteifen. Die damit einhergehende Stigmatisierung könnte insbesondere den beruflichen Wiedereinstieg von Müttern erschweren, sind doch trotz einer Gemeinsamkeit deren Bedürfnisse, Vorstellungen und Möglichkeiten sehr verschieden.

c. Ausweitung auf private Arbeitsvermittler (AVV 54)

AVV 54 legt fest, dass die vom SECO unterstützten Kurse «*nach Möglichkeit auch privaten Arbeitsvermittlern und Personalverleihern*» offenstehen sollen (AVV 54 I; RITTER, 162). REHBINDER hinterfragt hierbei zu Recht die **gesetzliche Grundlage** dieser Ausweitung (REHBINDER, 87). Die Kurse werden durch das SECO ganz oder teilweise finanziert (AVV 54 II). Die finanzielle Unterstützung privater Arbeitsvermittler durch den Bund wird jedoch in AVG 11 abschliessend geregelt, weshalb auch für eine indirekte Unterstützung kein Raum bleibt (vgl. zu den Finanzhilfen Art. 11 N 1 ff.). Denkbar wäre jedoch die Teilnahme privater Arbeitsvermittler gegen eine entsprechende Gebühr, wobei diese zumindest kostendeckend ausgestaltet sein müsste. Es ist wenigstens nicht auszuschliessen, dass durch die daraus fliessenden finanziellen Mittel sowie die Einflüsse der Teilnahme privater Arbeitsvermittler die Qualität und Praxisnähe der Kurse zusätzlich gesteigert werden kann.

Art. 32

Kantone	¹ **Die Kantone regeln die Aufsicht über die öffentliche und private Arbeitsvermittlung sowie über den Personalverleih.** ² **Sie unterhalten mindestens ein kantonales Arbeitsamt.**
Cantons	¹ Les cantons règlent la surveillance du service public de l'emploi et du placement privé ainsi que de la location de services. ² Ils assurent le fonctionnement d'au moins un office cantonal du travail.
Cantoni	¹ I Cantoni disciplinano la sorveglianza del servizio pubblico di collocamento, del collocamento privato e della fornitura di personale a prestito. ² Gestiscono almeno un ufficio cantonale del lavoro.

Inhaltsübersicht   Note   Seite

I. Entstehung 1   170
II. Regelungsgehalt 2   170
    1. Aufsichtsfunktion (Abs. 1) 2   170
    2. Organisation (Abs. 2) 4   171

I. Entstehung

1   Anlässlich der Revision des Arbeitsvermittlungsgesetzes hielt der Gesetzgeber am **föderalistischen Aufbau** fest und beliess die Organisation und den Vollzug des Gesetzes in der Hand der Kantone (BOTSCHAFT REV. AVG, 592, 627; aAVG 3 II). Eine Kompetenzverschiebung fand somit keine statt (RITTER, 162; REHBINDER, 87).

II. Regelungsgehalt

1. Aufsichtsfunktion (Abs. 1)

2   Den Kantonen obliegt die Aufsicht über die öffentliche und private Arbeitsvermittlung sowie den Personalverleih (AVG 32). Zumal die private Auslandsvermittlung und der Personalverleih ins Ausland von der eidgenössischen Arbeitsmarktbehörde beaufsichtigt wird (AVG 31 III), verbleibt den Kantonen somit die Aufsicht über deren **inländische Tätigkeit** und über die öffentliche Arbeitsvermittlung.

Mittel für die Wahrnehmung der Aufsicht sind etwa der Erlass von **Weisungen**, die Verbreitung von **Kreisschreiben** und die Abgabe von **Empfehlungen**. Es ist der Aufsichtsbehörde jedoch nicht gestattet, direkt gegenüber den Vermittlungsstellen und Verleihbetrieben zu verfügen (s. hierzu Art. 31 N 7 ff.; Urteil der Rekurskommission EVD Nr. 95/4D-001 vom 10. September 1996, VPB 1997 Nr. 38, 374 ff.; auch bei MATILE/ZILLA, 252).

2. Organisation (Abs. 2)

Die Kantone haben entsprechend ihren Bedürfnissen regionale und kommunale Arbeitsvermittlungsbehörden zu errichten und zu führen (BOTSCHAFT REV. AVG, 627; MATILE/ZILLA, 253). Entgegen E-AVG 32 II wird dies jedoch nicht im Gesetzestext erwähnt (MATILE/ZILLA, 253; REHBINDER, 87).

Die Verpflichtung zum Unterhalt **mindestens eines kantonalen Arbeitsamtes** in Abs. 2 entspricht ebenfalls dem vorbestehenden Recht und setzt das IAO-Übereinkommen Nr. 88 (Übereinkommen Nr. 88 über die Organisation der Arbeitsmarktverwaltung vom 9. Juli 1948, für die Schweiz in Kraft getreten am 19. Januar 1953, SR 0.823.111) um (hierzu RITTER, 60 f.). Gemäss dessen Art. 2 hat die Arbeitsmarktverwaltung aus einem das ganze Land umfassenden System von Arbeitsämtern unter Leitung einer Zentralbehörde zu bestehen (s. dazu BOTSCHAFT REV. AVG, 562; REHBINDER, 87).

Die kantonalen Arbeitsmarktbehörden sammeln Stellenanzeigen und koordinieren die Vermittlung mit bei den untergeordneten Behörden gemeldeten Arbeitsuchenden. Zudem üben sie die **Aufsicht über die regionalen und kommunalen Arbeitsämter** aus und pflegen die Kooperation mit den anderen Kantonen sowie mit dem SECO. Administrativ sind die kantonalen Vermittlungsstellen den kantonalen Volkswirtschaftsdepartementen unterzuordnen (zum Ganzen RITTER, 162 f.).

Art. 33

Zusammenarbeit

¹ **Die Arbeitsmarktbehörden von Bund und Kantonen streben durch Zusammenarbeit einen gesamtschweizerisch ausgeglichenen Arbeitsmarkt an.** In den einzelnen Wirtschaftsregionen arbeiten die Arbeitsmarktbehörden der betroffenen Kantone direkt zusammen.

² **Die Arbeitsämter bemühen sich bei der Durchführung von Massnahmen auf dem Gebiet der Arbeitsvermittlung um eine wirksame Zusammenarbeit mit den Arbeitgeber- und Arbeitnehmerverbänden sowie mit anderen Organisationen, die auf dem Gebiet der Arbeitsvermittlung tätig sind.**

³ **Der Bundesrat regelt die Zuständigkeit der Arbeitsmarktbehörden und der Institutionen der Invalidenversicherung für die Vermittlung von Invaliden und Behinderten.**

Collaboration

¹ Les autorités fédérales et cantonales dont relève le marché du travail collaborent dans le but d'équilibrer le marché du travail dans l'ensemble de la Suisse. Dans les diverses régions économiques, les autorités cantonales intéressées coopèrent directement.

² Lors de l'exécution de mesures dans ce domaine, les offices du travail s'efforcent d'associer à l'exécution les associations d'employeurs et de travailleurs, ainsi que d'autres organisations s'occupant de placement.

³ Le Conseil fédéral règle les compétences des autorités dont relève le marché du travail ainsi que celles des institutions de l'assurance-invalidité en matière de placement des invalides et des handicapés.

Collaborazione

¹ Le autorità federali e cantonali preposte al mercato del lavoro collaborano per equilibrarlo a livello nazionale. Nelle singole regioni economiche, le autorità dei Cantoni interessati collaborano direttamente.

² Gli uffici del lavoro si adoperano affinché le associazioni dei datori di lavoro e dei lavoratori, come anche le altre organizzazioni attive nel settore del collocamento cooperino efficacemente all'esecuzione dei provvedimenti in questo campo.

³ Il Consiglio federale disciplina la competenza delle autorità preposte al mercato del lavoro e quella delle istituzioni dell'assicurazione invalidità in materia di collocamento degli invalidi e degli andicappati.

Inhaltsübersicht	Note	Seite
I. Ratio legis	1	173
II. Zusammenarbeit	4	173
1. Zwischen den verschiedenen Arbeitsmarktbehörden (Abs. 1)	4	173
a. Bund und Kantone	4	173
b. Interkantonal	5	174
c. Mit anderen Amtsstellen	6	174
2. Mit anderen Organisationen (Abs. 2)	7	174

	Note	Seite
III. Datenschutz	9	175
IV. Vermittlung gehandicapter Personen im Besonderen (Abs. 3)	13	176

I. Ratio legis

Der **Grundsatz der Zusammenarbeit** von Bund und Kantonen bestand bereits gemäss aAVG. Darüber hinaus zeigte der Gesetzgeber anlässlich der Revision von 1989 sein Bewusstsein für die **kantonsübergreifenden Wirtschaftsregionen** und verpflichtet die Kantone deshalb zur horizontalen Kooperation. Ziel dieser Zusammenarbeitspflicht ist die Förderung eines ausgeglichenen Arbeitsmarktes über die Kantonsgrenzen hinaus (BOTSCHAFT REV. AVG, 627). 1

In der parlamentarischen Diskussion erachtete man die Verpflichtung der Arbeitsämter zur Kooperation mit anderen Organisationen als besonders wichtig. Dabei wurde speziell der Zusammenarbeit mit den Arbeitnehmer- und Arbeitgeberverbänden Bedeutung beigemessen (BOTSCHAFT REV. AVG, 583). 2

Die Kompetenzregelung von AVG 33 III überlässt dem Bundesrat die Zuständigkeit zur Regelung der Vermittlung von gehandicapten Personen, die rechtlich noch nicht als Invalide anerkannt werden (ATSG 8). Diese Arbeitsuchenden unterstehen nicht dem IVG und werden folglich nicht von der Invalidenversicherung vermittelt (IVG 18 i.V.m ATSG 6 ff.). Gemäss den Ausführungen der BOTSCHAFT erfolge deren Vermittlung gleichzeitig auch nicht oder nicht mehr durch die Arbeitsämter (BOTSCHAFT REV. AVG, 627). Der Wortlaut von AVG 26 I steht hierzu jedoch grundsätzlich im Widerspruch, weil dort die Arbeitsämter verpflichtet werden, *«ihre Dienste allen schweizerischen Stellensuchenden»* zur Verfügung zu stellen (vgl. Art. 26, N 1 ff.). Ungeachtet dessen widmeten sich auch die privaten Vermittler kaum dieser Aufgabe (RITTER, 176). Die Notwendigkeit einer Regelung der Zuständigkeit für die Vermittlung dieser Gruppe von Stellensuchenden war beim Erlass des AVG somit zu begrüssen (s. auch BGE 116 V 80). 3

II. Zusammenarbeit

1. Zwischen den verschiedenen Arbeitsmarktbehörden (Abs. 1)

a. Bund und Kantone

Der **Grundsatz der vertikalen Zusammenarbeit** zwischen Bund und Kantonen wird allgemein als Notwendigkeit für eine erfolgreiche Vermittlungstä- 4 tigkeit erachtet (BOTSCHAFT REV. AVG, 583, 627; REHBINDER, 88). Da dieses Prinzip bereits nach aAVG bestand (vorne N 1), kann auf eine weitreichende Erfahrung zurückgegriffen werden. AVV 56 III konkretisiert weiter, dass die kantonalen Amtsstellen, welche in der Arbeitsvermittlung tätig sind, ihre Zusammenarbeit im Einvernehmen mit den entsprechenden Bundesämtern organisieren sollen. Die Kooperation soll insbesondere einen **gesamtschweizerisch ausgeglichenen Arbeitsmarkt** bewirken (RITTER, 164).

b. Interkantonal

5   Die Schweizer Wirtschaftsregionen beschränken sich meist nicht auf das Gebiet eines einzelnen Kantons. Um den innerhalb dieser Wirtschaftsregionen bestehenden Arbeitsmarkt gleichwohl optimal zu fördern, ist eine Kooperation der involvierten Kantone unerlässlich (s. N 1; LEU, 219; RITTER, 164). AVG 33 I enthält deshalb die Verpflichtung zur interkantonalen Zusammenarbeit (BOTSCHAFT REV. AVG, 627).

c. Mit anderen Amtsstellen

6   AVV 56 I weitet die Zusammenarbeit der Arbeitsmarktbehörden auf die Koordination mit sämtlichen, **in die Arbeitsvermittlung involvierten Amtsstellen** aus. Die Pflicht des gegenseitigen Austauschs aller an der Arbeitsvermittlung beteiligter Behörden soll das Funktionieren der öffentlichen Arbeitsvermittlung verbessern (WEISUNG SECO, 171). Die Verpflichtung soll insbesondere bewirken, dass **sämtliche arbeitswillige Stellensuchende** den Arbeitsmarktbehörden **gemeldet** werden (AVV 56 I, RITTER, 164; REHBINDER, 88). Dies wiederum optimiert die Chancen bei der Vermittlung der Arbeitsuchenden. Die Verpflichtung zur *«Zusammenarbeit»* impliziert den **Grundsatz der Gemeinsamkeit.** Folglich soll die Arbeitsmarktbehörde vermittelnd tätig sein und sicherstellen, dass eine arbeitssuchende Person nicht von anderen Amtsstellen zu sehr beansprucht wird (RITTER, 164).

2.   Mit anderen Organisationen (Abs. 2)

7   AVG 33 II statuiert die Verpflichtung der Arbeitsämter, mit den **Sozialpartnern und anderen Einrichtungen** zusammenzuarbeiten. Gemeint sind damit sowohl berufliche als auch gemeinnützige Organisationen, die auf dem Gebiet der Stellenvermittlung tätig sind (BOTSCHAFT REV. AVG, 627). Die BOTSCHAFT ZUM REV. AVG (627) nennt hierzu beispielhaft den paritätischen Facharbeitsnachweis für Musikerinnen und Musiker, die Schweizerische Kaufmännische Stellenvermittlung, den Verein Freundinnen junger Mädchen (heute

Schweizerischer Verein Compagna) und Pro Filia. Ebenfalls umfasst werden die privaten Arbeitsvermittlungsstellen und Personalverleihbetriebe (BOTSCHAFT REV. AVG, 627).

Diese **Zusammenarbeit mit privaten Organisationen** fand im Parlament grösstenteils Zustimmung (BOTSCHAFT REV. AVG, 583). Damit verbunden ist die Hoffnung auf eine **Effizienzsteigerung,** weshalb die Zusammenarbeit auch in der Lehre als *«sinnvoll und zweckmässig»* betrachtet wird (REHBINDER, 88; RITTER, 164 f.). Die Kooperation von öffentlichen und privaten Arbeitsvermittlungsstellen ist indes nicht neu. Bereits AVIG 85 I lit. a sowie AVIG 85b II sehen ein solches Vorgehen vor. Die Zusammenarbeit soll insbesondere die Effizienz der Vermittlungen steigern. RITTER (165 f., m.w.Verw.) sicht Potential in vornehmlich zwei Bereichen: Erstens ermöglicht der Austausch von Informationen, ein möglichst breites Publikum zu erreichen. Zweitens können private Berater in anspruchsvollen Fällen öffentlicher Vermittlung – insbesondere bei der Vermittlung von älteren Stellensuchenden oder Langzeitarbeitslosen – beigezogen werden. Zudem denkbar sind Erfolgsprämien oder Zusatzhonorare für erfolgreiche Vermittlungen, wobei diese davon abhängen müssten, dass die Arbeitsverhältnisse nach einer gewissen Zeit noch immer bestehen (RITTER, 166).

III. Datenschutz

Die Kooperation der verschiedenen in die Arbeitsvermittlung involvierten Stellen erfordert den Austausch von Daten betreffend die zu vermittelnden Personen sowie die zu besetzenden Stellen. Hieraus ergibt sich, dass dieser Datenaustausch Regelungen unterworfen werden muss, welche den Schutz der Informationen gewährleisten. Ferner stellt AVG 33 I zusammen mit AVG 33a I lit. e und 31 II direkt die gesetzliche Grundlage für die Bearbeitung von Personendaten durch die mit der Durchführung, Kontrolle oder Beaufsichtigung betrauten Organe dar (Urteil des BGer. 2C_356/2012 vom 11. Februar 2013).

Aus dem Datenschutzgesetz ergeben sich zudem verschiedene Grundsätze, die bei der Datenbearbeitung im Zusammenhang mit dem AVG von Bedeutung sind (s. DSG 4–11; dazu MEIER, N 621 ff.; EPINEY, § 9 N 2 ff.; WALDMANN/BICKEL, § 12 N 62 ff.). Die sich aus dem DSG ergebenden Anforderungen an den Datenschutz bedingten eine Teilrevision des AVG sowie des AVV (BOTSCHAFT PERSONENDATEN IN DEN SOZIALVERSICHERUNGEN, 271). Per 1. Januar 2001 wurden deshalb Datenschutzvorschriften auf Gesetzesebene erlassen, die bis dahin zum Teil bereits auf Verordnungsstufe bestanden hatten (WEISUNG SECO, 117, mit Hinweis auf eine interne, vorbestehende datenschutzrechtliche Weisung). Beim Vollzug des AVG erweisen sich insbesondere die folgende Datenschutzgrundsätze als bedeutend (WEISUNG SECO, 117):

- Rechtmässigkeit der Bearbeitung (DSG 4 I);
- Bearbeitung nach Treu und Glauben (DSG 4 II);
- Verhältnismässigkeit (DSG 4 II);
- Zweckbindung bei Beschaffung und Bearbeitung (DSG 4 III);
- Richtigkeit der Daten (DSG 5);
- Datensicherheit (DSG 7);
- Auskunftsrecht (DSG 8).

Die konkrete Auseinandersetzung findet in der Kommentierung der per 1. Januar 2001 eingefügten bzw. geänderten Datenschutzbestimmungen statt (s. Kommentierung zu Art. 33a, 34, 34a, 34b, 35, 35a und 35b).

11 AVV 55 schränkt die Zusammenarbeit mit den privaten Arbeitsvermittlern ein, indem diesen aus dem staatlichen Informationssystem keine Daten im Sinne von AVG 33a II zur Verfügung gestellt werden dürfen (hierzu Art. 35a N 1 ff.). Das SECO schloss am 29. März 2004 mit dem VPDS eine Vereinbarung ab, deren Inhalt die Regelung der Rahmenbedingungen für die Kommunikation mit privaten Organisationen bildet. Konkret befasst sich die Vereinbarung mit der Zusammenarbeit der RAV und den privaten Arbeitsvermittlern im Zusammenhang mit der Zurverfügungstellung der im Informationssystem AVAM registrierten Daten der Stellensuchenden im Internet (AVAMSTS).

12 Die Vereinbarung betont, dass die Datenschutzbestimmungen stets zu respektieren sind. Insbesondere beschränkt es die zu sammelnden Daten auf jene, die für die Vermittlung relevant sind, und hebt hervor, dass die Weitergabe an Dritte stets von der Einwilligung der betroffenen Person gedeckt sein muss (VEREINBARUNG SECO-VPDS, 3). Ohne diese Zustimmung ist der Arbeitsmarktbehörde die Datenweitergabe an private Stellen untersagt (RITTER, 165). Wurde die Zustimmung erteilt, willigt die stellensuchende Person zwar grundsätzlich in die Vermittlung durch eine private Organisation ein, keinesfalls kann daraus jedoch eine vertragliche Verpflichtung zwischen der arbeitsuchenden Person und dem privaten Vermittler gelesen werden. Hierfür ist eigens ein Vertrag zwischen diesen Parteien notwendig (RITTER, 165; REHBINDER, 88 f.).

IV. Vermittlung gehandicapter Personen im Besonderen (Abs. 3)

13 Wie eingangs dargelegt, beinhaltet AVG 33 III die Ermächtigung des Bundesrates zum Erlass von Zuständigkeitsvorschriften betreffend die **Vermittlung von Behinderten und Invaliden,** deren Invalidität vom IVG nicht anerkannt wird. Die verordnungsweise definierte Zuständigkeit soll sicherstellen, dass diese Stellensuchenden nicht in der Maschinerie der Arbeitsvermittlung untergehen (BOTSCHAFT REV. AVG, 627).

14 Die Verordnung legt folgendes Vorgehen fest: Zusammenwirkend mit den anderen entscheidet die zuständige Amtsstelle über die Vermittlungsfähigkeit eines

Stellensuchenden. Primär soll also der Dialog der involvierten Amtsstellen die Vermittlung der Stellensuchenden ermöglichen. Sollten sich Konflikte betreffend die Zuständigkeit der Arbeitsmarktbehörden oder der Organe der Invalidenversicherung ergeben, entscheiden hierüber die zuständigen Bundesämter (AVV 56 II, RITTER, 166; REHBINDER, 88). Hierbei ergibt sich die Zuständigkeit des SECO aus AVV 62 und OV-WBF 5 II lit. h, jene des Bundesamtes für Sozialversicherungen aus IVV 117 III i.V.m. OV-EDI 11. Sollte der Entscheid der Bundesämter in einem negativen Kompetenzkonflikt münden, würde dieser in Ermangelung einer gemeinsamen Aufsichtsbehörde durch den Bundesrat beurteilt (VwVG 9 III).

Art. 33a

Bearbeiten von Personendaten	¹ Die mit der Durchführung sowie mit der Kontrolle oder Beaufsichtigung der Durchführung dieses Gesetzes betrauten Organe sind befugt, Personendaten und Persönlichkeitsprofile zu bearbeiten oder bearbeiten zu lassen, die sie benötigen, um die ihnen nach diesem Gesetz übertragenen Aufgaben zu erfüllen, namentlich um: a. Stellensuchende zu erfassen, zu vermitteln und zu beraten; b. offene Stellen zu erfassen, bekannt zu geben und zuzuweisen; c. Entlassungen und Betriebsschliessungen zu erfassen; d. arbeitsmarktliche Massnahmen durchzuführen; e. die Aufsicht über die Durchführung dieses Gesetzes durchzuführen; f. Statistiken zu führen. ² Besonders schützenswerte Personendaten dürfen bearbeitet werden: a. über die Gesundheit und die Religionszugehörigkeit der Stellensuchenden, wenn diese Daten für die Vermittlung erforderlich sind; b. über Massnahmen, die im Rahmen des Vollzugs dieses Gesetzes und des Arbeitslosenversicherungsgesetzes vom 25. Juni 1982 verfügt werden oder vorgesehen sind, wenn diese Daten eine direkte Auswirkung auf die Leistung der Arbeitslosenversicherung haben.
Traitement de données personnelles	¹ Les organes chargés d'appliquer la présente loi ou d'en contrôler ou surveiller l'exécution sont habilités à traiter ou à faire traiter les données personnelles et les profils de la personnalité qui leur sont nécessaires pour accomplir les tâches que leur assigne la présente loi, notamment pour: a. enregistrer, conseiller et placer les demandeurs d'emploi; b. enregistrer, annoncer ou attribuer les places vacantes; c. enregistrer les licenciements et les fermetures d'entreprises; d. gérer l'exécution des prestations au titre des mesures relatives au marché du travail; e. surveiller l'exécution de la présente loi; f. établir des statistiques. ² Peuvent être traitées les données personnelles sensibles qui concernent: a. la santé et l'appartenance religieuse du demandeur d'emploi, lorsqu'elles sont nécessaires au placement; b. les mesures prises ou prévues dans le cadre de l'exécution de la présente loi et de la loi du 25 juin 1982 sur l'assurance-chômage, lorsqu'elles sont susceptibles d'influer directement sur les prestations de l'assurance-chômage.
Trattamento di dati personali	¹ Gli organi incaricati di applicare la presente legge nonché di controllarne o sorvegliarne l'esecuzione possono trattare o far trattare dati personali, compresi dati degni di particolare protezione e profili della personalità, di cui necessitano per adempiere i compiti conferiti loro dalla presente legge, segnatamente per: a. registrare, consigliare e collocare le persone in cerca di lavoro; b. registrare, comunicare e assegnare i posti vacanti; c. registrare i licenziamenti e le chiusure d'impresa;

d. applicare provvedimenti relativi al mercato del lavoro;
e. sorvegliare l'esecuzione della presente legge;
f. allestire statistiche.

² Dati personali degni di particolare protezione possono essere trattati alle condizioni seguenti:

a. per i dati concernenti la salute e l'appartenenza religiosa della persona in cerca di lavoro: se sono necessari per il collocamento;
b. per i dati concernenti i provvedimenti decisi o previsti nell'ambito dell'esecuzione della presente legge e della legge federale del 25 giugno 1982 sull'assicurazione contro la disoccupazione: se si ripercuotono direttamente sulle prestazioni dell'assicurazione contro la disoccupazione.

Inhaltsübersicht Note Seite

I.	Entstehung und Notwendigkeit der Datenschutzbestimmungen..................	1	179
II.	Anforderungen an die Bearbeitung von Personendaten.............................	5	180
	1. Gliederung und Grundsätze	5	180
	2. Allgemeine Personendaten und Persönlichkeitsprofile	8	181
	a. Adressatenkreis (Abs. 1)...	8	181
	b. Personendaten und Persönlichkeitsprofile...................................	12	182
	c. Zweckbindung (Abs. 1 lit. a–f)...	15	183
	3. Besonders schützenswerte Personendaten (Abs. 2, AVV 55)............	16	183

I. Entstehung und Notwendigkeit der Datenschutzbestimmungen

AVG 33a wurde am 23. Juni 2000 nachträglich ins Gesetz aufgenommen (ÄNDERUNG AVG 2000, 2744). Grund für den Erlass war das Inkrafttreten des DSG am 1. Juli 1993. Zwar erlaubte dessen Übergangsregel die Weiterverwendung vorbestehender Sammlungen an Personendaten und Persönlichkeitsprofilen für weitere fünf Jahre, wobei das Parlament diese Frist sogar bis 31. Dezember 2000 verlängerte (DSG 38 III; NANCHEN-STELLUNGNAHME BR, 1586; NANCHEN-BERICHT RK-StR, 1579 ff.; BOTSCHAFT PERSONENDATEN IN DEN SOZIALVERSICHERUNGEN, 256, 258). Gleichzeitig schreibt es jedoch vor, dass sich die Bearbeitung von besonders schützenswerten Personendaten und Persönlichkeitsprofilen durch Bundesorgane auf ein **Gesetz im formellen Sinn** abstützen muss (BOTSCHAFT PERSONENDATEN IN DEN SOZIALVERSICHERUNGEN, 256, 271 f.). Diese Voraussetzung erforderte eine Änderung diverser Erlasse, unter welche auch das AVG fiel. Hierzu wurden vorwiegend neue Bestimmungen geschaffen und in die bestehenden Gesetze eingefügt (BOTSCHAFT PERSONENDATEN IN DEN SOZIALVERSICHERUNGEN, 256). Für das Verhältnis zwischen Arbeitgeber und Arbeitnehmer wurde neu OR 328b erlassen, wodurch der Datenschutz gewährleistet und gleichzeitig dem Arbeitgeber die notwendige Datenbearbeitung erlaubt wurde

1

(statt vieler sowie m.w.Verw. BK-REHBINDER/STÖCKLI, Art. 328b N 1 ff.). Ergänzend dazu stellt AVG 33a für die öffentliche Arbeitsvermittlung die gesetzliche Grundlage zur Bearbeitung von Personendaten durch die darin bestimmten Organe dar (s. vorne Kommentierung zu Art. 33 N 9; Urteil des BGer. 2C_356/2012 vom 11. Februar 2013; WEISUNG SECO, 172; FLÜTSCH, 203).

2 Das DSG bezweckt den Schutz der Persönlichkeit und der Grundrechte jener Personen, über welche die Daten erhoben werden. Insbesondere soll sichergestellt werden, dass Personendaten ausschliesslich rechtmässig beschafft werden und deren Bearbeitung nach Treu und Glauben sowie verhältnismässig erfolgt (BOTSCHAFT DSG, 416 ff.). Zudem müssen die Daten richtig sein und dürfen nur zum Zweck verwendet werden, zu welchem sie beschafft wurden (BOTSCHAFT PERSONENDATEN IN DEN SOZIALVERSICHERUNGEN, 257; betreffend die private Vermittlung und den Personalverleih s. vorne die Kommentierung zu Art. 7 III und 18 III; ferner FLÜTSCH, 201; auch LEITFADEN EDÖB BEARBEITUNG, 3 ff.).

3 DSG 17 I verlangt für die Beschaffung von Daten durch ein Bundesorgan grundsätzlich das Bestehen einer gesetzlichen Grundlage. Zwar sieht Abs. 2 Ausnahmen von diesem Grundsatz vor; beachtlich erscheint jedoch, dass die Einwilligung der betroffenen Person die gesetzliche Grundlage nicht generell, sondern nur einzelfallweise zu ersetzen vermag (BOTSCHAFT PERSONENDATEN IN DEN SOZIALVERSICHERUNGEN, 257). Gleiches gilt betreffend die Bekanntgabe schützenswerter Personendaten und Persönlichkeitsprofile. Diese muss sich stets aus einer formellen Gesetzesgrundlage ableiten lassen, und es darf ihr keine Schweigepflicht entgegenstehen (DSG 19 III; BOTSCHAFT PERSONENDATEN IN DEN SOZIALVERSICHERUNGEN, 257).

4 Die Arbeitsvermittlung bedingt die Zusammenarbeit diverser Behörden und Organe. Damit geht zwangsläufig der Austausch von Daten einher. Solche Daten umfassen Alter, Ausbildung, berufliche Laufbahn und Familienverhältnisse bis hin zu medizinischen Gutachten. Die gesammelten Daten betreffen damit die unmittelbare Persönlichkeit, weshalb deren Schutz besonders bedeutsam ist. Dies gilt, obwohl die Behörden besagte Daten vorwiegend dazu verwenden, um den betroffenen Personen Leistungen zu gewähren (vgl. dazu BOTSCHAFT PERSONENDATEN IN DEN SOZIALVERSICHERUNGEN, 258 ff.; RUBIN, 763).

II. Anforderungen an die Bearbeitung von Personendaten

1. Gliederung und Grundsätze

5 Die allgemeine Bestimmung über das Bearbeiten von Personendaten sind in sämtlichen Erlassen ähnlich aufgebaut (BOTSCHAFT PERSONENDATEN IN DEN SOZIALVERSICHERUNGEN, 262, 271 f.). Durch die Überschrift *«Bearbeiten von Personendaten»* wird ein direkter Konnex zum DSG geschaffen, wo die allge-

meinen Grundsätze und die datenschutzrechtlichen Definitionen zu finden sind (vgl. Kommentierung zu Art. 33 N 10 sowie unten N 11 ff.; BOTSCHAFT PERSONENDATEN IN DEN SOZIALVERSICHERUNGEN, 262).

Die Bestimmung über die Bearbeitung von Personendaten hält eingangs in allgemeiner Form fest, welche Organe zu welchem Zweck zur Bearbeitung befugt sind. Gleichzeitig wird die Art der bearbeiteten Daten in Verbindung zum damit verfolgen Zweck gebracht (BOTSCHAFT PERSONENDATEN IN DEN SOZIALVERSICHERUNGEN, 263). Die Bestimmung erfasst jedoch nicht nur die direkte Bearbeitung durch das Organ selbst. Die Wendung *«bearbeiten zu lassen»* ermöglicht auch den Beizug Dritter. Gemäss DSG 16 I verbleibt jedoch die Verantwortung für den Schutz der Daten beim Organ, das zur Erfüllung seiner Aufgabe den Dritten beizieht (so auch VDSG 2 II und III; BOTSCHAFT PERSONENDATEN IN DEN SOZIALVERSICHERUNGEN, 263; WEISUNG SECO, 172; vgl. hierzu ferner EPINEY/ FASNACHT, § 10 N 34 ff.).

Durch die Zweckbindung beschränkt das Datenschutzrecht die Erhebung und Bearbeitung von Personendaten durch die Organe auf das, was zur Erfüllung derer Aufgaben notwendig ist (Gleiches gilt für die private Arbeitsvermittlung und den Personalverleih, vgl. dazu FLÜTSCH, 197 ff., 202). Diese Beschränkung gilt wegen des Verhältnismässigkeitsprinzips insbesondere für den Umfang und die Weitergabe sowie für die Dauer der Aufbewahrung (BOTSCHAFT PERSONENDATEN IN DEN SOZIALVERSICHERUNGEN, 263; vgl. dazu BGE 131 II 413, E. 2.5; RUBIN, 763 f.).

2. Allgemeine Personendaten und Persönlichkeitsprofile

a. Adressatenkreis (Abs. 1)

AVG 33a I 1. HS. befähigt jene Organe, die *«mit der Durchführung sowie mit der Kontrolle oder Beaufsichtigung der Durchführung»* betraut sind zur Bearbeitung von Personendaten. Die Formulierung ist sehr allgemein gehalten, was eine grosszügige Auslegung der befugten Organe erlaubt.

Teleologisch müssen damit sämtliche an der Arbeitsvermittlung beteiligten oder beigezogenen **Behörden und Organisationen** gemeint sein. Der Datenschutz soll zwar die Persönlichkeitsrechte der betroffenen Personen schützen, jedoch soll gleichwohl eine Optimierung der Arbeitsvermittlung durch institutionelle Zusammenarbeit sowie auch durch Beizug Dritter möglich bleiben. Dies zeigt sich insbesondere daran, dass die befugten Organe die Daten auch bearbeiten lassen können (vgl. oben N 6). Vollzieht eine kantonale Stelle Bundesrecht und besteht seitens des kantonalen Rechts kein angemessener Datenschutz, so gelten die bundesrechtlichen Datenschutzbestimmungen auch für dieses kantonale Organ (37 I, DSG WEISUNG SECO, 172).

10 Die Definition der datenschutzrechtlichen Begriffsverwendungen in den Spezialgesetzen lässt sich dem DSG selbst entnehmen (vgl. N 5). Mit *«bearbeiten»* ist folglich *«jeder Umgang mit Personendaten, unabhängig von den angewandten Mitteln und Verfahren, insbesondere das Beschaffen, Aufbewahren, Verwenden, Umarbeiten, Bekanntgeben, Archivieren oder Vernichten von Daten»* gemeint (DSG 3 lit. e). Entsprechend dem Wortlaut ist die in der Definition enthaltene Aufzählung lediglich beispielhaft und nicht abschliessend zu verstehen.

11 Aus dem Gesagten ergibt sich, dass jedes Organ, welches bei der Erfüllung seiner Aufgaben mit Personendaten in Kontakt gerät, den Datenschutzbestimmungen unterliegt. Ohnehin wird der Datenschutz nicht dadurch optimal umgesetzt, dass der Adressatenkreis künstlich eng gehalten wird. Vielmehr erscheint es dem Schutzzweck dienlich, **jede in die Arbeitsvermittlung involvierte Stelle direkt** den datenschutzrechtlichen Bestimmungen zu unterwerfen. Die allgemein gehaltene Formulierung kann aus diesem Blickwinkel begrüsst werden. Gleiches gilt für die weitgreifende Definition des Begriffs *«bearbeiten»*.

b. Personendaten und Persönlichkeitsprofile

12 DSG 3 lit. a definiert **Personendaten** als *«alle Angaben, die sich auf eine bestimmte oder bestimmbare Person beziehen»*. Angaben stellen alle Informationen dar, die Kenntnisse festhalten oder vermitteln, ungeachtet dessen, ob es sich dabei um Tatsachenbehauptungen oder Werturteile handelt (BSK-BELSER, Art. 3 N 5; eingehend auch ROSENTHAL, Art. 3 N 1 ff.). Ebenfalls unbedeutend ist, welches Medium die Daten trägt (ROSENTHAL, Art. 3 N 11; BSK-BELSER, Art. 3 N 5). Entscheidend ist lediglich, dass sich die Daten einer oder mehreren **bestimmten Personen zuordnen** lassen (ROSENTHAL, Art. 3 N 13; BSK-BELSER, Art. 3 N 5). Keine schutzwürdigen Personendaten im datenschutzrechtlichen Sinn sind somit anonymisierte Angaben, die etwa zu statistischen Zwecken erhoben werden und keinen Rückschluss auf konkrete Personen zulassen (i.d.S. auch ROSENTHAL, Art. 3 N 3).

13 Demgegenüber bezeichnet ein **Persönlichkeitsprofil** *«eine Zusammenstellung von Daten, die eine Beurteilung wesentlicher Aspekte der Persönlichkeit einer natürlichen Person erlaubt»* (DSG 3 lit. d). Persönlichkeitsprofile sind damit Sammlungen von mehreren, zwar nicht zwingend besonders schützenswerter Personendaten über eine bestimmte Person, die aber in ihrer Kombination deren Persönlichkeit abzeichnen, woraus ein **besonderes Risiko** für die Persönlichkeit resultiert (BELSER/NOUREDDINE, § 7 N 45 f.; ROSENTHAL, Art. 3 N 56 f.; BSK-BELSER, Art. 3 N 20 f.). Ein solches Abbild einer Person birgt insbesondere die Gefahr, dass ihr die Kontrolle über ihre gesellschaftliche Darstellung entzogen wird (BSK-BELSER, Art. 3 N 20).

Als betroffen gelten sowohl natürliche als auch juristische Personen, sofern über 14
diese Daten bearbeitet werden (DSG 3 lit. b; BELSER/NOUREDDINE, § 7 N 42).
Weil der Persönlichkeitsschutz keine natürliche Eigenschaft des Menschen voraussetzt, verfügen auch juristische Personen über eine schützenswerte Persönlichkeit. Daraus ergibt sich die Notwendigkeit, dass im Datenschutzrecht eine **Gleichstellung zwischen natürlichen und juristischen Personen** erfolgt (BSK-BELSER, Art. 3 N 7). Diese findet allerdings ihre Grenze bei den Persönlichkeitsprofilen, die sich gemäss Wortlaut ausschliesslich auf natürliche Personen beschränken (DSG 3 lit. d; vorne N 13; ROSENTHAL, Art. 3 N 41, N 60; BSK-BELSER, Art. 3 N 5, N 23).

c. Zweckbindung (Abs. 1 lit. a–f)

AVG 33a I enthält mit lit. a–f eine Liste typischer Aufgaben, die sich den 15
Organen der Arbeitsvermittlung typischerweise stellen (BOTSCHAFT PERSONENDATEN IN DEN SOZIALVERSICHERUNGEN, 263). Diese Aufzählung ist **nicht abschliessend**. Die Befugnis zur Bearbeitung von Personendaten und Persönlichkeitsprofilen ist jedoch stets an die Bedingung der Erfüllung der übertragenen Aufgaben gebunden. Diese Zweckbindung limitiert die gesetzliche Grundlage des Umgangs mit Personendaten auf den für die Arbeitsvermittlung notwendigen Rahmen.

3. Besonders schützenswerte Personendaten (Abs. 2, AVV 55)

Gemäss DSG 3 lit. c Ziff. 1–4 sind die Personendaten besonders schüt- 16
zenswert, wenn diese Angaben enthalten über:

- *«die religiösen, weltanschaulichen, politischen oder gewerkschaftlichen Ansichten oder Tätigkeiten,»*
- *«die Gesundheit, die Intimsphäre oder die Rassenzugehörigkeit»*,
- *«Massnahmen der sozialen Hilfe»*,
- *«administrative oder strafrechtliche Verfolgungen und Sanktionen»*.

Diese Daten betreffen zwar allgemein intimere Bereiche der Persönlichkeit, weshalb sie grundsätzlich in besonderem Masse Schutz bedürfen. Deren abschliessende Aufzählung in DSG 3 lit. c ist jedoch formeller Natur (zur Kritik hieran vgl. ROSENTHAL, Art. 3 N 42). Folglich ergibt sich, dass für deren Klassifikation als besonders schützenswerte Daten irrelevant ist, ob der Bearbeiter oder die Betroffene diese Daten als tatsächlich heikel erachten (BELSER/NOUREDDINE, § 7 N 44; BSK-BELSER, Art. 3 N 11 f.).

Die Bearbeitung von besonders schützenswerten Personendaten bedarf grundsätz- 17
lich einer **formellen Gesetzesgrundlage** (DSG 17 II; WEISUNG SECO, 173).

AVG 33a II schafft zwar eine solche Grundlage, schränkt die Bearbeitung jedoch gleichzeitig ein. Daten über die Gesundheit und die Religionszugehörigkeit dürfen demgemäss bearbeitet werden, wenn diese für die Vermittlung notwendig sind (AVG 33a II lit. a). Ferner wird den Arbeitsvermittlungsbehörden gestattet, Daten über verfügte oder vorgesehene AVIG-Massnahmen zu bearbeiten, sofern diese Daten direkt die Leistungen der ALV beeinflussen (AVG 33a II lit. b).

18 Aus dem Gesundheitszustand können sich Einschränkungen für die Arbeitsvermittlung ergeben. Bspw. kann etwa ein bestehendes Rückenleiden des Stellensuchenden Probleme verursachen, wenn bei einer offenen Stelle das Tragen schwerer Lasten erforderlich ist. Ähnliches gilt für die Religionszugehörigkeit. Aus dieser können sich etwa Bekleidungsvorschriften ergeben, die mit den Sicherheitsrichtlinien eines Einsatzbetriebs kollidieren. Eine erfolgreiche Arbeitsvermittlung erfordert deshalb die Erfassung und Kenntnis solcher Fakten (s. auch RUBIN, 764 f.; WEISUNG SECO, 173, mit weiteren Bsp.).

19 Die Bearbeitung der sensiblen Daten steht ferner unter der Bedingung der Erforderlichkeit für die Vermittlung. Das hierin verkörperte Verhältnismässigkeitsprinzip verlangt also, dass die Informationen für eine erfolgreiche Vermittlung *«unbedingt»* notwendig sind (WEISUNG SECO, 173). Die Zweckbindung gebietet ferner, die Daten ausschliesslich für diesen Zweck zu bearbeiten. Zudem verlangt der *«Grundsatz der Richtigkeit»* von den Arbeitsvermittlungsbehörden eine hinreichende Abklärung der Daten auf deren Wahrheitsgehalt (DSG 5; Art. 33 N 10; ROSENTHAL, Art. 5 N 4). Wie weit ein Datenbearbeiter zur Abklärung der Richtigkeit verpflichtet ist, hängt vom Einzelfall ab und richtet sich nach dem Zweck der Bearbeitung, dem Grad der Veröffentlichung sowie der Sensitivität der entsprechenden Daten (EPINEY, § 9 N 48; BSK-MAURER-LAMBROU, Art. 5 N 12). Es kann jedoch als Richtwert gefordert werden, dass die besonders schützenswerten Personendaten grundsätzlich entweder durch schriftliche Belege gesichert sind oder von der betroffenen Person selbst mitgeteilt wurden (WEISUNG SECO, 173; vgl. hierzu auch FLÜTSCH, 201).

20 Beachtlich erscheint in diesem Zusammenhang, dass es den Arbeitsvermittlungsbehörden untersagt ist, privaten Arbeitsvermittlern aus dem Informationssystem Daten im Sinne von AVG 33a II zur Verfügung zu stellen (AVV 55).

Art. 34

Schweigepflicht	Personen, die an der Durchführung, der Kontrolle oder an der Beaufsichtigung der öffentlichen Arbeitsvermittlung beteiligt sind, müssen die Angaben über Stellensuchende, Arbeitgeber und offene Stellen gegenüber Dritten geheim halten.
Obligation de garder le secret	Les personnes qui participent aux activités, au contrôle ou à la surveillance du service public de l'emploi sont tenues de garder le secret à l'égard des tiers sur les indications concernant les demandeurs d'emploi, les employeurs et les places vacantes.
Obbligo del segreto	Le persone incaricate di svolgere, controllare o sorvegliare l'attività del servizio pubblico di collocamento devono mantenere il segreto nei confronti di terzi riguardo ai dati relativi alle persone in cerca di lavoro, ai datori di lavoro e ai posti vacanti.

Inhaltsübersicht Note Seite
I. Erlass und Änderung 1 185
II. Inhalt und Umfang Geheimhaltungspflicht 4 186

I. Erlass und Änderung

Der anlässlich der Revision von 1989 neu eingeführte AVG 34 regelte 1 neben der Schweigepflicht auch die Auskunftserteilung (vgl. aAVG 34). Die Einführung einer allgemeinen Schweigepflicht seitens der öffentlichen Arbeitsvermittlung war zentral und sollte «*den Anliegen des Datenschutzes Rechnung*» tragen (BOTSCHAFT REV. AVG, 628; s. auch RITTER, JAR 1991, 61). Durch Inanspruchnahme der öffentlichen Arbeitsvermittlung setzen sowohl Stellensuchende als auch Arbeitgeber ihr Vertrauen in die Behörde. Dieses soll nicht dadurch gebrochen werden, dass die für die Vermittlung gesammelten Daten beliebig an andere Behörden oder Dritte weitergegeben werden (BOTSCHAFT REV. AVG, 628; RITTER, 170).

In Abs. 2 regelte das aAVG von 1989 die Auskunftserteilung an andere Behörden. 2 Abs. 3 setzte die gesetzliche Grundlage für eine einzelfallweise Datenweitergabe durch das BIGA (heute SECO). Abs. 4 verlangte die Einwilligung der betroffenen Personen, sofern deren Daten ohne vorgängige Anonymisierung an Private weitergegeben werden sollten (vgl. hierzu BOTSCHAFT REV. AVG, 628; RITTER, 171 f.; ferner nachfolgend Art. 34a N 2 ff.). Lediglich für die einzelfallweise Datenweitergabe bestand eine formalgesetzliche Grundlage, die jedoch inhaltlich nicht hinreichend bestimmt war. Das aAVG von 1989 ermächtigte den

Bundesrat zur Regelung des diesbezüglichen Datenschutzes auf Verordnungsstufe (kritisch dazu REHBINDER, 89 f.).

3   Zumal bei der Arbeitsvermittlung sensible Personendaten bearbeitet und dabei u.U. weitergegeben werden, genügt die verordnungsweise Normierung des Datenschutzes nicht den Anforderungen des DSG (DSG 17 i.V.m. DSG 19; BOTSCHAFT PERSONENDATEN IN DEN SOZIALVERSICHERUNGEN, 261 f.; FLÜTSCH, 203). Die Regelung sowohl des Grundsatzes als auch der Ausnahmen hätte jeden vernünftigen Rahmen für AVG 34 gesprengt. Die Norm wurde deshalb aufgespalten und sachgerecht in einzelne, neu geschaffene Bestimmungen unterteilt. Folglich wurden die Abs. 2–4 gestrichen und lediglich die Schweigepflicht in AVG 34 belassen (ÄNDERUNG AVG 2000, 2745 ff.). Die Änderung hat zwar materiell keinen Einfluss auf die Geheimhaltungspflicht. Der Wortlaut orientiert sich aber an ATSG 33 und führt damit zu einer Vereinheitlichung mit sämtlichen sozialversicherungsrechtlichen Bestimmungen zur Schweigepflicht (BOTSCHAFT PERSONENDATEN IN DEN SOZIALVERSICHERUNGEN, 262).

II. Inhalt und Umfang Geheimhaltungspflicht

4   Die Schweigepflicht soll die **Bekanntgabe von Personendaten an Dritte verhindern** (DSG 19 IV lit. b), falls nicht ein Ausnahmetatbestand diese erlaubt (BOTSCHAFT PERSONENDATEN IN DEN SOZIALVERSICHERUNGEN, 261; JÖHRI, Art. 19 N 1 ff.; zum Schutzzweck der Geheimhaltungspflicht s. ROSENTHAL, Art. 35 N 1 f.; auch BSK-RAMPINI, Dritter Abschnitt N 2 f.). Nach dem Wortlaut von AVG 34 haben sämtliche Personen, die an der Durchführung, der Kontrolle oder an der Beaufsichtigung der öffentlichen Arbeitsvermittlung beteiligt sind, die Angaben über Stellensuchende, Arbeitgeber und offene Stellen gegenüber Dritten geheim zu halten. AVV 48d III weitet den Anwendungskreis von AVG 34 auf paritätische Organe oder von diesen beauftragte Stellen aus, die gemäss AVG 20 II aus allgemein verbindlich erklärten Gesamtarbeitsverträgen zur Kontrolle von Verleihern zuständig sind. Gleichzeitig wird das paritätische Organ oder die beauftragte Stelle verpflichtet, nicht geringfügige Verstösse dem kantonalen Arbeitsamt zu melden (AVV 48d III).

5   *«Beteiligt»* im Sinne von AVG 34 sind sämtliche Mitarbeitenden der öffentlichen Arbeitsvermittlung sowie auch externe Personen, welchen die Datenbearbeitung übertragen wurde (BOTSCHAFT PERSONENDATEN IN DEN SOZIALVERSICHERUNGEN, 264). Als *«Dritte»* gelten demgegenüber insbesondere die privaten Arbeitsvermittler (WEISUNG SECO, 174). Das SECO betont zudem, dass die Vollzugsstellen der kantonalen Arbeitslosenhilfe nicht Dritte im Sinne von AVG 34 seien. Hieraus wäre zu schliessen, dass ihnen gegenüber keine Geheimhaltungspflicht bestünde. Dies ergibt sich so nicht aus dem Gesetzestext oder den Materialien und ist zumindest nicht offenkundig, weil es sich dabei um eigenständige Behör-

den handelt, deren Aufgaben sich lediglich in einem Teilbereich mit jenem der öffentlichen Arbeitsvermittler überschneiden. Ob diese Amtsstellen als Dritte anzusehen sind, kann jedoch offenbleiben, denn sie unterliegen einem Ausnahmetatbestand des AVIG. Die allgemeine Schweigepflicht gilt nämlich nicht zwischen den Organen, die mit der Durchführung, der Kontrolle oder der Beaufsichtigung der Durchführung des AVIG betraut sind, sofern dem kein überwiegendes Privatinteresse entgegensteht (AVIG 97 I; RUBIN, 768 f.).

Die Schweigepflicht findet ihre Grenze dort, wo die Behörden der öffentlichen Arbeitsvermittlung zur Erfüllung ihrer Aufgaben **Spezialisten** beiziehen; als Bsp. sei an die Konsultation eines Vertrauensarztes zu denken (RITTER, 170). Hierbei wird der Datenschutz jedoch nahtlos gewährt, weil die beigezogenen Fachkräfte ihrerseits an der öffentlichen Arbeitsvermittlung «*beteiligt*» und damit der Schweigepflicht unterworfen sind (BOTSCHAFT PERSONENDATEN IN DEN SOZIALVERSICHERUNGEN, 264; WEISUNG SECO, 174; REHBINDER, 90).

Die Schweigepflicht umfasst neben der Geheimhaltung auch den hinreichenden **Schutz vor Einsichtnahme** durch Dritte. Schriftliche und insbesondere elektronische Daten sind deshalb wirksam gegen die Kenntnisnahme durch Dritte zu schützen (vgl. hierzu MEIER, N 776 ff., N 791, N 798 ff.; sowie EPINEY, § 9 N 50 ff., N 56 f.). Falsche oder nicht mehr benötigte Daten sind entsprechend auf geeignete Weise zu vernichten (Grundsatz der Richtigkeit, der Verhältnismässigkeit sowie Treu und Glauben; s. auch WEISUNG SECO, 174).

Für die **Datenaufbewahrung** gelten die in AVIV 125 für die Arbeitslosenkassen gesetzten Vorschriften entsprechend. Gleiches gilt für die kantonalen Arbeitsämter und die RAV (AVIV 125 VIII; WEISUNG SECO, 174).

Art. 34*a*

Datenbekanntgabe
¹ Sofern kein überwiegendes Privatinteresse entgegensteht, dürfen Daten im Einzelfall und auf schriftliches und begründetes Gesuch hin bekannt gegeben werden an:
a. die Organe der Invalidenversicherung, wenn sich eine Pflicht zur Bekanntgabe aus dem Bundesgesetz vom 19. Juni 1959 über die Invalidenversicherung ergibt;
b. Sozialhilfebehörden, wenn sie für die Festsetzung, Änderung oder Rückforderung von Leistungen beziehungsweise für die Verhinderung ungerechtfertigter Bezüge erforderlich sind;
c. Zivilgerichte, wenn sie für die Beurteilung eines familien- oder erbrechtlichen Streitfalles erforderlich sind;
d. Strafgerichte und Strafuntersuchungsbehörden, wenn sie für die Abklärung eines Verbrechens oder eines Vergehens erforderlich sind;
e. die Kindes- und Erwachsenenschutzbehörden nach Artikel 448 Absatz 4 des Zivilgesetzbuchs.

² Sofern kein überwiegendes Privatinteresse entgegensteht, dürfen Daten bekanntgegeben werden an:
a. andere mit der Durchführung sowie der Kontrolle oder der Beaufsichtigung der Durchführung dieses Gesetzes betrauten Organe, wenn sie für die Erfüllung der ihnen nach diesem Gesetz übertragenen Aufgaben erforderlich sind;
b. Organe einer Sozialversicherung, wenn sich eine Pflicht zur Bekanntgabe aus einem Bundesgesetz ergibt;
c. Organe der Bundesstatistik, nach dem Bundesstatistikgesetz vom 9. Oktober 1992;
d. Strafuntersuchungsbehörden, wenn es die Anzeige oder die Abwendung eines Verbrechens erfordert.

³ Daten, die von allgemeinem Interesse sind und sich auf die Anwendung dieses Gesetzes beziehen, dürfen veröffentlicht werden. Die Anonymität der Stellensuchenden und der Arbeitgeber muss gewahrt bleiben.

⁴ In den übrigen Fällen dürfen Daten an Dritte wie folgt bekannt gegeben werden:
a. nicht personenbezogene Daten, sofern die Bekanntgabe einem überwiegenden Interesse entspricht;
b. Personendaten, sofern die betroffene Person im Einzelfall schriftlich eingewilligt hat oder, wenn das Einholen der Einwilligung nicht möglich ist, diese nach den Umständen als im Interesse des Stellensuchenden vorausgesetzt werden darf.

⁵ Es dürfen nur die Daten bekannt gegeben werden, welche für den in Frage stehenden Zweck erforderlich sind.

⁶ Der Bundesrat regelt die Modalitäten der Bekanntgabe und die Information der betroffenen Person.

⁷ **Die Datenbekanntgabe erfolgt in der Regel schriftlich und kostenlos. Der Bundesrat kann die Erhebung einer Gebühr vorsehen, wenn besonders aufwendige Arbeiten erforderlich sind.**

Communication de données

¹ Dans la mesure où aucun intérêt privé prépondérant ne s'y oppose, des données peuvent être communiquées, dans des cas d'espèce et sur demande écrite et motivée:
a. aux organes de l'assurance-invalidité, lorsqu'il existe une obligation de les communiquer en vertu de la loi fédérale du 19 juin 1959 sur l'assurance-invalidité;
b. aux autorités compétentes en matière d'aide sociale, lorsqu'elles leur sont nécessaires pour fixer ou modifier des prestations, en exiger la restitution ou prévenir des versements indus;
c. aux tribunaux civils, lorsqu'elles leur sont nécessaires pour régler un litige relevant du droit de la famille ou des successions;
d. aux tribunaux pénaux et aux organes d'instruction pénale, lorsqu'elles leur sont nécessaires pour établir les faits en cas de crime ou de délit;
e. aux autorités de protection de l'enfant et de l'adulte visées à l'art. 448, al. 4, du code civil;

² Dans la mesure où aucun intérêt privé prépondérant ne s'y oppose, des données peuvent être communiquées:
a. aux autres organes chargés d'appliquer la présente loi ou d'en contrôler ou surveiller l'exécution, lorsqu'elles sont nécessaires à l'accomplissement des tâches que leur assigne cette loi;
b. aux organes d'une assurance sociale, lorsque l'obligation de les communiquer résulte d'une loi fédérale;
c. aux organes de la statistique fédérale, conformément à la loi du 9 octobre 1992 sur la statistique fédérale;
d. aux autorités d'instruction pénale, lorsqu'il s'agit de dénoncer ou de prévenir un crime.

³ Les données d'intérêt général qui se rapportent à l'application de la présente loi peuvent être publiées. L'anonymat des demandeurs d'emploi et des employeurs doit être garanti.

⁴ Dans les autres cas, des données peuvent être communiquées à des tiers:
a. s'agissant de données non personnelles, lorsqu'un intérêt prépondérant le justifie;
b. s'agissant de données personnelles, lorsque la personne concernée y a, en l'espèce, consenti par écrit ou, s'il n'est pas possible d'obtenir son consentement, lorsque les circonstances permettent de présumer qu'il en va de l'intérêt du demandeur d'emploi.

⁵ Seules les données qui sont nécessaires au but en question peuvent être communiquées.

⁶ Le Conseil fédéral règle les modalités de la communication et l'information de la personne concernée.

⁷ Les données sont communiquées en principe par écrit et gratuitement. Le Conseil fédéral peut prévoir la perception d'émoluments pour les cas nécessitant des travaux particulièrement importants.

Art. 34a	
Comunicazione di dati	¹Purché nessun interesse privato preponderante vi si opponga, in singoli casi e su richiesta scritta e motivata i dati possono essere comunicati: a. agli organi dell'assicurazione per l'invalidità, qualora un obbligo in tal senso sia sancito dalla legge federale del 19 giugno 1959 sull'assicurazione per l'invalidità; b. alle autorità d'assistenza sociale, qualora ne necessitino per determinare o modificare prestazioni, chiederne la restituzione o prevenire pagamenti indebiti; c. ai tribunali civili, qualora ne necessitino per decidere di una controversia relativa al diritto di famiglia o successorio; d. ai tribunali penali e alle autorità istruttorie penali, qualora ne necessitino per accertare un crimine o un delitto; e. alle autorità di protezione dei minori e degli adulti, conformemente all'articolo 448 capoverso 4 del Codice civile. ²Purché nessun interesse privato preponderante vi si opponga, i dati possono essere comunicati: a. ad altri organi incaricati di applicare la presente legge, nonché di controllarne o sorvegliarne l'esecuzione, qualora ne necessitino per adempiere gli obblighi conferiti loro dalla presente legge; b. agli organi di altre assicurazioni sociali, qualora l'obbligo di comunicazione sia sancito da una legge federale; c. agli organi della statistica federale, conformemente alla legge federale del 9 ottobre 1992 sulla statistica federale; d. alle autorità istruttorie penali, qualora sia necessario per denunciare o impedire un crimine. ³I dati d'interesse generale in relazione all'applicazione della presente legge possono essere pubblicati. L'anonimato delle persone in cerca di lavoro e dei datori di lavoro è garantito. ⁴Negli altri casi i dati possono essere comunicati a terzi alle condizioni seguenti: a. per i dati non personali: se la comunicazione è giustificata da un interesse preponderante; b. per i dati personali: se, nel caso specifico, la persona interessata ha dato il suo consenso scritto o, qualora non sia possibile ottenerlo, le circostanze permettono di presumere che la comunicazione dei dati sia nell'interesse della persona in cerca di lavoro. ⁵Possono essere comunicati solo i dati necessari per l'obiettivo perseguito. ⁶Il Consiglio federale disciplina le modalità di comunicazione e d'informazione della persona interessata. ⁷I dati sono di norma comunicati per scritto e gratuitamente. Il Consiglio federale può prevedere la riscossione di un emolumento qualora sia necessario un particolare dispendio di lavoro.

Inhaltsübersicht

		Note	Seite
I.	Entwicklung der Bestimmung	1	191
	1. Entstehung	1	191
	2. Datenbekanntgabe gemäss aAVG und aAVV	2	191
	3. Erlass von AVG 34a	5	192
	4. Nachfolgende Änderungen	6	193
II.	Datenbekanntgabe durch die Arbeitsvermittlungsbehörden	8	193
	1. Gesetzliches Konzept	8	193
	2. Bekanntgabe auf Gesuch hin (Abs. 1)	10	193
	3. Unaufgeforderte Bekanntmachung (Abs. 2)	16	194
	4. Veröffentlichung (Abs. 3)	21	195
	5. Übrige Fälle (Abs. 4, AVV 57)	22	195
	6. Sachliche Einschränkung der Bekanntgabe (Abs. 5)	25	196
	7. Modalitäten der Bekanntgabe (Abs. 6, AVV 58)	26	196
	8. Gebühren (Abs. 7, AVV 57a)	27	197

I. Entwicklung der Bestimmung

1. Entstehung

AVG 34a gehört zu jenen Normen, die am 23. Juni 2000 anlässlich der Harmonisierung des Datenschutzes neu ins AVG aufgenommen wurden (Art. 33a N 1; Art. 33 N 9 ff.; ÄNDERUNG AVG 2000, 2744; BOTSCHAFT PERSONENDATEN IN DEN SOZIALVERSICHERUNGEN, 271 f.). Die geregelte Thematik ist dem AVG indes nicht völlig neu, denn es bestehen gewisse Überschneidungen mit aAVG 34 II–IV. Betreffend die Regelungsdichte lassen sich diese jedoch kaum mit dem heute geltenden Gesetzestext vergleichen. Insbesondere begnügte sich das aAVG weitgehend mit Delegationsvorschriften und überliess die eigentlichen Datenschutzfragen somit grösstenteils dem Verordnungsgeber.

1

2. Datenbekanntgabe gemäss aAVG und aAVV

Die Botschaft aus dem Jahr 1985 betont, dass sich *«die Notwendigkeit einer engen Zusammenarbeit»* mit den Vollzugsbehörden der ALV sich insbesondere aus dem *«Gesetzeszweck des AVG»* ergebe, ziele dieses doch primär auf die *«Verhinderung von Arbeitslosigkeit»* ab (BOTSCHAFT REV. AVG, 628). Die basierend auf diese Überlegung erlassene Regelung aAVG 34 II beauftragte den Bundesrat mit der Normsetzung zur Weitergabe von Daten durch das BIGA und die Arbeitsämter an die Stellen der ALV und IV sowie an die Fürsorgebehörden. Als einzige bereits im formellen Gesetz genannte Voraussetzung fand die Aufgabenerfüllung der genannten Behörden als **Zweck der Weitergabe** Erwähnung. Die

2

Ausführungsbestimmung legte darüber hinaus fest, dass den zuständigen Organen der ALV, der IV und der Fürsorgebehörde sowie den Gerichten und Aufsichtsbehörden auf Anfrage Auskünfte und Unterlagen abgegeben wurden (aAVV 57 II lit. a–d; RITTER, 171; REHBINDER, 90).

3   aAVG 34 III sollte die gesetzliche Grundlage für eine Datenweitergabe im Einzelfall schaffen (BOTSCHAFT REV. AVG, 628). Voraussetzung für die Weitergabe an Private oder andere als die in Abs. 2 genannten Stellen war das Fehlen eines entgegenstehenden, schutzwürdigen Interesses. Die Regelung der Einzelheiten wurde jedoch wiederum dem Bundesrat überlassen (BOTSCHAFT REV. AVG, 628). Eine Umsetzung dieser Kompetenz auf Verordnungsstufe fand jedoch nicht statt (RITTER, 171; REHBINDER, 90 f.).

4   Abgesehen von der in Abs. 3 erlaubten Weitergabe, setzte eine solche an Private stets die **Einwilligung der betroffenen Person** voraus (aAVG 34 IV). Ausgenommen hiervon war jedoch die Veröffentlichung anonymisierter Daten (BOTSCHAFT REV. AVG, 628; RITTER, 172; REHBINDER, 91, betont, dass hierbei der Grundsatz der Gegenseitigkeit habe gelten müssen). Das Gesetz wie auch die Verordnung schwieg sich darüber aus, ob die Einwilligung der betroffenen Person ausdrücklich erfolgen musste oder ob auch eine konkludente Zustimmung ausreichte. Die Lehre legte die Bestimmung mit Blick auf die Voraussetzungen von aAVG 18 III, 19 IV und 47 IV dahingehend aus, dass lediglich eine ausdrückliche Zustimmung als Einwilligung gewertet werden sollte (REHBINDER, 91; zustimmend RITTER, 171).

3.   Erlass von AVG 34a

5   Die Notwendigkeit der Datenbekanntgabe ergibt sich aus der Zusammenarbeit der Behörden. DSG 19 I i.V.m. 17 I verlangt für die Datenbekanntgabe grundsätzlich eine gesetzliche Grundlage (vgl. auch Art. 33a N 3 f.). Die Bekanntgabe von schützenswerten Personendaten und von Persönlichkeitsprofilen muss sich dabei auf ein **Gesetz im formellen Sinn** stützen (AVG 19 III i.V.m. 17 II; BOTSCHAFT PERSONENDATEN IN DEN SOZIALVERSICHERUNGEN, 257; vgl. BSK-JÖHRI/STUDER, Art. 19 N 17 f.). Die bisherigen Regelungen konnten diesen Voraussetzungen nicht gerecht werden (BOTSCHAFT PERSONENDATEN IN DEN SOZIALVERSICHERUNGEN, 259). Der Terminus *«Datenbekanntgabe»* lehnt sich an den Wortlaut des DSG an (BOTSCHAFT PERSONENDATEN IN DEN SOZIALVERSICHERUNGEN, 262). Inhaltlich orientierte sich der Gesetzgeber an den vorbestehenden Verordnungsnormen zu den Ausnahmen von der allgemeinen Schweigepflicht (BOTSCHAFT PERSONENDATEN IN DEN SOZIALVERSICHERUNGEN, 262).

4. Nachfolgende Änderungen

Seitdem AVG 34a am 1. Januar 2001 in Kraft trat, ergab sich lediglich eine Änderung. Mit dem Anhang Ziff. 25 zur Änderung des ZGB betreffend den Erwachsenenschutz, das Personenrecht und das Kindesrecht wurde AVG 34a I lit. e in den Gesetzestext aufgenommen. Die Bestimmung trat am 1. Januar 2013 in Kraft (ÄNDERUNG ZGB 2008, 725; BOTSCHAFT ZGB 2006, 7001 ff.).

Die Aufnahme der Kindes- und Erwachsenenschutzbehörden in den Katalog von AVG 34a I war insbesondere deshalb wichtig, weil die in den Sozialversicherungen erhobenen Daten sich in Kindes- und Erwachsenenschutzverfahren als hilfreich erweisen können. Die Schaffung von AVG 34a I lit. e ermöglicht, als **Ausnahme zur allgemeinen Geheimhaltungspflicht** im **Einzelfall Amtshilfe** nach ZGB 448 IV zu leisten (zum Ganzen BOTSCHAFT ZGB 2006, 7118; STECK, Art. 448 N 42 ff.).

II. Datenbekanntgabe durch die Arbeitsvermittlungsbehörden

1. Gesetzliches Konzept

Gemäss DSG 3 lit. f gilt als Bekanntgeben jede Art des *«Zugänglichmachens von Personendaten wie das Einsichtgewähren, Weitergeben oder Veröffentlichen».* Irrelevant ist, **in welcher Form** die Daten an Dritte bekanntgegeben werden; es genügt deshalb auch eine rein mündliche Information, wie auch konkludentes Verhalten (vgl. dazu WALDMANN/BICKEL, § 12 N 85 ff.; ROSENTHAL, Art. 3 N 75 ff.; JÖHRI, Art. 19 N 4; BSK-BELSER, Art. 3 N 30; BSK-JÖHRI/ STUDER, Art. 19 N 7). Der Aufbau der Bestimmung zur Datenbekanntgabe gliedert sich in sämtlichen sozialversicherungsrechtlichen Normen ähnlich (BOTSCHAFT PERSONENDATEN IN DEN SOZIALVERSICHERUNGEN, 264). Es werden dabei grob vier **Arten der Bekanntgabe** unterschieden (WEISUNG SECO, 175):

– jene auf Gesuch hin,
– die unaufgeforderte oder beantragte Bekanntmachung,
– die Veröffentlichung von Daten und
– die übrigen Fälle.

Ausserhalb von diesen gesetzlich geregelten Fällen ist den Arbeitsvermittlungsbehörden die Datenbekanntgabe untersagt (vgl. etwa zur bisherigen Weitergabe von Daten an die Gemeindeämter WEISUNG SECO, 177).

2. Bekanntgabe auf Gesuch hin (Abs. 1)

Im **Einzelfall** und nur, wenn **kein überwiegendes Privatinteresse** entgegensteht, dürfen basierend auf einem schriftlichen und begründeten Gesuch bestimmten Organen und Behörden Daten bekannt gegeben werden (AVG 34a I; BOTSCHAFT PERSONENDATEN IN DEN SOZIALVERSICHERUNGEN, 264; RUDIN, 769, zur entsprechenden Norm AVIG 97a I lit. b).

11 Die Bekanntgabe an die Organe der Invalidenversicherung setzt zusätzlich voraus, dass sich eine diesbezügliche Pflicht aus dem IVG ergibt (AVG 34a I lit. a).

12 Den Sozialhilfebehörden können Daten bekanntgegeben werden, *«die für die Festsetzung, Änderung oder Rückforderung von Leistungen beziehungsweise für die Verhinderung ungerechtfertigter Bezüge»* notwendig sind (AVG 34a I lit. b).

13 Die Bekanntgabe an die Zivilgerichte wird auf familien- und erbrechtliche Verfahren beschränkt (AVG 34a I lit. c).

14 Strafgerichten und Strafuntersuchungsbehörden können Daten mitgeteilt werden, falls diese *«für die Abklärung eines Verbrechens oder eines Vergehens erforderlich sind»* (AVG 34a I lit. d). Die Untersuchung einer Übertretung rechtfertigt die Datenweitergabe durch die Arbeitsvermittlungsbehörden indes nicht (WEISUNG SECO, 175).

15 Betreffend das Verfahren vor der Erwachsenenschutzbehörde können die Kindes- und Erwachsenenschutzbehörden die Bekanntgabe sämtlicher notwendiger Akten verlangen, sofern kein schutzwürdiges Interesse entgegensteht (AVG 34a I lit. e i.V.m. ZGB 448 IV; vgl. oben N 6 f.).

3. Unaufgeforderte Bekanntmachung (Abs. 2)

16 Ohne dass ein Gesuch vorläge und ausserhalb von Einzelfällen dürfen an bestimmte Organe und Behörden Daten bekanntgegeben werden, sofern der Bekanntgabe **kein überwiegendes Privatinteresse entgegensteht** (AVG 34a II; BOTSCHAFT PERSONENDATEN IN DEN SOZIALVERSICHERUNGEN, 265).

17 Zum einen handelt es sich dabei um andere Organe, die *«mit der Durchführung sowie der Kontrolle oder der Beaufsichtigung der Durchführung»* des AVG betraut sind, sofern die Daten für die Erfüllung derer aus dem AVG fliessenden Aufgaben notwendig sind (AVG 34a II lit. a). Es geht also darum, eine Ausnahme zur allgemeinen Schweigepflicht zu bilden, damit Organe, die das gleiche Gesetz anwenden, nicht am Datenaustausch gehindert werden (BOTSCHAFT PERSONENDATEN IN DEN SOZIALVERSICHERUNGEN, 265). Insbesondere denkbar ist ein Wechsel in der Zuständigkeit eines RAV wegen eines Wohnsitzwechsels der stellensuchenden Person (s. hierzu WEISUNG SECO, 176).

18 Zum anderen umfasst AVG 34a II die Fälle, in denen ein Bundesgesetz eine Pflicht zur Bekanntgabe an Organe einer Sozialversicherung vorsieht. (AVG 34a II lit. b). Hierbei ist eine allgemeine Bestimmung über die **Amts- und Verwaltungshilfe**

denkbar oder aber auch eine **Spezialnorm** mit der Pflicht zur Datenbekanntgabe (BOTSCHAFT PERSONENDATEN IN DEN SOZIALVERSICHERUNGEN, 265).

Des Weiteren dürfen die Daten unaufgefordert an die Organe der **Bundesstatistik** gemäss BStatG bekanntgegeben werden (AVG 34a II lit. c). Die Bindung deren Organvertreter an das Amtsgeheimnis ergibt sich aus BStatG 14 II (BOTSCHAFT PERSONENDATEN IN DEN SOZIALVERSICHERUNGEN, 265; WEISUNG SECO, 175).

19

Die unaufgeforderte Bekanntgabe von Daten an Strafuntersuchungsbehörden setzt deren Notwendigkeit für die **Anzeige oder Abwendung eines Verbrechens** voraus (AVG 34a II lit. d). Der Vergleich mit AVG 34a I lit. d zeigt, dass ausserhalb eines Gesuchs die Weitergabe von Daten nur bei einem besonders schweren Verstoss gegen eine Strafnorm erlaubt ist. Jedoch wird dabei nicht vorausgesetzt, dass das fehlbare Verhalten bereits eingetreten ist; die Bekanntgabe ist auch zur Verhinderung eines Verbrechens erlaubt (vgl. auch BOTSCHAFT PERSONENDATEN IN DEN SOZIALVERSICHERUNGEN, 266). Obwohl die Strafbestimmungen des AVG lediglich Bussen vorsehen und somit strafrechtliche Übertretungen darstellen, schliesst AVG 34a II lit. d deren Anzeige nicht aus (WEISUNG SECO, 175).

20

4. Veröffentlichung (Abs. 3)

Die Veröffentlichung von Daten ist gemäss AVG 34a III dann erlaubt, wenn an diesen ein allgemeines Interesse besteht und sie sich auf die Anwendung des AVG beziehen. Dabei muss jedoch die **Anonymität der Stellensuchenden** sowie der Arbeitgeber gewahrt bleiben (siehe dazu BOTSCHAFT PERSONENDATEN IN DEN SOZIALVERSICHERUNGEN, 266; vgl. auch RUBIN, 769). Hierdurch erlaubt ist insbesondere die Veröffentlichung von Daten, die Rückschlüsse auf die Wirksamkeit des AVG selbst zulassen (vgl. WEISUNG SECO, 176). Zudem ermöglicht die Weitergabe von anonymisierten Listen auch die Darstellung von Werten in Statistiken. Diese Veröffentlichung findet ihre Grenze jedoch dort, wo trotz der Anonymisierung Rückschlüsse auf Personen möglich wären (Bsp. einer Arbeitslosenstatistik in einem Dorf mit wenig Einwohnern und entsprechend wenig Arbeitslosen, WEISUNG SECO, 178).

21

5. Übrige Fälle (Abs. 4, AVV 57)

Abgesehen von den vorgenannten Fällen dürfen nicht personenbezogene Daten Dritten bekanntgegeben werden, sofern dies einem **überwiegenden Interesse** entspricht (AVG 34a IV lit. a). Die Formulierung schliesst damit nicht aus, dass gewichtige Interessen für die Geheimhaltung sprechen, sofern jene für die Bekanntgabe überwiegen (s. hierzu WALDMANN/BICKEL, § 12 N 91 ff.; JÖHRI, Art. 19 N 44 ff.; BSK-JÖHRI/STUDER, Art. 19 N 92 f.). Diese Interessenabwägung

22

erfolgt durch das anwendende Organ (i.d.S. auch BOTSCHAFT PERSONENDATEN IN DEN SOZIALVERSICHERUNGEN, 266; WEISUNG SECO, 176).

23 Ausserhalb der ausdrücklichen erlaubten Datenbekanntgabe gemäss AVG 34a I–III erfordert die Weitergabe von Personendaten an Dritte grundsätzlich die **schriftliche Einwilligung** der betroffenen Person **im Einzelfall**. Falls die Einholung dieser Einwilligung nicht möglich ist, rechtfertigt sich die Bekanntgabe gleichwohl, sofern diese nach den Umständen als **im Interesse der stellensuchenden Person** vorausgesetzt werden darf (AVG 34a IV lit. b). Die BOTSCHAFT verlangt hierbei, dass *«die Umstände klar erkennen lassen, dass die betroffene Person die Bekanntgabe gutgeheissen hätte»* (BOTSCHAFT PERSONENDATEN IN DEN SOZIALVERSICHERUNGEN, 266). Es ergibt sich hieraus, dass die öffentliche Arbeitsvermittlung ohne Zustimmung der betroffenen Stellensuchenden keine Daten an private Vermittlungsstellen weitergeben darf (WEISUNG SECO, 176). Wurde im Einzelfall eine Einwilligung erteilt, dürfen Arbeitgebern nicht anonymisierte Daten nur bekannt gegeben werden, wenn diese tatsächlich über eine offene Stelle verfügen, die sich mit dem Profil der betroffenen Person deckt (i.d.S. WEISUNG SECO, 177). Hat die stellensuchende Person nicht in die Weitergabe ihrer Daten eingewilligt, ist sie auf die offene Stelle hinzuweisen (so WEISUNG SECO, 177). Selbst bei erfolgter Zustimmung ist diese zeitlich begrenzt und gilt maximal bis zur Abmeldung der betroffenen Person von der Stellenvermittlung (WEISUNG SECO, 177).

24 Im Sinne einer Präzisierung erlaubt AVV 57 den Arbeitsmarktbehörden die Bekanntgabe der von Arbeitgebern gemeldeten offenen Stellen an Stellensuchende, auch ohne deren ausdrückliche Einwilligung (hierzu auch WEISUNG SECO, 176).

6. Sachliche Einschränkung der Bekanntgabe (Abs. 5)

25 Die Bekanntgabe von Daten durch die Arbeitsvermittlungsbehörden ist nicht nur betreffend die Empfängerpersonen beschränkt. Es dürfen diesen zudem nur jene Daten bekannt gegeben werden, die für den in Frage stehenden **Zweck erforderlich** sind (AVG 34a V). Hierin manifestieren sich die allgemeinen datenschutzrechtlichen Grundsätze der Verhältnismässigkeit (DSG 4 II) und der Zweckbindung (DSG 4 III; vgl. vorne Art. 33 N 9 ff.; vgl. auch EDÖB, JAR 2002, 103, 124; WALDMANN/BICKEL, § 12 N 65, N 94; i.d.S. auch JÖHRI, Art. 19 N 13 ff.; BSK-JÖHRI/STUDER, Art. 19 N 32 f., N 36, N 44).

7. Modalitäten der Bekanntgabe (Abs. 6, AVV 58)

26 AVG 34a VI delegiert die Regelung der Modalitäten einer Bekanntgabe sowie jene zur **Information der betroffen Person** an den Bundesrat. Gemäss AVV 58 müssen Stellensuchende und Arbeitgeber über den Zweck der Informa-

tionssysteme, die bearbeiteten Daten, die regelmässigen Empfänger sowie ihre Rechte orientiert werden (AVV 58 I lit. a–c; ÄNDERUNG AVV 2000, 2903; vgl. RUBIN, 767 f., zur entsprechenden Norm AVIV 126). Zudem sind Berichtigungen, Ergänzung oder Vernichtung von Daten auch jenen Stellen mitzuteilen, welchen sie weitergegeben werden. Eine Berichtigungsmitteilung an alle Stellen, denen zuvor Daten weitergegeben worden sind, ergibt sich ohne gesetzliche Pflicht nicht bereits aus dem Richtigkeitsgrundsatz des DSG (DSG 5; ROSENTHAL, Art. 5 N 7 f.; BSK-MAURER-LAMBROU, Art. 5 N 1 ff.). Darüber hinaus sind weitere Stellen lediglich dann zu informieren, wenn die betroffene Person dies wünscht (AVV 58 IV).

8. Gebühren (Abs. 7, AVV 57a)

Grundsätzlich erfolgt die Datenbekanntgabe schriftlich und es werden dafür keine Kosten berechnet (AVG 34a VII Satz 1). Sofern jedoch mit der Bekanntgabe *«besonders aufwendige Arbeiten»* verbunden sind, ist der Bundesrat befugt, eine Gebühr dafür festzulegen (AVG 34a VII Satz 2). 27

Von dieser Kompetenz hat der Verordnungsgeber in AVV 57a Gebrauch gemacht (ÄNDERUNG AVV 2000, 2903). Folglich wird bei den übrigen Fällen der Datenbekanntgabe (AVG 34a IV) eine Gebühr erhoben, wenn dabei *«zahlreiche Kopien oder andere Vervielfältigungen oder besondere Nachforschungen»* erforderlich sind (AVV 57a I; WEISUNG SECO, 177). Deren Höhe richtet sich nach Art. 14 und 16 der Verordnung über Kosten und Entschädigungen im Verwaltungsverfahren (SR 172.041.0). Bei Veröffentlichungen nach AVG 34 III ist grundsätzlich eine kostendeckende Gebühr vorgesehen (AVV 57a II). Im Falle von Bedürftigkeit der gebührenpflichtigen Person oder Vorliegen anderer wichtiger Gründe, können diese Gebühren jedoch ermässigt oder erlassen werden (AVV 57a III). 28

Art. 34b

Akteneinsicht

¹ Sofern überwiegende Privatinteressen gewahrt bleiben, steht die Akteneinsicht zu:
a. den Stellensuchenden und den Arbeitgebern, für die sie betreffenden Daten;
b. Personen, die einen Anspruch oder eine Verpflichtung nach diesem Gesetz haben, für diejenigen Daten, die für die Wahrung des Anspruchs oder die Erfüllung der Verpflichtung erforderlich sind;
c. Personen und Institutionen, denen ein Rechtsmittel gegen eine auf Grund dieses Gesetzes erlassene Verfügung zusteht, für die zur Ausübung dieses Rechts erforderlichen Daten;
d. Behörden, die zuständig sind für Beschwerden gegen auf Grund dieses Gesetzes erlassene Verfügungen, für die zur Erfüllung dieser Aufgaben erforderlichen Daten.

² Handelt es sich um Gesundheitsdaten, deren Bekanntgabe sich für die zur Einsicht berechtigte Person gesundheitlich nachteilig auswirken könnte, so kann von ihr verlangt werden, dass sie eine Ärztin oder einen Arzt bezeichnet, die oder der ihr diese Daten bekannt gibt.

Consultation du dossier

¹ Ont le droit de consulter le dossier, dans la mesure où les intérêts privés prépondérants sont sauvegardés:
a. les demandeurs d'emploi et les employeurs, pour les données qui les concernent;
b. les personnes ayant un droit ou une obligation découlant de la présente loi, pour les données qui leur sont nécessaires pour exercer ce droit ou remplir cette obligation;
c. les personnes ou institutions habilitées à faire valoir un moyen de droit contre une décision fondée sur la présente loi, pour les données nécessaires à l'exercice de ce droit;
d. les autorités habilitées à statuer sur des recours contre des décisions fondées sur la présente loi, pour les données nécessaires à l'accomplissement de cette tâche.

² S'il s'agit de données sur la santé dont la communication pourrait entraîner une atteinte à la santé de la personne autorisée à consulter le dossier, celle-ci peut être tenue de désigner un médecin qui les lui communiquera.

Consultazione degli atti

¹ Purché rimangano tutelati interessi preponderanti, possono consultare gli atti:
a. le persone in cerca di lavoro e i datori di lavoro, per i dati che li concernono;
b. le persone che hanno un diritto o un obbligo conformemente alla presente legge, per i dati necessari all'esercizio di tale diritto o all'adempimento di tale obbligo;
c. le persone e le istituzioni che possono impugnare decisioni prese in virtù della presente legge, per i dati necessari all'esercizio di tale diritto;

d. le autorità competenti in caso di ricorso contro decisioni prese in virtù della presente legge, per i dati necessari all'adempimento di tale compito.

² Nel caso di dati relativi alla salute, la cui comunicazione potrebbe ripercuotersi negativamente sulla salute della persona autorizzata a consultare gli atti, questa può essere tenuta a designare un medico che glieli comunichi.

Inhaltsübersicht Note Seite

I. Entstehung 1 199
   1. Akteneinsicht gemäss aAVV 58 .... 2 199
   2. Erlass von Art. 34b 5 200
II. Umfang der Akteneinsicht 7 201
   1. Grundsätzliches (Abs. 1) 7 201
   2. Anspruchsberechtigte (Abs. 1 lit. a–d) 9 201
      a. Betroffene Person (Abs. 1 lit. a, AVV 58) 10 201
      b. Personen mit einem Anspruch oder einer Verpflichtung gemäss
         AVG (Abs. 1 lit. b) 13 202
      c. Personen auf dem Rechtsmittelweg (Abs. 1 lit. c und d) 14 203
   3. Gesundheitsdaten (Abs. 2) 15 203

I. Entstehung

Wie AVG 34a wurde auch AVG 34b bei der Revision des DSG neu geschaffen und per 23. Juni 2000 ins Gesetz aufgenommen. (Art. 34a N 1; Art. 33a N 1; Art. 33 N 9 ff.; ÄNDERUNG AVG 2000, 2744; BOTSCHAFT PERSONENDATEN IN DEN SOZIALVERSICHERUNGEN, 271 f.). Zuvor waren lediglich die Auskunftsrechte der betroffenen Personen als Ausführungsbestimmung zu aAVG 34 auf Verordnungsebene geregelt (aAVV 58; kritisch dazu bereits REHBINDER, 89 f.). Inhaltlich decken sich aAVV 58 und AVG 34b jedoch nicht; vielmehr finden sich die Ausführungen zur Akteneinsicht der Betroffenen weiterhin in der Verordnung (AVV 58 II–IV). 1

1. Akteneinsicht gemäss aAVV 58

aAVV 58 präsentierte sich als Ausführungsbestimmung zu aAVG 34, obwohl aAVG 34 keine Delegation betreffend die Regelung der Auskunftsrechte zu entnehmen war (RITTER, 172; REHBINDER, 89 f.). 2

So sah aAVV 58 vor, dass die betroffene Person von den Amtsstellen der öffentlichen Arbeitsvermittlung verlangen konnte, dass ihr kostenlos und schriftlich über 3 die sie betreffenden Daten **Auskunft** erteilte wurde (aAVV 58 I lit. a). Zudem wurde ihr ein **Berichtigungs- und Ergänzungsanspruch** zugestanden, falls die Daten unrichtig oder unvollständig waren (aAVV 58 I lit. b), und die betroffene Person konnte von den Amtsstellen der Arbeitsvermittlung verlangen, dass nicht mehr benötigte Daten vernichtet wurden (aAVV 58 I lit. c).

4   Bestand Unklarheit über die Richtigkeit oder Unrichtigkeit von Daten musste dies entsprechend vermerkt werden (aAVV 58 II). Zudem war eine Berichtigung, Ergänzung oder Vernichtung von Daten auch an jenen Stellen vorgesehen, die normalerweise Empfänger solcher Daten waren (aAVV 58 III). Hierbei handelte es ist vornehmlich um die Organe der ALV, der IV sowie der Fürsorge (RITTER, 172; REHBINDER, 89 f.). Weitere Stellen wurden nur dann benachrichtigt, wenn die betroffene Person dies gewünscht hatte (aAVV 58 III).

2. Erlass von Art. 34b

5   Die Akteneinsicht stellt einen **Spezialfall der Datenbekanntgabe** dar, diese wiederum eine Spezialität der Bearbeitung von Personendaten (DSG 3 lit. f; vgl. etwa auch TÄTIGKEITSBERICHT EDSB 1997/1998, Ziff. 5.8; s. ferner zur Abgrenzung des Einsichts- vom Auskunftsrecht BGE 125 II 321 = Pra 2000 Nr. 44; JÖHRI, Art. 3 N 74; BSK-BELSER, Art. 8 N 21 ff. und N 31 ff.). Hieraus ergibt sich die Notwendigkeit einer gesetzlichen Grundlage (DSG 19 I i.V.m. 17 I; vgl. auch Art. 33a N 3 f.). Zumal von der Akteneinsicht auch **besonders schützenswerte Personendaten und Persönlichkeitsprofile** betroffen sein können, muss sich diese auf ein **Gesetz im formellen Sinn** abstützen können (vgl. AVG 34a N 5; AVG 19 III i.V.m. 17 II; BOTSCHAFT PERSONENDATEN IN DEN SOZIALVERSICHERUNGEN, 257; BSK-JÖHRI/STUDER, Art. 19 N 17 f.).

6   Die datenschutzrechtlichen Bedingungen wurden vom Gesetzgeber mit Erlass von AVG 34b umgesetzt. Die Regelung der Akteneinsicht ist dabei nicht abschliessend und lässt grundsätzlich Raum für Verordnungsnormen. AVV 58 II führt die Modalitäten des in AVG 34b I lit. a definierten Anspruchs der betroffenen Person auf Akteneinsicht aus. Zum einen wird hierbei jener Person Einsicht gewährt, um deren Daten es sich handelt. Zum andern finden sich die Grundzüge dieser Einsichtnahme im formellen Gesetz. Gleiches muss betreffend AVV 58 III und IV gelten. Mittels dieser Normen wird der Empfängerkreis der Datenbekanntgabe nicht erweitert. Besagte Bestimmungen bezwecken, die Richtigkeit und Aktualität der erhobenen Daten zu sichern, was im Interesse sämtlicher beteiligter Personen und Stellen liegt. Des Weiteren entspricht die Berichtigung dem Grundsatz der Richtigkeit (DSG 5; ROSENTHAL, Art. 5 N 7 f.; BSK-MAURER-LAMBROU, Art. 5 N 1 ff.). Gleichwohl findet sich jedoch im AVG keine explizite Delegation an den Verordnungsgeber zum Erlass dieser Ausführungsvorschriften (zu den Voraussetzungen der Gesetzesdelegation statt vieler: HÄFELIN/HALLER/

KELLER, N 311, N 1870 ff., N 1873; HÄFELIN/MÜLLER/UHLMANN, N 406 ff., N 407; zur analogen Situation betreffend AVIG 126 vgl. RUBIN, 767 f.). Die von REHBINDER und RITTER bereits zu aAVG 34 und aAVV 58 vorgebrachten Beanstandungen können deshalb auch auf das geltende Recht adaptiert werden (vgl. vorne N 2 sowie RITTER, 172, und REHBINDER, 89 f.).

II. Umfang der Akteneinsicht

1. Grundsätzliches (Abs. 1)

Die Akteneinsicht stellt eine **Ausnahme zur allgemeinen Schweigepflicht** dar (BOTSCHAFT PERSONENDATEN IN DEN SOZIALVERSICHERUNGEN, 264). Der Anspruch darauf wird aus dem verwaltungsrechtlichen Anspruch auf rechtliches Gehör abgeleitet (VwVG 26; BV 29 II; BOTSCHAFT PERSONENDATEN IN DEN SOZIALVERSICHERUNGEN, 264; BGE 113 Ia 1 = Pra 1987 Nr. 118; BGE 113 Ia 257 = Pra 1988 Nr. 7; BGE 138 I 6; eingehend BELSER, § 6 71 ff. und 175 ff.; BSK-GRAMIGNA/MAURER-LAMBROU, Art. 8 N 2; WEISUNG SECO, 179). 7

Die Akteneinsicht bedingt immer, dass **überwiegende Privatinteressen** gewahrt bleiben (AVG 34b I). Schützenswerte Interessen haben hierbei regelmässig die in den Daten erwähnten Personen (WEISUNG SECO, 179). Wie vorgängig dargelegt, stellt die Einsichtnahme, wie die Bekanntgabe, einen Sonderfall des «Bearbeitens» im datenschutzrechtlichen Sinn dar (vgl. vorne N 5; DSG 3 lit. f). Hieraus ergibt sich die Anwendbarkeit der datenschutzrechtlichen Grundsätze. Demzufolge muss die Akteneinsicht insbesondere erforderlich sein (vgl. auch BOTSCHAFT PERSONENDATEN IN DEN SOZIALVERSICHERUNGEN, 264; WEISUNG SECO, 179). Des Weiteren umfasst die Norm jede Form der **Kenntnisnahme durch die anspruchsberechtigte Person oder Institution** (i.d.S. WALDMANN/BICKEL, § 12 N 85 ff.; JÖHRI, Art. 19 N 4; ROSENTHAL, Art. 3 N 75 ff.; BSK-BELSER, Art. 3 N 30; BSK-JÖHRI/STUDER, Art. 19 N 7). 8

2. Anspruchsberechtigte (Abs. 1 lit. a–d)

AVG 34b I definiert, welche Personen, Institutionen und Behörden Anspruch auf Akteneinsicht haben können. Deren Interesse am Zugang zu den Akten ist ein **unmittelbares** (BOTSCHAFT PERSONENDATEN IN DEN SOZIALVERSICHERUNGEN, 264). 9

a. Betroffene Person (Abs. 1 lit. a, AVV 58)

Stellensuchende und Arbeitgeber sind berechtigt, jene Daten einzusehen, die sie betreffen (AVG 34b I lit. a). Nur am Rande bemerkt seien die arbeits- 10 rechtlichen Auskunftsrechte des Arbeitnehmers gegenüber dem Arbeitgeber (OR 328b). Diese richten sich ebenfalls nach den Datenschutzbestimmungen, wobei die Auskunft über die im Personaldossier gesammelten Informationen gestützt auf DSG 8 erfolgen muss (s. insbes. BGE 120 II 118; BGE 125 II 473). Für weitergehende Ausführungen ist die Literatur zu konsultieren (vgl. insb. PORTMANN/STÖCKLI, N 431 ff.; STREIFF/VON KAENEL/RUDOLPH, Art. 328b N 1 ff., N 15; CR-AUBERT, Art. 328b N 1 ff.; BK-REHBINDER/STÖCKLI, Art. 328b N 1 ff., N 22; CARRUZZO, Art. 328b N 2, N 13 ff.; hierzu auch FLÜTSCH, 201). Die rechtliche Situation für den Stellensuchenden in der Viereckskonstellation zwischen ihm, dem Arbeitgeber sowie den öffentlichen und privaten Stellenvermittlern gestaltet sich demnach so, dass der Stellensuchende **umfassend Anspruch auf Auskunft bzw. Einsicht** betreffend die über ihn bearbeiteten Daten hat.

11 Die Modalitäten dieser Akteneinsicht werden in der AVV näher geregelt (vgl. dazu vorne N 6 f.). Die Akteneinsicht hat *«demgemäss kostenlos, schriftlich und in allgemein verständlicher Form Auskunft»* zu geben (AVV 58 II lit. a). Auf Verlangen der betroffenen Person sind die Daten zu berichtigen oder zu ergänzen, sollten diese unrichtig oder unvollständig erscheinen (AVV 58 II lit. b). Zudem kann die betroffene Person weiter verlangen, dass nicht mehr benötigte Daten vernichtet werden (AVV 58 II lit. c).

12 Die Amtsstelle muss Daten mit einem entsprechenden Vermerk kennzeichnen, wenn weder die Richtigkeit noch die Unrichtigkeit derer bewiesen werden kann (AVV 58 III). Ferner hat sie sämtliche Berichtigungen, Ergänzungen oder die Vernichtung von Daten jenen Stellen unaufgefordert mitzuteilen, denen die Daten weitergegeben werden (AVV 58 IV). Eine Mitteilungspflicht dieser Berechtigung an all jene Stellen, denen zuvor Daten bekanntgegeben wurden, ist jedoch auch dem DSG nicht zu entnehmen (ROSENTHAL, Art. 5 N 7 f.; BSK-MAURER-LAMBROU, Art. 5 N 1 ff.). Wie bereits unter der Geltung von aAVV 58 III sind dies in der Regel die Amtsstellen der ALV, der IV sowie der Fürsorgebehörden (vgl. vorne N 4; WEISUNG SECO, 179). Darüber hinaus erfolgt eine Mitteilung an weitere Stellen, sofern die betroffene Person einen diesbezüglichen Wunsch äussert (AVV 58 IV).

b. Personen mit einem Anspruch oder einer Verpflichtung gemäss AVG (Abs. 1 lit. b)

13 Die Akteneinsicht steht auch Personen zu, denen das AVG einen Anspruch zugesteht oder eine Verpflichtung auferlegt. Das daraus resultierende Einsichtsrecht umfasst jene Daten, die für dessen **Wahrung bzw. Erfüllung** notwendig sind (AVG 34b I lit. b).

c. *Personen auf dem Rechtsmittelweg (Abs. 1 lit. c und d)*

Eine weitere Gruppe von Einsichtsberechtigten stellen die Beteiligten des **Rechtsmittelverfahrens** gegen eine basierend auf das AVG erlassene Verfügung dar. Einerseits berechtigt AVG 34 I lit. c jene Personen und Institutionen zur Akteneinsicht, denen ein Rechtsmittel gegen besagte Verfügung zusteht. Andererseits verankert AVG 34b I lit. d das Einsichtsrecht der **Rechtsmittelbehörde**, welche für die Beurteilung der erhobenen Beschwerde zuständig ist. Die Berechtigung aller am Rechtsmittelverfahren Beteiligten ist auf die Akteneinsicht jener Daten **beschränkt**, welche für die Ausübung des Rechts bzw. für die Erfüllung der Aufgabe erforderlich sind (AVG 34 I lit. c; AVG 34b I lit. d).

14

3. Gesundheitsdaten (Abs. 2)

AVG 34b II betrifft den Spezialfall der Akteneinsicht in Gesundheitsdaten, deren Bekanntgabe sich für die zur Einsicht berechtigte Person **nachteilig auswirken** könnte. In einem solchen Fall kann von der berechtigten Person verlangt werden, dass diese einen **Arzt oder** eine **Ärztin** bezeichnet, der oder die ihr die Daten bekannt gibt. Dieser Mechanismus verspricht ein möglichst schonendes Vorgehen und schützt die berechtigte Person in heiklen Situationen (vgl. BOTSCHAFT PERSONENDATEN IN DEN SOZIALVERSICHERUNGEN, 264; WEISUNG SECO, 179).

15

Art. 35

Informations-system

¹ Das SECO betreibt ein Informationssystem zur Unterstützung:
a. der Arbeitsvermittlung;
b. des Vollzugs des Arbeitslosenversicherungsgesetzes vom 25. Juni 1982;
c. der Arbeitsmarktbeobachtung;
d. der Zusammenarbeit zwischen den Organen der Arbeitsvermittlung, Arbeitslosenversicherung, Invalidenversicherung und Berufsberatung;
e. der Zusammenarbeit zwischen den Organen der Arbeitslosenversicherung, der öffentlichen und privaten Arbeitsvermittlung und den Arbeitgebern.

² In diesem Informationssystem dürfen Personendaten, einschliesslich besonders schützenswerter Personendaten nach Artikel 33a Absatz 2 und Persönlichkeitsprofile bearbeitet werden.

³ Folgende Stellen dürfen mittels Abrufverfahren zur Erfüllung ihrer gesetzlichen Aufgaben auf das Informationssystem zugreifen:
a. das SECO;
b. das BFM;
c. die kantonalen Arbeitsämter;
d. die Logistikstellen für arbeitsmarktliche Massnahmen;
e. die Regionalen Arbeitsvermittlungszentren;
f. die Arbeitslosenkassen;
g. die Organe der Invalidenversicherung;
h. die Berufsberatungsstellen;
i. die schweizerische Zentralstelle für Heimarbeit.

³bis Soweit es für den Vollzug dieses Gesetzes und des Arbeitslosenversicherungsgesetzes vom 25. Juni 1982 (AVIG) notwendig ist, dürfen Personendaten, einschliesslich besonders schützenswerter Daten und Persönlichkeitsprofile, zwischen den Informationssystemen der öffentlichen Arbeitsvermittlung und den Informationssystemen der Arbeitslosenversicherung (Art. 83 Abs. 1 Bst. i AVIG) ausgetauscht werden.

⁴ Der Bund beteiligt sich an den Kosten, soweit diese durch Bundesaufgaben bedingt sind.

⁵ Der Bundesrat regelt:
a. die Verantwortung für den Datenschutz;
b. die zu erfassenden Daten;
c. die Aufbewahrungsfrist;
d. den Zugriff auf die Daten, namentlich, welche Benutzer des Informationssystems befugt sind, besonders schützenswerte Personendaten und Persönlichkeitsprofile zu bearbeiten;
e. die Organisation und den Betrieb des Informationssystems;
f. die Zusammenarbeit zwischen den beteiligten Behörden;
g. die Datensicherheit.

Système
d'information

¹ Le SECO gère un système d'information qui sert à:
a. faciliter le placement;
b. assurer l'exécution de la loi du 25 juin 1982 sur l'assurance-chômage;
c. observer le marché du travail;
d. faciliter la collaboration entre les organes du service public de l'emploi, de l'assurance-chômage, de l'assurance-invalidité et les services d'orientation professionnelle;
e. faciliter la collaboration entre les organes de l'assurance-chômage, le service public de l'emploi, le placement privé et les employeurs.

² Ce système d'information peut contenir des données personnelles, y compris des données sensibles au sens de l'art. 33a, al. 2, et des profils de la personnalité.

³ Les organes suivants peuvent accéder en ligne au système d'information dans l'accomplissement de leurs tâches légales:
a. le SECO;
b. l'ODM;
c. les offices cantonaux du travail;
d. les services chargés de la logistique des mesures relatives au marché du travail;
e. les offices régionaux de placement;
f. les caisses de chômage;
g. les organes de l'assurance-invalidité;
h. les services d'orientation professionnelle;
i. la Centrale suisse pour le travail à domicile.

³bis L'échange de données personnelles, y compris les données sensibles et les profils de la personnalité, entre les systèmes d'information du service public de l'emploi et ceux de l'assurance-chômage (art. 83, al. 1, let. i, de la loi du 25 juin 1982 sur l'assurance-chômage) est autorisé dans la mesure où il est nécessaire à l'exécution de la présente loi et de la loi du 25 juin 1982 sur l'assurance-chômage.

⁴ La Confédération participe aux frais dans la mesure où ceux-ci sont occasionnés par l'accomplissement de tâches qui lui incombent.

⁵ Le Conseil fédéral règle:
a. la responsabilité de la protection des données;
b. les données à saisir;
c. la durée de conservation des données;
d. l'accès aux données, notamment en déterminant les utilisateurs du système autorisés à traiter des données sensibles et des profils de la personnalité;
e. l'organisation et l'exploitation du système d'information;
f. la collaboration entre les autorités concernées;
g. la sécurité des données.

Sistema
d'informazione

¹ La SECO gestisce un sistema d'informazione che serve a:
a. facilitare il collocamento;
b. rendere esecutiva la legge federale del 25 giugno 1982 sull'assicurazione contro la disoccupazione;
c. osservare il mercato del lavoro;
d. agevolare la collaborazione fra gli organi del servizio pubblico di

collocamento, dell'assicurazione contro la disoccupazione, dell'assicurazione per l'invalidità e dell'orientamento professionale;

e. agevolare la collaborazione fra gli organi dell'assicurazione contro la disoccupazione, il servizio pubblico di collocamento, i collocatori privati e i datori di lavoro.

[2] Il sistema d'informazione può trattare dati personali, compresi quelli degni di particolare protezione conformemente all'articolo 33a capoverso 2, e profili della personalità.

[3] I seguenti uffici possono accedere al sistema d'informazione mediante procedura di richiamo al fine di adempiere i loro compiti legali:
a. la SECO;
b. UFM;
c. gli uffici cantonali del lavoro;
d. i servizi di logistica per provvedimenti relativi al mercato del lavoro;
e. gli uffici regionali di collocamento;
f. le casse di disoccupazione;
g. gli organi dell'assicurazione per l'invalidità;
h. gli organi dell'orientamento professionale;
i. l'Ufficio svizzero del lavoro a domicilio.

[3bis] Se necessario all'esecuzione della presente legge e della legge federale del 25 giugno 1982 sull'assicurazione contro la disoccupazione, lo scambio di dati personali, compresi quelli degni di particolare protezione e profili della personalità, tra i sistemi d'informazione del servizio pubblico di collocamento e dell'assicurazione contro la disoccupazione (art. 83 cpv. 1 lett. i della LF del 25 giu. 1982 sull'assicurazione contro la disoccupazione) è autorizzato.

[4] La Confederazione partecipa alle spese, nella misura in cui siano dovute all'adempimento di compiti federali.

[5] Il Consiglio federale disciplina:
a. la responsabilità per la protezione dei dati;
b. i dati da raccogliere;
c. il termine di conservazione dei dati;
d. l'accesso ai dati, segnatamente stabilendo quali utenti del sistema d'informazione possono trattare dati personali degni di particolare protezione e profili della personalità;
e. l'organizzazione e la gestione del sistema d'informazione;
f. la collaborazione fra le autorità interessate;
g. la sicurezza dei dati.

Inhaltsübersicht

	Note	Seite
I. Entstehung	1	207
1. Erlass 1989	1	207
a. EDV-unterstützte Arbeitsvermittlung	2	208
b. Versuchsbetrieb	4	208
c. Einführung eines gesamtschweizerischen Informationssystems	6	209
2. Nachfolgende Änderungen der Norm	7	209
II. Das Vermittlungssystem AVAM	10	210

		Note	Seite
1.	Zweck des Systems (Abs. 1, AVAM-Vo 3)	10	210
a.	Plattform zur Unterstützung der Arbeitsvermittlung (Abs. 1 lit. a, AVAM-Vo 3 lit. a)	12	211
b.	Vollzug des AVIG (Abs. 1 lit. b)	15	212
c.	Arbeitsmarktbeobachtung (Abs. 1 lit. c, AVAM-Vo 3 lit. a, 6 und 6a)	16	212
d.	Kooperation der Arbeitsvermittlungsbehörden mit jenen der Arbeitslosen- und der Invalidenversicherung sowie mit der Berufsberatung (Abs. 1 lit. d, AVAM-Vo 3 lit. b und e)	18	213
e.	Kooperation der Arbeitslosenversicherungsorgane mit der öffentlichen und privaten Arbeitsvermittlung sowie mit den Arbeitgebern (Abs. 1 lit. e, AVAM-Vo 3 lit. c)	19	213
2.	Daten des Informationssystems	21	214
a.	Inhalt (Abs. 2, AVAM-Vo 5)	21	214
b.	Rechte der Betroffenen (AVV 58, AVAM-Vo 11)	25	215
3.	Zugriffsberechtigte (Abs. 3, AVAM-Vo 4)	27	216
4.	Datenaustausch mit dem Informationssystem der ALV (Abs. 3bis; AVAM-Vo 6)	35	218
5.	Kosten (Abs. 4, AVAM-Vo 13)	36	218
6.	Ausführungsfragen (Abs. 5, AVAM-Vo 1 ff.)	39	219
a.	Verantwortlichkeit betreffend Datenschutz (Abs. 5 lit. a, AVAM-Vo 9)	40	219
b.	Zu erfassende Daten (Abs. 5 lit. b, AVAM-Vo 5 und 6)	43	220
c.	Aufbewahrung (Abs. 5 lit. c, AVAM-Vo 7 und 8)	44	220
d.	Benutzerkreis (Abs. 5 lit. d, AVAM-Vo 4)	48	221
e.	Organisation und Betrieb (Abs. 5 lit. e, AVAM-Vo 2 und 12)	49	221
f.	Zusammenarbeit der beteiligten Behörden (Abs. 5 lit. f, AVAM-Vo 6, 6a sowie Anhang)	52	222
g.	Datensicherheit (Abs. 5 lit. g, AVAM-Vo 10)	53	222
III.	Datenschutzrechtliche Kritik am Vermittlungssystem AVAM	57	223

I. Entstehung

1. Erlass 1989

Eine erfolgreiche Arbeitsvermittlung besetzt offene Stellen mit geeigneten Stellensuchenden. Dabei unerlässlich ist die genaue Kenntnis sowohl des Profils der stellensuchenden Person als auch der Details der zu besetzenden Stelle (i.d.S. TRIPONEZ, 2). Der Austausch von Informationen betreffend die gemeldeten Stellensuchenden sowie die offenen Stellen eröffnet ein umfassendes, transparentes Abbild des Angebots sowie der bestehenden Nachfrage. Dieser umfassende Überblick vereinfacht und optimiert damit eine rasche Stellenbesetzung. Der Zugang zu einer gemeinsamen Informationsplattform mittels Abrufverfahren

1

steigert zudem die Effizienz des Austausches und damit der Arbeitsvermittlung selbst (ähnlich TRIPONEZ, 3; auch RITTER, 169).

a. EDV-unterstützte Arbeitsvermittlung

2   Während die Zusammenarbeit der Arbeitsämter in der Vernehmlassung starken Zuspruch erhielt, wurde die Einführung einer EDV-unterstützten Arbeitsvermittlung nicht von allen Seiten begrüsst. Arbeitgeberorganisationen zweifelten an deren Notwendigkeit sowie an deren Effizienz. Ferner bemängelt wurde eine mögliche Konkurrenzierung der gedruckten Presse und privater Arbeitsvermittler. Zudem gingen einige Stimmen davon aus, dass *«eine überregionale Arbeitsvermittlung ohnehin an der geringen Mobilitätsbereitschaft der Stellensuchenden scheitern würde»* (BOTSCHAFT REV. AVG, 584, s. zur Vernehmlassung 583 f.). Über die EDV-unterstützte Arbeitsvermittlung hinaus verlangte demgegenüber eine Grosszahl der Kantone eine Verpflichtung des BIGA (heute SECO) zur Errichtung eines gemeinsamen Informationssystems (zum Ganzen BOTSCHAFT REV. AVG, 583 f.).

3   Der Gesetzgeber begründete die Einführung anlässlich der Revision von 1989 damit, dass bis dahin der Arbeitsvermittlung Informationen über die Stellensuchenden sowie die offenen Stellen nur ungenügend zur Verfügung gestanden hätten. Ferner würde eine geeignete Orientierung mittels Arbeitsmarktstatistiken dadurch verhindert, dass die Erfassung und Verarbeitung der Daten zu viel Zeit in Anspruch genommen hätte. Vor diesem Hintergrund und im Bewusstsein der kantonsübergreifenden Wirtschafträume wurde ein computerunterstütztes Informationssystem entwickelt, welches die Angaben über alle gemeldeten Stellensuchenden sowie die offenen Stellen in der ganzen Schweiz umfasst (s. BOTSCHAFT REV. AVG, 592 f., 629). Der Erlass von aAVG 35 ermöglichte dem Bund und den Kantonen den Betrieb dieser Entwicklung, was insbesondere die Qualität der öffentlichen Arbeitsvermittlung sowie die Vermittlungschancen der Stellensuchenden steigern sollte (vgl. BOTSCHAFT REV. AVG, 629).

b. Versuchsbetrieb

4   Vorgängig zur AVG-Revision von 1989 wurde 1982 ein EVD-unterstütztes Informationssystem für die Arbeitsvermittlung als Versuchsbetrieb in fünf Kantonen gestartet (Verordnung vom 27. September 1982 über den Versuchsbetrieb eines Informationssystems für die Arbeitsvermittlung und Arbeitsmarktstatistik vom 1. Dezember 1982, bis 1. Januar 1993 SR 823.114; s. auch MARELLI, 49 f.; MÜLLER, 190 f.). Wegen der positiven Erfahrungen dieser ersten Stufe wurde der Versuchsbetrieb in einer zweiten Stufe auf 16 Kantone ausgeweitet (BOTSCHAFT REV. AVG, 629; BOTSCHAFT PERSONENDATEN IN DEN SOZIALVERSICHERUNGEN, 272; RITTER, 167; REHBINDER, 91 ff.).

Der vertikale Aufbau des Vermittlungssystems AVAM berücksichtigt die Funktionsweise der öffentlichen Arbeitsvermittlung, wobei die Vermittlung auf Gemeindeebene beginnt und schrittweise auf die Region, den Kanton, den Wirtschaftsraum und die Schweiz ausgeweitet wird (RITTER, 168; REHBINDER, 91 ff.). Eine Beteiligung des Bundes am gesamtschweizerischen Informationssystem drängte sich bereits aus technischen Gründen sowie aus Koordinationsüberlegungen auf (BOTSCHAFT REV. AVG, 594; RITTER, 167). Gemäss der BOTSCHAFT des Bundesrates wurde aAVG 35 insbesondere deshalb als *«kann»*-Vorschrift ausgestaltet, weil bis zu diesem Zeitpunkt die Ergebnisse aus dem Versuchsbetrieb noch nicht ausgewertet waren (BOTSCHAFT REV. AVG, 594 sowie 629).

c. Einführung eines gesamtschweizerischen Informationssystems

Durch die Revision von 1989 wurde eine gesetzliche Grundlage geschaffen und das BIGA ermächtigt, zusammen mit den Arbeitsämtern für die Arbeitsvermittlung und die Arbeitsmarktbeobachtung ein gemeinsames Informationssystem betreffend die gemeldeten Stellensuchenden sowie die offenen Stellen zu betreiben (aAVG 35 I). Hierin manifestierte sich bereits die Erkenntnis, dass das Datenschutzrecht eine gesetzliche Grundlage für das Bestehen einer derartigen Informationsplattform verlangt (BOTSCHAFT REV. AVG, 630; RITTER, 167; REHBINDER, 91 ff.). Als Folge dieser Erkenntnis wurde jedoch ins Gesetz lediglich eine Delegationsnorm aufgenommen und der Bundesrat mit dem Erlass der datenschutzrechtlichen Bestimmungen auf Verordnungsstufe beauftragt (aAVG 35 III). In seiner BOTSCHAFT zum revidierten AVG liess der Bundesrat verlauten, dass die Ausführungsvorschriften ein Wahlrecht beinhalten werden, wodurch Arbeitnehmer und Arbeitgeber frei über die Nutzung des Informationssystems entscheiden können (BOTSCHAFT REV. AVG 630). Die Ausführungsvorschriften wurden gestützt auf die Delegation des AVG ausserhalb der AVV als eigenständige AVAM-Verordnung erlassen (AVAM-Vo 1; BOTSCHAFT PERSONENDATEN IN DEN SOZIALVERSICHERUNGEN, 272; RITTER, 169 f.; REHBINDER, 93).

2. Nachfolgende Änderungen der Norm

Seit Erlass erfuhr AVG 35 verschiedene Änderungen. Zunächst wurde per 1. Januar 2001 auch in dieser Bestimmung der Ausdruck *«BIGA»* durch *«SECO»* ersetzt (ÄNDERUNG AVG 2000, 2744). Zusätzlich zu dieser terminologischen Anpassung erfolgte auch eine materielle Änderung der Norm. Lediglich der Wortlaut von aAVG 35 II blieb bestehen und wurde als AVG 35 IV in den neuen (und heute noch geltenden) Gesetzestext übernommen (ÄNDERUNG AVG 2000, 2744; BOTSCHAFT PERSONENDATEN IN DEN SOZIALVERSICHERUNGEN, 255 ff., 272 f.). Die Bearbeitung der im AVAM-Vermittlungssystem gespeicherten Personendaten erfordert eine **formalgesetzliche Grundlage** (DSG 19 III). Demnach war es notwendig, die teils bestehenden Verordnungsnormen ins AVG anzuheben (BOTSCHAFT PERSONENDATEN IN DEN SOZIALVERSICHERUNGEN, 272 f.).

8   Anlässlich der Revision des AVIG wurden nachfolgend AVG 35 I lit. e und AVG 35 IIIbis erlassen (ÄNDERUNG AVIG 2010, 1175; BOTSCHAFT AVIG 2008, 7733 ff.). Die erfolgreiche Vermittlungstätigkeit gemäss AVG und AVIG bedingt die Zusammenarbeit der Organe der involvierten Behörden sowie der privaten Vermittler und der Arbeitgeber. Vor Erlass von AVG 35 I lit. e war die Unterstützung dieser Kooperation durch das Informationssystem AVAM zwar bereits gängige Praxis, jedoch lediglich auf Verordnungsstufe geregelt (AVAM-Vo 3 lit. c; BOTSCHAFT AVIG 2008, 7764). Aus Transparenzgründen sowie datenschutzrechtlichen Überlegungen wurde dieser Zweck per 1. April 2011 ins formelle Gesetz aufgenommen (vgl. BOTSCHAFT AVIG 2008, 7764).

9   Mit AVG 35 IIIbis wurde zudem der Austausch von Daten zwischen dem Informationssystem der öffentlichen Arbeitsvermittlung und jenem der ALV gesetzlich legitimiert. Dieser Datenaustausch fand zuvor ebenfalls basierend auf der AVAM-Verordnung statt (AVAM-Vo 6). Dieser *«für eine korrekte Aufgabenerfüllung unentbehrliche Datenaustausch»* betrifft jedoch gerade jene Personendaten, deren Schutzwürdigkeit für die Bearbeitung eine formalgesetzliche Grundlage verlangen (DSG 17 II, 19 III; BOTSCHAFT AVIG 2008, 7762; zur Bereitstellung von Personendaten s. auch TÄTIGKEITSBERICHT EDSB 1998/1999, Ziff. 5.4. sowie 7.3.).

II.   Das Vermittlungssystem AVAM

1.   Zweck des Systems (Abs. 1, AVAM-Vo 3)

10 Mit der Schaffung einer **gesamtschweizerischen Informationsplattform** wurden die technischen Voraussetzungen für die Optimierung des Datenaustauschs und somit direkt auch der Arbeitsvermittlung geschaffen (RITTER, 166 f.; REHBINDER, 91 ff.). Zum einen ermöglicht das Vermittlungssystem einen direkten Zugriff auf die aktuellen Daten der gemeldeten Stellensuchenden und der offenen Stellen. Gemeldete Stellen können somit schneller besetzt und die durchschnittliche Dauer der Arbeitslosigkeit verkürzt werden (RITTER, 168; REHBINDER, 91 ff.). Zum anderen umfasst das System den gesamten Arbeitsmarkt der Schweiz. Die hierdurch erreichte Transparenz ermöglicht eine umfassende Abgleichung der gemeldeten Stellensuchenden mit den offenen Stellen und fördert damit die interkantonale Mobilität von Stellensuchenden (vgl. dazu auch BOTSCHAFT REV. AVG, 629; RITTER, 167 f.; REHBINDER, 91 ff.). Zudem gestattet das System einen umfassenden Überblick über die gesamte Arbeitsmarktsituation, was massgeblichen Einfluss auf die Planung von arbeitsmarktpolitischen Mass-

nahmen zeitigt (s.u. N 16; zudem BOTSCHAFT REV. AVG, 594, 629; RITTER, 168; REHBINDER, 91 ff.; MÜLLER, 191).

Der Zweck des Informationssystems AVAM ist grundsätzlich bereits im Gesetz geregelt (AVG 35 I; s.u. N 10 ff.). Darüber hinaus enthält auch AVAM-Vo 3 Regelungen zum Zweck des Systems. Teilweise deckt sich diese Norm mit den Bestimmungen des AVG. Insoweit erscheint die Regelung deshalb unproblematisch. Die Verordnung stützt sich jedoch in den darüber hinausgehenden Punkten nicht direkt auf die Delegation in AVG 35 V. Es gilt also diese Regelungen herauszugreifen und deren Legitimität an gegebener Stelle kurz zu prüfen.

11

*a.   Plattform zur Unterstützung der Arbeitsvermittlung
     (Abs. 1 lit. a, AVAM-Vo 3 lit. a)*

Die erfolgreiche Arbeitsvermittlung ist auf die Kenntnis von Daten angewiesen. Einerseits sind dies die offenen Stellen sowie deren Anforderungen an die Arbeitnehmer, andererseits die Profile der Stellensuchenden. Durch den Zugriff der Arbeitsvermittler auf das Vermittlungssystem AVAM wird deren Spektrum an potentiellen Arbeitnehmern bzw. Arbeitsstellen wesentlich erweitert. Zudem sind diese Informationen aktuell, wodurch sich insbesondere Leerläufe verhindern lassen. Die Steigerung der Effizienz in der Arbeitsvermittlungstätigkeit durch den Zugriff auf das gemeinsame Informationssystem ist somit augenfällig (s. auch RITTER, 168).

12

Innerhalb dieses massiven Informationsflusses besteht das Bedürfnis nach einem hinreichenden Datenschutz. Die Bearbeitung muss dabei zwingend im rechtlich legitimen Rahmen bleiben. Bei den im AVAM bearbeiteten Informationen handelt es sich um besonders schützenswerte Personendaten, weshalb gemäss DSG 17 II die formalgesetzliche Grundlage erforderlich ist (BOTSCHAFT AVIG 2008, 7762; JÖHRI, Art. 17 N 2 ff.; WALDMANN/BICKEL, § 12 N 41 ff.; BSK-JÖHRI/STUDER, Art. 17 N 9 ff.). Darüber hinaus werden die Daten in einem Abrufverfahren zugänglich gemacht, weshalb auch DSG 19 III eine formalgesetzliche Grundlage fordert (JÖHRI, Art. 19 N 74 ff.; BSK-JÖHRI/STUDER, Art. 19 N 20 f., N 65 ff.). Ferner können stellensuchende Personen darüber entscheiden, ob die Daten im Informationssystem anonym oder unter Angabe der Personalien und zugänglich sein sollen (BOTSCHAFT AVIG 2008, 7764).

13

AVAM-Vo 3 lit. a nennt den Zweck der Durchführung des AVIG und der öffentlichen Arbeitsvermittlung sowie der Beaufsichtigung und Kontrolle dieser Durchführungen. Gemäss AVG 35 I lit. a erschöpft sich der Zweck des Informationssystems jedoch in der *«Unterstützung»* der Arbeitsvermittlung. Diese generelle Formulierung beschränkt die Unterstützung zwar nicht auf die öffentliche Arbeitsvermittlung, beinhaltet jedoch auch grundsätzlich nicht die Aufsicht und Kontrolle über die Durchführung des AVG. Allerdings befähigt AVG 33a I lit. e

14

die mit der Durchführung und der Aufsicht des AVG betrauten Organe zur Bearbeitung von Personendaten. Aus datenschutzrechtlicher Sicht ist eine Nutzung der im Vermittlungssystem AVAM gespeicherten Daten somit im Allgemeinen nicht zu beanstanden. Der Erlass von AVAM-Vo 3 lit. a kann sich betreffend die Beaufsichtigung und Kontrolle der Durchführung deshalb auf die generelle Delegationsnorm in AVG 41 I i.V.m. 31 II und 33 I lit. e stützen.

b.   Vollzug des AVIG (Abs. 1 lit. b)

15   Eine Testphase der Schnittstellen zur ALV bestand bereits anlässlich der zweiten Stufe des Versuchsbetriebs des Informationssystems AVAM. Ziel dieser Koppelung war die Vereinfachung des administrativen Verfahrens (BOTSCHAFT REV. AVG, 629). Wie vorgängig dargestellt, nennt AVAM-Vo 3 lit. a als Zweck des Informationssystems auch die Durchführung sowie die Beaufsichtigung und Kontrolle der Durchführung des AVIG (s.o. N 14). Entgegen der Situation bei der öffentlichen Arbeitsvermittlung wird der Vollzug des AVIG in AVG 35 I lit. b als Zweck des Vermittlungssystems AVAM bezeichnet. Dieser Vollzug beinhaltet auch die Aufsicht und Kontrolle der Durchführung (vgl. AVIG 83 ff., 89). Die AVAM-Verordnung geht somit in diesem Punkt nicht über die Vorgaben des formalen Gesetzes hinaus.

c.   Arbeitsmarktbeobachtung (Abs. 1 lit. c, AVAM-Vo 3 lit. a, 6 und 6a)

16   Die Informationssammlung ermöglicht neben einer Unterstützung der Arbeitsvermittlung eine statistische Auswertung der für die Vermittlung erfassten Daten (BOTSCHAFT REV. AVG, 593; RITTER, 168; REHBINDER, 91 ff.). Die hierdurch gewonnene Arbeitsmarktstatistik zeigt ein aktuelles, feingliederiges Bild der Arbeitsmarktsituation und bietet damit eine wichtige *«Entscheidungsgrundlage für die Arbeitsmarktpolitik»* (BOTSCHAFT REV. AVG, 594, 629; s. auch RITTER, 168; REHBINDER, 91 ff.; RITTER, JAR 1991, 61 f.; vgl. zur Arbeitsmarktbeobachtung ferner Art. 36, N 1 ff.).

17   Die (notwendige) gesetzliche Grundlage für die Bearbeitung von Personendaten zur Führung einer Statistik ergibt sich aus AVG 33a I lit. f. Zudem erlaubt AVAM-Vo 6 lit. b die Übernahme von Daten aus dem Betriebs- und Unternehmensregister des BFS (BUR). Ferner sieht AVAM-Vo 6a vor, dass das Informationssystem AVAM dem BFS neue Unternehmen und Mutationen für das UID-Register melden kann. Der Verordnungsgeber setzt mit Erlass dieser Bestimmungen die in AVG 35 V lit. d enthaltene Delegation um. Aus datenschutzrechtlicher Warte erscheint dabei insbesondere bedeutend, dass die Daten *«möglichst rasch [...] anonymisiert werden»*, um die Gefahr eines Datenmissbrauchs einzudämmen

(TÄTIGKEITSBERICHT EDSB 1998/1999, Ziff. 8.2.; ebenfalls TÄTIGKEITSBERICHT EDÖB 2006/2007, Ziff. 1.1.3).

d. Kooperation der Arbeitsvermittlungsbehörden mit jenen der Arbeitslosen- und der Invalidenversicherung sowie mit der Berufsberatung (Abs. 1 lit. d, AVAM-Vo 3 lit. b und e)

Obwohl AVG 35 I lit. d die Unterstützung der Zusammenarbeit zwischen den Organen der Arbeitsvermittlung, der ALV, der IV und der Berufsberatung bereits nennt, wird dieser Zweck in AVAM-Vo 3 lit. b und e wiederholt. Während die Aufzählung der kooperierenden Behörden in AVAM-Vo 3 lit. b die IV ausser Acht lässt, geht jene in AVAM-Vo 3 lit. e über die Gesetzesbestimmung hinaus. Gemäss dem Wortlaut der AVAM-Vo besteht ein Zweck des Informationssystems in *«der Koordination und der interinstitutionellen Zusammenarbeit der Organe der Arbeitslosenversicherung und der öffentlichen Arbeitsvermittlung mit den Sozialversicherungen»* (AVAM-Vo 3 lit. e). Eine Ausweitung des Zweckes des Informationssystems auf die Zusammenarbeit mit weiteren Sozialversicherungsträgern lässt neue Rechte und Pflichten entstehen und bedarf deshalb einer Delegation im formellen Gesetz, wogegen auch die generelle Delegationsnorm in AVG 41 I mangels hinreichender Konkretisierung keine Abhilfe schafft. Die Kooperation mit einer anderen Sozialversicherung als der IV erfordert folglich eine formalgesetzliche Regelung. Diese findet sich seit dem 1. Januar 2001 in AVG 35a, wobei auf die diesbezügliche Kommentierung verwiesen wird (Art. 35a, N 1 ff.). 18

e. Kooperation der Arbeitslosenversicherungsorgane mit der öffentlichen und privaten Arbeitsvermittlung sowie mit den Arbeitgebern (Abs. 1 lit. e, AVAM-Vo 3 lit. c)

Die Zusammenarbeit der Organe der ALV und der öffentlichen Arbeitsvermittlung mit den privaten Vermittlern und den Arbeitgebern wurde vom Gesetzgeber für eine optimale und erfolgreiche Vermittlertätigkeit als *«unverzichtbar»* eingestuft (BOTSCHAFT AVIG 2008, 7764). Diese Kooperation war vor Erlass von AVG 35 I lit. e lediglich in AVAM-Vo 3 lit. c als Zweck des Informationssystems genannt. Transparenzgründe sowie delegationsrechtliche Überlegungen forderten jedoch eine Anhebung auf Gesetzesstufe (BOTSCHAFT AVIG 2008, 7764). Die Verordnungsbestimmung blieb danach zwar bestehen, jedoch ohne selbständig rechtliche Wirkung zu zeugen. 19

Die Zwecknennung in AVG 35 I lit. e hat indes nicht zur Folge, dass die darin genannten Stellen direkten Zugriff auf die im Informationssystem enthaltenen Daten erlangen. Vielmehr ergibt sich daraus das Recht der Betroffen, vom RAV die anonymisierte oder offene Veröffentlichung ihrer Daten via Internet zu ver- 20 langen. Aus datenschutzrechtlichen Gründen muss dem RAV das diesbezügliche Einverständnis schriftlich vorliegen (BOTSCHAFT AVIG 2008, 7764). Die Regelung der Zusammenarbeit mit den privaten Arbeitsvermittlern fand ebenfalls durch Erlass von AVG 35a per Anfang 2001 Eingang ins Gesetz (vgl. Art. 35a, N 1 ff.).

2. Daten des Informationssystems

a. Inhalt (Abs. 2, AVAM-Vo 5)

21   Entsprechend den datenschutzrechtlichen Anforderungen definiert AVG 35 II in grundsätzlicher Weise, welche Daten im Informationssystem bearbeitet werden dürfen. Gemäss dem Gesetzeswortlaut sind dies sämtliche Personendaten, einschliesslich der besonders schützenswerten nach AVG 33a II sowie der Persönlichkeitsprofile (AVG 35 II; auch WEISUNG SECO, 180). Darüber hinaus wird die Regelung der zu erfassenden Daten an den Verordnungsgeber delegiert (AVG 35 V lit. b).

22   Im Anhang der AVAM-Verordnung sind die im Informationssystem bearbeiteten Daten festgelegt (AVAM-Vo 5 I). AVAM-Vo 5 II beschränkt die Bearbeitung durch die angeschlossenen Stellen auf jene Daten, die zur Erfüllung derer Aufgaben erforderlich sind, wobei die genauen Bearbeitungsrechte ebenfalls durch den Anhang der Verordnung geregelt werden. Hierin manifestieren sich die datenschutzrechtlichen Grundsätze der Verhältnismässigkeit (DSG 4 II) sowie der Zweckbindung (DSG 4 III; s. dazu EPINEY, § 9 N 23 ff., N 29 ff.; MEIER, N 661 ff., N 716 ff.; WALDMANN/BICKEL, § 12 N 60 ff.; ROSENTHAL, Art. 4 N 19 ff.; BSK-MAURER-LAMBROU/STEINER, Art. 4 N 9 ff., N 13 ff.).

23   Der benannte Anhang zeigt eine detaillierte Liste mit Informationen über Personen (etwa Name, Aufenthaltsstatus oder berufliche Qualifikationen) und Unternehmen (z.B. Kontaktperson, beschäftigte Berufsgruppe oder Wirtschaftsstatus) und definiert, welche Stelle (SECO, RAV, Sozialhilfe u.a.) in welchem Umfang auf die konkrete Information zugreifen darf. Hieraus ergibt sich, dass bspw. die Arbeitslosenkassen keinen Zugriff auf die Telefonnummern, Faxnummern und E-Mail-Adressen der stellensuchenden Personen haben und das SECO als einzige Stelle uneingeschränkt auf sämtliche im Informationssystem gespeicherten Daten zugreifen kann (s. Anhang AVAM-Vo).

24   Ferner existieren verschiedene Handbücher, die im Sinne einer Dokumentation die zulässigen Einträge ins Informationssystem aufzeigen (s. etwa INFORMATION AVAM 2011, 1 ff.). Dabei insbesondere zu beachten sind die Grundsätze aus AVG 33a (WEISUNG SECO, 181). Nicht erlaubt ist etwa ein Vermerk von besonders schützenswerten Personendaten betreffend die Stellensuchenden in dafür nicht vorgesehenen Bearbeitungsfeldern (vgl. WEISUNG SECO, 181). Des Weite-

ren üben auch die allgemeinen Rechtsgrundsätze Einfluss auf die im Informationssystem gespeicherten Daten aus. Insbesondere können sich daraus Schranken betreffend die Eintragungen zu den offenen Stellen ergeben. Etwa der Ausschluss bestimmter Staatsangehöriger von der Bewerbung auf eine gemeldete offene Stelle verstösst gegen das Rechtsgleichheitsgebot – genauer gegen das Rassendiskriminierungsverbot – und ist folglich im AVAM nicht zu vermerken (vgl. WEISUNG SECO, 181; ähnlich EDSB, Urteil vom 21. November 1997, VPB 1998, 548 ff., 553 f.).

b. Rechte der Betroffenen (AVV 58, AVAM-Vo 11)

Im Zusammenhang mit der Frage, welche Daten mittels AVAM bearbeitet werden, erlangt AVV 58 besondere Relevanz (zur entsprechenden Norm AVIV 126 s. RUBIN, 767 f.). Erstens garantiert diese Verordnungsbestimmung den Arbeitsuchenden und den Arbeitgebern Information über den Zweck des AVAM-Informationssystems und den Umfang der darin bearbeiteten Daten sowie deren regelmässige Empfänger (AVV 58 I lit. a und b). Dabei sind die Dateninhaber über ihre Rechte aufzuklären (AVV 58 I lit. c). Zweitens berechtigt AVV 58 II lit. a die betroffenen Personen, Auskunft über die sie betreffenden Daten zu verlangen. Dabei kann sie die Berichtigung oder Ergänzung unrichtiger oder unvollständiger (AVV 58 II lit. b) sowie die Vernichtung nicht mehr benötigter Daten verlangen (AVV 58 II lit. c). Besteht Beweislosigkeit betreffend die Frage der Richtigkeit von Daten, muss dies entsprechend vermerkt werden (AVV 58 III). Drittens ist eine Berichtigung, Ergänzung oder Vernichtung gemäss AVV 58 IV auch jenen Stellen mitzuteilen, welchen die Daten weitergegeben werden. Folglich sind diese korrigierten Informationen ins AVAM einzuspeisen. 25

Wie die AVV äussert sich auch die AVAM-Vo zu den Rechten der Betroffenen (AVAM-Vo 11). Die Bestimmung erklärt das DSG für anwendbar (AVAM-Vo 11 I; s. zu den Rechten der Betroffenen insbes. DSG 5 I und II, 8, 15 I–III, 21 II sowie 25 II und III) und regelt das formelle Vorgehen zur Geltendmachung des Auskunftsrechts (AVAM-Vo 11 II). AVAM-Vo 11 III gewährt der gesuchstellenden Person Anspruch auf Erlass einer anfechtbaren Verfügung bei negativem Entscheid über die Auskunftsgewährung. AVAM-Vo 11 IV befasst sich darüber hinaus mit der Mitteilung von Berichtigungen, Ergänzungen und Vernichtungen von Daten an andere Stellen. Dem Wortlaut von AVV 58 IV weicht dieser Absatz lediglich dahingehend ab, dass die Mitteilung konkret an jene Stellen zu erfolgen hat, die *«Zugriff auf diese Daten haben»*. AVV 58 IV spricht in diesem Zusammenhang pauschal von den Stellen, *«an welche die Daten weitergegeben werden»*. Zumal die Zugriffsgewährung vom datenschutzrechtlichen Begriff der *«Weitergabe»* umfasst wird, geht der Anspruch gemäss AVAM-Vo nicht über jenen gemäss AVV hinaus (DSG 3 lit. f). 26

3. Zugriffsberechtigte (Abs. 3, AVAM-Vo 4)

27 Die Chance einer schnellen Besetzung offener Stellen sowie der raschen Vermittlung von Stellensuchenden ist umso grösser, je mehr Personen Kenntnis von den entscheidenden Fakten erlangen (RITTER, 169). In diesem Sinn ist aus wirtschaftlicher Betrachtung die Bereitstellung der Daten an einen möglichst grossen Benutzerkreis mittels einer Datenbank zu begrüssen. Datenschutzrechtliche Überlegungen stellen jedoch besondere Anforderungen an den Betrieb einer solchen Datenbank. Es muss der Datenschutz insbesondere dadurch gewährleistet werden, dass gesetzlich fixiert ist, welche Personen und Stellen auf die Daten zugreifen und diese bearbeiten können (DSG 17 II, 19 III; zur Frage der hinreichenden Bestimmtheit der gesetzlichen Grundlage WALDMANN/BICKEL, § 12 N 44 ff., insbes. N 50; JÖHRI, Art. 17 N 10 ff., m.w.Verw.; ebenso BSK-JÖHRI/ STUDER, Art. 17 N 11 ff., insbes. N 16; vgl. RITTER, 169 m.w.Verw.). Diese Definition des Kreises der Berechtigten beinhaltet die Verpflichtung zur **Sicherung der Daten** vor dem Zugriff Unberechtigter. Eine solche Sicherung bestand aber trotzdem nicht von Beginn des Betriebs an (vgl. MEDIENINFORMATION EDÖB SENSIBLE DATEN). Die allgemeinen **datenschutzrechtlichen Grundsätze** verlangen ferner, dass der Zugriff der Berechtigten auf jenen Umfang begrenzt bleibt, der für die Erfüllung deren Aufgabe notwendig ist (DSG 4 II; EPINEY, § 9 N 27; MEIER, N 665; WALDMANN/BICKEL, § 12 N 60 f.; ROSENTHAL, Art. 4 N 19 ff.; BSK-MAURER-LAMBROU/STEINER, Art. 4 N 9).

28 Die Verwendung der Informationsplattform ist zudem abschliessend auf die vorgegebenen Zwecke und Nutzungen beschränkt. Darüber hinausgehende Verwendungen – wie etwa die Einspeisung der Daten in kantonale oder kommunale Systeme – erfüllen den Straftatbestand von StGB 179^{novies} (WEISUNG SECO, 182).

29 Einerseits definiert das AVG selbst, welche Stellen auf die Daten des Informationssystems mittels Abrufverfahren zugreifen können (AVG 35 III). Andererseits delegiert es die Regelung des Zugriffs an den Bundesrat (AVG 35 V lit. d). Der direkte Zugriff im Abrufverfahren wird folgenden Stellen ermöglicht:

- dem SECO (AVG 35 III lit. a);
- dem BFM (AVG 35 III lit. b);
- den kantonalen Arbeitsämtern (AVG 35 III lit. c);
- den Logistikstellen für arbeitsmarktliche Massnahmen (AVG 35 III lit. d);
- den RAV (AVG 35 III lit. e);
- den Arbeitslosenkassen (AVG 35 III lit. f);
- den Organen der IV (AVG 35 III lit. g);
- den Berufsberatungsstellen (AVG 35 III lit. h) sowie
- der schweizerischen Zentralstelle für Heimarbeit (AVG 35 III lit. i).

Entsprechend AVG 35 III findet sich in AVIG 96c I die Regelung der Zugriffsberechtigung im Abrufverfahren auf die von der Ausgleichsstelle betriebenen Informationssysteme gemäss AVIG 83 I lit. i (vgl. dazu RUBIN, 765 f.).

Gestützt auf die Delegation in AVG 35 V lit. d ist der Bundesrat berufen, den 30
Zugriff auf die im System AVAM enthaltenen Daten zu regeln. Basierend darauf
definiert AVAM-Vo 4 I jenen Benutzerkreis, der an das Informationssystem
angeschlossen ist. Hierbei werden einerseits die in AVG 35 III lit. a, d, e und f
genannten Stellen wiederholt und andererseits sind gewisse Abweichungen zu
verzeichnen. So spricht AVAM-Vo 4 I lit. c vom Anschluss der *«kantonalen
Amtsstellen»*, wobei in AVG 35 III lit. c konkreter von *«kantonalen Arbeitsämtern»* die Rede ist. Es ist davon auszugehen, dass die Verordnung ebenfalls nur
jene kantonalen Amtsstellen ans Informationssystem angeschlossen sehen will,
die in die öffentliche Arbeitsvermittlung involviert sind. Angesichts der im System enthaltenen, besonders schützenswerten Daten wäre eine derart einschränkende Interpretation jedenfalls zu begrüssen. Sodann erklärt AVAM-Vo 4 I lit. a
die Ausgleichskassen der Arbeitslosenversicherung als dem Informationssystem
angeschlossen. Dieser Anschluss entspricht den Bestimmungen des AVG
(AVG 35 I lit. b sowie 35 IIIbis). Ferner sollen gemäss AVAM-Vo 4 I lit. g auch
die Organe der Sozialhilfe mit dem Informationssystem verbunden werden. Wegen der sachlichen Nähe dieser Behörde zur öffentlichen Arbeitsvermittlung und
den teils überschneidenden Zielsetzungen sowie vor dem Hintergrund der Delegation des Gesetzgebers muss auch diese Ausweitung des Benutzerkreises nicht
beanstandet werden.

AVAM-Vo 4 II enthält eine *«kann»*-Vorschrift, welche den Anschluss an das 31
Informationssystem *«zwecks Nutzung von Funktionalitäten und Speicherkapazitäten»* für gewisse Stellen ermöglicht. Insoweit diesen Stellen die Speicherung von Daten im AVAM-System sowie die Nutzung der darin enthaltenen
Informationen durch den Anschluss erlaubt ist, unterscheidet sich dieser nicht von
jenem der in Abs. 1 genannten Stellen. Dies entspricht auch den Ausführungen in
den AVAM-Vo 4 II lit. a–c, wo nicht der Umfang des Anschlusses beschränkt,
sondern der Zweck der Nutzung durch die darin genannten Stellen genauer definiert wird.

AVAM-Vo 4 II lit. a nennt das BFM als erste zusätzlich anschliessbare Stelle. 32
Dessen Anschluss kann zwecks Zusammenarbeit mit der öffentlichen Arbeitsvermittlung hinsichtlich der *«Beratung und Vermittlung schweizerischer Rückwanderer sowie von schweizerischen und ausländischen Stagiaires»* erfolgen
(AVAM-Vo 4 II lit. a). Bereits gemäss AVG 35 III lit. b ist das BFM zum Zugriff
auf die Daten des AVAM im Abrufverfahren befugt (s.o. N 29). Die Verordnung
definiert demnach lediglich genauer die Aufgabe, zu deren Erfüllung das BFM
selbständig auf das Informationssystem zugreifen darf.

Als zweites wird der Anschluss der Organe der IV ermöglicht. Dieser soll betref- 33
fend die Beratung und Vermittlung gehandicapter Stellensuchender eine Zusammenarbeit der IV mit der öffentlichen Arbeitsvermittlung unterstützen (AVAM-Vo 4 II lit. b). Wie das BFM ist auch ein Direktzugriff der Organe der IV auf die
Daten des AVAM-Systems gesetzlich vorgesehen (AVG 35 III lit. g; s.o. N 29).

Die Verordnung konkretisiert hierbei ebenfalls lediglich die dabei zu erfüllende Aufgabe.

34 Bei der dritten Stelle, deren möglicher Anschluss ans Informationssystem die AVAM-Vo vorsieht, handelt es sich um die Berufsberatungsstellen, welchen AVG 35 III lit. h ebenfalls den Zugriff im Abrufverfahren erlaubt (s.o. N 29). Der Anschluss soll den Berufsberatungsstellen bei der Beratung die Koordination mit der öffentlichen Arbeitsvermittlung erlauben (AVAM-Vo 4 II lit. c).

4. Datenaustausch mit dem Informationssystem der ALV (Abs. 3bis; AVAM-Vo 6)

35 Wie die öffentliche Arbeitsvermittlung verfügt auch die ALV über Datensammlungen. Seit Erlass des AVIG 1996 wurde eine rege Zusammenarbeit zwischen den Organen der ALV und jenen der öffentlichen Arbeitsvermittlung gelebt. Diese beinhaltet *«ein[en] intensive[n] Datenaustausch mit de[n] für die Arbeitslosenkassen betriebenen Informations- bzw. Auszahlungssystemen»* (BOTSCHAFT AVIG 2008, 7762). Diese **für die Praxis unverzichtbare Kooperation** konnte sich vor Erlass von AVG 35 IIIbis und AVIG 96c lediglich auf eine Verordnungsbestimmung stützen (AVAM-Vo 6). Darin wird (auch heute) noch vorgesehen, dass ins Vermittlungssystem AVAM-Daten aus dem Auszahlungssystem der Arbeitslosenkasse (ASAL; AVAM-Vo 6 lit. a) sowie aus dem System der Zentralen Ausgleichskasse (ZAZ; AVAM-Vo 6 lit. c) übernommen werden können. Aus datenschutzrechtlichen Gründen erwies sich diese Grundlage als nicht ausreichend (s. dazu N 8 f. m.w.Verw.; BOTSCHAFT AVIG 2008, 7762). Der nachträglich ins Gesetz eingefügte Abs. 3bis erlaubt nun den Austausch von Personendaten, einschliesslich der besonders schützenswerten Daten und der Persönlichkeitsprofile zwischen den Informationssystemen der öffentlichen Arbeitsvermittlung und jenen der ALV (AVG 35 IIIbis).

5. Kosten (Abs. 4, AVAM-Vo 13)

36 Bei Erlass der Regelung bestand Uneinigkeit über die Frage der Kostenbeteiligung des Bundes am Aufbau und Betrieb des EDV-unterstützten Informationssystems. Im Rahmen der Vernehmlassung wurde seitens des Kantons Appenzell Ausserrhoden gefordert, die Finanzierung sei vollständig vom Bund zu tragen. Dies entgegen der Auffassung der Schweizerischen Volkspartei, die eine ausschliessliche Verpflichtung der Kantone zur Kostentragung anstrebte. Einer Finanzbeteiligung des Bundes ebenfalls ablehnend standen in der Vernehmlassung die Arbeitgeberorganisationen gegenüber. Die Argumentation aller Ansichten basierte auf der Aufgabenteilung zwischen dem Bund und den Kantonen. Der Kanton Zürich setzte sich dagegen für eine Finanzierung aus dem Fonds der ALV

ein (zum Ganzen s. BOTSCHAFT REV. AVG, 583; vgl. zudem die Kostenaufstellung bei RITTER, 168 f.).

Gemäss Erlass richtet sich die Kostenbeteiligung des Bundes nun danach, ob diese Kosten durch Bundesaufgaben bedingt wurden (AVG 35 II). Die BOTSCHAFT des Bundesrates betont dabei, dass die *«Finanzierungsquelle ausschliesslich zur Erfüllung der Bundesaufgaben im Zusammenhang mit dem Informationssystem herangezogen werden darf»* und den Kantonen für deren Aufgaben keine Subventionen entrichtet werden (BOTSCHAFT REV. AVG, 630). Die Ausführungsbestimmungen des Bundesrates stützen sich betreffend die Finanzierung auf die Delegation zur Regelung der Organisation und des Betriebs des Informationssystems (AVG 35 IV lit. e) und müssen sich dabei innerhalb der Grenzen der gesetzlichen Regelung bewegen.

37

Die Bewältigung der durch Entwicklung und Betrieb des Informationssystems anfallenden Kosten erfolgt aus den Mitteln des Bundes und des Ausgleichsfonds der ALV (AVAM-Vo 13 I). Die Durchführungskosten der von ALV und öffentlicher Arbeitsvermittlung benutzten Computerinfrastruktur kantonaler Durchführungsorgane (die Datenverarbeitungsanlagen und -leitungen) werden aus dem Ausgleichsfonds der ALV beglichen (AVAM-Vo 13 I). Diese Verordnungsbestimmung stützt sich auf AVIG 92 VII, wonach der Ausgleichsfonds den Kantonen die anrechenbaren Durchführungskosten der öffentlichen Arbeitsvermittlung bei Erfüllung gewisser sich ihr aus dem AVIG stellender Aufgaben sowie dem Betrieb der RAV und der Logistikstellen für arbeitsmarktliche Massnahmen vergütet.

38

6. Ausführungsfragen (Abs. 5, AVAM-Vo 1 ff.)

AVG 35 V enthält eine Reihe von Delegationen an den Bundesrat. Im Gegensatz zur Delegationsnorm aAVG 35 III (s.o. N 6) erfüllt jene im geltenden Gesetzestext die Anforderungen des DSG (BOTSCHAFT PERSONENDATEN IN DEN SOZIALVERSICHERUNGEN, 273). In der Folge wird kurz auf diese Delegation und die gestützt darauf erlassenen Ausführungsbestimmungen eingegangen bzw. auf die vorangehende Kommentierung verwiesen, sofern sich die auszuführende Frage bereits gestellt hat.

39

a. Verantwortlichkeit betreffend Datenschutz (Abs. 5 lit. a, AVAM-Vo 9)

Das AVG überlässt die Regelung *«der Verantwortung für den Datenschutz»* dem Bundesrat (AVG 35 V lit. a). Die Umsetzung dieser Delegation nahm der Verordnungsgeber in AVAM-Vo 9 vor.

40

Jede angeschlossene Stelle trägt beim Bearbeiten die Verantwortung für die Einhaltung der datenschutzrechtlichen Grundsätze (AVAM-Vo 9 I). Die Bearbei-

41

tungs- und Zugriffsrechte auf das System werden vom SECO und der Ausgleichsstelle der ALV gewährt. Diese Stellen sind auch mit der Überwachung der Einhaltung der datenschutzrechtlichen Vorschriften betraut (AVAM-Vo 9 II).

42 In Anbetracht der Fülle an im Informationssystem gespeicherten, besonders schützenswerten Personendaten erscheint die Regelung der Verantwortlichkeit etwas dürftig. Abgesehen von der Bestimmung der überwachenden Stellen äussert sich die Verordnung nicht zu etwaigen **Kontrollmechanismen** (s.u. N 57 ff.; s. auch TÄTIGKEITSBERICHT EDÖB 2006/2007, Ziff. 1.2.9). Die angeschlossenen Stellen scheinen zumindest rechtlich gesehen weitgehend sich selbst überlassen. Zwar erscheint es durchaus sinnvoll, die erste Stufe der datenschutzrechtlichen Verantwortung möglichst nahe am Benutzer anzusiedeln. Jedoch wäre die Vorgabe eines minimalen Aufsichtsverfahrens wünschenswert, um durchgehend bei allen angeschlossenen Stellen eine hinreichende Kontrolle zu gewährleisten.

b. Zu erfassende Daten (Abs. 5 lit. b, AVAM-Vo 5 und 6)

43 Mittels AVG 35 V lit. b wurde dem Bundesrat die Regelung der zu erfassenden Daten überlassen. Diese Thematik wurde daraufhin in AVAM-Vo 5 und 6 aufgenommen sowie im Anhang zur Verordnung genauer geregelt. Die Ausführungsbestimmungen ergänzen AVG 35 II, weshalb die Kommentierung bereits an dieser Stelle erfolgte (s.o. N 21 ff.).

c. Aufbewahrung (Abs. 5 lit. c, AVAM-Vo 7 und 8)

44 Der Bundesrat soll auch die Frage der Aufbewahrungsfrist regeln (AVG 35 V lit. c). Dieser Auftrag wurde durch Erlass von AVAM-Vo 7 und 8 erfüllt. Die Verordnungsnormen gehen über eine schlichte Definition der Aufbewahrungsfrist hinaus und regeln zudem die Art der Aufbewahrung, die Vernichtung sowie die Archivierung der Daten.

45 So erlaubt die Verordnungsbestimmung, Akten auf digitale Datenträger zu übertragen und aufzubewahren. Vorausgesetzt wird dabei lediglich, dass eine originalgetreue Wiedergabe möglich bleibt (AVAM-Vo 7 I). Diese Abspeicherung bleibt deshalb nicht ohne Kritik, weil eine geeignete Chiffrierung bisher fehlt. Solange die Daten nur im Informationssystem gespeichert sind, besteht eine Sicherung derer vor einem Zugriff Unberechtigter. Werden diese aber ohne Codierung auf einen Datenträger gespeichert, ist dieser Schutz nicht mehr gewährleistet (s.u. N 59).

46 Unter dem Vorbehalt der Archivierung werden die Akten und Daten der öffentlichen Arbeitsvermittlung während dreier Jahre aufbewahrt. Die darin enthaltenen Personendaten werden nach dieser Aufbewahrungsfrist vernichtet (AVAM-Vo 7 II). Über den Verbleib der weiteren Daten schweigt sich die Verordnung aus.

Sowohl die Aufbewahrung als auch die Vernichtung stellen eine Bearbeitung im Sinne des DSG dar (DSG 3 lit. e) und sind folglich an die darin enthaltenen Bearbeitungsvorschriften gebunden. Es sind somit auch auf diese die allgemeinen Datenschutzgrundsätze anwendbar.

Die Archivierung von Daten aus dem Informationssystem erfolgt durch deren Ablieferung an das Bundesarchiv. Dieser Vorgang richtet sich nach dem Archivierungsgesetz (BGA; AVAM-Vo 8). 47

d.   Benutzerkreis (Abs. 5 lit. d, AVAM-Vo 4)

AVG 35 III lit. a–i definieren, welche Stellen mittels Abrufverfahren auf die Daten des AVAM-Vermittlungssystems zugreifen dürfen (s.o. N 29). Darüber hinaus obliegt es dem Bundesrat, den Zugriff auf die Daten zu regeln (AVG 35 V lit. d). Gestützt auf diese Delegation folgte der Erlass von AVAM-Vo 4. Der Benutzerkreis des Informationssystems ist untrennbar mit der Zugriffsberechtigung verknüpft, weshalb auch die Kommentierung der Ausführungsbestimmungen bei jener zu AVG 35 III erfolgte (s. deshalb dazu N 27 ff.). 48

e.   Organisation und Betrieb (Abs. 5 lit. e, AVAM-Vo 2 und 12)

Die Organisation und der Betrieb des Informationssystems stellen die Ausführung der durch das Gesetz geschaffenen Möglichkeit dar. Eine solche Regelung muss flexibel bleiben und jeweils zeitgemäss den technischen Anforderungen gerecht werden. Zum einen befassen sich AVAM-Vo 2 und 12 mit dieser Thematik. Zum anderen wurde zusätzlich durch das SECO ein Bearbeitungsreglement erlassen (AVAM-Vo 10 III i.V.m. DSG 36 IV lit. a; s.u. N 56 und 58). 49

AVAM-Vo 2 definiert die Struktur des Systems. Dieses besteht danach aus vier Subsystemen: In der zentralen Datenbank *«AVAM»* erfolgt die Bearbeitung der Daten über die Stellensuchenden, die offenen Stellen, die Unternehmen und die arbeitsmarktlichen Massnahmen (AVAM-Vo 2 lit. a). Im Subsystem *«AVAM-ODS»* werden diese Daten einer administrativen und statistischen Auswertung unterzogen (AVAM-Vo 2 lit. b). Die Bearbeitung der Dossiers von Stellensuchenden und Unternehmen erfolgt im weiteren Subsystem *«AVAM-DMS»* (AVAM-Vo 2 lit. c). Das vierte und letzte Subsystem bildet das *«AVAM-eGovernment»*. Innerhalb dieses Untersystems werden die Meldungen von offenen Stellen und Stellensuchenden entgegengenommen sowie die nicht personenbezogenen Daten des Systems *«AVAM»* veröffentlicht (AVAM-Vo 2 lit. d). 50

Die Verantwortung für die Entwicklung und den Betrieb des Informationssystems ist geteilt. Jene betreffend Organisation und Inhaltliches obliegt der Ausgleichsstelle der ALV (AVAM-Vo 12 I). Jene betreffend Technisches kommt dem Bundesamt für Informatik und Telekommunikation (BIT) zu (AVAM-Vo 12 II). 51

Zudem besteht für diese Behörden die Pflicht zur Koordination ihrer Tätigkeit mit den am Informationssystem beteiligten Stellen (AVAM-Vo 12 III). Darüber hinaus umfassen die Ausführungsbestimmungen zum Betrieb auch die Regelung der Finanzierung des Informationssystems (AVAM-Vo 13; s. hierzu vorne N 36 ff., N 38).

f. Zusammenarbeit der beteiligten Behörden (Abs. 5 lit. f, AVAM-Vo 6, 6a sowie Anhang)

52 Die Zusammenarbeit der Behörden wird in AVG 33 geregelt (s. dazu Art. 33 N 1 ff.). Die Delegationsnorm AVG 35 V lit. f bezieht sich auf die Zusammenarbeit der am Vermittlungssystem AVAM beteiligten Behörden betreffend den dadurch erreichten **Austausch von Daten**. Die Verordnung befasst sich mit diesen Fragen in AVAM-Vo 6 und 6a sowie im Anhang. Der Datenaustausch erfolgt danach zwischen dem AVAM-Vermittlungssystem, dem Auszahlungssystem der Arbeitslosenkasse (ASAL), dem Betriebs- und Unternehmensregister des BFS (BUR) sowie dem System der Zentralen Ausgleichsstelle (ZAS; AVAM-Vo 6 lit. a–c). Der Anhang zur AVAM-Vo legt dabei genau fest, welche Daten mit welchem System ausgetauscht werden. Zudem erlaubt AVAM-Vo 6a Meldungen des Informationssystems an das BFS betreffend neue Unternehmen und Mutationen (s. ferner N 17 sowie N 22 f.).

g. Datensicherheit (Abs. 5 lit. g, AVAM-Vo 10)

53 Datenschutzrechtliche Bestimmungen finden sich bereits im Gesetzestext. Die Verordnung hat sich darüber hinaus mit der Regelung der Datensicherheit zu befassen. Dabei handelt es sich weniger um eine rechtliche denn um eine technische Frage. Es ist Sache des Verordnungsgebers, festzulegen, wie die Daten effektiv und sicher geschützt werden (AVG 35 V lit. g). Die Sicherung der Daten umfasst dabei einerseits die Verhinderung des Zugriffs Unberechtigter und andererseits die Abspeicherung zur Wiederherstellung, sollte auf die Originaldaten aus irgendeinem Grund nicht mehr zugegriffen werden können. Die Regulierung beider Aspekte der Datensicherung findet sich in AVAM-Vo 10.

54 Gemäss AVAM-Vo 10 I treffen die angeschlossenen Stellen *«die notwendigen Massnahmen, um den Zugriff unbefugter Personen auf die Daten zu verhindern»*. Als Minimalstandard ist unter dem Titel der Verantwortlichkeit die Vorschrift zu finden, dass der Zugriff auf das Informationssystem durch individuelle Bearbeitungsprofile und Passwörter zu sichern ist (AVAM-Vo 9 III). Angesichts der im Informationssystem gespeicherten, besonders schützenswerten Personendaten erscheint – wie die Regelung der Verantwortlichkeiten – auch die Sicherung der Daten etwas mager. Die Überprüfung des Systems durch den EDÖB ergab ferner,

dass kein hinreichender Schutz vor dem Zugriff Unbefugter besteht und insbesondere Zufallsfunde nicht ausgeschlossen sind (s.u. N 59; TÄTIGKEITSBERICHT EDÖB 2011/2012, Ziff. 1.7.4 = JAR 2012, 114 f.).

Die Datensicherung erfolgt in Zusammenarbeit der Ausgleichskasse der ALV, des SECO und des BIT. Diese drei Stellen treffen gemeinsam die notwendigen Massnahmen, um eine Wiederherstellung der im Informationssystem gespeicherten Daten zu ermöglichen (AVAM-Vo 10 II). Die Verordnung bezeichnet auch hier nur die zuständigen Stellen und schweigt sich über die konkreten Massnahmen aus. In diesem Zusammenhang ist diese offene Formulierung jedoch zu begrüssen, andernfalls die Gefahr besteht, dass die rechtliche Vorgabe der (raschen) technischen Entwicklung hinterherhinkt.

55

Durch AVAM-Vo 10 III i.V.m. DSG 36 IV lit. a verpflichtet der Bundesrat das SECO zum Erlass eines Bearbeitungsreglements, worin das Amt «*seine interne Organisation, das Datenbearbeitungs- und Kontrollverfahren sowie die einzelnen Sicherheitsmassnahmen*» festlegt. Können verschiedene Stellen auf ein Informationssystem zugreifen, ergeben sich hieraus potentielle Gefahren für den Datenschutz. Der Erlass eines detaillierten Bearbeitungsreglements soll hierbei zusätzlich Abhilfe schaffen (JÖHRI, Art. 36 N 14). Das vom SECO erlassene Reglement untersteht der Begutachtung durch den EDÖB und musste aufgrund der von ihm erkannten datenschutzrechtlichen Mängel bereits mehrfach nachgebessert werden (s.u. N 57 ff. m.w.Verw.). Dem TÄTIGKEITSBERICHT 2011/2012 ist zu entnehmen, dass insbesondere die Prozessdokumentation weiterer Ausbesserungen bedarf (TÄTIGKEITSBERICHT EDÖB 2011/2012, Ziff. 1.7.4 = JAR 2012, 114 f.). Im aktuellsten Bericht wird auf diese Problematik nicht eingegangen, sodass derzeit noch offen ist, ob die Kritik des Vorjahres bereits befriedigend umgesetzt wurde (TÄTIGKEITSBERICHT EDÖB 2012/2013).

56

III. Datenschutzrechtliche Kritik am Vermittlungssystem AVAM

Besonders als das Vermittlungssystem AVAM noch in seinen Kinderschuhen steckte, war es mit verschiedenen datenschutzrechtlichen Mängeln behaftet (zu den generellen Problemen anfänglicher Entwicklung telematischer Informationssysteme des Bundes s. MÜLLER, 189 ff.). Die darin gesammelten Daten waren etwa bis 1997 nicht ausreichend gegen den Zugriff Unberechtigter geschützt (MEDIENINFORMATION EDÖB SENSIBLE DATEN; s. auch EDSB, Urteil vom 21. November 1997, VPB 1998, 553 f.). Die Erkenntnis dieses Fehlers erforderte wegen der besonderen Schutzwürdigkeit der im System gesammelten Daten eine umgehende Ergreifung von geeigneten Massnahmen.

57

Weitere Kritikpunkte betreffen das vom SECO erlassene Bearbeitungsreglement zur Nutzung des Vermittlungssystems AVAM. Dieses hat den Anforderungen des Datenschutzrechts zu genügen und sich damit am LEITFADEN des EDÖB zu ori-

58

entieren (LEITFADEN EDÖB MASSNAHMEN; TÄTIGKEITSBERICHT EDÖB 2006/ 2007, Ziff. 1.2.9). Inhaltlich sind im Reglement die interne Organisation sowie die Datenbearbeitungs- und Kontrollprozesse festzulegen (VDSG 21; s. JÖHRI, Art. 36 N 18). Die Kontrolle dieses Reglements durch den EDÖB deckte 2007 verschiedene Mängel auf. Die Kritik betraf vornehmlich die Dokumentation und Information über die Abläufe sowie die Darstellung der Kontrollverfahren (vgl. TÄTIGKEITSBERICHT EDÖB 2006/2007, Ziff. 1.2.9; JÖHRI, Art. 36 N 20).

59 Basierend auf den Anregungen des EDÖB konnten einige dieser Mängel behoben und die Dokumentation des Systems verbessert werden. Einige Punkte bleiben aber dennoch kritikwürdig. Dies sind die Prozessdokumentation, die Regelung der Zugriffsberechtigung sowie die Chiffrierung von Personendaten auf Datenträgern (TÄTIGKEITSBERICHT EDÖB 2011/2012, Ziff. 1.7.4 = JAR 2012, 114 f.). Bemängelt wird noch immer die Dokumentation der Betriebsabläufe, insbesondere bei der Bearbeitung besonders schützenswerter Personendaten und Persönlichkeitsprofile. Zudem erscheint das System noch immer zu wenig gegen den Zugriff Unbefugter geschützt. Der EDÖB fordert deshalb insbesondere eine restriktivere Regelung der Suchfunktionen, sodass lediglich die gesuchte Person gefunden und Zufallstreffer (mit gleichen Namen o.ä.) vermieden werden (s. TÄTIGKEITSBERICHT EDÖB 2011/2012, Ziff. 1.7.4 = JAR 2012, 114 f.).

Art. 35a

Interinstitutionelle Zusammenarbeit und Zusammenarbeit mit privaten Arbeitsvermittlern

¹ Zum Zwecke der interinstitutionellen Zusammenarbeit nach Artikel 85f des Arbeitslosenversicherungsgesetzes vom 25. Juni 1982 kann den Berufsberatungsstellen, den Sozialdiensten der Kantone und Gemeinden, den Durchführungsorganen der kantonalen Arbeitslosenhilfegesetze, der Invaliden- und Krankenversicherung und der Asylgesetzgebung, den kantonalen Berufsbildungsbehörden, der Schweizerischen Unfallversicherungsanstalt sowie anderen für die Eingliederung Versicherter wichtigen privaten und öffentlichen Institutionen im Einzelfall Zugriff auf die erforderlichen Daten aus dem Informationssystem gewährt werden, sofern:
a. die betroffene Person Leistungen von einer dieser Stellen bezieht und der Gewährung des Zugriffs zustimmt; und
b. die genannten Stellen den Durchführungsorganen der Arbeitslosenversicherung Gegenrecht gewähren.

^{1bis} Die Durchführungsorgane der Arbeitslosenversicherung und die Invalidenversicherungsstellen sind bei der interinstitutionellen Zusammenarbeit gegenseitig von der Schweigepflicht entbunden, sofern:
a. kein überwiegendes Privatinteresse entgegensteht; und
b. die Auskünfte und Unterlagen dazu dienen, in Fällen, in denen die zuständige Kostenträgerin noch nicht klar bestimmbar ist:
   1. die für die betroffene Person geeigneten Eingliederungsmassnahmen zu ermitteln, und
   2. die Ansprüche der betroffenen Person gegenüber der Arbeitslosenversicherung und der Invalidenversicherung zu klären.

^{1ter} Der Datenaustausch nach Absatz 1bis darf auch ohne Zustimmung der betroffenen Person und im Einzelfall auch mündlich erfolgen. Die betroffene Person ist anschliessend über den erfolgten Datenaustausch und dessen Inhalt zu informieren.

² Den privaten Arbeitsvermittlern, die eine Vermittlungsbewilligung besitzen, dürfen Daten über Stellensuchende aus dem Informationssystem in einem geeigneten Abrufverfahren zur Verfügung gestellt werden. Die Daten müssen hierfür anonymisiert sein. Die Pflicht zur Anonymität entfällt nur dann, wenn der oder die Stellensuchende schriftlich eingewilligt hat.

Collaboration interinstitutionnelle et collaboration avec les placeurs privés

¹ Aux fins de la collaboration interinstitutionnelle prévue à l'art. 85f de la loi du 25 juin 1982 sur l'assurance-chômage, les données nécessaires du système d'information peuvent être communiquées cas par cas aux services d'orientation professionnelle, aux services sociaux des cantons et des communes, aux organes d'exécution des lois cantonales relatives à l'aide aux chômeurs et de la législation sur l'asile, aux organes d'exécution de l'assurance-invalidité et de l'assurance-maladie, aux autorités cantonales responsables en matière de formation professionnelle, à la Caisse nationale suisse d'assurance en cas d'accidents ainsi qu'à d'autres institutions

publiques ou privées importantes pour l'intégration des chômeurs, aux conditions suivantes:
a. l'intéressé reçoit des prestations de l'organe concerné et donne son accord;
b. l'organe concerné accorde la réciprocité aux organes d'exécution de l'assurance-chômage.

^{1bis} Les organes d'exécution de l'assurance-chômage et les services de l'assurance-invalidité sont mutuellement libérés de l'obligation de garder le secret dans le cadre de la collaboration interinstitutionnelle dans la mesure où:
a. aucun intérêt privé prépondérant ne s'y oppose;
b. les renseignements et documents transmis servent à déterminer, lorsqu'il n'est pas encore possible d'établir clairement quelle autorité doit prendre les frais à sa charge:
   1. la mesure d'intégration la mieux adaptée à la situation de l'intéressé;
   2. les droits de l'intéressé envers l'assurance-chômage et l'assurance-invalidité.

^{1ter} Les données visées à l'al. 1bis peuvent aussi être communiquées sans le consentement de la personne concernée et, dans le cas particulier, oralement. La personne concernée sera ensuite informée de cette communication et de son contenu.

^{2} Les placeurs privés qui possèdent une autorisation peuvent accéder à des données du système d'information sur les demandeurs d'emplois par une procédure d'appel. Ces données doivent avoir été rendues anonymes. L'anonymat ne peut être levé que si le demandeur d'emploi y a consenti par écrit.

Collaborazione interistituzionale e collaborazione con collocatori privati

^{1} Ai fini della collaborazione interistituzionale prevista nell'articolo 85*f* della legge del 25 giugno 1982 sull'assicurazione contro la disoccupazione, gli uffici di orientamento professionale, i servizi sociali dei Cantoni e dei Comuni, gli organi di esecuzione delle leggi cantonali di aiuto ai disoccupati, dell'assicurazione invalidità, dell'assicurazione contro le malattie e della legislazione sull'asilo, le autorità cantonali incaricate della formazione professionale, l'Istituto nazionale svizzero di assicurazione contro gli infortuni, nonché altre istituzioni private o pubbliche importanti per la reintegrazione degli assicurati possono essere autorizzati nel caso specifico a consultare i dati utili del sistema d'informazione se:
a. la persona interessata riceve prestazioni da uno di questi organi e dà il suo consenso; e
b. gli organi menzionati accordano la reciprocità agli organi di esecuzione dell'assicurazione contro la disoccupazione.

^{1bis} Gli organi di esecuzione dell'assicurazione contro la disoccupazione e gli uffici dell'assicurazione invalidità sono reciprocamente esonerati dall'obbligo del segreto nell'ambito della collaborazione interistituzionale nella misura in cui:
a. non vi si opponga alcun interesse privato preponderante; e
b. le informazioni e i documenti sono utilizzati nei casi in cui non è ancora stabilito in modo chiaro qual è l'organo che assicura il finanziamento:

1. per decidere qual è il provvedimento di reintegrazione adeguato per l'interessato, e
2. per stabilire le pretese dell'interessato nei confronti dell'assicurazione contro la disoccupazione e dell'assicurazione invalidità.

^{1ter} Lo scambio di dati ai sensi del capoverso 1bis può aver luogo anche senza il consenso dell'interessato e, in casi specifici, anche oralmente. Occorre in seguito informare l'interessato sullo scambio di dati e sul suo contenuto.

^{2} I collocatori privati che dispongono di un'autorizzazione di collocamento possono accedere ai dati del sistema d'informazione mediante un'adeguata procedura di richiamo. A tal fine i dati devono essere resi anonimi. L'obbligo d'anonimato viene meno soltanto se la persona in cerca di lavoro dà il proprio consenso scritto.

Inhaltsübersicht Note Seite

I. Entstehungsgeschichte	1	227
1. Erlass	1	227
2. Änderungen	4	228
II. Ausgestaltung der interinstitutionellen Zusammenarbeit	6	228
1. Zugriffsberechtigung (AVG 35a I)	6	228
2. Gegenseitige Entbindung von der Schweigepflicht (AVG 35a 1bis)	9	229
3. Administrative Vereinfachung des Datenaustauschs (AVG 35a 1ter)	11	230
III. Zusammenarbeit mit privaten Arbeitsvermittlern (AVG 35a II, AVV 55)	12	230

I. Entstehungsgeschichte

1. Erlass

Im Rahmen der Schaffung und Vereinheitlichung der gesetzlichen Grundlagen für die Datenbearbeitung in den Sozialversicherungen (BOTSCHAFT PERSONENDATEN IN DEN SOZIALVERSICHERUNGEN, 255 ff.) fand AVG 35a in seinen Grundzügen Eingang ins Gesetz (ÄNDERUNG AVG 2000, 2748).

Unter dem Titel *«Zusammenarbeit mit Arbeitslosenhilfen und privaten Arbeitsvermittlern»* umfasste der dabei erlassene Gesetzestext zwei Absätze. Entgegen der heutigen Formulierung erlaubte Abs. 1 die periodische Zustellung von für die Arbeitslosenhilfe notwendigen Daten aus dem Informationssystem an die kantonalen Amtsstellen (ÄNDERUNG AVG 2000, 2748). Die ratio legis dieser Bestimmung lässt sich der zugehörigen BOTSCHAFT entnehmen. Demnach vermittelt die Arbeitslosenhilfe Langzeitarbeitslose, die keine finanzielle Unterstützung der ALV mehr erhalten. Bei dieser Betreuung und Vermittlung ist die Behörde auf die im Vermittlungssystem AVAM enthaltenen Informationen angewiesen. Der

Erlass einer Kooperationsbestimmung mit den kantonalen Arbeitslosenhilfen erscheint deshalb notwendig, wobei eine gänzliche Öffnung des Systems während des Gesetzeserlasses Ablehnung fand (BOTSCHAFT PERSONENDATEN IN DEN SOZIALVERSICHERUNGEN, 273; auch WEISUNG SECO, 183).

3 Der Wortlaut von AVG 35a II entsprach bereits bei Einführung dem noch heute geltenden Gesetzestext (ÄNDERUNG AVG 2000, 2748). Der Erlass sollte die vorbestehende Praxis vereinfachen, wonach das SECO (gestützt auf AVIG 85 I lit. a, 85b II und AVIV 119c) den bewilligten, privaten Arbeitsvermittlern einen passwortgesicherten Auszug aus dem Vermittlungssystems AVAM zur Verfügung stellte. Die darin enthaltenen Daten waren anonymisiert und konnten bei Kenntnis einer offenen Stelle, die auf ein konkretes Profil passte, beim zuständigen RAV erfragt werden (BOTSCHAFT PERSONENDATEN IN DEN SOZIALVERSICHERUNGEN, 273).

2. Änderungen

4 Die Revision des AVIG 2003 führte auch zu einer Modifikation von AVG 35a. Insbesondere geändert und ausgebaut wurde dabei AVG 35a I. Zudem erfolgte der Erlass von AVG 35a I^{bis} und I^{ter} (ÄNDERUNG AVIG 2002, 1751 f.; BOTSCHAFT AVIG 2001, 2298, 2331).

5 Die bereits gelebte Praxis der Zusammenarbeit zwischen den Vollzugsorganen der ALV und den weiteren, mit der Arbeitsintegration befassten Stellen erwies sich als derart wertvoll, dass eine gesetzliche Verankerung sich aufdrängte (BOTSCHAFT AVIG 2001, 2298; hierzu auch LEU, 219 ff.). In Übereinstimmung mit den Vorgaben des Datenschutzgesetzes wurde durch die anlässlich der Revision neu erlassenen Vorschriften eine **formalgesetzliche Grundlage** für die Weitergabe von Daten aus dem Informationssystem geschaffen (DSG 19 III). Insbesondere sollen die Bestimmungen Doppelspurigkeiten in der Beratung von Stellensuchenden mindern und so ein *«zentrales Hindernis in der interinstitutionellen Zusammenarbeit aus dem Weg geräumt»* werden (BOTSCHAFT AVIG 2001, 2298, zum Ganzen auch 2330 f.).

II. Ausgestaltung der interinstitutionellen Zusammenarbeit

1. Zugriffsberechtigung (AVG 35a I)

6 Der Eingliederung insbesondere Langzeitarbeitsloser soll durch interinstitutionelle Zusammenarbeit im Sinne von AVIG 85f Vorschub geleistet werden (vgl. insbes. LEU, 219 ff.). Zu diesem Zwecke erfolgt eine partielle **Öffnung des Vermittlungssystems AVAM**. Folglich kann im Einzelfall den für die Eingliederung der Versicherten wichtigen privaten und öffentlichen Institutionen Zugriff

auf die notwendigen Daten gewährt werden. Eine solche Öffnung deckt sich indes mit dem Zweck des Informationssystems (vgl. AVAM-Vo 3; s. dazu Art. 35, N 10 ff.).

Damit ein Zugriff erfolgen kann, müssen verschiedene Voraussetzungen erfüllt sein. So gibt das Gesetz vor, für welche Stellen ein Zugriff in Frage kommt. Weiter ist dieser Zugriff an einen bestimmten Zweck gebunden und bezieht sich jeweils auf einen Einzelfall (LEU, 226). Ferner setzt die Norm voraus, dass die betroffene Person Leistungen von einer der Stellen bezieht und in die Datenweitergabe eingewilligt hat (AVG 35a I lit. a). Ausserdem erforderlich ist, dass die Stellen den Durchführungsorganen der ALV **Gegenrecht** gewähren (AVG 35a I lit. b; bereits aAVV 55 sprach – allerdings nur im Zusammenhang mit der Zusammenarbeit mit privaten Arbeitsvermittlern und Personalverleihern – vom *«Grundsatz der Gegenseitigkeit»*; RITTER, 165; REHBINDER, 91). 7

Die gesetzliche Aufzählung der auf diesem Weg zugriffsberechtigten Stellen ist nicht abschliessend. Der Datenschutz ist dabei jedoch gleichwohl hinreichend gesichert. Zum einen sind die Stellen durch die gesetzliche Voraussetzung, dass diese für die Eingliederung Versicherter wichtig sind, bestimmbar. Die Öffnung des Systems erfolgt zudem nicht generell, sondern ist jeweils auf einen Einzelfall beschränkt. Zum anderen willigt die betroffene Person in die Weitergabe ein (AVG 35a I lit. a). 8

2. Gegenseitige Entbindung von der Schweigepflicht (AVG 35a I^{bis})

Bei der interinstitutionellen Zusammenarbeit sind die Durchführungsorgane der ALV und die Stellen der IV gegenseitig von der Schweigepflicht entbunden (AVG 35a I^{bis}). Die Schweigepflicht entfällt jedoch nur dann, wenn (kumulativ) **kein überwiegendes Privatinteresse** dagegen spricht (AVG 35a I^{bis} lit. a) und die Informationen zur **Ermittlung geeigneter Eingliederungsmassnahmen** für die betroffene Person (AVG 35a I^{bis} lit. b Ziff. 1) sowie zur **Eruierung derer Ansprüche** gegenüber der involvierten Behörden dienen (AVG 35a I^{bis} lit. b Ziff. 2), insofern die kostentragende Stelle noch nicht bestimmbar ist (auch RUBIN, 763). 9

Die Möglichkeit der Datenweitergabe stellt die Grundlage zur in der Praxis äusserst wichtigen interinstitutionellen Zusammenarbeit sowie zur **Verhinderung von Doppelspurigkeiten** dar (BOTSCHAFT AVIG 2001, 2298). Gleichzeitig beachtet die Bestimmung durch die genaue Definition der Entbindungsvoraussetzungen und das Ziel *«der beruflichen und sozialen Integration der betroffenen Personen»* das datenschutzrechtliche Zweckmässigkeitsgebot (BOTSCHAFT AVIG 2001, 2298; LEU, 226). Die gegenseitige Entbindung von der Schweigepflicht in AVG 35a I^{bis} bezieht sich dabei auf die Zusammenarbeit mit der ALV und den IV-Organen (äquivalent AVIG 85f III; IVG 68bis II). 10

3. Administrative Vereinfachung des Datenaustauschs (AVG 35a I^{ter})

11 Die interinstitutionelle Zusammenarbeit zwischen den Vollzugsstellen der ALV und jenen der IV wird dadurch weiter vereinfacht, dass verminderte Voraussetzungen für deren Datenaustausch gelten. AVG 35a I^{ter} erlaubt diesen Behörden, auch **ohne Zustimmung** und unter lediglich **nachträglicher Information** der betroffenen Person Daten gemäss AVG 35a I^{bis} auszutauschen. Dieser Austausch darf zusätzlich im Einzelfall auch mündlich erfolgen (AVG 35a I^{ter}). Die (nachträgliche) Informationspflicht beinhaltet zum einen die Mitteilung über den Datenaustausch selbst und zum andern auch die Orientierung über den Inhalt der dabei konkret bearbeiteten Daten (entsprechend AVIG 85f IV; IVG 68bis III).

III. Zusammenarbeit mit privaten Arbeitsvermittlern (AVG 35a II, AVV 55)

12 Die Zusammenarbeit der RAV mit den privaten Arbeitsvermittlern erfolgt auf verschiedenen Ebenen. Zum einen besteht eine Kooperation im direkten Kontakt der Zentren mit den Vermittlungsstellen. Zum anderen läuft die Zusammenarbeit teils auch auf indirektem Wege, indem Stellensuchenden die Kontaktaufnahme mit privaten Vermittlern angeraten wird. Die dritte Ebene der Kooperation bildet jene via das Internet, insbesondere via das Vermittlungssystem AVAM (hierzu und insbesondere zur unterschiedlichen Zielsetzung und Arbeitsweise der privaten Vermittlungsstellen und der RAV s. ENGLER, 22 ff.).

13 Die im Vermittlungssystem AVAM gespeicherten Daten können auch privaten Arbeitsvermittlern weitergegeben werden. Grundvoraussetzung hierfür bildet, dass diese Privaten über eine **Vermittlungsbewilligung** verfügen. Der Datenzugriff hat durch ein geeignetes Abrufverfahren zu erfolgen, wobei die Daten den privaten Vermittlern grundsätzlich lediglich **anonymisiert** zur Kenntnis gebracht werden dürfen. Das Abrufverfahren erfolgt über einen passwortgeschützten Zugang zum Vermittlungssystem AVAM. Die privaten Vermittler können so auf die anonymisierten Profile der Stellensuchenden zugreifen. Passt ein Profil auf eine vakante Stelle, können sie sich beim zuständigen RAV melden, worauf dieses ihnen den fraglichen Stellensuchenden zuweist. Vor Erlass der Norm basierte diese Praxis auf dem AVIG sowie auf der AVIV (s. dazu N 3; ferner BOTSCHAFT PERSONENDATEN IN DEN SOZIALVERSICHERUNGEN, 273). Doppelte Einträge vakanter Stellen können durch Meldung der Namen der Arbeitgeber durch die privaten Vermittlungsstellen an das RAV verhindert werden. Allerdings besteht hierzu keine Pflicht und erfolgt eine solche Nennung rein auf freiwilliger Basis (zum Ganzen WEISUNG SECO, 183). Nach altem Recht forderte aAVV 55 für die Zusammenarbeit der privaten Arbeitsvermittler und Personalverleiher mit der öffentlichen Arbeitsvermittlung, dass diese nach dem *«Grundsatz der Gegenseitigkeit»* erfolgte (s.o. N 7 m.w.Verw.). Auch der heute geltende Gesetzestext spricht da-

von, dass der Zugriff der *«für die Eingliederung Versicherter wichtigen privaten und öffentlichen Institutionen»* davon abhänge, dass diese *«Stellen den Durchführungsorganen der Arbeitslosenversicherung Gegenrecht gewähren»* (von AVG 35a I lit. b). Allerdings präzisiert AVG 35a II die Zusammenarbeit mit den privaten Arbeitsvermittlern und statuiert die Voraussetzungen dafür. Von einer Pflicht zur Gegenseitigkeit ist in diesem spezifizierten Absatz keine Rede. Die offene Formulierung von Abs. 1 darf deshalb nicht als hemmende Voraussetzung gedeutet werden, welche die Privaten zur Datenoffenlegung verpflichten würde (so auch die Praxis: WEISUNG SECO, 183).

Auf die Anonymisierung darf nur dann verzichtet werden, wenn die betroffene Person hierzu schriftlich zugestimmt hat (AVG 35a II; s. auch RUBIN, 765). Willigt eine Stellensuchende ein, erscheint deren Namen im Internet und ermöglicht den privaten Vermittlungsstellen eine direkte Kontaktaufnahme (WEISUNG SECO, 183). 14

Der Zugriff auf die via Internet publizierten Daten im vorgenannten Sinn ist ausschliesslich auf bewilligte, private Vermittlungsstellen beschränkt (WEISUNG SECO, 183). Diese Stellen sind durch das AVG unmittelbar zur Geheimhaltung verpflichtet (AVG 7 III und 18 III), wobei ein Verstoss bei vorsätzlichem Handeln mit einer Busse von bis zu CHF 40 000.–, bei fahrlässigem mit einer solchen bis zu CHF 20 000.– bestraft werden kann (AVG 39 II lit. f und III; WEISUNG SECO, 183). 15

Eine inhaltliche Beschränkung der den Privaten zur Verfügung gestellten Daten erfolgt durch AVV 55. Demnach haben die privaten Vermittler keinen Zugriff auf besonders schützenswerte Personendaten über die Gesundheit oder Religionszugehörigkeit der Stellensuchenden sowie über gemäss AVG oder AVIG verfügte oder geplante Massnahmen (AVV 55 i.V.m. AVG 33a II lit. a und b). 16

Art. 35b

Verzeichnis der bewilligten privaten Vermittlungs- und Verleihbetriebe

[1] Das SECO führt mit Hilfe der zuständigen kantonalen Behörden auf einem geeigneten Informationssystem ein Verzeichnis über die bewilligten, privaten Vermittlungs- und Verleihbetriebe und ihre verantwortlichen Leiter und Leiterinnen.

[2] Das Verzeichnis kann besonders schützenswerte Daten über den Entzug, die Aufhebung oder die Nichterteilung einer Bewilligung enthalten.

Fichier des entreprises de placement et de location de services autorisées

[1] Avec l'aide des autorités cantonales compétentes, le SECO gère, dans un système d'information approprié, un fichier des entreprises de placement et de location de services autorisées et de leurs responsables.

[2] Ce fichier peut contenir des données sensibles sur le retrait, l'annulation ou le refus d'une autorisation.

Elenco delle imprese private di collocamento e di fornitura di personale a prestito autorizzate

[1] Con la collaborazione delle competenti autorità cantonali, la SECO tiene, mediante un adeguato sistema d'informazione, un elenco delle imprese private di collocamento e di fornitura di personale a prestito autorizzate e dei rispettivi responsabili.

[2] Tale elenco può contenere dati personali degni di particolare protezione relativi alla revoca, alla soppressione o al mancato rilascio di un'autorizzazione.

Inhaltsübersicht	Note	Seite
I. Erlass	1	232
II. Zweistufiger Zugang zum Verzeichnis	4	233
1. Allgemein zugängliche Daten (Abs. 1, AVV 59a)	4	233
2. Daten mit eingeschränktem Adressatenkreis (Abs. 2, AVV 59a)	6	234

I. Erlass

1   Anlässlich der Anpassung der Gesetzesgrundlagen für die Datenbearbeitung innerhalb der Sozialversicherungen erfolgte neben anderen Bestimmungen auch der Erlass von AVG 35b (ÄNDERUNG AVG 2000, 2748; BOTSCHAFT PERSONENDATEN IN DEN SOZIALVERSICHERUNGEN, 273). Bereits zuvor wurde seitens des SECO ein Verzeichnis der bewilligten Privatvermittler geführt und via Internet veröffentlicht (BOTSCHAFT PERSONENDATEN IN DEN SOZIALVERSICHERUNGEN, 273). Das Bewusstsein, dass für solch eine Datenbearbeitung eine Grundlage erforderlich ist, führte vorerst zum Erlass einer diesbezüglichen Verordnungsbestimmung (aAVV 59a; ÄNDERUNG AVV 1999, 2715).

Der ursprüngliche Verordnungstext von AVV 59a I deckte sich inhaltlich weitgehend mit dem ersten Absatz der heutigen Gesetzesbestimmung (ÄNDERUNG AVV 1999, 2715). Darüber hinaus sah aAVV 59a II vor, dass das Verzeichnis via Internet der Öffentlichkeit zugänglich gemacht werden könne. Diese Bestimmung diente dabei als Grundlage für das Verzeichnis und dessen Publikation insgesamt sowie aller darin enthaltener Daten. Soweit es sich bei diesen nicht um besonders schützenswerte handelt, genügt eine Regelung auf Verordnungsstufe als gesetzliche Grundlage für die Datenbearbeitung (AVV 59a; BOTSCHAFT PERSONENDATEN IN DEN SOZIALVERSICHERUNGEN, 273; s.u. N 4 f.).

2

Über ein blosses Verzeichnis der bewilligten, privaten Arbeitsvermittler hinaus hegen die kantonalen Arbeitsmarktbehörden ein Interesse daran, über die Erteilung, Verweigerung und insbesondere die Begründung eines Entzugs der Vermittlungsbewilligung durch einen anderen Kanton orientiert zu werden. Ein solcher Austausch soll insbesondere verhindern, dass ein Vermittler nach Entzug der Bewilligung durch einen Kanton unbesehen in einem anderen eine neue Vermittlungsbewilligung beantragt (BOTSCHAFT PERSONENDATEN IN DEN SOZIALVERSICHERUNGEN, 273; WEISUNG SECO, 185). Ein solcher Entzug stellt eine **administrative Sanktion** im Sinne des DSG dar und ist damit unter die **besonders schützenswerten Personendaten** zu subsumieren (DSG 3 lit. c Ziff. 4). Sollen solche Daten in einem Abrufverfahren zugänglich gemacht werden, erfordert dies eine formalgesetzliche Grundlage (DSG 19 III, 19 IIIbis; BOTSCHAFT PERSONENDATEN IN DEN SOZIALVERSICHERUNGEN, 273; s. WALDMANN/BICKEL, § 12 N 44 ff., N 50; JÖHRI, Art. 19 N 74 ff.; BSK-JÖHRI/STUDER, Art. 19 N 20 ff., N 65 ff., insbes. N 67 ff.). Der Erlass von AVG 35b wurde dieser Anforderung gerecht, wobei der Gesetzestext seit Inkrafttreten am 1. Januar 2001 unverändert blieb (ÄNDERUNG AVG 2000, 2748). Im Gegensatz dazu musste die vorbestehende Verordnungsbestimmung angepasst werden (ÄNDERUNG AVV 2000, 2904). Abs. 1 konnte gänzlich gestrichen werden, zumal dessen Inhalt neu durch die Gesetzesnorm geregelt ist. Ferner wurde die Publikation via Internet in Abs. 2 gesetzeskonform eingeschränkt (s.u. N 6).

3

II. Zweistufiger Zugang zum Verzeichnis

1. Allgemein zugängliche Daten (Abs. 1, AVV 59a)

Wie bereits anlässlich der vorangehenden Ausführungen zum Erlass der Bestimmung angemerkt, handelt es sich beim Verzeichnis um ein elektronisches Datenverarbeitungssystem. Dieses wird vom SECO mit Unterstützung durch die kantonalen Arbeitsämter auf einem diesen Behörden zugänglichen Intranet betrieben (WEISUNG SECO, 185). Inhaltlich besteht das Verzeichnis aus einer Liste der bewilligten privaten Vermittlungs- und Verleihbetriebe. Dieser Aufstellung

4

ebenfalls zu entnehmen sind die Namen der jeweils verantwortlichen Leiterinnen und Leiter (AVG 35b I).

5 Bei diesen Informationen handelt es sich nicht um besonders schützenswerte Daten. Aus diesem Grund genügt die Verordnungsbestimmung als gesetzliche Grundlage zur Veröffentlichung (s.o. N 2; AVV 59a; DSG 19 IIIbis i.V.m. 19 I; JÖHRI, Art. 19 N 7 ff., N 83 ff.). Folglich können diese Informationen gestützt auf AVV 59a öffentlich bekannt gegeben werden. Der Zugang zu den Daten kann via Internet oder aber auch durch ein Druckerzeugnis erfolgen. Den elektronischen Zugang ermöglicht das SECO über eine von ihm betriebene Webseite (http://www.avg-seco.admin.ch/WebVerzeichnis/ServletWebVerzeichnis, zuletzt besucht am 19. Dezember 2013). Stellensuchende können sich dort einen Überblick verschaffen und insbesondere die Suche nach dem geeigneten Vermittler anhand konkreter Parameter – etwa Qualifikation, Branche oder Kanton – eingrenzen.

2. Daten mit eingeschränktem Adressatenkreis (Abs. 2, AVV 59a)

6 Zumal Vermittler durch die Bewilligung befugt sind, ihre Tätigkeit gesamtschweizerisch auszuüben, besteht seitens aller Kantone und des SECO ein Interesse daran, sich über die Erteilung, Verweigerung oder den Entzug einer Vermittlungsbewilligung orientieren zu können. Insbesondere die Verfügung von administrativen Sanktionen über einen privaten Vermittler durch einen Kanton ist für die anderen Kantone von Interesse (BOTSCHAFT PERSONENDATEN IN DEN SOZIALVERSICHERUNGEN, 273; WEISUNG SECO, 185; s.o. N 3).

7 Wie bereits ausgeführt (s.o. N 3) handelt es sich bei solchen Informationen um **besonders schützenswerte Personendaten** (DSG 3 lit. c Ziff. 4). Aus dieser Tatsache ergeben sich zwei rechtliche Konsequenzen: Erstens erfordert die Datenbearbeitung eine **formalgesetzliche Grundlage** und zweitens ist der **Zugang zu diesen Daten geeignet zu beschränken** (DSG 19 III; zur erforderlichen Bestimmtheit s. WALDMANN/BICKEL, § 12 N 44 ff., N 50; ferner s. JÖHRI, Art. 19 N 74 ff.; BSK-JÖHRI/STUDER, Art. 19 N 20 ff., N 65 ff., insbes. N 67 ff.). Der datenschutzrechtliche Verhältnismässigkeitsgrundsatz verlangt deshalb, dass diese Informationen nur jenen Stellen weitergegeben werden, welche diese für die Erfüllung ihrer Aufgaben benötigen (DSG 4 II).

8 Das geltende Recht wird diesen Anforderungen gerecht. Zum einen schafft AVG 35b II die gesetzliche Grundlage für die Bearbeitung besonders schützenswerter Personendaten innerhalb des Verzeichnisses. Gleichzeitig definiert der Gesetzestext, welche spezifischen sensiblen Daten dort gespeichert werden dürfen. Es sind dies die Informationen *«über den Entzug, die Aufhebung oder die Nichterteilung einer Bewilligung»* (AVG 35b II). Zum anderen nimmt AVV 59a diese schützenswerten Daten von der Veröffentlichung aus und grenzt damit den Kreis der zugriffsberechtigten Stellen auf das Notwendige ein.

Art. 36

Arbeitsmarkt-beobachtung	[1] Der Bundesrat ordnet die zur Arbeitsmarktbeobachtung erforderlichen Erhebungen an. [2] Die Arbeitsämter beobachten die Lage und Entwicklung des Arbeitsmarktes in ihren Kantonen. Sie erstatten dem SECO Bericht über die Arbeitsmarktlage sowie über die öffentliche und private Arbeitsvermittlung und den Personalverleih. [3] Die Ergebnisse werden so bekannt gegeben, dass keine Rückschlüsse auf betroffene Personen möglich sind. [4] Die zur Arbeitsmarktbeobachtung erhobenen Daten dürfen nur für statistische Zwecke verwendet werden.
Observation du marché du travail	[1] Le Conseil fédéral ordonne les enquêtes nécessaires à l'observation du marché de l'emploi. [2] Les offices du travail observent la situation et l'évolution du marché du travail dans leur canton. Ils font rapport au SECO sur la situation du marché du travail ainsi que sur le service public de l'emploi, le placement privé et la location de services. [3] Les résultats des observations sont diffusés sous une forme qui ne permette pas d'identifier les personnes concernées. [4] Les données recueillies au titre de l'observation du marché du travail ne peuvent être utilisées qu'à des fins statistiques.
Osservazione del mercato del lavoro	[1] Il Consiglio federale ordina le rilevazioni necessarie per l'osservazione del mercato del lavoro. [2] Gli uffici del lavoro osservano la situazione e l'evoluzione del mercato del lavoro nel loro Cantone. Presentano rapporto alla SECO sulla situazione del mercato del lavoro, come anche sul collocamento pubblico e privato e sulla fornitura di personale a prestito. [3] I risultati sono pubblicati in modo tale da escludere qualsiasi riferimento alle persone interessate. [4] I dati raccolti per l'osservazione del mercato del lavoro possono essere utilizzati soltanto a scopi statistici.

Inhaltsübersicht	Note	Seite
I. Entstehung..	1	236
1. Erlass	1	236
2. Änderungen	2	236
II. Regelungsgehalt	4	237
1. Datengewinnung (Abs. 1)	4	237
a. Erforderliche Erhebungen (Abs. 1, LAMDA-Vo 5)	4	237
b. Verflechtung der verschiedenen Informationssysteme und Datenaustausch (LAMDA-Vo 7 I)	6	237

	Note	Seite
2. Beobachtung und Berichterstattung (Abs. 2, AVV 59 und 60)..............	11	238
3. Datenschutz (Abs. 3, AVV 59 II, LAMDA-Vo 3 und 13 I).................	16	239
4. Zweckbindung der Datenerhebung (Abs. 4)	19	240

I. Entstehung

1. Erlass

1   AVG 36 wurde im Zuge der substantiellen Revision des Arbeitsvermittlungsgesetzes erlassen (vgl. RITTER, 172, FN 32; ferner REHBINDER, 94). Die BOTSCHAFT des Bundesrates betont dabei die wegleitende Rolle des Bundesgesetzes über Konjunkturbeobachtung vom 20. Juni 1980 (SR 951.95; BOTSCHAFT REV. AVG, 630). Ziel dieses Gesetzes war kurz umschrieben die Regelung zweier eng verbundener Bereiche: nämlich die *«laufende Beobachtung der Wirtschaftslage und die Erhebung von Konjunkturdaten»* (BOTSCHAFT KONJUNKTURBEOBACHTUNG, 283). Die Arbeitsmarktbeobachtung gemäss AVG umfasst dementsprechend zum einen die **Erfassung** sämtlicher relevanter Daten und zum anderen deren **Sammlung, Auswertung und Publikation**. Zumal es sich bei den Erhebungen um personenbezogene Informationen handelt, ist dabei der Datenschutz zu sichern.

2. Änderungen

2   Der heute geltende Gesetzestext entspricht nicht mehr vollständig dem ursprünglichen. Als redaktionelle Änderung wurde der Begriff *«BIGA»* durch *«SECO»* ersetzt (ÄNDERUNG AVG 2000, 2744). Ferner betraf die chronologisch erste Änderung des revidierten AVG die Bestimmung über die Arbeitsmarktbeobachtung, genauer AVG 36 I und III.

3   Im Rahmen des Erlasses des BStatG vom 30. Oktober 1991 wurde Abs. 1 auf eine schlichte Delegationsnorm reduziert. Die zuvor und darüber hinaus bestehende Kompetenzregelung, wonach das BIGA (heute SECO) *«die Beschäftigungsstruktur sowie die Lage und Entwicklung des schweizerischen Arbeitsmarktes»* beobachtete und untersuchte, wurde gestrichen. Zudem wurde der Wortlaut von Abs. 3 verallgemeinert und die Zuständigkeit des BIGA für die Bekanntgabe der Ergebnisse der Arbeitsmarktbeobachtung ebenfalls aufgehoben (BOTSCHAFT BSTATG, 452).

II. Regelungsgehalt

1. Datengewinnung (Abs. 1)

a.   Erforderliche Erhebungen (Abs. 1, LAMDA-Vo 5)

Der Gesetzgeber betraut in Abs. 1 der Bestimmung den Bundesrat mit der Anordnung der für die Arbeitsmarktbeobachtung erforderlichen Erhebungen. Die offene Formulierung überlässt es somit dem Verordnungsgeber zu definieren, welche **Erhebungen für die Arbeitsmarktbeobachtung** *«erforderlich»* erscheinen. Dies soll ermöglichen, die verschiedenen Erhebungen zu koordinieren (RITTER, 172; REHBINDER, 94).

4

Die Verordnung über das Informationssystem des SECO für die Analyse der Arbeitsmarktdaten (LAMDA-Vo) zeigt demgemäss auf, welche Daten für die Analyse des Arbeitsmarktes herangezogen werden. Es sind dies die registrierten Arbeitslosen (LAMDA-Vo 5 I lit. a), die eingeschriebenen Stellensuchenden (LAMDA-Vo 5 I lit. b), die gemeldeten offenen Stellen (LAMDA-Vo 5 I lit. c), die arbeitsmarktlichen Massnahmen (LAMDA-Vo 5 I lit. d) und die von der Arbeitslosenversicherung ausbezahlten Leistungen (LAMDA-Vo 5 I lit. e).

5

b.   Verflechtung der verschiedenen Informationssysteme und Datenaustausch (LAMDA-Vo 7 I)

Die Arbeitsmarktbeobachtung bedarf verschiedener Daten, die bereits für andere Zwecke erhoben werden. Es ergibt deshalb Sinn, die verschiedenen Systeme zu koppeln. Die Vernetzung der Systeme erlaubt der Ausgleichsstelle, sich für die Arbeitsmarktbeobachtung Daten vornehmlich von drei Seiten zu beschaffen: vom Auszahlungssystem der Arbeitslosenkassen (ASAL), vom Informationssystem AVAM und von den Datensammlungen des Bundesamtes für Statistik (LAMDA-Vo 7 I lit. a–c).

6

Das **Auszahlungssystem ASAL** bezweckt die Vereinfachung bei der Auszahlung der Versicherungsleistungen der Arbeitslosenkassen sowie des Verkehrs mit dem Informationssystem der Arbeitslosenversicherung (ALIS) und ist in der Verordnung über die Informations- und Auszahlungssysteme der Arbeitslosenversicherung geregelt (SR 837.063.1; ASAL-Vo II).

7

Das **Vermittlungssystem AVAM** dient bereits gemäss dessen Definition nicht nur der Arbeitsvermittlung, sondern auch der Arbeitsmarktstatistik (AVAM-Vo 1). Die Arbeitsmarktbeobachtung und die Arbeitsmarktstatistik werden dementsprechend in AVAM-Vo 3 lit. f eigens als Zweck dieses Informationssystems genannt.

8

9   Das Bundesamt für Statistik sammelt, produziert und publiziert statistische Daten zu verschiedensten Themen. Die hierfür verwendeten **Datensammlungen des Bundesamtes für Statistik** bieten einen grossen Fundus an Informationen, die für die Arbeitsmarktbeobachtung von Interesse sein können.

10 Die Verflechtung dieser Informationssysteme wird verschiedentlich deutlich: Die Ausgleichkassen sind ans Vermittlungssystem AVAM angeschlossen (AVAM-Vo 4 I lit. a), ebenso wie die Arbeitslosenkassen (AVAM-Vo 4 I lit. d). Dabei dürfen diese angeschlossenen Stellen die im System AVAM gespeicherten Daten zur Erfüllung ihrer gesetzlichen Aufgaben nutzen (AVAM-Vo 5 II). Das Vermittlungssystem AVAM kann sich zudem beim Betriebs- und Unternehmensregister Daten beschaffen (AVAM-Vo 6 lit. b). Ferner können neue Unternehmen und Mutationen für das UID-Register durch das Informationssystem AVAM dem Bundesamt für Statistik gemeldet werden (AVAM-Vo 6a).

2. Beobachtung und Berichterstattung (Abs. 2, AVV 59 und 60)

11 Entsprechend der föderalistischen Struktur sowie der kantonalen Aufsicht über die private Arbeitsvermittlung und den Personalverleih obliegt die Beobachtung der **Lage und Entwicklung** des kantonalen Arbeitsmarktes dem jeweiligen Arbeitsamt (AVG 36 II; s. auch: RITTER, 173; REHBINDER, 95). Dabei sind die kantonalen Behörden verpflichtet, verschiedene Angaben privater Vermittlungs- und Verleihbetriebe zu erheben (AVV 59 I). Darüber hinaus ist es den Kantonen erlaubt, eine eigene Berichterstattung über den kantonalen Arbeitsmarkt zu veröffentlichen, wobei sie den Datenschutz gleichermassen sicherzustellen haben (WEISUNG SECO, 188; RITTER, 173; REHBINDER, 94 f.). Die gesetzliche Grundlage für die Erhebung der Daten ergibt sich bereits aus der Legitimierung der mit der Aufsicht betrauten Stellen zur Datenbearbeitung (AVG 33a I lit. e i.V.m. 33 I und II; Urteil des BGer. 2C_356/2012 vom 11. Februar 2013, E. 6).

12 So hat die zuständige kantonale Behörde von den bewilligten privaten Vermittlungsbetrieben nach Abschluss jedes Kalenderjahres die Anzahl der vermittelten Personen zu erheben, wobei diese Erhebung nach Geschlecht und Herkunft der Stellensuchenden – ob Schweizer oder ausländische Staatsangehörige – aufgegliedert sein muss (AVV 59 I i.V.m. 18 I). Darüber hinaus besteht die Möglichkeit, dass bewilligte Privatvermittler im Rahmen von Teilerhebungen zur zusätzlichen Mitteilung weiterer Informationen an das SECO verpflichtet sind. In einem solchen Fall hat der private Vermittlungsbetrieb *«zusätzliche persönliche und arbeitsmarktbezogene Merkmale»* anonymisiert vorzulegen (AVV 18 III).

13 Entsprechendes gilt betreffend die bewilligten Personalverleihbetriebe. Diese sind zur **Buchführung über die Einsätze** ihrer Arbeitnehmer verpflichtet (AVV 46 I). Daraus erhebt das kantonale Arbeitsamt nach Abschluss jedes Kalenderjahres die Summe der durch Personalverleih geleisteten Arbeitsstunden (AVV 59 I i.V.m.

46 II lit. a) sowie die *«Anzahl, Geschlecht und Herkunft (Schweiz oder Ausland) der verliehenen Personen»* (AVV 59 I i.V.m. 46 II lit. b). Wie die privaten Vermittler können auch die Verleihbetriebe innerhalb von Teilerhebungen zur anonymisierten Mitteilung zusätzlicher persönlicher und arbeitsmarktbezogener Merkmale der verliehenen Arbeitnehmer verpflichtet sein (AVV 46 IV).

Darüber hinaus obliegt den kantonalen Arbeitsämtern die Erfassung von Entlassungen und Betriebsschliessungen (AVV 59 I i.V.m. 53). Meldepflichtig sind diese jedenfalls dann, wenn sie mindestens zehn Arbeitnehmer betreffen (AVV 53 I). Die Kantone können die Meldepflicht auf Entlassungen und Betriebsschliessungen ausdehnen, die mindestens sechs Arbeitnehmer betreffen, sofern die Grösse oder Struktur des regionalen Arbeitsmarktes dies verlangt (AVV 53 II). Bei einer diesbezüglichen Meldung erfasst das Arbeitsamt die Zahl, Geschlecht und Nationalität der betroffenen Arbeitnehmer (AVV 53 III lit. a). Weiter ist bei Betriebsschliessungen deren Grund zu erfassen (AVV 53 III lit. b) und bei Entlassungen den Arbeitsbereich, in dem diese erfolgen (AVV 53 III lit. c). Zudem ist der Zeitpunkt der Wirksamkeit ausgesprochener Kündigungen zu vermerken (AVV 53 III lit. d).

14

Die Pflicht zur Weiterleitung der Resultate dieser Erhebung bzw. Erfassung an das SECO ergibt sich zwar bereits aus jener zur Berichterstattung, wird aber in AVV 59 II nochmals hervorgehoben. Die Kantone erstatten dem SECO Bericht über die Arbeitsmarktbeobachtung. Dabei haben sie dieses über die Arbeitsmarktlage sowie über die öffentliche und private Arbeitsvermittlung und den Personalverleih zu orientieren (AVG 36 II). Die Bedeutung der Pflicht zur Berichterstattung findet bereits in der BOTSCHAFT Betonung (BOTSCHAFT REV. AVG, 630; auch RITTER, 172). Insbesondere die Daten der Tätigkeiten privater Arbeitsvermittler und Personalverleihbetriebe liefern für die Arbeitsmarktanalyse wichtige Indikatoren (so schon REHBINDER, 95; gl.A. RITTER, 173). AVV 60 I gibt den **Turnus der Berichterstattung** vor. Demzufolge haben die Kantone das SECO *«monatlich über die Lage und Entwicklung des kantonalen Arbeitsmarktes»* zu orientieren (AVV 60 I lit. a). Berichterstattung *«über die private Arbeitsvermittlung und den Personalverleih»* hat demgegenüber nur ein Mal jährlich zu erfolgen (AVV 60 I lit. b). Des Weiteren überlässt der Verordnungsgeber dem SECO den Erlass von Richtlinien über die Berichterstattung (AVV 60 II). Die Statistik für die Arbeitsmarktbeobachtung wird dabei durch das Informationssystem LAMDA geführt (LAMDA-Vo 2 lit. a).

15

3. Datenschutz (Abs. 3, AVV 59 II, LAMDA-Vo 3 und 13 I)

Die Arbeitsmarktbeobachtung sammelt verschiedene, den Arbeitsmarkt betreffende Daten. Diese *«sollen der gesamten Volkswirtschaft zugute kommen»*, weshalb der Bund zur Veröffentlichung verpflichtet wird (BOTSCHAFT REV.

16

AVG, 630; RITTER, 173). Weil es sich bei den Daten jedoch um schützenswerte Informationen handelt, ist bei der Publikation der Datenschutz zwingend zu gewährleisten.

17 Das DSG lässt die Bearbeitung von Personendaten für nicht personenbezogene Zwecke nur dann zu, wenn eine **möglichst frühzeitige Anonymisierung** erfolgt und so eine Bestimmbarkeit der betroffenen Personen bei der Veröffentlichung verhindert wird (DSG 22 I lit. a–c). Diesen Ansprüchen wird AVG 36 III dadurch gerecht, dass hierin festgelegt wird, dass eine Bekanntgabe der durch die Arbeitsmarktbeobachtung gewonnenen Ergebnisse in einer Weise erfolgt, die keinerlei Rückschlüsse auf betroffene Personen zulässt.

18 Mit der Publikation der Resultate ist das SECO betraut (AVV 59 II). Bei Erlass sah der Gesetzgeber lediglich das vom SECO herausgegebene Wirtschaftsmagazin *«Die Volkswirtschaft»* als Publikationsorgan vor (BOTSCHAFT REV. AVG, 630). Heute erfolgt der Zugang der Öffentlichkeit zu den statistischen Daten der Arbeitsmarktbeobachtung ferner via Internet (LAMDA-Vo 9; RUBIN, 57). Die Ausgleichstelle der Arbeitslosenversicherung organisiert den Betrieb des Informationssystems LAMDA und übernimmt auch die Verantwortung für den Datenschutz (LAMDA-Vo 3 i.V.m. 13 I).

4. Zweckbindung der Datenerhebung (Abs. 4)

19 Die allgemeinen Grundsätze des Datenschutzrechts besagen, dass Personendaten *«nur zu dem Zweck bearbeitet werden, der bei der Beschaffung angegeben wurde, aus den Umständen ersichtlich oder gesetzlich vorgesehen ist»* (DSG 4 II). Die Zweckbindung verhindert, dass *«Daten auf Vorrat»* gesammelt werden und ist – obschon sie nicht mit der Einwilligung zu verwechseln ist – grundlegend um den Persönlichkeitsschutz der betroffenen Personen zu ermöglichen (dazu ROSENTHAL, Art. 4 N 31 ff.; auch BSK-MAURER/STEINER, Art. 4 N 13 ff., N 14, m.w.Verw.). Der spezifisch datenschutzrechtliche Grundsatz schafft **Transparenz** und ermöglicht damit erst die *«Beurteilung des Zwecks selbst»* (EPINEY, § 9 N 29 ff., N 31; s. dazu auch MEIER, N 716 ff.). Der Zweck muss für die betroffene Person zumindest erkennbar sein (DSG 4 IV).

20 Den datenschutzrechtlichen Grundsätzen folgend definiert AVG 36 IV den Zweck der zur Arbeitsmarktbeobachtung erhobenen Daten. Demzufolge ist die Verwendung dieser auf statistische Zwecke beschränkt. Gemäss BOTSCHAFT soll diese Formulierung insbesondere verhindern, dass ein Beizug der erhobenen Daten *«für personenbezogene Verwaltungsendscheide ausserhalb des Zweckbereichs des Arbeitsvermittlungsgesetzes»* erfolgt (BOTSCHAFT REV. AVG, 630; auch RITTER, 172; REHBINDER, 95).

Art. 37

Kommission für Wirtschaftspolitik	**Der Bundesrat bestellt eine Kommission für Wirtschaftspolitik. Bund, Kantone, Wissenschaft, Arbeitgeber und Arbeitnehmer sind in der Kommission vertreten.**
Commission de la politique économique	Le Conseil fédéral institue une Commission de la politique économique. La Confédération, les cantons, les milieux scientifiques, les employeurs et les travailleurs sont représentés au sein de la commission.
Commissione per la politica economica	Il Consiglio federale istituisce una Commissione per la politica economica. Nella commissione sono rappresentati la Confederazione, i Cantoni, le cerchie scientifiche, i datori di lavoro e i lavoratori.

Inhaltsübersicht	Note	Seite
I. Erlass	1	241
II. Kommission für Wirtschaftspolitik	3	241
1. Regelungsgehalt von AVG 37	3	241
2. Verordnung über die Kommission für Wirtschaftspolitik	4	242
a. Vorbemerkung zur Verordnung und deren gesetzliche Grundlage	4	242
b. Stellung und Aufgabenbereich	6	242
c. Zusammensetzung und Wahl	9	243

I. Erlass

Beim Erlass von AVG 37 wurde im Wesentlichen der Regelungsgehalt von aAVG 2 übernommen (BOTSCHAFT REV. AVG, 631). Bereits vorgängig zur Revision erfuhr die Kommission Aufwertung dadurch, dass sie mehrheitlich als *«Konsultativorgan und Informationsforum [...]»* herangezogen wurde (BOTSCHAFT REV. AVG, 631; RITTER, 173 f.; REHBINDER, 95). 1

AVG 37 erfuhr seit Erlass lediglich eine redaktionelle Änderung. So trägt die Verwaltungseinheit nun nicht mehr die Bezeichnung *«Eidgenössische Kommission für Arbeitsmarktfragen»*, sondern heisst nun *«Kommission für Wirtschaftspolitik»*. Diese Änderung erfolgte in Anwendung von PublV 16 III formlos durch die Bundeskanzlei. 2

II. Kommission für Wirtschaftspolitik

1. Regelungsgehalt von AVG 37

Inhaltlich befähigt AVG 37 den Bundesrat lediglich zur Bestellung einer Kommission für Wirtschaftspolitik und gibt minimale Bedingungen für die Zu- 3 sammensetzung vor. Es wird nämlich im Gesetz nur bestimmt, dass in der Kommission *«Bund, Kantone, Wissenschaft, Arbeitgeber und Arbeitnehmer»* vertreten sein müssen (AVG 37). Die BOTSCHAFT lässt zusätzlich vernehmen, dass dabei eine paritätische Anzahl der Sozialpartner Einsitz haben sollen (BOTSCHAFT REV. AVG, 631). Durch die Vertreter der Arbeitgeberverbände in der Kommission werden insbesondere die Interessen der privaten Arbeitsvermittler und Personalverleiher wahrgenommen (REHBINDER, 95).

2. Verordnung über die Kommission für Wirtschaftspolitik

a. Vorbemerkung zur Verordnung und deren gesetzliche Grundlage

4   Ursprünglich fanden sich die Ausführungsbestimmungen zu AVG 37 in AVV 61. Die Verordnungsnorm beschränkte sich inhaltlich darauf, die Ernennung von 18 Mitgliedern durch das Eidgenössische Volkswirtschaftsdepartement vorzuschreiben, wobei neben den bereits in AVG 37 genannten Vertreter auch solche der Frauenorganisationen ernannt werden sollten (s. dazu RITTER, 174; REHBINDER, 95). AVV 61 wurde jedoch per 15. Januar 2006 aufgehoben (ÄNDERUNG AVV 2005, 5). Die Regelungen zur Kommission für Wirtschaftspolitik befanden sich daraufhin in einer eigens erlassenen Verordnung (SR 172.327.9).

5   Die Verordnung stützte sich bei Erlass auf RVOG 57 II. Dieser Absatz wurde jedoch mit Wirkung per 1. Januar 2009 aufgehoben, zumal sich die Norm als einzige Bestimmung über ausserparlamentarische Kommissionen als ungenügend erwiesen hatte (ÄNDERUNG RVOG, 5941; BOTSCHAFT NEUORDNUNG, 6642). Gleichzeitig wurde ein neues Kapitel über die externe Beratung und die ausserparlamentarischen Kommissionen eingeführt (RVOG 57a–57g). Die formelle Grundlage der hier interessierenden Verordnung ist damit heute dieses Kapitel, insbesondere RVOG 57c II.

b. Stellung und Aufgabenbereich

6   Die Verordnung über die Kommission für Wirtschaftspolitik definiert die Kommission in Art. 1 als *«ständige Verwaltungskommission mit beratender Funktion»*. Den Wert dieser beratenden Tätigkeit bringt bereits die BOTSCHAFT zum Ausdruck, indem sie die besondere Bedeutung der Kommission als *«Konsultativorgan [...] und Informationsforum [...] für Wissenschaft, Kantone, Verbände und Verwaltung»* hervorhebt (BOTSCHAFT REV. AVG, 631).

7   Bei Gesetzeserlass wurde der Kernpunkt der Kommissionsgeschäfte umfasst als *«die Beobachtung grundsätzlicher Fragen des Arbeitsmarktes von allgemeiner Tragweite»* (BOTSCHAFT REV. AVG, 631; RITTER, 174).

Gemäss Art. 2 der bundesrätlichen Verordnung über die Kommission für Wirtschaftspolitik umfasst der Aufgabenbereich dieser Verwaltungseinheit insbesondere die Beratung des WBF und des SECO. Ziel dabei soll eine **innovative, wirtschaftsorientierte und Arbeitsplätze schaffende Wirtschaftspolitik** sein. Als Orientierungsleitlinien dienen die schweizerischen Gegebenheiten sowie das europäische und globale Umfeld, fokussierend auf eine insgesamt nachhaltige Entwicklung (so Abs. 1). Zudem nimmt die Kommission zu den grundsätzlichen Fragen des Arbeitsmarktes Stellung (Abs. 2) und äussert sich zu den wesentlichen Problemstellungen der Aussenwirtschaftspolitik (Abs. 3). 8

c. Zusammensetzung und Wahl

Gemäss der Verordnung über die Kommission für Wirtschaftspolitik setzt sich die Kommission ordentlich aus 19 Mitgliedern und einem Präsidenten zusammen (Art. 3 Abs. 1), wobei die Wirtschaft, die Arbeitgeber- und Arbeitnehmerverbände, die Kantone, die Wissenschaft und die Bundesverwaltung vertreten sein müssen (Art. 3 Abs. 3). Der Bundesrat beschränkt sich dabei auf die Wahl des Präsidenten und überlässt der Kommission selbst deren übrige Konstituierung (Art. 3 Abs. 2). 9

Demgegenüber abweichend bestimmt RVOG 57e I, dass ausserparlamentarische Kommissionen sich in der Regel aus nicht mehr als 15 Mitgliedern zusammensetzen. Darüber hinaus verlangt das Gesetz für die Zusammensetzung eine ausgewogene Berücksichtigung der Geschlechter, Sprachen, Regionen, Alters- und Interessengruppen (RVOG 57e II). Zudem ist der Bundesrat gemäss RVOG 57c II auch für die Einsetzung der Kommissionsmitglieder, nicht nur für jene des Präsidenten zuständig. Entsprechend der Normhierarchie gehen die abweichenden Gesetzesbestimmungen den Verordnungsnormen vor. 10

RVOV 8d II sieht die Möglichkeit einer Überschreitung der gesetzlichen Höchstzahl an Mitgliedern in ausserparlamentarischen Kommissionen ausnahmsweise dann für gerechtfertigt vor, wenn sich dies aus der Zusammenlegung mehrerer Kommissionen ergibt (RVOV 8d II lit. a), erst eine höhere Mitgliederzahl eine ausgewogene Zusammensetzung ermöglicht (RVOV 8d II lit. b) oder die Bedeutung der politischen Zuständigkeit der Kommission einen breiteren *«Einbezug verschiedener Interessenstandpunkte»* erfordert (RVOV 8d II lit. c). Die Mitgliederliste der Kommission für Wirtschaftspolitik ist via Internet einsehbar, wobei auch deren Interessenbindungen offengelegt werden (http://www.admin.ch/ch/d/cf/ko/index_10103_ib.html, zuletzt besucht am 28. April 2014). Zwar übersteigt die Anzahl der Mitglieder die gesetzlich ordentlich vorgesehene. Die Begründung dieser Ausnahme wird allerdings nicht kommuniziert, wozu jedoch prinzipiell eine Pflicht bestünde (RVOV 8d I). 11

Kapitel 7: Rechtsschutz

Art. 38

¹ Gegen Verfügungen nach diesem Gesetz kann Beschwerde geführt werden.

² Beschwerdeinstanzen sind:
a) mindestens eine kantonale Behörde für die Verfügungen der Arbeitsämter;
b) das Bundesverwaltungsgericht für die erstinstanzlichen Verfügungen von Bundesbehörden;
c) das Bundesgericht nach Massgabe des Bundesgerichtsgesetzes vom 17. Juni 20053;
d) ...

³ Das Verfahren vor den kantonalen Behörden richtet sich nach dem kantonalen Verfahrensrecht, soweit das Bundesrecht nichts anderes bestimmt. Für das Verfahren vor den Bundesbehörden gelten die allgemeinen Bestimmungen über die Bundesrechtspflege.

¹ Les décisions prises en vertu de la présente loi peuvent faire l'objet de recours.

² Les autorités de recours sont:
a) une autorité cantonale au moins pour les décisions prises par les offices du travail;
b) le Tribunal administratif fédéral pour les décisions prises en première instance par des autorités fédérales;
c) le Tribunal fédéral conformément à la loi du 17 juin 2005 sur le Tribunal fédéral.
d) ...

³ La procédure devant les autorités cantonales est régie par le droit cantonal, pour autant que le droit fédéral n'en dispose pas autrement. La procédure devant les autorités fédérales est régie par les dispositions générales de la procédure fédérale.

¹ Contro le decisioni prese in virtù della presente legge è ammissibile il ricorso.

² Sono autorità di ricorso:
a) almeno un'autorità cantonale, per le decisioni degli uffici del lavoro;
b) il Tribunale amministrativo federale per le decisioni di prima istanza delle autorità federali;
c) il Tribunale federale conformemente alla legge del 17 giugno 20053 sul Tribunale federale.
d) ...

³ Il procedimento dinanzi alle autorità cantonali è retto dal diritto procedurale cantonale, sempreché il diritto federale non disponga altrimenti. La

procedura davanti alle autorità federali è retta dalle disposizioni generali sull'amministrazione della giustizia federale.

Inhaltsübersicht	Note	Seite
I. Allgemeines zum Inhalt von Art. 38 AVG	1	245
II. Beschwerdeinstanzen	2	245
III. Verfahrensrecht	4	245
IV. Neuregelung des Art. 38 AVG seit dem 1. Januar 2007	6	246
1. Beschwerdeinstanzen	6	246
2. Verfahrensrecht	10	246

I. Allgemeines zum Inhalt von Art. 38 AVG

Art. 38 bestimmt die Anfechtbarkeit von Verfügungen nach AVG mittels Beschwerde sowie Beschwerdeinstanzen und Verfahrensvorschriften. Abs. 1 kommt dabei lediglich deklaratorischer Charakter zu. 1

II. Beschwerdeinstanzen

Die Beschwerdeinstanzen werden in Abs. 2 lit. a–c festgelegt. Diese sind mindestens eine kantonale Behörde für die Verfügungen der Arbeitsämter gem. lit. a, das Bundesverwaltungsgericht für die erstinstanzlichen Verfügungen von Bundesbehörden gem. lit. b und das Bundesgericht nach Massgabe des Bundesgerichtsgesetzes (BGG) gem. lit. c. 2

Als Beispiel ist im Kanton Zürich die Volkswirtschaftsdirektion nach Anhang 1 zu der Verordnung über die Organisation des Regierungsrates (VOG RR) zuständig. Der Rekursentscheid kann dann Beschwerde an das Verwaltungsgericht des Kantons Zürich weitergezogen werden. 3

III. Verfahrensrecht

Art. 38 Abs. 3 AVG regelt das anzuwendende Verfahrensrecht. Das Verfahren vor den kantonalen Behörden richtet sich dabei nach den kantonalen Verfahrensordnungen, soweit das Bundesrecht nichts anderes bestimmt. Im Kanton Zürich ist entsprechend das Verwaltungsrechtspflegegesetz (VRG) anwendbar. 4

Für das Verfahren vor den Bundesbehörden gelten die allgemeinen Bestimmungen über die Bundesrechtspflege, also das Bundesgesetz über das Verwaltungsverfahren (Verwaltungsverfahrensgesetz, VwVG) und das BGG. 5

IV. Neuregelung des Art. 38 AVG seit dem 1. Januar 2007

1. Beschwerdeinstanzen

6 Mit der Totalrevision der Bundesrechtspflege wurden Organisation und Verfahren des Bundesgerichts, seine Vorinstanzen sowie die Rechtsmittel, die an das oberste Gericht führen, umfassend neu geregelt.

7 In diesem Zug wurde gestützt auf Anhang Ziff. 101 des Bundesgesetzes über das Bundesverwaltungsgericht (Verwaltungsgerichtsgesetz, VGG) das Bundesverwaltungsgericht in Art. 38 Abs. 2 lit. b neu als Beschwerdeinstanz festgelegt. Dieses hat seinen Betrieb im Jahr 2007 aufgenommen.

8 Das Bundesgericht, welches schon vorher Beschwerdeinstanz war, kann gestützt auf Art. 38 Abs. 2 lit. c neu nach Massgabe des BGG angerufen werden. Auch das BGG wurde im Zuge der Totalrevision der Bundesrechtspflege am 17. Juni 2005 vom Parlament verabschiedet. Vor dem 1. Januar 2007 war das Bundesgericht gem. Art. 38 lit. c aAVG Beschwerdeinstanz für Beschwerdeentscheide letzter kantonaler Instanzen und der Rekurskommission EVD, soweit die Verwaltungsgerichtsbeschwerde an das Bundesgericht zulässig war.

9 Abs. 2 lit. b und lit. d, welche bis zum 1. Januar 2007 noch die Rekurskommission des Eidgenössischen Volkswirtschaftsdepartementes und den Bundesrat als Beschwerdeinstanzen vorsahen, wurden durch Anhang Ziff. 101 des VGG geändert (lit. b) resp. aufgehoben (lit. d). Die beiden Instanzen sind aufgrund der Totalrevision, und der damit verbundenen Neuschaffung des Bundesverwaltungsgerichts, als Beschwerdeinstanzen überflüssig geworden.

2. Verfahrensrecht

10 Anhang Ziff. 101 des VGG nennt ab 1. Januar das VwVG und das BGG für das Verfahren vor den Bundesbehörden als anwendbar. Davor war das Bundesgesetz über die Organisation der Bundesrechtspflege (Bundesrechtspflegegesetz, OG) für das Verfahren anwendbar. Dieses wurde am 1. Januar 2007, auch im Zuge der Totalrevision der Bundesrechtspflege, aufgehoben.

8. Kapitel: Strafbestimmungen

Art. 39

¹ Mit Busse bis zu 100 000 Franken wird bestraft, wer vorsätzlich:
a. ohne die erforderliche Bewilligung Arbeit vermittelt oder Personal verleiht;
b. als Vermittler oder Verleiher Ausländer entgegen den ausländerrechtlichen Vorschriften vermittelt oder als Arbeitnehmer anstellt. Vorbehalten bleibt eine zusätzliche Bestrafung nach Artikel 23 des Bundesgesetzes vom 26. März 1931 über Aufenthalt und Niederlassung der Ausländer.

² Mit Busse bis zu 40 000 Franken wird bestraft, wer vorsätzlich:
a. als Arbeitgeber die Dienste eines Vermittlers oder Verleihers beansprucht, von dem er weiss, dass er die erforderliche Bewilligung nicht besitzt;
b. die Melde- und Auskunftspflicht (Art. 6, 7, 17, 18 und 29) verletzt;
c. als Verleiher den wesentlichen Vertragsinhalt nicht schriftlich oder nicht vollständig mitteilt oder eine unzulässige Vereinbarung trifft (Art. 19 und 22);
d. als Vermittler gegen die Bestimmungen über die Vermittlungsprovision verstösst (Art. 9) oder als Verleiher vom Arbeitnehmer Gebühren oder finanzielle Vorleistungen verlangt (Art. 19 Abs. 5);
e. irreführende Auswanderungspropaganda für Erwerbstätige betreibt (Art. 30);
f. seine Schweigepflicht verletzt (Art. 7, 18 und 34).

³ Mit Busse bis zu 20 000 Franken wird bestraft, wer fahrlässig eine strafbare Handlung nach Absatz 1 oder Absatz 2 Buchstaben b–f begeht. In leichten Fällen kann von einer Bestrafung Umgang genommen werden.

⁴ Mit Freiheitsstrafe bis zu drei Jahren oder Geldstrafe wird bestraft, wer durch unrichtige oder irreführende Angaben oder durch Verschweigen wesentlicher Tatsachen eine Bewilligung erwirkt.

⁵ Auf Widerhandlungen in Geschäftsbetrieben sind die Artikel 6 und 7 des Bundesgesetzes vom 22. März 1974 über das Verwaltungsstrafrecht anwendbar.

⁶ Die Strafverfolgung ist Sache der Kantone.

¹ Sera puni d'une amende de 100 000 francs au maximum celui qui, intentionnellement,
a. aura procuré du travail ou loué des services sans posséder l'autorisation nécessaire;
b. aura placé des étrangers ou les aura engagés pour en louer les services sans observer les prescriptions légales en matière de main-d'oeuvre

étrangère. Est réservée une sanction supplémentaire en application de l'art. 23 de la loi fédérale du 26 mars 1931 sur le séjour et l'établissement des étrangers.

² Sera puni d'une amende de 40 000 francs au maximum celui qui, intentionnellement,
a. aura recouru en sa qualité d'employeur, aux services d'un placeur ou d'un bailleur de services qu'il savait ne pas posséder l'autorisation requise;
b. aura enfreint l'obligation d'annoncer et de renseigner (art. 6, 7, 17, 18 et 29);
c. n'aura pas communiqué par écrit, en sa qualité de bailleur de services, la teneur essentielle du contrat de travail ou ne l'aura fait qu'incomplètement ou encore aura conclu un arrangement illicite (art. 19 et 22);
d. aura contrevenu, en sa qualité de placeur, aux dispositions concernant le calcul de la commission de placement (art. 9) ou, en sa qualité de bailleur de services, aura exigé du travailleur le paiement d'émoluments ou de prestations financières préalables (art. 19, al. 5);
e. se sera livré à une propagande fallacieuse en matière d'émigration de personnes actives (art. 30);
f. aura enfreint l'obligation de garder le secret (art. 7, 18 et 34).

³ Sera puni d'une amende de 20 000 francs au maximum celui qui, par négligence, aura enfreint l'al. 1 ou 2, let. b à f. Dans les cas de peu de gravité, la peine pourra être remise.

⁴ Est puni d'une peine privative de liberté de trois ans au plus ou d'une peine pécuniaire quiconque obtient une autorisation en donnant des indications inexactes ou fallacieuses ou en taisant des faits importants.

⁵ Si des infractions sont commises dans la gestion d'entreprises ou d'autres établissements analogues, les art. 6 et 7 de la loi fédérale du 22 mars 1974 sur le droit pénal administratif sont applicables.

⁶ La poursuite pénale incombe aux cantons.

¹ È punito con la multa sino a 100 000 franchi chiunque, intenzionalmente:
a. procura lavoro o fornisce personale a prestito senza possedere l'autorizzazione richiesta;
b. in qualità di collocatore o prestatore, colloca stranieri o li assume come lavoratori in violazione delle prescrizioni legali in materia di manodopera straniera. Rimane salva una pena suppletiva secondo l'articolo 23 della legge federale del 26 marzo 1931 sulla dimora e il domicilio degli stranieri.

² È punito con la multa sino a 40 000 franchi chiunque, intenzionalmente:
a. ricorre, in qualità di datore di lavoro, a un collocatore o a un prestatore sapendolo privo dell'autorizzazione necessaria;
b. viola l'obbligo di annunciare e di informare (art. 6, 7, 17, 18 e 29);
c. in qualità di prestatore, non comunica per scritto o non comunica integralmente il tenore essenziale del contratto, oppure conclude accordi illeciti (art. 19 e 22);
d. in qualità di collocatore, contravviene alle disposizioni concernenti la provvigione di collocamento (art. 9) oppure, in qualità di prestatore,

esige dal lavoratore emolumenti o prestazioni finanziarie anticipate (art. 19 cpv. 5);
e. svolge una propaganda fallace in materia d'emigrazione di lavoratori (art. 30);
f. viola l'obbligo del segreto (art. 7, 18 e 34).

[3] Chiunque commette, per negligenza, un'infrazione di cui ai capoversi 1 o 2 lettere b–f è punito con la multa sino a 20 000 franchi. Nei casi poco gravi si può prescindere da ogni pena.

[4] Chiunque ottiene un'autorizzazione fornendo indicazioni inesatte o fallaci o dissimulando fatti essenziali è punito con una pena detentiva sino a tre anni o con una pena pecuniaria.

[5] Alle infrazioni commesse nell'azienda sono applicabili gli articoli 6 e 7 della legge del 22 marzo 1974 sul diritto penale amministrativo.

[6] Il perseguimento penale incombe ai Cantoni.

Inhaltsübersicht		Note	Seite
I.	Einleitung	1	250
II.	Die bewilligungslose Vermittlungs- oder Verleihtätigkeit (Abs. 1 lit. a und b)	4	250
	1. Die Tathandlungen	4	250
	2. Adressaten der Strafandrohung	10	252
	3. Der Bussenrahmen	12	252
III.	Der ergänzende Deliktskatalog von Abs. 2 lit. a bis f	13	253
	1. Einleitung	13	253
	2. Strafbarkeit der Verantwortlichen des Einsatzbetriebs (lit. a)	15	253
	3. Verletzung der Melde- und Auskunftspflicht (lit. b)	17	254
	4. Verletzung des Schrifterfordernisses (lit. c)	18	254
	5. Verletzung der Provisions- und Gebührenvorgaben (lit. d)	19	254
	6. Verbot der Auswanderungspropaganda (lit. e)	20	255
	7. Verletzung der Schweigepflichten (lit. f)	21	255
IV.	Strafandrohung für Fahrlässigkeitsdelikte (Abs. 3)	22	255
	1. Strafandrohung für die fahrlässige Begehung der Tatbestände der Abs. 1 und 2 (Abs. 3 Satz 1)	22	255
	2. Verzicht auf eine Bestrafung (Abs. 3 Satz 2)	23	256
V.	Unrechtmässige Erlangung einer Bewilligung (Abs. 4)	24	256
	1. Einleitung	24	256
	2. Tathandlung	25	256
	3. Strafandrohung	27	257
	4. Verhältnis zu Abs. 2 lit. b	28	257
VI.	Direkte Anwendbarkeit des Verwaltungsstrafrechts (Abs. 5)	29	258
	1. Einleitung	29	258
	2. Strafbarkeit der Verantwortlichen (Art. 6 VStR)	30	258
	3. Ausnahme: Strafbarkeit der juristischen Person (Art. 7 VStR)	33	258
VII.	Zuständigkeit für die Strafverfolgung (Abs. 6)	34	259

I. Einleitung

1 Wie in einer Vielzahl von Spezialgesetzen enthält das AVG auch eine Strafbestimmung, welche Widerhandlungen gegen die im Gesetz festgelegten Pflichten statuiert. Es handelt sich dabei um sog. Nebenstrafrecht (REHBINDER, 98). Besonders zu erwähnen gilt es dabei, dass auch die fahrlässige Pflichtverletzung sanktioniert wird.

2 Der Aufbau des Artikels nimmt sich dergestalt aus, dass in Abs. 1 erst die Vorsatzdelikte mit der höchsten Bussenandrohung angeführt werden (Busse bis CHF 100 000.–), in Abs. 2 die Vorsatzdelikte mit einer tieferen Bussenandrohung (Busse bis CHF 40 000.–), in Abs. 3 die Fahrlässigkeitsdelikte (Busse bis CHF 20 000.–) und in Abs. 4 schliesslich die mit Freiheitsstrafe bedrohten Gesetzesverstösse. Die Absätze 5 und 6 enthalten schliesslich verfahrensrechtliche Bestimmungen. Der Richter ist an den Bussenrahmen gebunden und kann diesen seit der Revision des StGB und des dortigen Art. 106 Abs. 2 nicht mehr überschreiten (vgl. zur früheren Rechtslage REHBINDER, 98).

3 Aufgrund der Tragweite für den Betroffenen sind die Strafbestimmungen zwecks Wahrung des Legalitätsprinzips abschliessend im AVG geregelt. Die AVV enthält keine detaillierenden Ausführungsbestimmungen.

II. Die bewilligungslose Vermittlungs- oder Verleihtätigkeit (Abs. 1 lit. a und b)

1. Die Tathandlungen

4 Mit einer Busse bis zu CHF 100 000.– wird bestraft, wer vorsätzlich ohne die vorgängige Einholung einer Bewilligung nach den Art. 2 ff. und 12 ff. Personal vermittelt oder verleiht. Der Täter weiss bei dieser Art der Tatbegehung um die Bewilligungspflicht, handelt jedoch dieser – in den meisten Fällen wohl absichtlich – zuwider. Eine eventualvorsätzliche Tatbegehung ist ebenfalls möglich, wenn auch kaum denkbar (vgl. zu Vorsatz und Fahrlässigkeit BSK StGB-MARCEL ALEXANDER NIGGLI/STEFAN MAEDER, Art. 12 N 11 ff.).

5 Nach REHBINDER soll auch die Eröffnung einer Zweigniederlassung im selben Kanton des bewilligten Hauptbetriebs unter der Strafandrohung von Abs. 1 lit. a. stehen (REHBINDER, 98). Diese Auffassung ist abzulehnen, da kaum im Sinne des Gesetzgebers liegend. So sollen doch gerade Fälle sanktioniert werden, in welchen die Regeln des AVG bei der Vermittlungs- oder Verleihtätigkeit nicht eingehalten werden, wovon gerade nicht auszugehen ist, wenn ein bewilligter Betrieb sein Tätigkeitsgebiet ausdehnt (zumal eine Bewilligung nach den Art. 4 Abs. 1 und 15 Abs. 1 für die ganze Schweiz gilt). Sodann bedarf eine im selben

Kanton liegende Zweigniederlassung bekanntlich keiner eigenständigen Bewilligung, sondern muss nur gemeldet werden (Art. 2 Abs. 5 und 12 Abs. 3). Es würde sich hier allenfalls eine Bestrafung nach Abs. 2 lit. b nahelegen, da ein Nachteil der unterlassenen Meldung für die Arbeitnehmer darin bestehen könnte, dass die Kaution nicht erhöht und damit eine zu geringe Sicherheit für allfällige Lohnforderungen im Nichtbezahlungsfall vorhanden wäre (vgl. Art. 14 Abs. 2 AVG). Es muss hier davon ausgegangen werden, dass es sich bei der Nichterwähnung des besagten Artikels in Abs. 2 lit. b um ein redaktionelles Versehen, allenfalls um eine echte Gesetzeslücke handelt, welche es vom Richter zu schliessen gilt. Offenkundig bestraft wird nach Abs. 1, wer in einem anderen Kanton eine Tätigkeit ohne Bewilligung aufnimmt.

Da unter Abs. 3 auch die fahrlässige Tatbegehung unter Strafandrohung gestellt wird, ist der Eventualvorsatz von keiner Bedeutung. Dies auch in Anbetracht der Praxis, dass das zuständige Arbeitsamt in der Regel bei Kenntniserlangung eines Verstosses vorab eine Frist zur Einholung der Bewilligung ansetzen und erst dann eine Strafe beantragen wird. Wenn der Personalvermittler bzw. -verleiher nach einer solchen Abmahnung weiter ohne Bewilligung seiner Geschäftstätigkeit nachgeht, ist der Vorsatz aber offenkundig. 6

Eine Ausnahme hiervon bilden Fälle, in denen die Bewilligungspflicht an sich umstritten ist; sei es aus unterschiedlichen Auffassungen betreffend die Erreichung des Grenzwerts, betreffend die Anzahl der Fälle oder Erreichung der Umsatzgrenze (bspw. Art. 2 oder 29 AVV), sei es, dass die Bewilligungspflicht per se umstritten ist. Bei diesen Konstellationen ist weder von einer vorsätzlichen noch fahrlässigen Tatbegehung auszugehen, solange die Bewilligungspflicht nicht rechtskräftig festgestellt worden ist. Da die Gesamttätigkeit eines Betriebs von den Behörden nicht beurteilt werden kann, dürfte hierzu die Beurteilung eines durchschnittlichen Falles schon ausreichen. So kann bekanntlich immer nur ein Einzelfall und nicht eine Gesamttätigkeit mittels einer Feststellungsverfügung beurteilt werden (WEISUNGEN SECO, 75). 7

Als zweite Tathandlung stellt Abs. 1 lit. b den vorschriftswidrigen Auslandverleih unter Strafandrohung. Es wird dabei sowohl die Vermittlung als auch die Anstellung (Verleihtätigkeit) sanktioniert. Bekämpft werden soll mit dieser Bestimmung klarerweise die Schwarzarbeit. Bestraft wird dabei insbesondere die Verletzung der erhöhten Sorgfaltsplichten, welche den Arbeitgebern wie auch den Vermittlern obliegen (REHBINDER, 98 mit weitergehenden Ausführungen). 8

Aufgrund des nicht kongruenten Schutzzwecks der Norm besteht eine echte Konkurrenz mit einer Delinquenz nach den ausländerrechtlichen Vorschriften des AuG. So protektioniert der letztgenannte Erlass doch die Einhaltung der ausländerrechtlichen Spezialvorschriften, während das AVG den Arbeitnehmerschutz zum Schutzzweck hat. 9

2. Adressaten der Strafandrohung

10 Bestraft wird nach Abs. 1, wer ohne Bewilligung Personal vermittelt bzw. verleiht oder wer ausländerrechtlichen Vorschriften dabei zuwiderhandelt. Klarerweise sind damit die Geschäftsführungsmitglieder eines fehlbaren Betriebs gemeint (RITTER, 61). Bleibt die Frage, ob der angestellte Personalverleiher bzw. -vermittler ohne Einfluss auf die Geschäftsführung ebenfalls unter Strafandrohung steht. Auch wenn der Wortlaut des Gesetzestextes diese Personen ebenfalls umfasst, wird in der Botschaft zum revidierten AVG explizit festgehalten, dass sich die Strafandrohung *«an die für die Geschäftsführung verantwortlichen Personen»* richtet (BOTSCHAFT REV. AVG, 632; RITTER, 61). Angestellte Personalvermittler und -verleiher machen sich damit im Gegensatz zu ihren Vorgesetzten nicht strafbar. Dies erscheint deshalb stringent, da die Abklärung des Umstandes, ob der Arbeitgeber über die erforderlichen Bewilligungen verfügt, nicht beim Arbeitnehmer liegen kann.

11 Sind die Geschäftsführer im Einzelfall nicht eruierbar, so verweist Abs. 5 unter Verweis auf das Verwaltungsstrafrecht (VStR) und die dortigen Art. 6 und 7. Danach können unter bestimmten Voraussetzungen auch Mitarbeiter oder Organe für Verfehlungen haftbar gemacht werden (Art. 6 VStR). Bei Bussen bis zu einem Betrag von CHF 5000.– und einer schwer feststellbaren Täterschaft kann diese sogar direkt der juristischen Person bzw. der Kollektiv- oder Kommanditgesellschaft bzw. der Einzelfirma auferlegt werden (Art. 7 VStR).

3. Der Bussenrahmen

12 Der Rahmen der Busse bewegt sich bis CHF 100 000.– als Maximalbetrag. Bei der Höhe der Festlegung obliegt der Strafverfolgungsbehörde ein erhebliches Ermessen. Faktoren bei der Bussenbemessung bilden die Schwere des Verschuldens, die Anzahl bzw. Dauer der Widerhandlungen sowie die aus dem Verstoss resultierenden Nachteile für die durch das Gesetz geschützten Arbeitnehmer. Grundsätzlich gelangen die allgemeinen Regeln von Art. 47 ff. des Strafgesetzbuchs (StGB) zur Anwendung (vgl. hierzu BSK StGB-HANS WIPRÄCHTIGER/ STEFAN KELLER, Art. 47 ff.). Danach gilt es das Verschulden des Täters mit dessen Vorleben und Lebensumstände (Art. 47 Abs. 1 StGB) ebenso in Bedacht zu ziehen wie auch das tatspezifische Verschulden und die Schwere der Rechtsgutverletzung (Art. 47 Abs. 2 StGB).

III. Der ergänzende Deliktskatalog von Abs. 2 lit. a bis f

1. Einleitung

Mit einer Busse bis zu CHF 40 000.– werden ergänzend zu Abs. 1 weitere Handlungen und Personen unter Strafandrohung gestellt. Ziel dieser Bestimmung bildet die Komplettierung des strafrechtlichen Schutzes (hauptsächlich) der Arbeitnehmerinteressen. Es handelt sich dabei im Verhältnis zu Abs. 1 um einfachere Verletzungen (REHBINDER, 98), weshalb auch die Bussenandrohung tiefer ausfällt.

Vermittelt oder verleiht ein Arbeitgeber Personal ohne Bewilligung und erteilt er der zuständigen Behörde auf deren Anfrage hin keine Auskünfte oder hat die Arbeitsverträge nur mündlich abgeschlossen, liegt eine unechte Konkurrenz vor und es erfolgt eine Bestrafung einzig nach Abs. 1.

2. Strafbarkeit der Verantwortlichen des Einsatzbetriebs (lit. a)

Als Gegenstück zum Personalverleiher bzw. -vermittler werden auch die verantwortlichen Personen des Einsatzbetriebs unter Strafandrohung gestellt, sofern diese Kenntnis vom Umstand der fehlenden Bewilligung haben (Abs. 2 lit. a). Dies deshalb, da auch der Einsatzbetrieb durchaus ein Interesse an der Nichteinhaltung der Bestimmungen des AVG hegen kann. Sei es, dass er dadurch günstigere Konditionen eingeräumt erhält, sei es, dass er rechtlich nicht bewilligungsfähiges Personal bei sich einsetzen kann (so im Ergebnis auch REHBINDER, 98 f.). Praktische Beispiele eines nach diesem Tatbestand verpönten Verhaltens bilden die Zusammenarbeit mit ausländischen Vermittlungsagenturen ohne Niederlassung und damit Bewilligung für die Schweiz oder aber auch die Zusammenarbeit mit ausländischen Verleihbetrieben (vgl. hierzu Mitteilung SECO vom 6. Juli 2005 betreffend Verbotene Vermittlung und verbotener Verleih durch ausländische Vermittlungs- und Verleihagenturen). Nach RITTER macht sich der schweizerische Arbeitgeber strafbar, sobald der Kontakt zwischen Arbeitgeber und -nehmer hergestellt ist (RITTER, 61 f.). Es stellt sich hier die Frage, ob der Tatbestand ein Erfolgsdelikt darstellt oder bereits mit der Tätigkeit an sich erfüllt wird, nämlich der Beanspruchung der Dienste des ausländischen Vermittlers, wie dies der Gesetzestext umschreibt. Auch wenn die Interpretation von RITTER durchaus vertretbar erscheint und näher am Wortlaut liegt, ist als mildere Variante von einer Strafbarkeit erst dann auszugehen, wenn die Dienste des ausländischen Arbeitnehmers effektiv beansprucht werden. So stellt die Tätigkeit eines Vermittlers doch eine erfolgsbezogene Tätigkeit dar. Ein Honorar ist üblicherweise auch erst bei Erfolg geschuldet. Klarerweise kann damit dem grenzüberschreitenden Inserieren noch keine Tatbestandsmässigkeit zuerkannt werden (RITTER, 62).

16 Ihren historischen Hintergrund findet diese Bestimmung im Umstand, dass vor deren Erlass der Vermittlung von ausländischen Musikern und Artisten durch ausländische Agenten tatenlos gegenübergestanden werden musste (REHBINDER, 98).

3. Verletzung der Melde- und Auskunftspflicht (lit. b)

17 Ebenfalls unter Strafandrohung steht, wer die im AVG in den Artikeln 6 f., 17 f. und 29 statuierten Auskunftspflichten verletzt (Abs. 2 lit b). Tathandlung ist dabei die Mitteilung falscher Tatsachen ebenso wie eine verweigerte Auskunftserteilung. Der Auskunftspflicht sollten dabei auch Betriebe bzw. deren verantwortliche Personen unterstehen, welche im Verdacht stehen, unter den Anwendungsbereich des AVG zu fallen. Ansonsten wäre es den zuständigen Behörden unmöglich, diesbezügliche Abklärungen zu treffen. Adressat der Bestimmung ist dabei im Gegensatz zu Abs. 1 jedermann (RITTER, 61).

4. Verletzung des Schrifterfordernisseses (lit. c)

18 Sodann herrscht im Anwendungsbereich des AVG im Gegensatz zu den ausschliesslich dem Obligationenrecht unterstehenden Arbeitsverträgen und Aufträgen ein Formzwang für Arbeits- wie auch Verleihverträge nach den Art. 19 und 22. Die Verletzung dieses Schrifterfordernisses steht ebenfalls unter Bussenandrohung (Abs. 2 lit. c). Geschützt wird hier nebst den Interessen des Arbeitnehmers insbesondere auch die Kontrolle des korrekten Gesetzesvollzugs durch die zuständigen Behörden. Es ist entsprechend nicht mit REHBINDER einig zu gehen, welcher als primäres Schutzobjekt die Arbeitgeberinteressen behauptet (REHBINDER, 99). So erlaubt das Schrifterfordernis doch gerade die Kontrolle, ob bspw. die Bestimmungen des GAV-AVG eingehalten worden sind.

5. Verletzung der Provisions- und Gebührenvorgaben (lit. d)

19 Als weiteren Schutz der Arbeitnehmer werden die bei ihnen (nicht-)einforderbaren Gebühren in den Art. 9 und 19 Abs. 5 AVG abschliessend geregelt. Verstösst der Arbeitgeber gegen diese gesetzlichen Vorgaben zu Lasten des Arbeitnehmers, wird sein Fehlverhalten ebenfalls mit einer Busse sanktioniert (Abs. 2 lit. d).

6. Verbot der Auswanderungspropaganda (lit. e)

Ebenfalls geschützt mittels Strafandrohung wird der Arbeitnehmer vor irreführender Auswanderungspropaganda im Sinne von Art. 30 AVG (Abs. 2 lit. e). Nach den allgemeinen Regeln ist dabei aber nur eine vorsätzliche, nicht aber eine fahrlässige Irreführung mit Strafe bedroht (Art. 12 StGB). Adressat der Bestimmung ist im Gegensatz zu Abs. 1 jeder Vermittler und Verleiher (REHBINDER, 98; RITTER, 61). Diese Bestimmung findet ihren Ursprung im aufgehobenen Auswanderungsgesetz. Das Schutzsubjekt wurde auf Erwerbstätige eingeschränkt, nachdem die Bestimmung früher absolute Geltung beansprucht hatte (REHBINDER, 99).

20

7. Verletzung der Schweigepflichten (lit. f)

Schliesslich wird auch eine vorsätzliche Verletzung der Schweigepflicht nach den Art. 7, 18, und 34 AVG unter strafrechtlichen Schutz gestellt (Abs. 2 lit. f). Adressaten dieser Bestimmung sind nach dem Wortlaut neben den Verantwortlichen des Bewilligungsträgers auch die mit dem Vollzug der öffentlichen Arbeitsvermittlung beteiligten Personen (Art. 34 AVG). Geschützt werden dabei nebst den Arbeitnehmern auch Arbeitgeber und Einsatzbetriebe. Im Lichte der gewichtigen Schutzinteressen ist jedoch davon auszugehen, dass jeder Vermittler und Verleiher Adressat dieser Bestimmung ist (REHBINDER, 98; so im Ergebnis auch RITTER, 61).

21

IV. Strafandrohung für Fahrlässigkeitsdelikte (Abs. 3)

1. Strafandrohung für die fahrlässige Begehung der Tatbestände der Abs. 1 und 2 (Abs. 3 Satz 1)

Mit einer Busse bis zu CHF 20 000.– wird schliesslich ergänzend zu Abs. 1 und 2 bestraft, wer die dort aufgeführten Gesetzesverstösse fahrlässig begeht, somit zufolge einer pflichtwidrigen Unvorsichtigkeit (Art. 12 Abs. 3 StGB; BSK StGB-MARCEL ALEXANDER NIGGLI/STEFAN MAEDER, Art. 12 N 81 ff.; Abs. 3 Satz 1). Nicht unter Strafandrohung bei einer fahrlässigen Tatbestandsverwirklichung steht einzig die unter Abs. 2 lit. a bei Vorsatz unter Strafe gestellte Beanspruchung eines Verleihers ohne Bewilligung, da dort das Wissen um die fehlende Bewilligung beim Einsatzbetrieb subjektive Strafbarkeitsvoraussetzung bildet. Es kann entsprechend der Bezug von Arbeitskräften von einem bewilligungslosen Betriebs nur dann bestraft werden, wenn die Beanspruchung eventualvorsätzlich geschieht; der Täter nimmt dabei billigend in Kauf, dass der Vermittler bzw. Verleiher über keine Bewilligung verfügt (Art. 12 Abs. 2 Satz 2

22

StGB; BSK StGB-Marcel Alexander Niggli/Stefan Maeder, Art. 12 N 22 ff.).

2. Verzicht auf eine Bestrafung (Abs. 3 Satz 2)

23 Von einer Bestrafung kann «*in leichten Fällen*» Umgang genommen werden. Diese Möglichkeit gründet wohl im Umstand, dass die Bestrafung für Fahrlässigkeit grundsätzlich nach Art. 12 Abs. 1 StGB einer gesetzlichen Sonderregelung im Sinne von Art. 333 StGB bedarf und zurückhaltend angewandt wird. Wann ein leichter Fall vorliegt, hat die rechtsanwendende Behörde kasuistisch zu beurteilen. Sie hat dabei objektive wie subjektive Tatbestandselemente bei ihrem Entscheid zu berücksichtigen. Erwähnenswert bei dieser Bestimmung erscheint der Umstand, dass die fahrlässige Deliktsbegehung in der Botschaft zum revidierten AVG noch nicht enthalten war (Botschaft rev. AVG, 632). Rehbinder sieht darin eine Aufforderung des Gesetzgebers an die rechtsanwendenden Behörden zur Nichtanwendung von Abs. 3 (Rehbinder, 99). Diesem Schluss kann im Lichte des Legalitätsprinzips nicht gefolgt werden. Vielmehr soll der rechtsanwendenden Behörde wohl die Möglichkeit eingeräumt werden, bei leichten Fällen a priori auf eine Strafverfolgung verzichten zu können, zumal es sich lediglich um einen Übertretungstatbestand handelt.

V. Unrechtmässige Erlangung einer Bewilligung (Abs. 4)

1. Einleitung

24 Im Zuge der Revision von Art. 333 StGB aus dem Jahre 2002 mit Gültigkeit ab dem 1. Januar 2007 wurde neu Abs. 4 geschaffen. Dieser bedroht die unrechtmässige Erlangung einer Bewilligung nach AVG mit Freiheitsstrafe bis zu drei Jahren oder einer Geldstrafe, welche sich in Tagessätzen bemisst (maximal 360; Art. 34 StGB), welche von der rechtsanwendenden Behörde nach den individuellen Verhältnissen festgelegt wird und höchstens CHF 3000.– betragen kann (Art. 34 Abs. 2 StGB; somit Geldstrafe von maximal CHF 1 080 000.–). Es handelt sich demnach um ein Vergehen und nicht bloss eine Übertretung (Art. 10 Abs. 3 StGB).

2. Tathandlung

25 Die Tathandlung kann nebst einem aktiven Handeln (Angabe von falschen oder irreführenden Tatsachen) auch in einer Unterlassung bestehen (Verschweigen wesentlicher Tatsachen). Zu denken ist dabei bspw. an das Ver-

schweigen einer rechtskräftigen Verurteilung, welche im eingereichten Strafregisterauszug noch nicht ersichtlich ist. Obwohl es sich bei diesem Tatbestand in der Konsequenz auch um eine faktische Vermittlungs- bzw. Verleihtätigkeit ohne entsprechende Bewilligung (bzw. eben einer rechtswidrig erlangten) handelt, erklärt sich der zu Abs. 1 wesentlich höhere Strafrahmen aus dem Umstand, dass kumulativ zur Nichterfüllung der Bewilligungsvoraussetzungen die Behörden getäuscht werden und zu einer unrechtmässigen Bewilligungserteilung veranlasst werden. Es handelt sich somit im weiteren Sinne um einen Spezialfall des Betrugstatbestands nach Art. 146 StGB, ohne dass ein Schaden Strafbarkeitsvoraussetzung bildet. Ebenso wird nicht explizit eine Arglist vorausgesetzt, auch wenn diese in der Tatbestandsformulierung eigentlich implizit enthalten ist (vgl. auch REHBINDER, 99).

Nicht nach Abs. 4 bestraft werden Fälle, in welchen den Bewilligungsbehörden zwar falsche Angaben gemacht oder solche verschwiegen werden, die beantragte Bewilligung jedoch auch im Wissen um diese erteilt worden wäre. Hier kann allenfalls eine analoge Bestrafung nach Abs. 2 lit. b in Erwägung gezogen werden, auch wenn aus den dort aufgezählten Artikeln eigentlich hervorgeht, dass hier eine Auskunftspflicht nach Erteilung einer Bewilligung verletzt wird. Im Lichte des Legalitätsprinzips sollte nach der hier vertretenen Auffassung in solchen Fällen keine Bestrafung erfolgen. 26

3. Strafandrohung

In Abweichung von Art. 14 VStrR – geregelt wird dort nebst dem hier vorliegenden Leistungs- auch der Abgabebetrug – wurde die dort geltende Bussenhöhe von CHF 30 000.– nicht übernommen. In Einklang mit den neurechtlichen Bestimmungen des Allgemeinen Teils des Strafrechts wurde ein Verstoss gegen Abs. 4 unter eine Strafandrohung von einer Freiheitsstrafe bis drei Jahren oder alternativ einer Geldstrafe gestellt (vgl. zur altrechtlichen Regelung REHBINDER, 99). 27

4. Verhältnis zu Abs. 2 lit. b

Im Verhältnis zu der Verletzung der Melde- oder Auskunftspflicht nach Abs. 2 lit. b erklärt sich die erhöhte Strafandrohung daraus, dass mit der Verletzung auch ein verpönter Erfolg, nämlich die unrechtmässige Erlangung einer Bewilligung, einhergeht. Dabei ist jedoch offenkundig, dass zwischen den beiden Tatbeständen eine unechte Konkurrenz besteht; es ist nur die Bestrafung entweder nach Abs. 2 oder Abs. 4 möglich. 28

VI. Direkte Anwendbarkeit des Verwaltungsstrafrechts (Abs. 5)

1. Einleitung

29 Auf Widerhandlungen in Geschäftsbetrieben gelangen die Art. 6 und 7 VStR direkt zur Anwendung. Diese basieren auf dem Grundsatz, dass juristische Personen nicht bzw. nur sehr eingeschränkt straffähig sind (vgl. hierzu auch REHBINDER, 100). Eine Ausnahme wird nachfolgend jedoch statuiert.

2. Strafbarkeit der Verantwortlichen (Art. 6 VStR)

30 Nach Art. 6 Abs. 1 VStR sind die natürlichen Personen strafbar, welche bei der Besorgung einer Angelegenheit einer juristischen Person, einer Kollektiv- oder Kommanditgesellschaft, einer Einzelfirma oder einer Personengesamtheit ohne Rechtspersönlichkeit Gesetzesverstösse begehen. Es muss deshalb zur Strafbarkeit nach Art. 6 VStR die Delinquenz intern zugeordnet werden können.

31 Ebenso wie der Täter wird bestraft, wer zufolge einer Garantenstellung als Geschäftsherr, Arbeitgeber, Auftraggeber oder Vertretener es vorsätzlich oder fahrlässig unterlässt, eine Delinquenz eines Untergebenen, Beauftragten oder Vertreters abzuwenden oder die Wirkung aufzuheben (Art. 6 Abs. 2 VStR). Die Garantenstellung wird dabei in Art. 11 Abs. 2 StGB definiert. Erwähnenswert erscheint dabei, dass auch unter Strafe steht, wenn der Garant die Delinquenz des Täters erst nach deren Vollendung entdeckt und es dann unterlässt, den Taterfolg aufzuheben. Es besteht hier entsprechend eine Handlungspflicht, den Erfolg wiedergutzumachen. Eine nach der hier vertretenen Auffassung höchst fragwürdige Bestimmung, welche sich einzig in Fällen zu rechtfertigen vermag, in denen die Nichtverhinderung der Tat bereits in einer pflichtwidrigen Nachlässigkeit des Vorgesetzten gründete.

32 Handelt es sich bei dem Geschäftsherrn, Arbeitgeber, Auftraggeber oder Vertreter um eine juristische Person, eine Kollektiv- oder Kommanditgesellschaft, eine Einzelfirma oder eine Personengesamtheit ohne Rechtspersönlichkeit, so ist Art. 6 Abs. 2 VStR auf die schuldigen Orange, Organmitglieder, geschäftsführenden Gesellschafter, tatsächlich leitenden Personen oder Liquidatoren anwendbar (Art. 6 Abs. 3 VStR). Mit dieser Bestimmung wird klargestellt werden, dass die Strafbarkeit immer natürlichen Personen zugeordnet werden soll.

3. Ausnahme: Strafbarkeit der juristischen Person (Art. 7 VStR)

33 Art. 7 Abs. 1 statuiert eine Ausnahme zu vorstehendem Art. 6 VStR. So kann eine Busse von bis zu CHF 5000.– der juristischen Person, der Kollektiv-

bzw. Kommanditgesellschaft oder der Einzelfirma auferlegt werden, wenn die Untersuchungsmassnahmen eine Unverhältnismässigkeit zur Strafe schaffen sollte. Hiervon ist bei Bussen im erwähnten Rahmen immer auszugehen, da ansonsten die verantwortlichen Personen in einem Kleinbetrieb faktisch schlechter gestellt werden als solche in einem Grossbetrieb, bei welchem die Verantwortlichkeit in der Regel schwieriger zu bestimmen sein wird. Da eine Ermittlungsmassnahme immer kostspielig ist und rasch in Höhe des Bussbetrags oder höher zu stehen kommen dürfte, rechtfertigt sich deshalb im erwähnten Rahmen die Belangung des Betriebs. Art. 7 Abs. 2 VStR legt schliesslich fest, dass Abs. 1 sinngemäss auch bei Personengesamtheiten ohne Rechtspersönlichkeit zu Anwendung gelangt (bspw. bei einem Bankensortium als einfache Gesellschaft).

VII. Zuständigkeit für die Strafverfolgung (Abs. 6)

Die Zuständigkeit für die Strafverfolgung von Verstössen nach Art. 39 liegt alleine bei den Kantonen und haben nach den Regeln der eidgenössischen Strafprozessordnung abzulaufen (StPO). Der Kanton Zürich als Beispiel hat keine Ausführungsbestimmungen zum AVG und damit auch nicht zur Strafverfolgung nach Art. 39 im Speziellen erlassen.

34

In der Regel wird die strafrechtliche Belangung nach den Regeln des AVG in der Form verlaufen, dass die kantonal zuständige Behörde den Ermittlungsbehörden (Staatsanwaltschaft) per Anzeige eine vermeintliche Delinquenz zur Kenntnis bringt. Da bei dem Verdacht einer Personalvermittlungstätigkeit ohne Bewilligung seitens der Behörden kein Auskunftsanspruch gegenüber dem verdächtigen Betrieb besteht (vgl. hierzu Art. 6 AVG), dürfte in diesen Fällen eine Anzeige überhaupt die einzige Möglichkeit zur Sachverhaltsabklärung darstellen.

35

Kapitel 9: Schlussbestimmungen

Art. 40

Vollzug	**Die Kantone vollziehen dieses Gesetz, soweit der Vollzug nicht dem Bund übertragen ist.**
Exécution	Les cantons exécutent la présente loi dans la mesure où son exécution n'incombe pas à la Confédération.
Esecuzione	I Cantoni eseguono la presente legge nella misura in cui l'esecuzione non incomba alla Confederazione

Inhaltsübersicht Note Seite

I. Zum Inhalt von Art. 40 AVG 1 260

I. Zum Inhalt von Art. 40 AVG

1   Die Regelung von Art. 40 AVG legt fest, dass die Kantone zum Vollzug des Gesetzes verpflichtet sind, soweit dies aufgrund einer Spezialbestimmung nicht den Bundesbehörden übertragen wird.

2   Für die Erteilung der Bewilligungen zur privaten Arbeitsvermittlung und zum Personalverleih auf dem Gebiet der Schweiz sind die Kantone zuständig. Diese werden durch den Sitzkanton des Vermittlungs- oder Verleihbetriebs erteilt. Falls die Tätigkeit grenzüberschreitend erfolgt, wird zusätzlich eine eidgenössische Bewilligung benötigt, die das SECO erteilt. So ist für die grenzüberschreitenden Bewilligungen der privaten Arbeitsvermittlung und des Personalverleihs der Bund zuständig (vgl. vorne Art. 2 Abs. 3 und Art. 12 Abs. 2 AVG).

3   Hierbei gilt es auch Art. 31 AVG und Art. 62 AVV zu beachten, welche die Aufsichtsfunktion über den Vollzug von AVG und AVV dem SECO anheimstellen. Als Aufsichtsbehörde erteilt das SECO auch Weisungen (vgl. WEISUNGEN SECO).

Art. 41

Ausführungsbestimmungen	[1] Der Bundesrat erlässt nach Anhören der Kantone und der beteiligten Organisationen die Ausführungsbestimmungen.
	[2] Die Kantone erlassen die Ausführungsbestimmungen für ihren Bereich.
Dispositions d'exécution	[1] Le Conseil fédéral édicte les dispositions d'exécution après avoir entendu les cantons et les organisations concernées.
	[2] Les cantons édictent les dispositions d'exécution dans leur domaine de compétence.
Disposizioni esecutive	[1] Il Consiglio federale emana le disposizioni esecutive dopo aver sentito i Cantoni e le organizzazioni interessate.
	[2] I Cantoni emanano le disposizioni esecutive per il loro settore di competenza.

Inhaltsübersicht Note Seite

I. Bundeskompetenz zum Erlass von Ausführungsbestimmungen (Abs. 1)..... 1 261
II. Kantonale Kompetenz zum Erlass von Ausführungsbestimmungen (Abs. 2) 3 262

I. Bundeskompetenz zum Erlass von Ausführungsbestimmungen (Abs. 1)

Die Kompetenz des Bundes zur Gesetzgebung im Bereich des AVG stützt sich auf Art. 110 Abs. 1 lit. c Bundesverfassung (BV). Der Bund hat seine Kompetenz zum Erlass der Ausführungsbestimmungen nach Art. 41 Abs. 1 AVG mit dem Erlass der AVV wahrgenommen. Bei den zur Anhörung einzuladenden *«beteiligten Organisationen»* handelt es sich sicherlich um die betroffenen Arbeitgeber- und Arbeitnehmerverbände (Gewerkschaften). Daneben ist es durchaus denkbar und wäre zu begrüssen, wenn fakultativ auch im Personalverleih bzw. der Personalvermittlung tätige Gesellschaften von einer erheblichen Marktbedeutung ebenfalls zur Vernehmlasssung eingeladen würden. 1

Beispielsweise hält Art. 12 Abs. 1 AVG fest, dass *«Arbeitgeber (Verleiher), die Dritten (Einsatzbetrieben) gewerbsmässig Arbeitnehmer überlassen»*, eine Betriebsbewilligung des kantonalen Arbeitsamtes benötigen. Gestützt auf die Kompetenz zum Erlass von Ausführungsbestimmungen in Art. 41 Abs. 1 AVG hat der Bundesrat in Art. 26 AVV die Verleihtätigkeit und in Art. 29 AVV die Ge- 2 werbsmässigkeit näher definiert (vgl. hierzu BGE 2C_356/2012 vom 11. Februar 2013).

II. Kantonale Kompetenz zum Erlass von Ausführungsbestimmungen (Abs. 2)

3 Da der Bund seine Kompetenz nicht umfassend wahrnimmt, verfügen die Kantone gestützt auf Art. 41 Abs. 1 und 2 AVG über eine erhebliche Kompetenz zum Erlass von ergänzenden und detaillierenden Ausführungsbestimmungen.

4 Zuständige Stelle im Kanton Zürich ist die Volkswirtschaftsdirektion. Weiteres regelt die Verordnung über die Organisation des Regierungsrates und der kantonalen Verwaltung (VOG RR) (s. hierzu insbesondere §§ 57 ff. und Anhang 1, D VOG RR).

Art. 42

Änderung und Aufhebung bisherigen Rechts	¹ ... ² Es werden aufgehoben: a) das Bundesgesetz vom 22. Juni 1951 über die Arbeitsvermittlung; b) das Bundesgesetz vom 22. März 1888 betreffend den Geschäftsbetrieb von Auswanderungsagenturen.
Modification et abrogation du droit en vigueur	¹ ... ² Sont abrogées: a) la loi fédérale du 22 juin 1951 sur le service de l'emploi; b) la loi fédérale du 22 mars 1888 concernant les opérations des agences d'émigration.
Modificazioni e abrogazioni	¹ ... ² Sono abrogate: a) la legge federale del 22 giugno 1951 sul servizio di collocamento; b) la legge federale del 22 marzo 1888 sulle operazioni delle agenzie di emigrazione.

Inhaltsübersicht	Note	Seite
I. Aufhebung des Art. 42 Abs. 1 AVG	1	263
II. Zum Inhalt von Art. 42 Abs. 2 AVG	2	263

I. Aufhebung des Art. 42 Abs. 1 AVG

Art. 42 Abs. 1 AVG wurde gestützt auf Ziff. II 36 des Bundesgesetzes zur formellen Bereinigung des Bundesrechts vom 20. März 2008 (AS 2008 3437) aufgehoben. Dieser beinhaltete Änderungen des Arbeitslosenversicherungsgesetzes. [1]

II. Zum Inhalt von Art. 42 Abs. 2 AVG

Mit lit. a und b des Art. 42 Abs. 2 AVG werden das Bundesgesetz über die Arbeitsvermittlung (aAVG) und das Bundesgesetz betreffend den Geschäftsbetrieb von Auswanderungsagenturen vom 22. März 1888 (BS 10 323) aufgehoben. [2]

Das Bundesgesetz über die Arbeitsvermittlung von 1951 (aAVG) wurde durch das vorliegende AVG ersetzt und ist deshalb formell aufzuheben. [3]

4 Das Bundesgesetz betreffend den Geschäftsbetrieb von Auswanderungsagenturen von 1888 (s. o.) wurde aufgrund des Aussterbens der Auswanderungsagenturen irrelevant. Zwei Bestimmungen fanden Eingang im AVG. Art. 30 AVG übernahm das Verbot irreführender Auswanderungspropaganda für auswanderungswillige Erwerbstätige. Weiter regelt Art. 25 AVG die Auslandsvermittlung.

5 Im Zuge der formellen Bereinigung des Bundesrechts wurde mit Wirkung ab 1. Januar 2008 der mit Abs. 2 korrespondierende Art. 63 aAVV durch Ziff. IV 40 der Verordnung zur formellen Bereinigung des Bundesrechts vom 22. August 2007 (AS 2007 4477) ebenfalls aufgehoben.

Art. 44

Referendum und Inkrafttreten	[1] Dieses Gesetz untersteht dem fakultativen Referendum. [2] Der Bundesrat bestimmt das Inkrafttreten.
Référendum et entrée en vigueur	[1] La présente loi est sujette au référendum facultatif. [2] Le Conseil fédéral fixe la date de l'entrée en vigueur.
Referendum ed entrata in vigore	[1] La presente legge sottostà al referendum facoltativo. [2] Il Consiglio federale ne determina l'entrata in vigore.

Inhaltsübersicht   Note   Seite

I.   Zum Inhalt von Art. 44 AVG 1   265

I. Zum Inhalt von Art. 44 AVG

Art. 44 Abs. 1 AVG hält fest, dass das Arbeitsvermittlungsgesetz dem fakultativen Referendum unterstand. Die Referendumsfrist verstrich am 15. Januar 1990 unbenutzt (BBl 1989 III 927).   [1]

Das revidierte AVG trat, mit Ausnahme von Art. 42 Abs. 1, gestützt auf den Bundesratsbeschluss vom 16. Januar 1991, am 1. Juli 1991 in Kraft. Gestützt auf die Verordnung über die Inkraftsetzung des Art. 42 Abs. 1 des Arbeitsvermittlungsgesetzes vom 30. Oktober 1991 (SR 823.110) trat dieser Absatz am 1. Januar 1992 in Kraft.   [2]

Anhänge

	Seite
Anhang 1: Arbeitsvermittlungsverordnung, AVV	269
Anhang 2: Gebührenverordnung AVG, GebV-AVG	293
Anhang 3: Bundesratsbeschluss über die Allgemeinverbindlicherklärung des Gesamtarbeitsvertrages für den Personalverleih	297
Anhang 4: AVAM-Verordnung	313
Anhang 5: LAMDA-Verordnung	321
Anhang 6: Verordnung über die Kommission für Wirtschaftspolitik	325

Anhang 1

Verordnung
über die Arbeitsvermittlung und den Personalverleih
(Arbeitsvermittlungsverordnung, AVV)

823.111

vom 16. Januar 1991 (Stand am 1. Januar 2014)

Der Schweizerische Bundesrat,
gestützt auf Artikel 41 Absatz 1 des Arbeitsvermittlungsgesetzes vom
6. Oktober 1989[1] (AVG),[2]
verordnet:

1. Kapitel: Die private Arbeitsvermittlung
1. Abschnitt: Umfang der Bewilligungspflicht

Art. 1 Vermittlungstätigkeit
(Art. 2 Abs. 1 AVG)

Als Vermittler gilt, wer:

a. mit Stellensuchenden und mit Arbeitgebern Kontakte hat und beide Parteien nach der Durchführung eines Auswahlverfahrens miteinander in Verbindung bringt;

b. mit Stellensuchenden und mit Arbeitgebern Kontakte hat und beide Parteien miteinander in Verbindung bringt, indem er der anderen Partei Adresslisten übergibt;

c. nur mit Stellensuchenden Kontakte hat und ihnen nach der Durchführung eines Auswahlverfahrens Adressen von Arbeitgebern übergibt, die er sich ohne Kontakte mit diesen beschafft hat;

d.[3] besondere Publikationsorgane herausgibt, die nicht mit einem journalistischen Hauptteil in Zusammenhang stehen und in denen mit Adressen von Stellensuchenden oder Arbeitgebern Handel getrieben wird;

e.[4] Stellensuchende rekrutiert und mit einem Vermittler in Kontakt bringt oder ihm zugeführte Stellensuchende mit Arbeitgebern zusammenführt.

AS **1991** 408
[1] SR **823.11**
[2] Fassung gemäss Ziff. I der V vom 29. Nov. 2013, in Kraft seit 1. Jan. 2014 (AS **2013** 5321).
[3] Fassung gemäss Ziff. I der V vom 20. Okt. 1999, in Kraft seit 1. Dez. 1999 (AS **1999** 2711).
[4] Eingefügt durch Ziff. I der V vom 20. Okt. 1999, in Kraft seit 1. Dez. 1999 (AS **1999** 2711).

Anhang 1

823.111 Arbeitsmarkt und Arbeitsbeschaffung

Art. 1a[5] Vermittlungsmöglichkeiten
(Art. 2 Abs. 1 AVG)

¹ Vermittlungen können getätigt werden mittels und besondere Publikationsorgane können erscheinen in:
  a. Printmedien;
  b. Telefon;
  c. Fernsehen;
  d. Radio;
  e. Teletext;
  f. Internet;
  g. anderen geeigneten Medien.

² Vermittler, die Publikationsorgane herausgeben, deren Inhalte für den Stellensuchenden nicht zum Voraus einsichtig sind und bei denen kein direkter Zugriff auf die interessierenden Stellenangebote möglich ist, erhalten keine Bewilligung.

Art. 2 Regelmässigkeit
(Art. 2 Abs. 1 AVG)

Als regelmässig gilt eine Vermittlungstätigkeit, die vom Vermittler:
  a. mit der Bereitschaft angeboten wird, in einer Mehrzahl von Fällen als Vermittler tätig zu werden; oder
  b. innerhalb von zwölf Monaten bei zehn oder mehr Gelegenheiten ausgeübt wird.

Art. 3 Entgelt
(Art. 2 Abs. 1 AVG)

Gegen Entgelt wird vermittelt, wenn der Vermittler im Zusammenhang mit seiner Vermittlungstätigkeit Geld oder geldwerte Leistungen erhält.

Art. 4 Vermittlung von Personen für künstlerische und ähnliche Darbietungen
(Art. 2 Abs. 2 AVG)

Als Vermittlung von Personen für künstlerische und ähnliche Darbietungen gilt die Besorgung von Auftrittsgelegenheiten, zu denen die vermittelte Person mittels Arbeitsverträgen oder anderen Vertragstypen verpflichtet wird.

---

[5] Eingefügt durch Ziff. I der V vom 20. Okt. 1999, in Kraft seit 1. Dez. 1999 (AS **1999** 2711).

Anhang 1

Arbeitsvermittlungsverordnung **823.111**

Art. 5 Auslandvermittlung
(Art. 2 Abs. 3 und 4 AVG)

Als Auslandvermittlung gilt auch die Tätigkeit eines Vermittlers, der von der Schweiz aus:

a. im Ausland wohnende Stellensuchende in einen Drittstaat vermittelt, sofern zumindest ein Teil der Vermittlungstätigkeit sich in der Schweiz abspielt oder die vertraglichen Beziehungen des Vermittlers zu Stellensuchenden oder Arbeitgebern schweizerischem Recht unterstellt sind;

b. mit ausländischen Vermittlern zusammenarbeitet und selbst nur mit Stellensuchenden oder nur mit Arbeitgebern Kontakte hat.

Art. 6 Ausnahmen von der Bewilligungspflicht
(Art. 2 AVG)

Nicht bewilligungspflichtig ist die unentgeltlich ausgeübte Vermittlungstätigkeit von:[6]

a. Bildungsinstitutionen, die ausschliesslich ihre Absolventen vermitteln, nachdem diese ihre Ausbildung mit einem staatlich oder durch einen repräsentativen Berufsverband anerkannten Abschluss beendet haben; und

b. Arbeitgebern, die ihre Arbeitnehmer vermitteln.

Art. 7 Zweigniederlassungen
(Art. 2 Abs. 5 AVG)

Eine Zweigniederlassung im Kanton des Hauptsitzes ist zur Vermittlungstätigkeit berechtigt, sobald der Hauptsitz der zuständigen Behörde die Zweigniederlassung gemeldet hat.

2. Abschnitt: Voraussetzungen der Bewilligungserteilung

Art. 8 Betriebliche Voraussetzungen
(Art. 3 Abs. 1 Bst. c AVG)

¹ Eine Bewilligung wird nicht erteilt, wenn die Vermittlungstätigkeit mit weiteren Geschäften verbunden werden könnte, welche die Stellensuchenden oder Arbeitgeber:

a. in ihrer Entscheidungsfreiheit beeinträchtigen; oder

b. infolge der Übernahme anderer Verpflichtungen in eine zusätzliche Abhängigkeit vom Vermittler bringen.

² Eine Bewilligungserteilung ist insbesondere ausgeschlossen gegenüber:

a. Vergnügungs- und Unterhaltungsbetrieben;

---

[6] Fassung gemäss Ziff. I der V vom 29. Nov. 2013, in Kraft seit 1. Jan. 2014 (AS **2013** 5321).

b. Heiratsvermittlungsinstituten;
c. Kreditinstituten;
d.[7] Personen, die einen der genannten Betriebe führen oder in einem solchen arbeiten.

³ Eine Bewilligung kann verweigert werden, wenn der Gesuchsteller Stellensuchende an Personen, von denen er nicht unabhängig ist, vermitteln will.[8]

Art. 9[9]   Persönliche Voraussetzungen
(Art. 3 Abs. 2 Bst. b AVG)

Wer eine Berufslehre abgeschlossen oder eine gleichwertige Ausbildung absolviert hat und eine mehrjährige Berufstätigkeit nachweisen kann, verfügt über die nötigen fachlichen Fähigkeiten zur Leitung einer Arbeitsvermittlungsstelle, sofern er insbesondere:

a. eine anerkannte Vermittler- oder Verleiherausbildung besitzt; oder

b. eine mehrjährige Berufserfahrung in der Arbeitsvermittlung, im Personalverleih, in der Personal-, Organisations- oder Unternehmungsberatung oder im Personalwesen hat.

Art. 10   Voraussetzungen für die Bewilligung zur Auslandvermittlung
(Art. 3 Abs. 3 AVG)

In Betrieben, die Auslandvermittlung betreiben, müssen bezüglich der betroffenen Staaten insbesondere Kenntnisse vorhanden sein über:

a. die Bestimmungen über Einreise und Aufnahme einer Erwerbstätigkeit;

b. die gesetzliche Regelung der Arbeitsvermittlung.

Art. 10a[10]   Prüfung des Musters des Vermittlungsvertrages

Die zuständige Bewilligungsbehörde prüft das Muster des Vermittlungsvertrages von Betrieben, die vom Stellensuchenden eine Einschreibegebühr oder Vermittlungsprovision verlangen.

Art. 11   Bewilligungsgesuch
(Art. 3 Abs. 5 AVG)

¹ Das Bewilligungsgesuch ist schriftlich bei der vom Kanton bezeichneten Behörde einzureichen.

---

[7] Eingefügt durch Ziff. I der V vom 20. Okt. 1999, in Kraft seit 1. Dez. 1999 (AS **1999** 2711).
[8] Eingefügt durch Ziff. I der V vom 29. Nov. 2013, in Kraft seit 1. Jan. 2014 (AS **2013** 5321).
[9] Fassung gemäss Ziff. I der V vom 20. Okt. 1999, in Kraft seit 1. Dez. 1999 (AS **1999** 2711).
[10] Eingefügt durch Ziff. I der V vom 29. Nov. 2013, in Kraft seit 1. Jan. 2014 (AS **2013** 5321).

Anhang 1

Arbeitsvermittlungsverordnung **823.111**

¹ᵇⁱˢ Betriebe, die vom Stellensuchenden eine Einschreibegebühr oder Vermittlungsprovision verlangen, haben dem Gesuch das Muster des Vermittlungsvertrages, mit dem sie arbeiten wollen, beizulegen.[11]

² Das Staatssekretariat für Wirtschaft (SECO)[12] stellt den Kantonen Formulare für Bewilligungsgesuche zur Verfügung.

³ Die zuständige kantonale Behörde leitet Gesuche um Bewilligung der Auslandvermittlung mit einer Stellungnahme an das SECO weiter.

⁴ Die Bewilligungsbehörden entscheiden innert 40 Tagen ab Erhalt der vollständigen Unterlagen. Für komplexe Gesuche bleibt Artikel 4 Absatz 1 Buchstabe c der Ordnungsfristenverordnung vom 25. Mai 2011[13] vorbehalten.[14]

Art. 12 Meldung einer Zweigniederlassung
(Art. 2 Abs. 5 AVG)

¹ Die Meldung einer Zweigniederlassung, die im gleichen Kanton wie der Hauptsitz liegt, erfolgt durch den Hauptsitz.

² Die Meldung umfasst nur Angaben und Beilagen, die von denen des Bewilligungsgesuchs des Hauptsitzes verschieden sind.

³ Artikel 11 gilt sinngemäss.

3. Abschnitt: Erteilung, Entzug und Aufhebung der Bewilligung

Art. 13 Bewilligung
(Art. 4 AVG)

¹ Die Bewilligung wird auf den Betrieb ausgestellt.

² In der Bewilligungsurkunde werden aufgeführt:
   a. Name und Adresse des Betriebs;
   b. die für die Vermittlung verantwortlichen Leiter;
   c. die Adressen der Geschäftsräume, die sich nicht am Sitz des Betriebs befinden;
   d. der örtliche und sachliche Geltungsbereich der Bewilligung.

---

[11] Eingefügt durch Ziff. I der V vom 29. Nov. 2013, in Kraft seit 1. Jan. 2014 (AS **2013** 5321).
[12] Ausdruck gemäss Art. 22 Abs. 1 Ziff. 13 der V vom 17. Nov. 1999, in Kraft seit 1. Juli 1999 (AS **2000** 187). Diese Änd. ist im ganzen Erlass berücksichtigt.
[13] SR **172.010.14**
[14] Eingefügt durch Ziff. I der V vom 29. Nov. 2013, in Kraft seit 1. Jan. 2014 (AS **2013** 5321).

Art. 14 Änderungen im Betrieb
(Art. 6 AVG)

Der Vermittler muss Änderungen gegenüber den Angaben im Bewilligungsgesuch beziehungsweise in der Meldung seiner Zweigniederlassung unverzüglich der zuständigen kantonalen Behörde mitteilen.

Art. 15 Entzug der Bewilligung
(Art. 5 AVG)

¹ Erfüllt der Vermittler einen Tatbestand nach Artikel 5 Absatz 1 Buchstabe a oder b AVG, so kann die zuständige Behörde:

a. die Bewilligung entziehen, ohne eine Frist zur Wiederherstellung des rechtmässigen Zustandes anzusetzen;

b.[15] in der Entzugsverfügung anordnen, dass der Betrieb, der verantwortliche Leiter oder der wirtschaftlich Berechtigte ein neues Bewilligungsgesuch erst nach Ablauf einer Wartefrist von höchstens zwei Jahren einreichen kann; verantwortliche Leiter und wirtschaftlich Berechtigte, denen eine Wartefrist verfügt wurde, dürfen bis zum Ablauf dieser Wartefrist an gesuchstellenden Betrieben weder beteiligt noch für sie tätig sein.

² Die zuständige kantonale Behörde teilt jede in Anwendung von Artikel 5 AVG verfügte Sanktion dem SECO mit. Insbesondere meldet sie, welche Personen erwiesenermassen nicht in der Lage gewesen sind, für eine fachgerechte Vermittlung Gewähr zu bieten.

Art. 16 Aufhebung der Bewilligung

¹ Die zuständige Behörde verfügt die Aufhebung der Bewilligung, wenn der Betrieb:

a. ein entsprechendes Begehren stellt;

b. seine Vermittlungstätigkeit eingestellt hat.

² Die Einstellung der Vermittlungstätigkeit kann angenommen werden, wenn der Betrieb während eines ganzen Kalenderjahres keine Vermittlungen getätigt hat.

4. Abschnitt: Rechte und Pflichten des Vermittlers

Art. 17 Buchführung

Der Vermittler führt Buch über die im Einzelfall vom Stellensuchenden geforderte Einschreibegebühr und Vermittlungsprovision.

---

[15] Fassung gemäss Ziff. I der V vom 29. Nov. 2013, in Kraft seit 1. Jan. 2014 (AS **2013** 5321).

Anhang 1

Arbeitsvermittlungsverordnung 823.111

Art. 18 Arbeitsmarktbeobachtung
(Art. 7 Abs. 2 AVG)

1 Der Vermittler, dessen Vermittlungstätigkeit bewilligungspflichtig ist, teilt der zuständigen kantonalen Behörde nach Abschluss jedes Kalenderjahres die Anzahl der vermittelten Personen mit, aufgegliedert nach Geschlecht und Herkunft (Schweiz oder Ausland).

2 Das SECO stellt einen einheitlichen Meldevorgang sicher.

3 Der Vermittler, dessen Vermittlungstätigkeit bewilligungspflichtig ist, kann im Rahmen von Teilerhebungen verpflichtet werden, dem SECO in anonymisierter Form zusätzliche persönliche und arbeitsmarktbezogene Merkmale der Stellensuchenden mitzuteilen.

Art. 19 Datenschutz
(Art. 7 Abs. 3 AVG)

1 Der Vermittler darf Daten über Stellensuchende und offene Stellen grundsätzlich nur mit der Zustimmung der Betroffenen bearbeiten. Eine Zustimmung ist insbesondere erforderlich, wenn er:

a. Daten über Stellensuchende und offene Stellen an andere Geschäftsniederlassungen oder an rechtlich von seinem Betrieb unabhängige Geschäftspartner weitergibt;

b. Gutachten und Referenzen über Stellensuchende einholt;

c. Daten über Stellensuchende und offene Stellen über die Landesgrenzen hinaus weitergibt.

2 Der Vermittler bedarf keiner Zustimmung der Betroffenen, sofern er im Rahmen seiner Vermittlungstätigkeit Daten über Stellensuchende und offene Stellen weitergibt an:

a. Mitarbeiter der eigenen Geschäftsniederlassung;

b. einen Kunden im Hinblick auf den bevorstehenden Vertragsabschluss;

c. einen grösseren Kreis möglicher Kunden, sofern die Daten keinen Rückschluss auf die Identität des Stellensuchenden oder des Arbeitgebers zulassen.

3 Der Vermittler darf Daten nach erfolgter Vermittlung oder nach dem Widerruf des Vermittlungsauftrags nur bearbeiten, wenn der Betroffene dazu seine Zustimmung gibt. Vorbehalten bleiben Verpflichtungen aufgrund anderer Normen zur Aufbewahrung einzelner Daten.

4 Die Zustimmung der Betroffenen hat schriftlich zu erfolgen und kann jederzeit widerrufen werden. Die betroffene Person ist auf dieses Recht aufmerksam zu machen.

Art. 20 Vermittlungsprovision zulasten von Stellensuchenden
(Art. 9 Abs. 1 AVG)

¹ Die Vermittlungsprovision wird in Prozenten des vereinbarten Brutto-Jahreseinkommens des vermittelten Arbeitnehmers berechnet.

² Für die Vermittlung eines auf längstens zwölf Monate befristeten Arbeitsverhältnisses wird die Vermittlungsprovision in Prozenten des gesamten vereinbarten Bruttolohnes berechnet.

³ Die Entschädigung für besonders vereinbarte Dienstleistungen darf nicht in der Form von Pauschalsummen oder Lohnprozenten festgelegt werden.

Art. 21 Entschädigung bei gescheiterter Auslandvermittlung
(Art. 9 Abs. 3 AVG)

¹ Der Stellensuchende, der nach Abschluss des Arbeitsvertrages die Bewilligung zur Erwerbstätigkeit im Land, in welches er vermittelt wurde, nicht erhält, schuldet dem Vermittler keine Vermittlungsprovision, jedoch:

    a. die Hälfte der entstandenen Auslagen und der nachgewiesenen Aufwendungen des Vermittlers; und

    b. die ganze festgelegte Entschädigung für besonders vereinbarte Dienstleistungen.

² Im Einzelfall kann der Stellensuchende sich durch schriftliche Abrede verpflichten, mehr als die Hälfte der entstandenen Auslagen und der nachgewiesenen Aufwendungen des Vermittlers zu bezahlen. Die dadurch bewirkte Belastung des Stellensuchenden darf den Betrag der zulässigen Vermittlungsprovision nicht überschreiten.

5. Abschnitt: Vermittlung von Personen für künstlerische und ähnliche Darbietungen

Art. 22 Vermittlungsvertrag
(Art. 8 Abs. 1 AVG)

Der Vermittler hat den Vermittlungsvertrag so zu gestalten, dass die vermittelte Person daraus ersehen kann,

    a. welche Brutto-Gage ein Veranstalter ihr für die künstlerische und ähnliche Darbietung zahlen wird;

    b. mit welcher Netto-Gage sie rechnen kann und

    c. wie gross die Vermittlungsprovision sein wird, die sie übernehmen muss.

Anhang 1

Arbeitsvermittlungsverordnung 823.111

Art. 23 Vermittlungsprovision
(Art. 9 Abs. 1 AVG)

Die Vermittlungsprovision zulasten von Personen, die für künstlerische und ähnliche Darbietungen vermittelt werden, wird in Prozenten der tatsächlich geschuldeten Brutto-Gage berechnet.

6. Abschnitt: Finanzhilfe an private Arbeitsvermittlungsstellen

Art. 24 Beitragsberechtigte Institutionen
(Art. 11 AVG)

Beitragsberechtigt sind folgende Institutionen:

a.[16] ...

b. der Cercle Commercial Suisse in Paris;

c. die Schweizerische Kommission für den Austausch von Stagiaires.

Art. 25 Anrechenbare Betriebskosten
(Art. 11 Abs. 2 AVG)

[1] Anrechenbare Betriebskosten sind die Personal- und Sachkosten.

[2] Übersteigt das Betriebsdefizit 30 Prozent der Betriebskosten, so kann in Ausnahmefällen das ganze Betriebsdefizit gedeckt werden, sofern das Betriebsdefizit anders nicht gedeckt werden kann und dadurch der Fortbestand der Institution ernsthaft gefährdet ist. Der wirtschaftlichen Leistungskraft der Trägerschaft der beitragsberechtigten Institution ist Rechnung zu tragen.

2. Kapitel: Der Personalverleih
1. Abschnitt: Grundsätze

Art. 26 Verleihtätigkeit
(Art. 12 Abs. 1 AVG)

[1] Als Verleiher gilt, wer einen Arbeitnehmer einem Einsatzbetrieb überlässt, indem er diesem wesentliche Weisungsbefugnisse gegenüber dem Arbeitnehmer abtritt.

[2] Auf eine Verleihtätigkeit kann namentlich auch geschlossen werden, wenn:

a. der Arbeitnehmer in persönlicher, organisatorischer, sachlicher und zeitlicher Hinsicht in die Arbeitsorganisation des Einsatzbetriebes eingebunden wird;

b. der Arbeitnehmer die Arbeiten mit Werkzeugen, Material oder Geräten des Einsatzbetriebes ausführt;

---

[16] Aufgehoben durch Ziff. I der V vom 29. Nov. 2013, mit Wirkung seit 1. Jan. 2014 (AS **2013** 5321).

823.111 Arbeitsmarkt und Arbeitsbeschaffung

c. der Einsatzbetrieb die Gefahr für die Schlechterfüllung des Vertrages trägt.[17]

³ Das Weiterverleihen von verliehenen Arbeitnehmern (Unter- oder Zwischenverleih) ist nicht gestattet. Gestattet ist jedoch das Weiterverleihen eines Arbeitnehmers an einen dritten Betrieb, wenn:

    a. der erste Betrieb für die Dauer des Einsatzes das Arbeitsverhältnis an den zweiten Betrieb abtritt, der zweite Betrieb Arbeitgeber wird, im Besitz einer Verleihbewilligung ist und den Arbeitnehmer dem dritten Betrieb überlässt; oder

    b. der erste Betrieb Arbeitgeber bleibt und mit dem dritten Betrieb einen Verleihvertrag abschliesst und der zweite Betrieb das Verleihverhältnis nur vermittelt.[18]

⁴ Arbeiten Betriebe in einer Arbeitsgemeinschaft zusammen und überlassen sie der Arbeitsgemeinschaft Arbeitnehmer, so liegt kein Personalverleih vor, es sei denn, es wird ein wesentliches Weisungsrecht abgetreten.[19]

Art. 27 Gegenstand
(Art. 12 AVG)

¹ Der Personalverleih umfasst die Temporärarbeit, die Leiharbeit und das gelegentliche Überlassen von Arbeitnehmern an Einsatzbetriebe.

² Temporärarbeit liegt vor, wenn der Zweck und die Dauer des Arbeitsvertrages zwischen dem Arbeitgeber und dem Arbeitnehmer auf einen einzelnen Einsatz bei einem Einsatzbetrieb beschränkt sind.

³ Leiharbeit liegt vor, wenn:

    a. der Zweck des Arbeitsvertrages zwischen dem Arbeitgeber und dem Arbeitnehmer hauptsächlich im Überlassen des Arbeitnehmers an Einsatzbetriebe liegt und

    b. die Dauer des Arbeitsvertrages von einzelnen Einsätzen bei Einsatzbetrieben unabhängig ist.

⁴ Gelegentliches Überlassen von Arbeitnehmern an Einsatzbetriebe liegt vor, wenn:

    a. der Zweck des Arbeitsvertrages zwischen dem Arbeitgeber und dem Arbeitnehmer darin liegt, dass der Arbeitnehmer hauptsächlich unter der Weisungsbefugnis des Arbeitgebers arbeitet;

    b. der Arbeitnehmer nur ausnahmsweise einem Einsatzbetrieb überlassen wird; und

    c. die Dauer des Arbeitsvertrages von allfälligen Einsätzen bei Einsatzbetrieben unabhängig ist.

---

[17] Eingefügt durch Ziff. I der V vom 29. Nov. 2013, in Kraft seit 1. Jan. 2014 (AS **2013** 5321).
[18] Eingefügt durch Ziff. I der V vom 29. Nov. 2013, in Kraft seit 1. Jan. 2014 (AS **2013** 5321).
[19] Eingefügt durch Ziff. I der V vom 29. Nov. 2013, in Kraft seit 1. Jan. 2014 (AS **2013** 5321).

Arbeitsvermittlungsverordnung 823.111

2. Abschnitt: Umfang der Bewilligungspflicht

Art. 28 Bewilligungspflichtige Formen des Personalverleihs
(Art. 12 Abs. 1 AVG)

¹ Der Personalverleih ist nur in den Formen der Temporärarbeit und der Leiharbeit bewilligungspflichtig.

² Betriebe, welche ausschliesslich den Inhaber oder die Mitbesitzer des Betriebs verleihen, sind nicht bewilligungspflichtig.[20]

Art. 29 Gewerbsmässigkeit
(Art. 12 Abs. 1 AVG)

¹ Gewerbsmässig verleiht, wer Arbeitnehmer Einsatzbetrieben regelmässig und mit der Absicht überlässt, Gewinn zu erzielen, oder wer mit seiner Verleihtätigkeit einen jährlichen Umsatz von mindestens 100 000 Franken erzielt.[21]

² Regelmässig verleiht, wer mit Einsatzbetrieben innerhalb von zwölf Monaten mehr als zehn Verleihverträge bezüglich des ununterbrochenen Einsatzes eines einzelnen oder einer Gruppe von Arbeitnehmern abschliesst.

Art. 30[22]

Art. 31 Zweigniederlassungen
(Art. 12 Abs. 3 AVG)

Eine Zweigniederlassung im Kanton des Hauptsitzes ist zur Verleihtätigkeit berechtigt, sobald:

    a. der Hauptsitz der zuständigen Behörde die Zweigniederlassung gemeldet hat und

    b. die erforderliche Kaution für die Zweigniederlassung bei der vom Kanton bezeichneten Stelle hinterlegt worden ist.

3. Abschnitt: Voraussetzungen der Bewilligungserteilung

Art. 32 Betriebliche Voraussetzungen
(Art. 13 Abs. 1 Bst. c AVG)

¹ Eine Bewilligung wird nicht erteilt, wenn die Verleihtätigkeit mit weiteren Geschäften verbunden werden könnte, welche die Arbeitnehmer oder Einsatzbetriebe:

---

[20] Eingefügt durch Ziff. I der V vom 29. Nov. 2013, in Kraft seit 1. Jan. 2014 (AS **2013** 5321).
[21] Fassung gemäss Ziff. I der V vom 20. Okt. 1999, in Kraft seit 1. Dez. 1999 (AS **1999** 2711).
[22] Aufgehoben durch Ziff. I der V vom 16. Juni 2006, mit Wirkung seit 1. Juli 2006 (AS **2006** 2487).

a. in ihrer Entscheidungsfreiheit beeinträchtigen; oder

b. infolge der Übernahme anderer Verpflichtungen in eine zusätzliche Abhängigkeit vom Verleiher bringen.

² Eine Bewilligung kann verweigert werden, wenn der Gesuchsteller Arbeitnehmer an Einsatzbetriebe, von denen er nicht unabhängig ist, verleihen will.[23]

Art. 33[24]   Persönliche Voraussetzungen
(Art. 13 Abs. 1 Bst. c AVG)

Wer eine Berufslehre abgeschlossen oder eine gleichwertige Ausbildung absolviert hat und eine mehrjährige Berufstätigkeit nachweisen kann, verfügt über die nötigen fachlichen Fähigkeiten zur Leitung eines Verleihbetriebs, sofern er insbesondere:

a. eine anerkannte Vermittler- oder Verleiherausbildung besitzt; oder

b. eine mehrjährige Berufserfahrung in der Arbeitsvermittlung, im Personalverleih, in der Personal-, Organisations- oder Unternehmungsberatung oder im Personalwesen hat.

Art. 34   Voraussetzungen für die Bewilligung zum Personalverleih ins Ausland
(Art. 13 Abs. 3 AVG)

In Betrieben, die Arbeitnehmer ins Ausland verleihen, müssen bezüglich der betroffenen Staaten insbesondere Kenntnisse vorhanden sein über:

a. die Bestimmungen über die Einreise und die Aufnahme einer Erwerbstätigkeit;

b. die gesetzliche Regelung des Personalverleihs.

Art. 34a[25]   Prüfung der Muster des Arbeits- und des Verleihvertrages

Die zuständige Bewilligungsbehörde prüft das Muster des Arbeitsvertrages und das Muster des Verleihvertrages.

Art. 35   Kautionspflicht
(Art. 14 Abs. 1 AVG)

¹ Der Verleiher ist kautionspflichtig, sofern seine Verleihtätigkeit bewilligungspflichtig ist.

² Die Bewilligung zum Personalverleih wird erst erteilt, wenn die erforderliche Kaution hinterlegt worden ist.

---

[23] Eingefügt durch Ziff. I der V vom 29. Nov. 2013, in Kraft seit 1. Jan. 2014 (AS **2013** 5321).
[24] Fassung gemäss Ziff. I der V vom 20. Okt. 1999, in Kraft seit 1. Dez. 1999 (AS **1999** 2711).
[25] Eingefügt durch Ziff. I der V vom 29. Nov. 2013, in Kraft seit 1. Jan. 2014 (AS **2013** 5321).

Anhang 1

Arbeitsvermittlungsverordnung 823.111

Art. 36 Ort der Hinterlegung der Kaution
(Art. 14 Abs. 1 AVG)

¹ Der Kanton bezeichnet die Stelle, bei der die Kaution zu hinterlegen ist.

² Der Verleiher leistet die Kaution in seinem Sitzkanton.

³ Der Hauptsitz kann durch die Hinterlegung der Höchstkaution seine Zweigniederlassungen davon entbinden, in ihrem Sitzkanton eine Kaution zu hinterlegen.

⁴ Die Kaution für den Personalverleih ins Ausland ist bei der gleichen Stelle zu hinterlegen wie diejenige für den Inlandverleih.

Art. 37 Form der Kaution
(Art. 14 Abs. 2 AVG)

Die Kaution kann hinterlegt werden:

a. als Bürgschaft oder Garantieerklärung einer Bank oder Versicherungsanstalt;

b. als Kautionsversicherung, sofern die Versicherungsleistungen unabhängig von der Zahlung der Prämien erbracht werden;

c. in Form von Kassenobligationen; deren Erträge stehen dem Kautionspflichtigen zu;

d. als Bareinlage.

Art. 38 Freigabe der Kaution
(Art. 14 Abs. 2 AVG)

¹ Die Kaution wird frühestens nach Ablauf eines Jahres seit dem Entzug oder der Aufhebung der Bewilligung freigegeben. Sofern in diesem Zeitpunkt noch Lohnforderungen von verliehenen Arbeitnehmern gegen den Verleiher hängig sind, bleibt die Kaution im entsprechenden Umfang bestehen, bis diese Forderungen erfüllt oder erloschen sind.

² Absatz 1 gilt auch, wenn der Kautionsgeber wechselt, es sei denn der neue Kautionsgeber deckt während eines Jahres Forderungen, die vor Vereinbarung der neuen Kaution entstanden und nach Artikel 128 Ziffer 3 des Obligationenrechts[26] (OR) noch nicht verjährt sind.[27]

Art. 39 Verwertung der Kaution
(Art. 14 Abs. 2 AVG)

¹ Im Konkurs des Verleihers bleibt die Kaution der Befriedigung der Lohnforderungen der verliehenen Arbeitnehmer vorbehalten.

---

[26] SR **220**
[27] Eingefügt durch Ziff. I der V vom 29. Nov. 2013, in Kraft seit 1. Jan. 2014 (AS **2013** 5321).

823.111 Arbeitsmarkt und Arbeitsbeschaffung

1bis Die Kaution kann ebenfalls verwertet werden, wenn die Bewilligung für den Personalverleih entzogen oder aufgehoben worden ist und noch offene Lohnforderungen von verliehenen Arbeitnehmern bestehen.[28]

2 Aus der Kaution sind Regressansprüche der Arbeitslosenversicherung erst dann zu befriedigen, wenn alle Lohnforderungen der verliehenen Arbeitnehmer erfüllt sind, die nicht durch die Insolvenzentschädigung der Arbeitslosenversicherung gedeckt werden.

3 Für die Verwertung von Kautionen nach Artikel 37 Buchstaben b–d, die der Verleiher selbst erbracht hat, ist das Konkursamt zuständig.[29]

4 Für die Verwertung von Kautionen nach Artikel 37 Buchstabe a ist das kantonale Arbeitsamt zuständig. Ebenso für die Kautionen nach Artikel 37 Buchstaben b–d, die Dritte für den Verleiher hinterlegt haben.[30]

Art. 40 Bewilligungsgesuch
(Art. 13 Abs. 4 AVG)

1 Das Bewilligungsgesuch ist schriftlich bei der vom Kanton bezeichneten Behörde einzureichen.

1bis Verleiher haben dem Gesuch das Muster des Arbeitsvertrages und das Muster des Verleihvertrages, mit denen sie arbeiten wollen, beizulegen.[31]

2 Das SECO stellt den Kantonen Formulare für Bewilligungsgesuche zur Verfügung.

3 Die zuständige kantonale Behörde leitet Gesuche um Bewilligung des Personalverleihs ins Ausland mit einer Stellungnahme an das SECO weiter.

4 Die Bewilligungsbehörden entscheiden innert 40 Tagen ab Erhalt der vollständigen Unterlagen. Für komplexe Gesuche bleibt Artikel 4 Absatz 1 Buchstabe c der Ordnungsfristenverordnung vom 25. Mai 2011[32] vorbehalten.[33]

Art. 41 Meldung einer Zweigniederlassung
(Art. 12 Abs. 3 AVG)

1 Die Meldung einer Zweigniederlassung, die im gleichen Kanton wie der Hauptsitz liegt, erfolgt durch den Hauptsitz.

2 Die Meldung umfasst nur Angaben und Beilagen, die von denen des Bewilligungsgesuchs des Hauptsitzes verschieden sind.

---

[28] Eingefügt durch Ziff. I der V vom 29. Nov. 2013, in Kraft seit 1. Jan. 2014 (AS **2013** 5321).
[29] Eingefügt durch Ziff. I der V vom 20. Okt. 1999, in Kraft seit 1. Dez. 1999 (AS **1999** 2711).
[30] Eingefügt durch Ziff. I der V vom 20. Okt. 1999, in Kraft seit 1. Dez. 1999 (AS **1999** 2711).
[31] Eingefügt durch Ziff. I der V vom 29. Nov. 2013, in Kraft seit 1. Jan. 2014 (AS **2013** 5321).
[32] SR **172.010.14**
[33] Eingefügt durch Ziff. I der V vom 29. Nov. 2013, in Kraft seit 1. Jan. 2014 (AS **2013** 5321).

Anhang 1

Arbeitsvermittlungsverordnung **823.111**

³ Artikel 40 gilt sinngemäss.

4. Abschnitt: Erteilung, Entzug und Aufhebung der Bewilligung

Art. 42 Bewilligung
(Art. 15 AVG)

¹ Die Bewilligung wird auf den Betrieb ausgestellt.

² In der Bewilligungsurkunde werden aufgeführt:
 a. Name und Adresse des Betriebs;
 b. die für den Verleih verantwortlichen Leiter;
 c. die Adressen der Geschäftsräume, die sich nicht am Sitz des Betriebs befinden;
 d. der örtliche und sachliche Geltungsbereich der Bewilligung.

Art. 43 Änderungen im Betrieb
(Art. 17 AVG)

Der Verleiher muss Änderungen gegenüber den Angaben im Bewilligungsgesuch beziehungsweise in der Meldung seiner Zweigniederlassung unverzüglich der zuständigen kantonalen Behörde mitteilen.

Art. 44 Entzug der Bewilligung
(Art. 16 AVG)

¹ Erfüllt der Verleiher einen Tatbestand nach Artikel 16 Absatz 1 Buchstabe a oder b AVG, so kann die zuständige Behörde:
 a. die Bewilligung entziehen ohne eine Frist zur Wiederherstellung des rechtmässigen Zustandes anzusetzen;
 b.³⁴ in der Entzugsverfügung anordnen, dass der Betrieb, der verantwortliche Leiter oder der wirtschaftlich Berechtigte ein neues Bewilligungsgesuch erst nach Ablauf einer Wartefrist von höchstens zwei Jahren einreichen kann; verantwortliche Leiter und wirtschaftlich Berechtigte, denen eine Wartefrist verfügt wurde, dürfen bis zum Ablauf dieser Wartefrist an gesuchstellenden Betrieben weder beteiligt noch für sie tätig sein.

² Die zuständige kantonale Behörde teilt jede in Anwendung von Artikel 16 AVG verfügte Sanktion dem SECO mit. Insbesondere meldet sie, welche Personen erwiesenermassen nicht in der Lage gewesen sind, für eine fachgerechte Verleihtätigkeit Gewähr zu bieten.

---

³⁴ Fassung gemäss Ziff. I der V vom 29. Nov. 2013, in Kraft seit 1. Jan. 2014 (AS **2013** 5321).

Anhang 1

823.111 Arbeitsmarkt und Arbeitsbeschaffung

Art. 45 Aufhebung der Bewilligung

¹ Die zuständige Behörde verfügt die Aufhebung der Bewilligung, wenn der Betrieb:
  a. ein entsprechendes Begehren stellt;
  b. seine Verleihtätigkeit eingestellt hat.

² Die Einstellung der Verleihtätigkeit kann angenommen werden, wenn der Betrieb während eines ganzen Kalenderjahres keine Arbeitnehmer verliehen hat.

5. Abschnitt: Pflichten des Verleihers

Art. 46 Arbeitsmarktbeobachtung
(Art. 18 Abs. 2 AVG)

¹ Der Verleiher, dessen Verleihtätigkeit bewilligungspflichtig ist, führt Buch über die Einsätze der Arbeitnehmer, die er verleiht.

² Er teilt der zuständigen kantonalen Behörde nach Abschluss jedes Kalenderjahres mit:
  a. die Summe der geleisteten Einsatzstunden;
  b. Anzahl, Geschlecht und Herkunft (Schweiz oder Ausland) der verliehenen Personen.

³ Das SECO stellt einen einheitlichen Meldevorgang sicher.

⁴ Der Verleiher, dessen Verleihtätigkeit bewilligungspflichtig ist, kann im Rahmen von Teilerhebungen verpflichtet werden, dem SECO in anonymisierter Form zusätzliche persönliche und arbeitsmarktbezogene Merkmale der verliehenen Personen mitzuteilen.

Art. 47 Datenschutz
(Art. 18 Abs. 3 AVG)

¹ Der Verleiher darf Daten über Arbeitsuchende und Arbeitnehmer grundsätzlich nur mit der Zustimmung der Betroffenen bearbeiten. Eine Zustimmung ist insbesondere erforderlich, wenn er:
  a. Daten über Arbeitsuchende und Arbeitnehmer an andere Geschäftsniederlassungen oder an von seinem Betrieb unabhängige Geschäftspartner weitergibt;
  b. Gutachten und Referenzen über Arbeitsuchende und über seine Arbeitnehmer einholt;
  c. Daten über Arbeitsuchende und Arbeitnehmer über die Landesgrenzen hinaus weitergibt.

² Der Verleiher bedarf keiner Zustimmung der Betroffenen, wenn er Daten über Arbeitsuchende und Arbeitnehmer im Rahmen seiner Verleihtätigkeit weitergibt an:
  a. Mitarbeiter seiner eigenen Geschäftsniederlassung;

Anhang 1

Arbeitsvermittlungsverordnung **823.111**

b. interessierte Einsatzbetriebe, sofern diese ein spezielles Interesse geltend machen können;

c. einen grösseren Kreis möglicher Einsatzbetriebe, sofern die Daten keinen Rückschluss auf die Identität des Arbeitsuchenden oder Arbeitnehmers zulassen.

³ Der Verleiher darf Daten nach Beendigung der Geschäftsbeziehungen nur bearbeiten, wenn der Betroffene dazu seine Zustimmung gibt. Vorbehalten bleiben Verpflichtungen aufgrund anderer Normen zur Aufbewahrung einzelner Daten.

⁴ Die Zustimmung der Betroffenen hat schriftlich zu erfolgen und kann jederzeit widerrufen werden. Die betroffene Person ist auf dieses Recht aufmerksam zu machen.

Art. 48 Form und Inhalt des Arbeitsvertrages
(Art. 19 Abs. 1 AVG)

¹ Der schriftliche Arbeitsvertrag muss grundsätzlich vor der Arbeitsaufnahme vorliegen, es sei denn, die zeitliche Dringlichkeit der Arbeitsaufnahme lasse einen schriftlichen Vertragsschluss nicht mehr zu. In solchen Fällen ist der Vertrag zum nächstmöglichen Zeitpunkt schriftlich abzufassen.

² Vom Abschluss eines schriftlichen Arbeitsvertrages kann in Fällen zeitlicher Dringlichkeit ganz abgesehen werden, wenn der Arbeitseinsatz nicht länger als sechs Stunden dauert.

Art. 48a[35] Lohn- und Arbeitszeitbestimmungen
(Art. 20 AVG)

¹ Lohnbestimmungen sind Regelungen über:

a. den Mindestlohn, dem allfällige Spesen nicht hinzuzurechnen sind; ist kein Mindestlohn vorgeschrieben, gilt der Betriebsdurchschnittslohn;

a^{bis}.[36] die Spesen;

b. Lohnzuschläge für Überstunden-, Schicht-, Akkord-, Nacht-, Sonntags- und Feiertagsarbeit;

c. den anteilsmässigen Ferienlohn;

d. den anteilsmässigen 13. Monatslohn;

e. die bezahlten Feier- und Ruhetage;

f. die Lohnfortzahlung bei unverschuldeter Verhinderung an der Arbeitsleistung nach Artikel 324a des Obligationenrechts[37] (OR) wie infolge Krankheit, Unfall, Invalidität, Militär, Zivilschutz, Zivildienst, Schlechtwetter,

---

[35] Eingefügt durch Ziff. I der V vom 20. Okt. 1999, in Kraft seit 1. Dez. 1999 (AS **1999** 2711).
[36] Eingefügt durch Ziff. I der V vom 29. Nov. 2013, in Kraft seit 1. Jan. 2014 (AS **2013** 5321).
[37] SR **220**

823.111 Arbeitsmarkt und Arbeitsbeschaffung

Heirat, Geburt, Todesfall, Umzug, Pflege eines kranken Familienangehörigen;

g. den Prämienanteil an die Krankentaggeldversicherung nach Artikel 324a Absatz 4 OR.

² Arbeitszeitbestimmungen sind Regelungen über:

a. die ordentliche Arbeitszeit;
b. die 5-Tage-Woche;
c. die Überstunden-, Nacht-, Sonntags- und Schichtarbeit;
d. die Ferien, Frei- und Feiertage;
e. die Absenzen;
f. die Ruhezeiten und Pausen;
g. die Reise- und Wartezeiten.

Art. 48b[38] Weiterbildungs- und Vollzugskostenbeiträge
(Art. 20 Abs. 1 Satz 2 AVG)

¹ Sieht ein allgemeinverbindlich erklärter Gesamtarbeitsvertrag einen Beitrag an Weiterbildungs- und Vollzugskosten vor, so entsteht die Beitragspflicht am ersten Arbeitstag für die Zeit, in der ein Arbeitnehmer im Geltungsbereich des Gesamtarbeitsvertrages zum Einsatz kommt.

² Die Beiträge werden entsprechend der im Gesamtarbeitsvertrag vorgesehenen Regelung einbezahlt und verwendet.

³ Der verliehene Arbeitnehmer hat gleich wie ein Arbeitnehmer der Branche Anspruch darauf:

a. Weiterbildungsveranstaltungen besuchen zu können, die mit Hilfe der Weiterbildungskostenbeiträge angeboten werden;
b. zu weiteren Leistungen Zugang zu erhalten, die mit Hilfe der Vollzugskostenbeiträge angeboten werden.

Art. 48c[39] Flexibler Altersrücktritt
(Art. 20 Abs. 3 AVG)

¹ Sieht ein allgemeinverbindlich erklärter Gesamtarbeitsvertrag eine Beitragspflicht für die Regelung des flexiblen Altersrücktritts vor, so entsteht die Beitragspflicht ab dem ersten Arbeitstag für die Zeit, in der ein Arbeitnehmer im Geltungsbereich des Gesamtarbeitsvertrages zum Einsatz kommt.

² Von der Beitragspflicht ausgenommen sind Arbeitnehmer:

a. die das 28. Lebensjahr noch nicht vollendet haben;

---

[38] Eingefügt durch Anhang Ziff. 1 der V vom 9. Dez. 2005, in Kraft seit 1. April 2006 (AS **2006** 965).
[39] Eingefügt durch Anhang Ziff. 1 der V vom 9. Dez. 2005, in Kraft seit 1. April 2006 (AS **2006** 965).

Arbeitsvermittlungsverordnung **823.111**

b. die sich in einer Ausbildung befinden, die nicht zu einem Beruf im Geltungsbereich des entsprechenden Gesamtarbeitsvertrags führt; und

c. deren Einsatzvertrag auf drei Monate befristet ist.

³ Die Beiträge werden entsprechend der im Gesamtarbeitsvertrag vorgesehen Regelung einbezahlt und verwendet.

Art. 48d^{40} Kontrollkosten und Konventionalstrafen; Kontrollen
(Art. 20 Abs. 2 AVG)

¹ Die den Verleihern auferlegten Kontrollkosten und Konventionalstrafen werden entsprechend der im Gesamtarbeitsvertrag vorgesehenen Regelung einbezahlt und verwendet.

² Die paritätischen Organe müssen bei Kontrollen die Verleiher gleich wie brancheninterne Arbeitgeber behandeln. Die Kontrollen sind dem Verleiher in angemessener Frist anzukündigen.

³ Das für die Kontrolle zuständige paritätische Organ oder die von ihm beauftragte Stelle unterstehen der Schweigepflicht nach Artikel 34 AVG. Bei nicht geringfügigen Verstössen müssen sie dem kantonalen Arbeitsamt Meldung erstatten.

⁴ Der Verleiher kann jederzeit bei der für die Allgemeinverbindlicherklärung zuständigen kantonalen Behörde die Kontrolle durch ein besonderes, von den Vertragsparteien unabhängiges Kontrollorgan verlangen. Artikel 6 des Bundesgesetzes vom 28. September 1956[41] über die Allgemeinverbindlicherklärung von Gesamtarbeitsverträgen gilt sinngemäss.

Art. 48e^{42} Rechenschafts- und Berichtspflicht
(Art. 20 AVG)

¹ Die paritätischen Organe sind gegenüber dem SECO als Aufsichtsbehörde hinsichtlich der Weiterbildung von verliehenen Arbeitnehmern, der Anwendung von Vorruhestandsregelungen auf verliehene Arbeitnehmer sowie der Verhängung von Kontrollkosten und Konventionalstrafen gegenüber fehlbaren Verleihern jederzeit rechenschaftspflichtig. Sie haben dem SECO jährlich Bericht zu erstatten.

² Den von diesen Regelungen betroffenen Verbänden der Verleihbranche sind diese Berichte offen zu legen.

Art. 49 Kündigungsfristen
(Art. 19 Abs. 4 AVG)

Die Kündigungsfristen von Artikel 19 Absatz 4 AVG gelten nur für das Überlassen von Arbeitnehmern an Einsatzbetriebe in der Form der Temporärarbeit.

---

[40] Eingefügt durch Anhang Ziff. 1 der V vom 9. Dez. 2005, in Kraft seit 1. April 2006 (AS **2006** 965).
[41] SR **221.215.311**
[42] Eingefügt durch Anhang Ziff. 1 der V vom 9. Dez. 2005, in Kraft seit 1. April 2006 (AS **2006** 965).

Anhang 1

823.111 Arbeitsmarkt und Arbeitsbeschaffung

Art. 50 Verleihvertrag
(Art. 22 AVG)

Der schriftliche Verleihvertrag muss grundsätzlich vor der Arbeitsaufnahme vorliegen, es sei denn, die zeitliche Dringlichkeit der Arbeitsaufnahme lasse einen schriftlichen Vertragsschluss nicht mehr zu. In solchen Fällen ist der Vertrag zum nächstmöglichen Zeitpunkt schriftlich abzufassen.

3. Kapitel: Die öffentliche Arbeitsvermittlung

Art. 51 Erfassung von Stellensuchenden und offenen Stellen
(Art. 24 AVG)

1 Die Arbeitsmarktbehörden erfassen die sich meldenden Stellensuchenden und die gemeldeten offenen Stellen nach einheitlichen Kriterien.

2 Das SECO legt die Kriterien im Einvernehmen mit den zuständigen kantonalen Behörden fest.

3 Die Arbeitsmarktbehörden schreiben offene Stellen für Angehörige beider Geschlechter zur Besetzung aus. Ausnahmen sind in gesetzlich begründeten Fällen oder bei Tätigkeiten zulässig, die nur durch eine Person bestimmten Geschlechts ausgeführt werden können.

Art. 52 Beratung von Stellensuchenden
(Art. 24 AVG)

Die zuständigen Amtsstellen stellen sicher, dass bei Bedarf:[43]

a. Eignungen und Neigungen eines Stellensuchenden abgeklärt werden;

b. Stellensuchende bezüglich Weiterbildungs- und Umschulungsmöglichkeiten beraten werden.

Art. 53 Meldepflicht der Arbeitgeber bei Entlassungen und Betriebsschliessungen
(Art. 29 AVG)

1 Der Arbeitgeber ist meldepflichtig, wenn die Entlassungen oder eine Betriebsschliessung mindestens zehn Arbeitnehmer betreffen.

2 Wo die Grösse oder die Strukturen des regionalen Arbeitsmarktes es verlangen, können die Kantone die Meldepflicht auf Entlassungen oder Betriebsschliessungen ausdehnen, die mindestens sechs Arbeitnehmer betreffen.[44]

---

[43] Fassung gemäss Ziff. I der V vom 20. Okt. 1999, in Kraft seit 1. Dez. 1999 (AS **1999** 2711).

Anhang 1

Arbeitsvermittlungsverordnung **823.111**

³ Der meldepflichtige Arbeitgeber muss der zuständigen Amtsstelle folgende Angaben mitteilen:
a. Anzahl, Geschlecht und Herkunft (Schweiz oder Ausland) der betroffenen Arbeitnehmer;
b. den Grund der Betriebsschliessung;
c. bei Entlassungen den Arbeitsbereich der betroffenen Arbeitnehmer;
d. den Zeitpunkt der Wirksamkeit der ausgesprochenen Kündigungen (im Berichtsmonat oder auf einen späteren Zeitpunkt).[45]

Art. 54 Ausbildung
(Art. 31 Abs. 4 AVG)

¹ Die vom SECO unterstützten Kurse für die Schulung und Weiterbildung des Personals der Arbeitsmarktbehörden stehen nach Möglichkeit auch privaten Arbeitsvermittlern und Personalverleihern offen.

² Das SECO kann entsprechende Kurse ganz oder teilweise finanzieren. Als Kurskosten gelten auch Auslagen für die Projektierung der Kurse.

Art. 55[46] Zusammenarbeit mit privaten Arbeitsvermittlern
(Art. 35a Abs. 2 AVG)

Den privaten Arbeitsvermittlern dürfen aus dem Informationssystem keine Daten im Sinne von Artikel 33a Absatz 2 AVG zur Verfügung gestellt werden.

Art. 56 Zusammenarbeit der Arbeitsmarktbehörden mit anderen Amtsstellen
(Art. 33 Abs. 1 und 3 AVG)

¹ Alle auf dem Gebiet der Arbeitsvermittlung tätigen Amtsstellen koordinieren ihre Tätigkeit mit den Arbeitsmarktbehörden. Insbesondere wirken sie darauf hin, dass sich auf dem Arbeitsmarkt vermittlungsfähige und vermittlungswillige Arbeitslose auch bei der dafür zuständigen Amtsstelle melden.[47]

² Die zuständige Amtsstelle entscheidet über die Vermittlungsfähigkeit in Zusammenwirkung mit den andern Amtsstellen. Konflikte betreffend die Zuständigkeit der Arbeitsmarktbehörden oder der Organe der Invalidenversicherung werden den zuständigen Bundesämtern zum Entscheid unterbreitet.[48]

---

[44] Fassung gemäss Ziff. I der V vom 20. Okt. 1999, in Kraft seit 1. Dez. 1999 (AS **1999** 2711).
[45] Fassung gemäss Ziff. I der V vom 20. Okt. 1999, in Kraft seit 1. Dez. 1999 (AS **1999** 2711).
[46] Fassung gemäss Ziff. I der V vom 22. Nov. 2000, in Kraft seit 1. Jan. 2001 (AS **2000** 2903).
[47] Fassung gemäss Ziff. I der V vom 20. Okt. 1999, in Kraft seit 1. Dez. 1999 (AS **1999** 2711).
[48] Fassung gemäss Ziff. I der V vom 20. Okt. 1999, in Kraft seit 1. Dez. 1999 (AS **1999** 2711).

Anhang 1

823.111 Arbeitsmarkt und Arbeitsbeschaffung

³ Die kantonalen Amtsstellen, welche in der Arbeitsvermittlung tätig sind, organisieren ihre Zusammenarbeit im Einvernehmen mit den entsprechenden Bundesämtern.

Art. 57[49] Datenbekanntgabe
(Art. 34a AVG)

Die Arbeitsmarktbehörden dürfen Stellensuchenden von Arbeitgebern gemeldete offene Stellen auch ohne deren ausdrückliche Einwilligung bekannt geben.

Art. 57a[50] Kosten der Bekanntgabe und Publikation von Daten
(Art. 34a AVG)

¹ In den Fällen nach Artikel 34a Absatz 4 AVG wird eine Gebühr erhoben, wenn die Datenbekanntgabe zahlreiche Kopien oder andere Vervielfältigungen oder besondere Nachforschungen erfordert. Die Höhe dieser Gebühr entspricht den in den Artikeln 14 und 16 der Verordnung vom 10. September 1969[51] über Kosten und Entschädigungen im Verwaltungsverfahren festgesetzten Beträgen.

² Für Publikationen nach Artikel 34a Absatz 3 AVG wird eine kostendeckende Gebühr erhoben.

³ Die Gebühr kann wegen Bedürftigkeit der gebührenpflichtigen Person oder aus anderen wichtigen Gründen ermässigt oder erlassen werden.

Art. 58[52] Auskunftsrecht der betroffenen Person
(Art. 34a, 34b und 35 AVG)

¹ Stellensuchende und Arbeitgeber, die sich bei der Arbeitsmarktbehörde melden, werden orientiert über:
 a. den Zweck der Informationssysteme;
 b. die bearbeiteten Daten und über deren regelmässige Empfänger;
 c. ihre Rechte.

² Eine betroffene Person kann von den Stellen, welche die Daten bearbeiten, verlangen, dass sie:
 a. ihr über die sie betreffenden Daten kostenlos, schriftlich und in allgemein verständlicher Form Auskunft geben;
 b. unrichtige oder unvollständige Daten berichtigen oder ergänzen;
 c. nicht mehr benötigte Daten vernichten.

³ Kann weder die Richtigkeit noch die Unrichtigkeit von Daten bewiesen werden, so muss die Amtsstelle bei den Daten einen entsprechenden Vermerk anbringen.

---

[49] Fassung gemäss Ziff. I der V vom 22. Nov. 2000, in Kraft seit 1. Jan. 2001 (AS **2000** 2903).
[50] Eingefügt durch Ziff. I der V vom 22. Nov. 2000, in Kraft seit 1. Jan. 2001 (AS **2000** 2903).
[51] SR **172.041.0**
[52] Fassung gemäss Ziff. I der V vom 22. Nov. 2000, in Kraft seit 1. Jan. 2001 (AS **2000** 2903).

Arbeitsvermittlungsverordnung 823.111

⁴ Eine Berichtigung, Ergänzung oder Vernichtung von Daten ist auch denjenigen Stellen mitzuteilen, an welche die Daten weitergegeben werden, sowie weiteren Stellen, wenn es die betroffene Person wünscht.

Art. 59 Statistische Arbeitsmarktbeobachtung
(Art. 36 AVG)

¹ Die zuständigen kantonalen Behörden erheben die Angaben nach den Artikeln 18 und 46 und erfassen die Angaben nach Artikel 53.

² Die kantonalen Arbeitsämter leiten die Resultate an das SECO weiter. Dieses stellt ein einheitliches Vorgehen sicher und publiziert die Resultate.

Art. 59a[53] Verzeichnis der bewilligten, privaten Vermittlungs- und Verleihbetriebe
(Art. 35b AVG)

Mit Ausnahme der Daten nach Artikel 35b Absatz 2 AVG kann das Verzeichnis der Öffentlichkeit über Internet oder als Druckerzeugnis bekannt gegeben werden.

Art. 60 Arbeitsmarktpolitische Berichterstattung der Kantone
(Art. 36 Abs. 2 AVG)

¹ Die kantonalen Arbeitsämter berichten dem SECO:

a. monatlich über die Lage und Entwicklung des kantonalen Arbeitsmarktes;

b. jährlich über die private Arbeitsvermittlung und den Personalverleih.

² Das SECO erlässt Richtlinien über die Berichterstattung.

Art. 61[54]

4. Kapitel: Schlussbestimmungen

Art. 62 Aufsicht
(Art. 31 und 40 AVG)

Das SECO beaufsichtigt den Vollzug dieser Verordnung.

---

[53] Eingefügt durch Ziff. I der V vom 20. Okt. 1999 (AS **1999** 2711). Fassung gemäss Ziff. I der V vom 22. Nov. 2000, in Kraft seit 1. Jan. 2001 (AS **2000** 2903).
[54] Aufgehoben durch Ziff. I der V vom 9. Dez. 2005, mit Wirkung seit 15. Jan. 2006 (AS **2006** 5).

Anhang 1

823.111 Arbeitsmarkt und Arbeitsbeschaffung

Art. 63[55]

Art. 64 Inkrafttreten

Diese Verordnung tritt am 1. Juli 1991 in Kraft.

---

[55] Aufgehoben durch Ziff. IV 40 der V vom 22. Aug. 2007 zur formellen Bereinigung des Bundesrechts, mit Wirkung seit 1. Jan. 2008 (AS **2007** 4477).

Anhang 2

Verordnung
über Gebühren, Provisionen und Kautionen im Bereich des Arbeitsvermittlungsgesetzes
(Gebührenverordnung AVG, GebV-AVG)[1]

823.113

vom 16. Januar 1991 (Stand am 1. Januar 2014)

Der Schweizerische Bundesrat,
gestützt auf die Artikel 4 Absatz 4, 9 Absatz 4, 14 Absatz 2 und 15 Absatz 4
des Arbeitsvermittlungsgesetzes vom 6. Oktober 1989 (AVG)[2]
und auf Artikel 46a des Regierungs- und Verwaltungsorganisationsgesetzes
vom 21. März 1997[3],[4]
verordnet:

Art. 1[5]   Bewilligungsgebühr für Arbeitsvermittlungsstellen
(Art. 4 Abs. 4 AVG; Art. 13 und 14 der Arbeitsvermittlungsverordnung
vom 16. Jan. 1991[6], AVV)

[1] Die Bewilligungsgebühr beträgt je nach Aufwand der Behörde 750–1650 Franken.

[2] Die Gebühr bei Änderungen der Bewilligung beträgt je nach Aufwand der Behörde 220–850 Franken.

[3] Für Arbeitsvermittlungsstellen gemeinnütziger Institutionen kann die Bewilligungsbehörde die Gebühren nach den Absätzen 1 und 2 herabsetzen oder erlassen, sofern diese Gebühren die pflichtigen Institutionen finanziell unzumutbar belasten würden.

[4] Wird das Bewilligungsgesuch zurückgezogen oder nicht weiterverfolgt und hat die Bewilligungsbehörde bereits Arbeiten vorgenommen, so kann eine Gebühr bis zur maximalen Höhe der Bewilligungsgebühr nach Absatz 1 erhoben werden.

AS **1991** 425
[1]   Fassung gemäss Ziff. I der V vom 16. Juni 2006, in Kraft seit 1. Aug. 2006
(AS **2006** 2685)
[2]   SR **823.11**
[3]   SR **172.010**
[4]   Fassung gemäss Ziff. I der V vom 29. Nov. 2013, in Kraft seit 1. Jan. 2014
(AS **2013** 5325).
[5]   Fassung gemäss Ziff. I der V vom 29. Nov. 2013, in Kraft seit 1. Jan. 2014
(AS **2013** 5325).
[6]   SR **823.111**

Anhang 2

823.113 Arbeitsmarkt und Arbeitsbeschaffung

Art. 2[7] Einschreibgebühr für Stellensuchende in der Arbeitsvermittlung
(Art. 9 Abs. 1 AVG)

[1] Die Einschreibgebühr beträgt für die Inland- wie für die Auslandvermittlung höchstens 45 Franken und darf pro Vermittlungsauftrag nur einmal erhoben werden.[8]

[2] Diese Höchstgrenze darf auch nicht überschritten werden, wenn der Vermittler das Stellenprofil des Stellensuchenden in einem besonderen Publikationsorgan platziert, welches er selbst veröffentlicht.

[3] Ein Vermittlungsauftrag, der zu keinem Erfolg führt, gilt frühestens nach sechs Monaten als erloschen.

[4] Arbeiten mehrere Vermittler zusammen, dürfen die Gebühren nicht kumuliert werden.

Art. 3[9] Vermittlungsprovision zu Lasten von Stellensuchenden
(Art. 9 Abs. 1 AVG, Art. 20 AVV)

[1] Die Vermittlungsprovision beträgt höchstens 5 Prozent des ersten Brutto-Jahreslohnes.

[2] Arbeiten mehrere Vermittler zusammen, darf die Provision mit Ausnahme von Artikel 4 Absatz 4 nicht kumuliert werden.

Art. 3a[10] Überwälzbarkeit der Mehrwertsteuer
(Art. 9 Abs. 1 AVG, Art. 20 AVV)

Die Mehrwertsteuer auf der Provision kann auf den Stellensuchenden überwälzt werden, auch wenn dabei die Provisionshöchstgrenze überschritten wird.

Art. 4[11] Vermittlungsprovision zu Lasten von Personen, die für künstlerische und ähnliche Darbietungen vermittelt werden
(Art. 9 Abs. 1 AVG, Art. 23 AVV)

[1] Die Vermittlungsprovision beträgt höchstens:

a. 8 Prozent für die Vermittlung von Gruppen und Orchestern;

b. 8 Prozent für die Vermittlung von Cabaret-Tänzerinnen;

---

[7] Fassung gemäss Ziff. I der V vom 20. Okt. 1999, in Kraft seit 1. Dez. 1999 (AS **1999** 2716).
[8] Fassung gemäss Ziff. I der V vom 29. Nov. 2013, in Kraft seit 1. Jan. 2014 (AS **2013** 5325).
[9] Fassung gemäss Ziff. I der V vom 20. Okt. 1999, in Kraft seit 1. Dez. 1999 (AS **1999** 2716).
[10] Eingefügt durch Ziff. I der V vom 20. Okt. 1999, in Kraft seit 1. Dez. 1999 (AS **1999** 2716).
[11] Fassung gemäss Ziff. I der V vom 20. Okt. 1999, in Kraft seit 1. Dez. 1999 (AS **1999** 2716).

Anhang 2

Gebührenverordnung AVG **823.113**

c. 10 Prozent für die Vermittlung von Alleinmusikern, Alleinunterhaltern und allein auftretenden Artisten aus dem Unterhaltungs- oder Klassikbereich sowie von Schauspielern.

² Die Vermittlungsprovision nach Absatz 1 darf 5 Prozent der Brutto-Gage aus dem ersten Jahresengagement nicht übersteigen.

³ Beträgt die Vertragsdauer weniger als sechs Arbeitstage, so kann die Vermittlungsprovision um höchstens einen Viertel der in Absatz 1 genannten Absätze erhöht werden. Der Vermittler darf pro Vermittlung nach Absatz 1 in jedem Fall ein Minimum von 80 Franken in Rechnung stellen.

⁴ Muss der Vermittler bei der Vermittlung ins Ausland mit ausländischen Vermittlungsstellen zusammenarbeiten, so darf sich die Provision zu Lasten des Stellensuchenden um höchstens die Hälfte erhöhen, keinesfalls jedoch um mehr als die infolge der Auslandvermittlung entstandenen Mehrkosten.

Art. 5 Vermittlungsprovision zulasten von Fotomodellen und Mannequins
(Art. 9 Abs. 1 AVG, Art. 23 AVV[12])

Die Vermittlungsprovision beträgt höchstens:

a. 12 Prozent für die Vermittlung von Einsätzen mit einer Dauer von weniger als sechs Arbeitstagen;

b. 10 Prozent für die Vermittlung von länger dauernden Einsätzen.

Art. 6 Kaution zulasten von Verleihbetrieben
(Art. 14 Abs. 2 AVG, Art. 35 AVV[13])

¹ Die Kaution beträgt 50 000 Franken pro Verleiher.

² Hat der Verleiher im abgelaufenen Kalenderjahr Arbeitnehmer für mehr als 60 000 Einsatzstunden verliehen, beträgt die Kaution 100 000 Franken.

³ Für Verleiher, die zusätzlich ins Ausland verleihen, erhöht sich die Kaution um 50 000 Franken.

⁴ Die Höchstkautionen (Art. 36 Abs. 3 AVV), die ein Hauptsitz für sich und seine Zweigniederlassungen hinterlegen kann, beträgt 1 000 000 Franken.

Art. 7[14] Bewilligungsgebühr für Personalverleihbetriebe
(Art. 15 Abs. 4 AVG; Art. 42 und 43 AVV)

¹ Die Bewilligungsgebühr beträgt je nach Aufwand der Behörde 750–1650 Franken.

² Die Gebühr bei Änderungen der Bewilligung beträgt je nach Aufwand der Behörde 220–850 Franken.

---

[12] SR **823.111**
[13] SR **823.111**
[14] Fassung gemäss Ziff. I der V vom 29. Nov. 2013, in Kraft seit 1. Jan. 2014 (AS **2013** 5325).

Anhang 2

823.113 Arbeitsmarkt und Arbeitsbeschaffung

³ Wird das Bewilligungsgesuch zurückgezogen oder nicht weiterverfolgt und hat die Bewilligungsbehörde bereits Arbeiten vorgenommen, so kann eine Gebühr bis zur maximalen Höhe der Bewilligungsgebühr nach Absatz 1 erhoben werden.

Art. 7a[15]   Anwendbarkeit der Allgemeinen Gebührenverordnung

Soweit diese Verordnung keine besondere Regelung enthält, gelten für die Gebühren für Bewilligungen gemäss den Artikeln 1 und 7, die das Staatssekretariat für Wirtschaft (SECO) erteilt, die Bestimmungen der Allgemeinen Gebührenverordnung vom 8. September 2004[16].

Art. 8   Inkrafttreten

Diese Verordnung tritt am 1. Juli 1991 in Kraft.

---

[15] Eingefügt durch Ziff. I der V vom 16. Juni 2006, in Kraft seit 1. Aug. 2006 (AS **2006** 2685)
[16] SR **172.041.1**

Anhang 3

Bundesratsbeschluss
über die Allgemeinverbindlicherklärung des Gesamtarbeitsvertrages für den Personalverleih

vom 13. Dezember 2011

Der Schweizerische Bundesrat,
gestützt auf Artikel 7 Absatz 1 des Bundesgesetzes vom 28. September 1956[1] über die Allgemeinverbindlicherklärung von Gesamtarbeitsverträgen,
beschliesst:

Art. 1

Die in der Beilage wiedergegebenen Bestimmungen des Gesamtarbeitsvertrages für den Personalverleih werden allgemeinverbindlich erklärt.

Art. 2

[1] Die Allgemeinverbindlicherklärung gilt für die ganze Schweiz.

[2] Die Allgemeinverbindlicherklärung gilt für alle Betriebe, die

a. Inhaber einer eidgenössischen oder kantonalen Arbeitsverleihbewilligung nach Arbeitsvermittlungsgesetz sind und

b. gemäss Artikel 66 des Unfallversicherungsgesetzes in der Klasse 70C SUVA-versichert sind und

c. bezüglich der verliehenen Arbeitnehmenden pro Kalenderjahr eine Lohnsumme von mindestens 1 200 000.– Franken aufweisen.

[3] Betriebe, die gegenüber der Schweizerischen Paritätischen Berufskommission Arbeitsverleih (SPKA) glaubhaft machen können, dass sie die Lohnsumme von 1 200 000.– Franken konjunkturell bedingt lediglich vorübergehend überschreiten, werden von der SPKA vom Geltungsbereich der Allgemeinverbindlicherklärung ausgenommen.

[4] Die Allgemeinverbindlicherklärung gilt für alle Arbeitnehmende, die von Betrieben gemäss Ziffer 2 verliehen werden. Ausgenommen sind Arbeitnehmende mit Löhnen über dem maximal versicherten Verdienst nach SUVA. Ausgenommen sind weiter Arbeitnehmende, die bei Engpässen (z.B. Ferienabwesenheiten und Arbeitsverhinderungen der Betriebsleiter oder Arbeitsspitzen) in landwirtschaftliche Betriebe verliehen werden.

---

[1] SR **221.215.311**

Anhang 3

Allgemeinverbindlicherklärung des Gesamtarbeitsvertrages für den Personalverleih. BRB

Art. 3

Über den Einzug und die Verwendung der Beiträge nach Artikel 7 des GAV sind der Direktion für Arbeit des SECO alljährlich eine Abrechnung sowie das Budget für die nächste Geschäftsperiode zuzustellen. Der Abrechnung ist überdies der Bericht einer anerkannten Revisionsstelle beizulegen. Die Führung der entsprechenden Kassen muss nach den von der Direktion für Arbeit aufgestellten Grundsätzen erfolgen und muss über das Ende der Allgemeinverbindlicherklärung (AVE) hinaus fortgesetzt werden, soweit es die Erledigung pendenter oder anderer Fälle erfordert, die in die Geltungszeit der AVE fallen. Die Direktion für Arbeit kann weitere Auskünfte und Unterlagen zur Einsichtnahme verlangen sowie auf Kosten der Vertragsparteien Überprüfungen vornehmen lassen.

Art. 4

Dieser Beschluss tritt am 1. Januar 2012 in Kraft und gilt für bis zum 31. Dezember 2014. Während einer Übergangsfrist von drei Monaten ab Inkrafttreten können von den Vollzugsorganen des GAV Personalverleih Kontrollen durchgeführt, aber für allfällige GAV-Verletzungen während dieser Übergansfrist keine Konventionalstrafen und Kontrollkosten ausgesprochen werden.

13. Dezember 2011   Im Namen des Schweizerischen Bundesrates

                           Die Bundespräsidentin: Micheline Calmy-Rey
                           Die Bundeskanzlerin: Corina Casanova

Anhang 3

Allgemeinverbindlicherklärung des Gesamtarbeitsvertrages für den Personalverleih. BRB

Beilage

Gesamtarbeitsvertrag für den Personalverleih

abgeschlossen am 17. März 2009/15. Juli 2011
zwischen
dem Verband Swissstaffing
einerseits

und
der Gewerkschaft Unia, der Gewerkschaft Syna, dem Kaufmännischen Verband Schweiz (KV Schweiz) sowie dem Verband Angestellte Schweiz
anderseits

Allgemeinverbindlich erklärte Bestimmungen

Art. 3 Betriebe mit anderen Gesamtarbeitsverträgen

[1] Der GAV Personalverleih gilt auch dort, wo für einen Einsatzbetrieb ein anderer Gesamtarbeitsvertrag gilt. Der GAV Personalverleih übernimmt dabei unter Ausschluss einer Anwendung der Bestimmungen des GAV Personalverleihs die rechtskräftigen, gesamtarbeitsvertraglich geregelten Lohn- und Arbeitszeitbestimmungen gemäss Artikel 20 AVG (SR *823.11*) und Artikel 48a AVV (SR *823.111*) von im Einsatzbetrieb geltenden GAV,

- die allgemein verbindlich erklärt sind, oder

- die als nicht allgemeinverbindlich erklärte Regelungen sozialpartnerschaftliche Verträge gemäss Listen Anhang 1 darstellen,

- sowie allfällige Bestimmungen über den flexiblen Altersrücktritt gemäss Artikel 20 AVG.

[2] Nicht übernommen werden die Bestimmungen bezüglich Krankentaggeldversicherung, berufliche Vorsorge, Beiträge für Vollzug und Weiterbildung, sofern die im vorliegenden GAV Personalverleih vorgesehenen Lösungen mindestens gleichwertig mit den Bestimmungen der für die Branchen gültigen allgemeinverbindlich erklärten GAV sind.

[3] Im Einsatzbetrieben mit nicht allgemeinverbindlich erklärten Gesamtarbeitsverträgen, die nicht im Anhang 1 des vorliegenden GAV aufgelistet sind, gelten vollumfänglich die Bestimmungen des GAV Personalverleih. Von dieser Geltung sind in Betrieben der chemisch-pharmazeutischen Industrie, der Maschinenindustrie, der graphischen Industrie, der Uhrenindustrie, der Nahrungs- und Genussmittelindustrie sowie in Betrieben des öffentlichen Verkehrs die Bestimmungen über die Mindestlöhne gemäss Artikel 20 GAV Personalverleih ausgenommen.

[4] Die quantitativen Eckwerte der Gesamtarbeitsverträge gemäss Anhang 1 sowie deren Änderungen treten 30 Tage nach Publikation durch die Arbeitnehmerorgani-

Anhang 3

Allgemeinverbindlicherklärung des Gesamtarbeitsvertrages für den Personalverleih. BRB

sationen auf der von der paritätischen Kommission SPKA bezeichneten elektronischen GAV-Datenbank in Kraft. Die Eckwerte der allgemeinverbindlich erklärten Gesamtarbeitsverträge gemäss Artikel 3 Absatz 1 werden ebenfalls durch die Arbeitnehmerorganisationen auf der von der paritätischen Kommission SPKA bezeichneten elektronischen Datenbank publiziert.

Art. 5 Beschäftigungsdauer

Für alle Leistungen, die durch die Beschäftigungsdauer des Arbeitnehmenden im Verleihbetrieb definiert sind (mit Ausnahme von Probezeit und Kündigungsfrist), werden Einsätze, die innerhalb von 12 Monaten bei demselben Verleihbetrieb geleistet werden, zusammengezählt. 22 entlohnte Arbeits-, Ferien- und Feier-, Krankheits- und Unfalltage gelten als ein Monat.

Art. 7 Vollzug, berufliche Weiterbildung und Sozialfonds

[1] Den Gesamtarbeitsvertragsparteien des GAV Personalverleih steht gegenüber den beteiligten Arbeitgebern und Arbeitnehmenden ein gemeinsamer Anspruch auf Einhaltung der gesamtarbeitsvertraglichen Bestimmungen gemäss Artikel 357*b* OR zu.

[2] ...

[3] Sie (die Vertragsparteien) übertragen den Vollzug, die Förderung und Durchführung der berufsbegleitenden Aus- und Weiterbildung und die Förderung der Arbeitssicherheit und des Gesundheitsschutzes der verliehenen Arbeit-nehmenden einem paritätisch zusammengesetzten Verein, wobei der Vollzug in GAV-Bereichen den dafür vorgesehenen Organen unter Entschädigungsfolge delegiert wird. Der Verein hat gemäss Artikel 2 und 3 AVEG Rechnung zu legen und das Jahresbudget zu erstellen. Die Geschäftsführung für den Bereich Vollzug liegt bei der Unia, die für den Bereich Weiterbildung bei swissstaffing. Die Geschäftsführung für den Bereich Sozialfonds liegt bei der Stiftung 2. Säule swissstaffing.

[4] Zur Finanzierung werden von den Arbeitnehmenden und den Arbeitgebern zusammen Berufsbeiträge von 1,0 Lohnprozent erhoben. Dabei beträgt der Arbeitgeberanteil 0.3 %, der Anteil der Arbeitnehmenden 0.7 %. ...

[5] ...

[6] Die Weiterbildungsangebote der Branchen-GAV stehen den verliehenen Arbeitnehmenden im Rahmen der entsprechenden Reglemente offen.

[7] Das Inkasso der Berufsbeiträge erfolgt auf der Basis der SUVA-Lohnsumme durch den paritätischen Verein Vollzug, Weiterbildung und Sozialfond. ...

Art. 8 Verein Vollzug und Weiterbildung, Sozialfonds

[1] Die ... Organisation für den Vollzug, den Sozialfonds, die Förderung der Weiterbildung sowie die Förderung von Arbeitssicherheit und Gesundheitsschutz hat die Rechtsform eines Vereins. ...

[2] Die Geschäftsstelle Vollzug wird durch die UNIA geführt. ...

[3] Die Geschäftsstelle Weiterbildung wird durch swissstaffing geführt. ...

Allgemeinverbindlicherklärung des Gesamtarbeitsvertrages für den Personalverleih. BRB

⁴ Die Geschäftsstelle Sozialfonds wird durch die Stiftung 2. Säule swissstaffing geführt. ...

⁵ ...

⁶ Die Finanzierung erfolgt durch die unterstellten Arbeitnehmenden und die Arbeitgeber. Die Beträge werden auf der Basis der abgerechneten Suva-Lohnsumme bei den Arbeitgebern erhoben. Sie ersetzen alle Vollzugs- und Weiterbildungs-(Parifonds)beiträge der in Artikel 3 erfassten Gesamtarbeitsverträge.

Art. 9 Verbot der Verleihung von Streikbrechern und Verbot von Schwarzarbeit

¹ Arbeitnehmende werden nicht als Streikbrecher in rechtmässig bestreikte Einsatzbetriebe verliehen.

² ... die Arbeitgeber verpflichten sich, keine Schwarzarbeit auszuführen.

Art. 10 Probezeit

¹ Für Arbeitnehmende mit einem auf unbestimmte Zeit lautenden Vertrag, deren Anstellung ein neues Arbeitsverhältnis begründet, geltend die ersten drei Monate als Probezeit.

² Bei einer effektiven Verkürzung infolge Krankheit, Unfall oder Erfüllung einer nicht freiwillig übernommenen gesetzlichen Verpflichtung, erfolgt eine entsprechende Verlängerung der Probezeit.

³ Für Arbeitnehmende mit einem auf eine bestimmte Zeit lautenden Vertag gelten die ersten zwei Drittel als Probezeit, maximal aber drei Monate.

⁴ ...

Art. 12 Arbeitszeit

¹ Die wöchentliche Normalarbeitszeit beträgt 42 Stunden. Die 43.–45. Wochenstunde gelten als zuschlagsfrei zu bezahlende oder 1:1 zu kompensierende Überstunden.

² Die 10. bis und mit maximal 12. Tagesarbeitsstunde und die 46. bis maximal 50. Wochenarbeitsstunde gilt als Überzeit und wird an Wochentagen mit 25 % Lohnzuschlag, an Sonntagen mit 50 % Lohnzuschlag ausbezahlt. Vorbehalten bleiben die Bestimmungen des Arbeitsgesetzes (SR *822.11*) und der Verordnung 1 zum Arbeitsgesetz (SR *822.111*).

Art. 13 Ferien

¹ Der Ferienanspruch beträgt bis zum zurückgelegten 20. Altersjahr und ab dem vollendeten 50. Altersjahr 25 Arbeitstage (10,6 %). Für alle übrigen Arbeitnehmenden beträgt der Ferienanspruch 20 Arbeitstage (8,33 %).

² Die Auszahlung des Ferienlohns darf für maximal dreimonatige, einmalige Arbeitsverhältnisse direkt mit dem Lohn erfolgen, muss aber auf der Lohnabrech-

Anhang 3

Allgemeinverbindlicherklärung des Gesamtarbeitsvertrages für den Personalverleih. BRB

nung separat ausgewiesen werden. Die Auszahlung des Ferienlohns für alle übrigen Arbeitsverhältnisse darf nur bei Bezug der Ferien oder bei definitiver Beendigung des Arbeitsverhältnisses erfolgen, sofern der Bezug innerhalb der Kündigungsfrist nicht möglich oder gesetzlich nicht erlaubt ist. Das laufende Ferienguthaben ist auf den Lohnabrechnungen auszuweisen

Art. 14   Feiertage

[1] Die Arbeitnehmenden haben nach Ablauf von 13 Wochen Anspruch auf die Entschädigung für den Lohnausfall für alle einem Sonntag gleichgestellten offiziellen Feiertage, die auf einen Werktag fallen. Es steht dem Arbeitgeber frei, die Feiertagsentschädigung mit einem pauschalen Lohnzuschlag von 3,2 % auf den AHV-Lohn abzugelten. Die Arbeitnehmenden haben ab dem ersten Arbeitstag Anspruch auf die Entschädigung für den Lohnausfall für den 1. August, sofern er auf einen Werktag fällt.

[2] Einsätze, die innerhalb von 12 Monaten bei demselben Verleihbetrieb geleistet werden, werden zusammen gezählt. Berechnungsgrundlage ist die vertraglich vereinbarte Normalarbeitszeit.

Art. 15   Kurzabsenzen

Die Arbeitnehmenden haben nach der Probezeit Anspruch auf eine Entschädigung für den Lohnausfall bei den folgenden, unumgänglichen Absenzen.

- Heirat des Arbeitnehmenden, Todesfall in der in der Gemeinschaft lebenden Familie oder des/der Lebenspartners/in   3 Tage
- Todesfall von Geschwistern, Eltern, Gross- und Schwiegereltern   1 Tag
- Geburt oder Heirat eines Kindes   1 Tag
- Militärische Inspektion   ½ Tag
- Pflege eines kranken Kindes pro Krankheitsfall   bis zu 3 Tage
- Erfüllung gesetzlicher Pflichten   nötige Stunden

Berechnungsgrundlage ist die vertraglich vereinbarte Normalarbeitszeit.

Art. 16   Schweizerischer obligatorischer Militär- oder Zivildienst

[1] Die Arbeitnehmenden haben im auf unbestimmte Zeit abgeschlossenen Arbeitsverhältnis nach der Probezeit Anspruch auf den Lohnausfall während obligatorischem schweizerischen Militär- oder Zivildienst:

- 80 % des Lohnes für eine Dauer von höchstens 4 Wochen pro Jahr und
- nach zwei Jahren einer ununterbrochenen Anstellung 80 % des Lohnes gemäss Berner Skala.

Berechnungsgrundlage ist die vertragliche vereinbarte Normalarbeitszeit.

Anhang 3

Allgemeinverbindlicherklärung des Gesamtarbeitsvertrages für den Personalverleih. BRB

² Übersteigen die Leistungen der Erwerbsersatzordnung die Leistungen des Arbeitgebers kommt die Differenz dem Arbeitnehmenden zu.

³ Werden den Arbeitnehmenden aus administrativen Gründen auf den Leistungen der Erwerbsersatzordnung Beiträge der Suva, Vollzugs- und Weiterbildungsbeiträge abgezogen, werden ihnen diese Beiträge nicht zurückerstattet. Die Lohnausfallentschädigung gemäss Artikel 16 Absatz 1 gilt als um diese Beiträge gekürzt.

⁴ Die vorerwähnten Leistungen gelten als Lohnfortzahlung des Arbeitgebers im Sinne von Artikel 324a und 324b OR.

Art. 17   Mutterschaft

¹ ...

² ...

³ Lohnausfälle bei krankheitsbedingten Abwesenheiten während der Schwangerschaft werden nach Artikel 28 entschädigt.

Art. 18   Entlöhnung

¹ Die ... auf der von der paritätischen Kommission SPKA bezeichneten elektronischen GAV-Datenbank erfassten Lohnklassen, Lohneinteilungen und Löhne gelten als integrierender Bestandteil dieses GAV Personalverleih.

² Es besteht ein Anspruch auf einen 13. Monatslohn.

Art. 19   Lohnklasseneinteilung

Die Einreihung in die entsprechenden Lohnklassen erfolgt durch den Arbeitgeber und ist im Einsatzvertrag aufzuführen. Während der Probezeit kann der Arbeitgeber die Einreihung einmal korrigieren.

Art. 20   Mindestlohn

¹ Es sind die folgenden AHV pflichtigen Mindestjahreslöhne einzuhalten:

Ungelernte:	CHF 39 000/Jahr od. CHF 3000/Mt. × 13 od. CHF 16.46/Std. (Basislohn)
Ungelernte Hochlohngebiet:	CHF 41 600/Jahr od CHF 3200/Mt. × 13 od. CHF 17.56/Std. (Basislohn)
Gelernte:	CHF 52 000/Jahr od. CHF 4000/Mt. × 13 od. CHF 21.95/Std. (Basislohn)
Gelernte Hochlohngebiet:	CHF 55 900/Jahr od. CHF 4300/Mt. × 13 od. CHF 23.59/Std. (Basislohn)

...

² Hochlohngebiet: Agglomeration Bern, BS, BL, ZH, GE, arc lémanique.

Anhang 3

Allgemeinverbindlicherklärung des Gesamtarbeitsvertrages für den Personalverleih. BRB

[3] Grenzgebiet TI und Westjura: Im ersten Vertragsjahr kann der Mindestlohn von 39 000 Franken für Ungelernte um 10 %, im zweiten Vertragsjahr um 5 % unterschritten werden. Nach dem zweiten Vertragsjahr läuft diese Übergangsregelung aus. Die paritätische Kommission definiert die Grenzgebiete.

[4] Für Lehrabgänger im ersten Beschäftigungsjahr nach der Lehre kann der Mindestlohn (für Gelernte) um 10 % reduziert werden.

[5] Basis für die Jahresstundenberechnung: 52,07 Wochen à 42 Stunden= 2187 Stunden.

[6] ...

Art. 21   Sonderfälle

Auf Antrag kann die Schweizerische Paritätische Berufskommission Arbeitsverleih (SPKA) mit Zustimmung der zuständigen paritätischen Vollzugskommission der entsprechenden Branche bei Arbeitnehmenden unter 17 Jahren, Schülern, Praktikanten und Personen, die maximal 2 Monate im Kalenderjahr beschäftigt werden, sowie bei Personen mit eingeschränkter körperlicher oder geistiger Leistungsfähigkeit von den erfassten Tarifen Abweichungen um bis zu 15 % bewilligen.

Art. 22   Örtliche Berechnungsgrundlage

Grundlage für die Lohnberechnung und sämtliche Leistungen und Abzüge bildet in der Regel der Ort des Einsatzbetriebes.

Art. 23   Lohnauszahlung

Die Lohnzahlung muss mindestens einmal pro Monat erfolgen und zwar spätestens am 5. Tag des auf den Beschäftigungsmonat unmittelbar folgenden Monats.

Art. 24   Lohnzuschläge

[1] Zuschläge für Überzeit-, Nacht- und Sonntagsarbeit werden nicht kumuliert. Es gilt jeweils der höhere Ansatz.

[2] Vorbehalten bleiben betriebliche und gesamtarbeitsvertragliche Regelungen in Betrieben mit Schichtarbeit und institutionalisierter Sonntagsarbeit (Gesundheitswesen, Gastronomie, öffentlicher Verkehr und Regiebetriebe, Tourismus etc). Deren gesamtarbeitsvertraglichen Bestimmungen sind im Bereich der Lohnzuschläge auch für das verliehene Personal anzuwenden.

Art. 25   Nachtarbeit

Vorübergehende Nachtarbeitsstunden 23.00–06.00 oder vorübergehende Nachtarbeitsschichten (23.00–06.00, resp. 22.00–05.00 oder 00.00–07.00) werden mit einem Zuschlag von 25 % ausbezahlt. Vorbehalten bleiben die Bestimmungen des Arbeitsgesetzes und dessen Verordnungen.

Anhang 3

Allgemeinverbindlicherklärung des Gesamtarbeitsvertrages für den Personalverleih. BRB

Art. 26 Arbeitssicherheit/Spezielle/gefährliche Arbeiten

¹ Bewilligungsinhaber für den Arbeitsverleih haben der Vollzugskommission gegenüber die Einhaltung der relevanten EKAS-Richtlinie nachzuweisen.

² Die Arbeitsverleiher haben die Personalberatenden und die Arbeitnehmenden bezüglich Arbeitssicherheit zu instruieren und bestätigen das auf dem Einsatzvertrag. Die Vertragspartner definieren Lernziele und Unterrichtseinheiten für die Grundinstruktion.

³ ...

Art. 27 Auswärtige Verpflegung

Sieht ein Branchenvertrag, dessen Lohnvorschriften integrierender Bestandteil dieses Vertrages sind, eine Entschädigung für auswärtige Verpflegung vor, ist diese auch verliehenen Arbeitnehmenden auszurichten.

Art. 28 Krankheit

¹ Erkrankt ein Arbeitnehmer oder eine Arbeitnehmerin während eines Einsatzes, so hat er Anspruch auf Lohnausfallentschädigung. Alle Arbeitnehmenden, die keine AHV-Rente beziehen, sind obligatorisch für ein Krankentaggeld bei einer anerkannten Krankenkasse oder einer schweizerischen Versicherungsgesellschaft versichert. Die Bedingungen und Leistungen sind in Artikel 29 dieses Vertrags geregelt. Die Leistungen dieser Versicherungen gelten als Lohnfortzahlung im Sinne von Artikel 324a OR. AHV-berechtigte Arbeitnehmer werden gemäss Artikel 324a OR entschädigt. Die Versicherung beginnt am Tage des Arbeitsantritts.

² Die Leistungen betragen mindestens 80 % des durchschnittlichen Lohns, sofern die Arbeitsverhinderung mindestens 25 % beträgt.

³ Nach Ablauf einer Wartefrist von höchstens 2 Tagen entsteht folgender Anspruch:
- Für Arbeitnehmende, die in Einsatzbetrieben tätig sind, wo ein ave GAV gültig ist, Geldwertleistungen von 720 Tagen innerhalb von 900 Tagen
- Für Arbeitnehmende, die gemäss diesem GAV Personalverleih BVG-pflichtig sind, Geldwertleistungen von 720 Tagen innerhalb von 900 Tagen
- Für Arbeitnehmende, die weder in einem Einsatzbetrieb mit ave GAV tätig noch gemäss diesem GAV Personalverleih BVG-pflichtig sind, Geldwertleistungen von 60 Tagen innerhalb von 360 Tagen.

⁴ ... Der Arbeitnehmende ist über den Leistungsumfang, den Leistungsträger und die Prämien mit dem Rahmenarbeitsvertrag oder dem Einsatzvertrag schriftlich zu informieren. Bei Erkrankung muss der Arbeitnehmende sofort den Arbeitgeber, und nicht nur die Einsatzfirma, benachrichtigen.

⁵ Für alle Leistungen, die durch die Beschäftigungsdauer des Arbeitnehmenden im Verleihbetrieb definiert sind, werden Einsätze, die innerhalb von 12 Monaten bei demselben Verleihbetrieb geleistet werden, zusammengezählt.

Anhang 3

Allgemeinverbindlicherklärung des Gesamtarbeitsvertrages für den Personalverleih. BRB

Art. 29 Krankentaggeld-Versicherung

¹ *Lohnfortzahlung durch Kollektivversicherung:* Der Betrieb ist verpflichtet, die dem GAV Personalverleih unterstellten Arbeitnehmenden kollektiv für ein Taggeld von 80 % des wegen Krankheit ausfallenden, der normalen vertraglichen Arbeitszeit entsprechenden zuletzt bezahlten Lohnes zu versichern[2]. ...

² *Prämien:*

a) *Prämientragung:* Der Prämienanteil für die Arbeitnehmenden beträgt maximal 50 %, im Maximum 3,0 % während des ersten Vertragsjahres, danach maximal 2,5 %. Allfällige Prämienüberschüsse sind jährlich zur Verbilligung der Prämien zu verwenden.

b) *Aufgeschobenes Krankentaggeld:* Schliesst der Betrieb eine Kollektivtaggeld-Versicherung mit einem Leistungsaufschub und unter Einhaltung von zwei Karenztagen ab, so hat er während der Aufschubszeit 80 % des wegen Krankheit ausfallenden Lohnes selbst zu entrichten. In diesem Fall darf dem Arbeitnehmenden maximal die Hälfte der nach der Rabattskala der Krankenversicherer ... hochgerechneten Prämie belastet werden, im Maximum 3,0 % während des ersten Vertragsjahres, danach maximal 2,5 %.

³ *Minimale Versicherungsbedingungen:* Die Versicherungsbedingungen haben mindestens vorzusehen:

a) Beginn des Versicherungsschutzes am Tag der Arbeitsaufnahme,

b) Entschädigung analog zu den Kriterien der suva nach höchstens zwei Karenztagen zu Lasten der Arbeitnehmenden. Während einer aufgeschobenen Leistungspflicht ist der Lohnausfall zu gleichen Bedingungen vom Arbeitgeber zu entrichten,

c) Die Bezugsberechtigung ist gemäss Artikel 28 zu definieren,

d) Entrichtung des Taggeldes bei teilweiser Arbeitsunfähigkeit entsprechend dem Grad der Arbeitsunfähigkeit, sofern die Arbeitsunfähigkeit mindestens 25 % beträgt,

e) Ausschluss der Bezugsberechtigung während eines Aufenthaltes ausserhalb der Schweiz von mehr als drei Monaten unter Vorbehalt von Arbeitseinsätzen im Ausland, anders lautenden gesetzlichen Bestimmungen oder Aufenthalt in einer Heilanstalt und wenn zudem die Rückreise in die Schweiz aus medizinischen Gründen nicht zu verantworten ist,

f) Prämienbefreiung während der Krankheitszeit,

g) Möglichkeit für die Arbeitnehmenden, nach Ausscheiden aus der Kollektivversicherung innert 90 Tagen gemäss Artikel 71 Absatz 2 KVG und Artikel 109 KVV in die Einzelversicherung überzutreten, wobei die Prämie der Einzelversicherung aufgrund des Alters bei Eintritt in die Kollektivversicherung berücksichtigt wird. Ist eine Kollektivversicherung mit aufgeschobenem Krankentaggeld abgeschlossen worden, sind die Versicherungs-

---

[2] Nach Bundesgesetz über die Krankenversicherung (KVG, SR **832.10**) oder den Versicherungsvertrag (VVG, SR **221.229.1**)

Anhang 3

Allgemeinverbindlicherklärung des Gesamtarbeitsvertrages für den Personalverleih. BRB

bedingungen so zu gestalten, dass die aus der Kollektivversicherung ausscheidenden Arbeitnehmenden nicht schlechter gestellt werden, als im Fall einer Kollektivversicherung ohne Aufschub, das heisst, die Wartefrist kann auf Wunsch des ausscheidenden Arbeitnehmenden ohne Gesundheitsprüfung bis auf zwei Tage reduziert werden.

4 ...

Art. 31 Berufliche Vorsorge

¹ Der Arbeitgeber und die Arbeitnehmenden sind gemäss den Bestimmungen des BVG verpflichtet, sich einer Einrichtung der beruflichen Vorsorge anzuschliessen.

Das Reglement hat mindestens folgende Punkte sicherzustellen:

² Versicherungspflicht

Arbeitnehmende mit Unterstützungspflichten gegenüber Kindern	obligatorisch ab 1. Tag
Übrige Arbeitnehmende	freiwillig ab 1. Tag
Arbeitnehmende mit unbestimmter Vertragsdauer oder Verträgen, die auf eine längere Zeit als 3 Monate eingegangen wurden	obligatorisch ab 1. Tag
Arbeitnehmende mit zeitlich beschränkten Verträgen bis zu 3 Monaten	nicht versicherungspflichtig, freiwillige Möglichkeit
Bei Verlängerung eines vorbestehenden Vertrages auf über 3 Monate	ab Kenntnis obligatorisch
Ab der 14. Arbeitswoche	immer obligatorisch

³ Für alle Leistungen, die durch die Beschäftigungsdauer des Arbeitnehmenden im Verleihbetrieb definiert sind, werden Einsätze die innerhalb von 12 Monaten bei demselben Verleihbetrieb geleistet werden, zusammengezählt.

⁴ Versicherter Monatslohn

Der versicherte Monatslohn muss gemäss folgendem Beispiel berechnet und versichert werden:

Stundenlohn, wovon die AHV-Beiträge abgezogen werden (max. CHF 36.85 – entspricht dem BVG-Maximum berechnet auf die Stunde)	CHF 25.75
Abzuziehender Koordinationsbetrag	CHF 10.75
Versicherter Stundenlohn (min. CHF 1.55)	CHF 15.00
Multipliziert mit den effektiven Arbeitsstunden während des Monats	150
Versicherter Monatslohn	CHF 2250.00

Anhang 3

Allgemeinverbindlicherklärung des Gesamtarbeitsvertrages für den Personalverleih. BRB

⁵ Die «maximalen» und «minimalen» Beträge, sowie der «Koordinationsbetrag» ändern sich bei jeder BVG-Anpassung. Sie werden durch die Stiftung 2. Säule swissstaffing auf der von der paritätischen Kommission SPKA bezeichneten elektronischen GAV-Datenbank erfasst und jeweils rechtzeitig publiziert.

Art. 32 Vollzug

Die gemeinsame Umsetzung, Durchführung und Durchsetzung der Bestimmungen des GAV Personalverleih obliegen im Rahmen der Bestimmungen des GAV Personalverleih der Schweizerischen Paritätischen Berufskommission Arbeitsverleih (SPKA). ...

Art. 33 Regionale paritätische Berufskommissionen

Es bestehen bis spätestens 12 Monate nach Inkrafttreten der Allgemeinverbindlicherklärung drei nach Sprachregionen definierte regionale paritätische Berufskommissionen (RPKA), die für den Vollzug der Bereiche ohne Branchen-Vollzugsorgane zuständig sind. Mit der Übertragung des Vollzugs wird namentlich auch die Kompetenz zur Kontrolle der Bestimmungen dieses GAV sowie die Kompetenz zum Ausfällen von Konventionalstrafen übertragen. Die SPKA wird in diesem Fall zur Aufsichtsinstanz.

Art. 34 Zusammenarbeit mit paritätischen Berufskommissionen anderer Branchenverbände

¹ Zur effizienten Durchsetzung des vorliegenden GAV Personalverleih überträgt die Schweizerische Paritätische Berufskommission (SPKA) den Vollzug der Bereiche mit ave-GAV und GAV gem. Anhang 1, die Branchen-Vollzugsorganen haben, den entsprechenden paritätischen Berufskommissionen und entschädigt diese. Mit der Übertragung des Vollzugs wird die Kontrolle der minimalen Arbeitsbedingungen, namentlich auch die Kompetenz zum Ausfällen von Konventionalstrafen im Rahmen der Bestimmungen ihres GAV, übertragen.

² Die Schweizerische Paritätische Berufskommission (SPKA) stellt die Koordination sicher und nimmt die Interessen der Verleihbranche wahr. Sie kann die Angemessenheit von Konventionalstrafen aus nicht ave-erklärten GAV überprüfen.

Art. 35 Betriebsprüfungen

Die Schweizerische Paritätische Berufskommission Arbeitsverleih (SPKA) und die regionalen paritätische Berufskommissionen Arbeitsverleih (RPKA) können Betriebsprüfungen zur Kontrolle der Einhaltung der Bestimmungen des GAV Personalverleih, namentlich der Arbeitszeit- und Lohnbestimmungen, der minimalen Leistungspflicht der Krankentaggeldversicherung sowie der Leistung der Beiträge an den Vollzugs-, Weiterbildungs- und Sozialfonds, anordnen und durchsetzen. Die Schweizerische Paritätische Berufskommission (SPKA) stellt die Koordination sicher.

Anhang 3

Allgemeinverbindlicherklärung des Gesamtarbeitsvertrages für den Personalverleih. BRB

Art. 36 Prüfinstanzen

Die Betriebsprüfungen werden im Auftrag der paritätischen Kommission (SPKA/RPKA) durch beauftragte, spezialisierte Unternehmen/Institutionen vollzogen.

Art. 37 Konsequenzen bei kleinen oder geringen Verstössen gegen den GAV Personalverleih

[1] Bei kleinen oder geringfügigen Verstössen entscheidet die paritätische Kommission (SPKA/RPKA) über die Verrechnung der Kontrollkosten. Dabei wird berücksichtigt, ob die festgestellten Verstösse korrigiert wurden und ob den Verpflichtungen nachgekommen worden ist.

[2] Die kontrollierten Unternehmungen haben kein Anrecht auf Entschädigungen im Zusammenhang mit angeordneten Betriebsprüfungen

Art. 38 Konsequenzen bei festgestellten Verstössen

[1] Bei festgestellten Verstössen durch Branchenvollzugsorgane gelten die Bestimmungen der vorrangigen anwendbaren GAV.

2 Sowohl die SPKA als auch die RPKA können der fehlbaren Unternehmung neben einer Konventionalstrafe die angefallenen und ausgewiesenen Verfahrens- und Kontrollkosten für die in Artikel 35 GAV und Artikel 357*b*, Absatz 1 OR erwähnten Gegenstände auferlegen. Dies gilt auch für Aufwendungen von durch SPKA und RPKA beauftragten Dritten.

[3] Der finanzielle Ausgleich der festgestellten Verletzung geht zulasten der kontrollierten Unternehmung. Sie ist verpflichtet, der SPKA/RPKA innerhalb eines Monats nach schriftlicher Eröffnung des Entscheids den Nachweis der Ausgleichszahlungen schriftlich zu erbringen.

[4] Die SPKA/RPKA kann gegenüber Betrieben, die Bestimmungen des GAV Personalverleih verletzen, Konventionalstrafen von bis zu 50 000.– Franken aussprechen. Für die Bemessung der Konventionalstrafen werden die Höhe der vorenthaltenen geldwerten Leistungen, die Kontrolldauer, die Anzahl kontrollierter Arbeitnehmer, strafmildernde Elemente wie rasche Nachzahlung der vorenthaltenen geldwerten Leistungen, strafverschärfende Elemente wie Verletzung nicht geldwerter GAV-Bestimmungen sowie ein Zuschlag für besondere Schwere bei mehrfacher Verletzung berücksichtigt.

[5] Bei Rückfall oder mehrmaliger Verletzung des GAV Personalverleih kann der volle Rahmen der Konventionalstrafe ausgeschöpft werden. Dabei ist die Grösse der fehlbaren Unternehmung angemessen zu berücksichtigen.

[6] Eine verhängte Konventionalstrafe ist innert 30 Tagen der Schweizerische Paritätische Berufskommission Arbeitsverleih (SPKA) zu bezahlen. Die SPKA sorgt dafür, dass die Konventionalstrafe zur Deckung der Kontrollkosten eingesetzt wird und allfällige Überschüsse in angemessener Weise, vor allem zugunsten allgemeiner Zwecke des vorliegenden Vertrages, verwendet werden. ...

7 ...

Anhang 3

Allgemeinverbindlicherklärung des Gesamtarbeitsvertrages für den Personalverleih. BRB

Art. 39 Rekursinstanz

[1] Es wird eine Rekurskommission geschaffen, welche sich aus je zwei von der Vereinsversammlung des Vereins Paritätischer Vollzug, Weiterbildung und Sozialfonds für den Personalverleih gewählten Arbeitgeber- und Arbeitnehmendenvertretern zusammensetzt.

[2] Die Rekurskommission behandelt und entscheidet über Rekurse von Betroffenen gegen Unterstellungsentscheide, Feststellungsentscheide, verhängte Konventionalstrafen, Kontrollentscheidungen, namentlich die Auferlegung von Kontrollkosten, Entscheide in Bezug auf Anträge zur Unterstützung von Weiterbildungen, Entscheide in Bezug auf Anträge zur Unterstützung von Massnahmen für Gesundheitsschutz und Arbeitssicherheit der SPKA und RPKA.

Anhang 3

Allgemeinverbindlicherklärung des Gesamtarbeitsvertrages für den Personalverleih. BRB

Anhang 1

Liste der nicht-allgemeinverbindlichen GAV, bei denen gemäss Artikel 3 GAV das Vorrangprinzip gilt

Die Texte dieser GAV sind – unter Angabe der anwendbaren Bestimmungen – auf der folgenden Internet-Seite elektronisch einsehbar:

www.tempservice.ch (diese Seite soll am 2. Januar 2012 aufgeschaltet werden)

Branche	GAV (Kurzbezeichnung)
Gewerbe	
Plattenleger- und Hafnergewerbe	Hafner- und Plattenlegergewerbe
Schreinereigewerbe	Falegnamerie e fabricche di mobili e serramenti (TI)
Holzindustrie	Schweizerische Holzindustrie
Autogewerbe/Garagen	Autogewerbe Kt. AG
	Autogewerbe Kt. BE+JU
	Autogewerbe Kt. BL+BS
	Autogewerbe Kt. LU/NW/OW
	Autogewerbe Kt. SO
	Autogewerbe Kt. UR
	Autogewerbe Kt. ZG
	Autogewerbe Kt. ZH
	Garages et entreprises similaires canton den Neuchâtel
	Garagistes canton de FR
Bodenlegerei	Bauwerk Parkett AG St. Margrethen

Industrie	
Textilpflege/Wäschereien	Bardusch AG/ZEBA Zentralwäscherei Basel

311

Anhang 3

Allgemeinverbindlicherklärung des Gesamtarbeitsvertrages für den Personalverleih. BRB

Tertiär	
Handel	Quincailliers et commerce de métaux, Genève
Häfen	Ultra-Brag (Hafen), Basel + Muttenz
Gesundheitswesen	Aargauer Kantonsspitäler
	Case per anziani (ROCA)
	Ente Ospedaliero Cantonale del Cantone Ticino
	Fondation pour l'Aide et les soins à domicile, Jura
	Hôpital du Jura
	Istituti Ospidalieri Privati del Cantone Ticino
	Servizi di assistenza e cura a domicilio, Sopraceneri
	Servizi di assistenza e cura a domicilio, Sottoceneri
	Zuger Kantonsspital
	Spital STS
Luftverkehr	ISS Aviation Genève et Zurich
	Swissport Basel
	Swissport Geneva
	Swissport Zürich
Branche Post/Transport/Logistik	GAV Post
	PostLogsitics AG
	GAV Aushilfen Post

Anhang 4

Verordnung
über das Informationssystem für die Arbeitsvermittlung und die Arbeitsmarktstatistik
(AVAM-Verordnung)

823.114

vom 1. November 2006 (Stand am 1. April 2011)

Der Schweizerische Bundesrat,
gestützt auf die Artikel 96c Absatz 3 und 109 des Arbeitslosenversicherungsgesetzes vom 25. Juni 1982[1] (AVIG)
und Artikel 35 Absatz 5 des Arbeitsvermittlungsgesetzes vom 6. Oktober 1989[2] (AVG),
verordnet:

1. Abschnitt: Allgemeine Bestimmungen

Art. 1 Gegenstand

Diese Verordnung regelt den Betrieb und die Benützung des Informationssystems für die Arbeitsvermittlung und die Arbeitsmarktstatistik (AVAM) sowie dessen Subsysteme.

Art. 2 Struktur des Informationssystems

Das Informationssystem setzt sich aus folgenden Subsystemen zusammen:

a. zentrale Datenbank «AVAM»; darin werden Daten und Informationen über stellensuchende Personen, Stellenmeldungen, Unternehmen sowie arbeitsmarktliche Massnahmen bearbeitet;

b. «AVAM-ODS»; darin werden die im AVAM erfassten Daten administrativ und statistisch ausgewertet;

c. «AVAM-DMS»; darin werden Dossiers stellensuchender Personen sowie von Unternehmen bearbeitet;

d. «AVAM-eGovernment»; darin werden nicht personenbezogene Daten aus AVAM veröffentlicht sowie Stellenmeldungen und Anmeldungen von stellensuchenden Personen entgegengenommen.

AS **2006** 4547
[1] SR **837.0**
[2] SR **823.11**

Anhang 4

823.114 Arbeitsmarkt und Arbeitsbeschaffung

Art. 3 Zweck des Informationssystems

Das Informationssystem dient:

a. der Durchführung sowie der Beaufsichtigung und Kontrolle der Durchführung der Arbeitslosenversicherung und der öffentlichen Arbeitsvermittlung;

b. der Zusammenarbeit zwischen den Organen der Arbeitslosenversicherung, der öffentlichen Arbeitsvermittlung und der Berufsberatung;

c. der Zusammenarbeit der Organe der Arbeitslosenversicherung und der öffentlichen Arbeitsvermittlung mit den privaten Arbeitsvermittlern und den Arbeitgebern;

d. der Zusammenarbeit der Organe der Arbeitslosenversicherung und der öffentlichen Arbeitsvermittlung mit dem Bundesamt für Migration für die Erfüllung der in Artikel 25 Absätze 2 und 3 AVG vorgesehenen Aufgaben;

e. der Koordination und der interinstitutionellen Zusammenarbeit der Organe der Arbeitslosenversicherung und der öffentlichen Arbeitsvermittlung mit den Sozialversicherungen;

f. der Arbeitsmarktbeobachtung und der Arbeitsmarktstatistik.

2. Abschnitt: Angeschlossene Stellen

Art. 4

¹ Folgende Stellen sind an das Informationssystem angeschlossen:

a. die Ausgleichsstelle der Arbeitslosenversicherung;

b. das Staatssekretariat für Wirtschaft (SECO);

c. die kantonalen Amtsstellen;

d. die Regionalen Arbeitsvermittlungszentren;

e. die Logistikstellen für arbeitsmarktliche Massnahmen;

f. die Arbeitslosenkassen;

g.³ die Organe der Sozialhilfe.

² Folgende Stellen können zwecks Nutzung von Funktionalitäten und Speicherkapazitäten an das Informationssystem angeschlossen werden:

a. das Bundesamt für Migration für die Koordination seiner Aktivitäten mit der öffentlichen Arbeitsvermittlung bei der Beratung und Vermittlung schweizerischer Rückwanderer sowie von schweizerischen und ausländischen Stagiaires;

---

[3] Eingefügt durch Ziff. I (Art. 131) der V vom 11. März 2011, in Kraft seit 1. April 2011 (AS **2011** 1179).

AVAM-Verordnung   823.114

b. die Organe der Invalidenversicherung für die Koordination ihrer Aktivitäten mit der öffentlichen Arbeitsvermittlung bei der Beratung und Vermittlung behinderter Personen;

c. die Berufsberatungsstellen für die Koordination ihrer Aktivitäten mit der öffentlichen Arbeitsvermittlung bei der Beratung von Stellensuchenden.

3. Abschnitt: Inhalt des Informationssystems und Datenbearbeitung

Art. 5   Inhalt des Informationssystems

[1] Die Daten, die im Informationssystem bearbeitet werden können, sind im Anhang festgelegt.

[2] Die angeschlossenen Stellen dürfen nur diejenigen Daten bearbeiten, die sie zur Erfüllung ihrer gesetzlichen Aufgaben benötigen. Die Bearbeitungsrechte sind im Anhang festgelegt.

Art. 6   Übernahme von Daten aus anderen Systemen

Aus folgenden Systemen können Daten gemäss Anhang übernommen werden:

a. Auszahlungssytem der Arbeitslosenkassen (ASAL);

b. Betriebs- und Unternehmensregister des Bundesamtes für Statistik (BUR);

c. System der Zentralen Ausgleichsstelle (ZAS).

Art. 6a[4]   Meldung von Daten an das Bundesamt für Statistik

Das Informationssystem kann dem Bundesamt für Statistik neue Unternehmen und Mutationen für das UID-Register melden.

Art. 7   Aufbewahrung und Vernichtung

[1] Akten dürfen auf digitale Datenträger übertragen werden. Sie müssen originalgetreu wiedergegeben werden können.

[2] Akten und Daten sind nach Abschluss des Falles während drei Jahren aufzubewahren. Danach sind sie, soweit sie Personendaten enthalten, zu vernichten. Artikel 8 bleibt vorbehalten.

Art. 8   Archivierung der Daten

Die Ablieferung von Daten aus den Informationssystemen an das Bundesarchiv richtet sich nach dem Archivierungsgesetz vom 26. Juni 1998[5].

---

[4]   Eingefügt durch Anhang Ziff. 7 der V vom 26. Jan. 2011 über die Unternehmens-Identifikationsnummer, in Kraft seit 1. April 2011 (AS **2011** 533).
[5]   SR **152.1**

4. Abschnitt: Datenschutz und Datensicherheit

Art. 9 Verantwortung für den Datenschutz

[1] Die angeschlossenen Stellen sind bezüglich der Daten, die sie bearbeiten, verantwortlich für die Einhaltung der massgebenden datenschutzrechtlichen Bestimmungen.

[2] Die Ausgleichsstelle der Arbeitslosenversicherung und das SECO gewähren die Bearbeitungs- und Zugriffsrechte auf das System und überwachen die Einhaltung der datenschutzrechtlichen Bestimmungen.

[3] Der Zugriff auf das Informationssystem muss mit individuellen Benutzerprofilen und Passwörtern gesichert werden.

Art. 10 Datensicherheit

[1] Die angeschlossenen Stellen treffen die notwendigen Massnahmen, um den Zugriff unbefugter Personen auf die Daten zu verhindern.

[2] Die Ausgleichsstelle der Arbeitslosenversicherung und das SECO treffen in Zusammenarbeit mit dem Bundesamt für Informatik und Telekommunikation die notwendigen Massnahmen, damit die Daten und Programme des Informationssystems nach Entwendung, Verlust oder unbeabsichtigter Zerstörung wiederhergestellt werden können.

[3] Das SECO legt in einem Bearbeitungsreglement seine interne Organisation, das Datenbearbeitungs- und Kontrollverfahren sowie die einzelnen Sicherheitsmassnahmen fest.

Art. 11 Rechte der betroffenen Person

[1] Die Rechte der betroffenen Person, insbesondere das Auskunftsrecht und das Recht auf Berichtigung oder Vernichtung von Daten, richten sich nach dem Bundesgesetz über den Datenschutz vom 19. Juni 1992[6].

[2] Macht eine betroffene Person ihr Recht geltend, so hat sie sich über ihre Identität auszuweisen und ein schriftliches Gesuch bei der Stelle einzureichen, die die Daten bearbeitet hat. Das Gesuch kann auch bei der Ausgleichsstelle der Arbeitslosenversicherung oder beim SECO eingereicht werden.

[3] Entspricht die Stelle, bei der das Gesuch eingereicht wurde, dem Gesuch nicht oder nur teilweise, so teilt sie dies der betroffenen Person in einer anfechtbaren Verfügung mit.

[4] Eine Berichtigung, Ergänzung oder Vernichtung von Daten ist denjenigen Stellen mitzuteilen, die Zugriff auf diese Daten haben, sowie weiteren Stellen, wenn es die betroffene Person wünscht.

---

[6] SR **235.1**

Anhang 4

AVAM-Verordnung 823.114

5. Abschnitt: Organisation und Finanzierung

Art. 12 Organisation und Betrieb des Informationssystems

¹ Die Ausgleichsstelle der Arbeitslosenversicherung ist verantwortlich für die Entwicklung und den Betrieb des Informationssystems in organisatorischer und inhaltlicher Hinsicht.

² Das Bundesamt für Informatik und Telekommunikation ist verantwortlich für die Entwicklung und den Betrieb des Informationssystems in technischer Hinsicht.

³ Die Ausgleichsstelle der Arbeitslosenversicherung und das Bundesamt für Informatik und Telekommunikation koordinieren ihre Tätigkeit mit den am Informationssystem beteiligten Stellen.

Art. 13 Finanzierung des Informationssystems

¹ Die Kosten für Entwicklung und Betrieb des Informationssystems werden aus Mitteln des Bundes und des Ausgleichsfonds der Arbeitslosenversicherung gedeckt.

² Die Kosten der zur Durchführung der Arbeitslosenversicherung und der öffentlichen Arbeitsvermittlung benötigten Datenverarbeitungsanlagen und -leitungen der kantonalen Durchführungsorgane werden nach Massgabe von Artikel 92 Absatz 7 AVIG aus Mitteln des Ausgleichsfonds der Arbeitslosenversicherung gedeckt.

6. Abschnitt: Schlussbestimmungen

Art. 14 Aufhebung bisherigen Rechts

Die Verordnung vom 14. Dezember 1992[7] über das Informationssystem für die Arbeitsvermittlung und Arbeitsmarktstatistik wird aufgehoben.

Art. 15 Inkrafttreten

Diese Verordnung tritt am 1. Januar 2007 in Kraft.

---

[7] [AS **1993** 242, **2000** 187 Art. 22 Abs. 1 Ziff. 14 1227 Anhang Ziff. II 15]

Arbeitsmarkt und Arbeitsbeschaffung

823.114

Anhang[8]
(Art. 5 und 6)

Abkürzungen:

SECO	Staatssekretariat für Wirtschaft
KAST	Kantonale Amtsstellen
RAV	Regionale Arbeitsvermittlungszentren
LAM	Logistikstellen für arbeitsmarktliche Massnahmen
ALK	Arbeitslosenkassen
SH	Sozialhilfe

1	Betriebsunternehmerregister (BUR)
2	Zentrale Ausgleichstelle (ZAS)
3	Auszahlungssysteme der Arbeitslosenkassen (ASAL)
A	Alles
E	Eigene Fälle (Zuständigkeit)

	Datenaustausch mit anderen Systemen	Zugriff					
		SECO	KAST	RAV	LAM	ALK	SH
Stellensuchende							
Personendaten							
Name, Vorname, Adressen	2, 3	A	E	E	E	E	E
Tel. Nr., Fax, E-Mail	3	A	E	E	E	E	E
Geburtsdatum	2, 3	A	E	E	E	E	E
Zivilstand	2, 3	A	E	E	E	E	E
Staatsangehörigkeit	2, 3	A	E	E	E	E	E
AHV-Nummer/Sozialversicherungsnummer	2, 3	A	E	E	E	E	E
Geschlecht	2, 3	A	E	E	E	E	E
Aufenthaltsstatus und -berechtigung		A	E	E	E	E	E
Erwerbsstatus und Erwerbssituation		A	E	E	E		E
Berufliche Qualifikationen, Fähigkeiten und Erfahrungen		A	E	E	E	E	E

[8] Fassung gemäss Ziff. I (Art. 131) der V vom 11. März 2011, in Kraft seit 1. April 2011 (AS **2011** 1179).

AVAM-Verordnung

Anhang 4

	Datenaustausch mit anderen Systemen	Zugriff					
		SECO	KAST	RAV	LAM	ALK	SH
Sprachkenntnisse		A	E	E	E		E
Mobilität, Führerausweis		A	E	E	E		E
Letzter Arbeitgeber und dessen Wirtschaftszweig		A	E	E	E		
Lebenslauf		A	E	E	E		E
Versicherungsdaten							
Personennummer	3	A	E	E	E	E	E
Anmeldedatum und Anmeldeort	3	A	E	E	E	E	E
Abmeldedatum und Abmeldegrund		A	E	E	E	E	E
Kontroll- und Beratungstermine		A	E	E	E	E	
Beratungsprotokolle		A	E	E	E		
Art und Ausmass der gesuchten Tätigkeit (Verfügbarkeit)	3	A	E	E	E	E	E
Arbeitsregion		A	E	E	E		E
Zuständige Amtsstellen und -personen		A	E	E	E	E	E
Zuweisungen		A	E	E	E		E
Neuer Arbeitskanton, Wirtschaftszweig und gefundener Beruf		A	E	E	E		
Datum des Arbeitsbeginns an neuer Stelle		A	E	E	E		
Angaben zu Grund, Beginn und Dauer von Sanktionen	3	A	E	E	E	E	
Art, Dauer, Durchführungsort und Kosten einer arbeitsmarktlichen Massnahme	3	A	E	E	E	E	E
Art, Dauer und Höhe eines Zwischenverdienstes; Kontaktangaben zum Arbeitgeber	3	A		E	E	E	
Beginn, Dauer und Höhe des Anspruchs auf Versicherungsleistungen	3	A		E	E	E	
Arbeitsbemühungen		A	E	E	E		E
Zuweisungsstopp		A	E	E	E		E

Arbeitsmarkt und Arbeitsbeschaffung

	Datenaustausch mit anderen Systemen	Zugriff				
		SECO	KAST	RAV	LAM	ALK
Unternehmen						
Personendaten						
Name, Adresse		A	E	E	E	E
Tel. Nr., Fax, E-Mail		A	E	E	E	E
Kontaktpersonen (Funktion, Stellung, Sprache, Adresse, Tel. Nr., Fax, E-Mail)		A	E	E	E	
Beschäftigte Berufsgruppen		A	A	A	A	A
BUR-Nummer	1, 3	A	A	A	A	A
Rechtsform		A	A	A	A	A
Betriebsart (Hauptbetrieb, Filiale, Nebenbetrieb)		A	A	A	A	A
Betriebsgrösse		A	A	A	A	A
Wirtschaftsstatus		A	A	A	A	A
Versicherungsdaten						
Beginn, Dauer und Höhe des Anspruchs auf Versicherungsleistungen	3	A	A	A	A	A
Zuständige Amtsstellen und -personen, Anzahl Betroffene, Betriebsabteilung	3	A	A	A	A	A
Anzahl der betroffenen Arbeitnehmerinnen und Arbeitnehmer	3	A	E	E	E	E
Kosten arbeitsmarktlicher Massnahmen	3	A	E	E	E	E

Anhang 5

Verordnung
über das Informationssystem des SECO für die Analyse von Arbeitsmarktdaten
(LAMDA-Verordnung)

837.063.2

vom 7. Juni 2004 (Stand am 29. Juni 2004)

Der Schweizerische Bundesrat,
gestützt auf die Artikel 96c Absatz 3 und 109 des Arbeitslosenversicherungsgesetzes vom 25. Juni 1982[1] (AVIG),
Artikel 35 Absatz 5 des Arbeitsvermittlungsgesetzes vom 6. Oktober 1989[2] (AVG) und Artikel 25 des Bundesstatistikgesetzes vom 9. Oktober 1992[3] (BStatG),
verordnet:

Art. 1 Gegenstand

Diese Verordnung regelt den Betrieb und die Benützung des Informationssystems für die Analyse von Arbeitsmarktdaten (Labour Market Data Analysis; LAMDA).

Art. 2 Zweck des Informationssystems

Das Informationssystem LAMDA (Informationssystem) dient:
a. der Führung einer aktuellen Statistik für die Arbeitsmarktbeobachtung;
b. der Bereitstellung von Leistungs- und Führungskennzahlen für die Stellen nach Artikel 96c Absatz 1 Buchstaben a–e AVIG;
c. der Messung der Leistung und Wirkung der Stellen nach Artikel 96c Absatz 1 Buchstaben b–e AVIG.

Art. 3 Organisation und Betrieb des Informationssystems

Die Ausgleichsstelle der Arbeitslosenversicherung ist verantwortlich für die Organisation, die Entwicklung und in Zusammenarbeit mit dem Bundesamt für Informatik und Telekommunikation für den Betrieb des Informationssystems. Sie koordiniert ihre Tätigkeit mit den am Informationssystem beteiligten Stellen.

Art. 4 Finanzierung

Das System wird mit Mitteln des Bundes und des Ausgleichsfonds der Arbeitslosenversicherung nach Massgabe der jeweiligen Bedürfnisse finanziert.

AS **2004** 3051
[1] SR **837.0**
[2] SR **823.11**
[3] SR **431.01**

Anhang 5

837.063.2 Arbeitslosenversicherung

Art. 5 Daten für die Arbeitsmarktbeobachtung

¹ Für die Arbeitsmarktbeobachtung enthält das Informationssystem statistische Daten über:
    a. die registrierten Arbeitslosen;
    b. die eingeschriebenen Stellensuchenden;
    c. die gemeldeten offenen Stellen;
    d. die arbeitsmarktlichen Massnahmen;
    e. die von der Arbeitslosenversicherung ausbezahlten Leistungen.

² Aus anderen Systemen übernommene Personendaten werden anonymisiert.

Art. 6 Daten für die Leistungs- und Führungskennzahlen und die Wirkungsmessung

¹ Für die Leistungs- und Führungskennzahlen und die Wirkungsmessung enthält das Informationssystem die folgenden Personendaten der Personalberaterinnen und -berater:
    a. Name, Vornamen;
    b. kantonale Amtsstelle oder Regionales Arbeitsvermittlungszentrum.

² Überdies enthält das Informationssystem Leistungs- und Wirkungsdaten über:
    a. die Struktur der registrierten Arbeitslosen, der eingeschriebenen Stellensuchenden und der gemeldeten offenen Stellen;
    b. die Anzahl und Art der getroffenen arbeitslosenversicherungsrechtlichen Anordnungen;
    c. die erzielten Wirkungen und Leistungen der Stellen nach Artikel 96c Absatz 1 Buchstaben b–e AVIG und der Personalberaterinnen und -berater.

Art. 7 Datenbeschaffung

¹ Die Daten nach den Artikeln 5 und 6 werden durch die Ausgleichsstelle übernommen aus:
    a. den Auszahlungssystemen der Arbeitslosenkassen (ASAL);
    b. dem Informationssystem für die Arbeitsvermittlung und Arbeitsmarktstatistik (AVAM);
    c. den Datensammlungen des Bundesamtes für Statistik.

² Alle Daten müssen nach Geschlecht aufgeschlüsselt sein.

³ Es können auch anonymisierte Daten aus Befragungen aufgenommen werden.

Anhang 5

LAMDA-Verordnung   **837.063.2**

Art. 8   Verknüpfung der statistischen Daten

Die Ausgleichsstelle sorgt für eine zweckmässige Verknüpfung der statistischen Daten.

Art. 9   Vernichtung der Personendaten

Die Personendaten nach Artikel 6 sind nach drei Jahren zu vernichten.

Art. 10   Bekanntgabe

¹ Die statistischen Daten nach Artikel 5 sind der Öffentlichkeit über das Internet zugänglich.

² Die Ausgleichsstelle stellt dem Bundesamt für Statistik und dem Bundesarchiv die zur Aufgabenerfüllung erforderlichen statistischen Daten zur Verfügung.

Art. 11   Zugriff auf Personendaten

¹ Personalberaterinnen und -berater dürfen ihre Personendaten für die Leistungs- und Führungskennzahlen sowie für die Wirkungsmessung einsehen; diese Daten dürfen auch durch ihre direkten Vorgesetzten eingesehen werden.

² Der Zugriff wird mit individuellen Benutzerprofilen und Passwörtern gesichert.

³ Die Übertragung dieser Daten erfolgt verschlüsselt.

Art. 12   Datenberichtigung

Jede Stelle nach Artikel 96c Absatz 1 Buchstaben b–e AVIG und jede betroffene Person kann von der Ausgleichsstelle verlangen, dass diese unrichtige oder unvollständige Daten berichtigt oder ergänzt.

Art. 13   Datenschutz

¹ Die Ausgleichsstelle ist verantwortlich für die Datenbearbeitung und die Einhaltung des Datenschutzes und überwacht die Einhaltung dieser Verordnung.

² Personendaten dürfen weder auf andere Systeme übertragen noch weiterverwendet werden.

Art. 14   Datensicherheit

¹ Die beteiligten Stellen gewährleisten die Datensicherheit in ihren Bereichen.

² Die Ausgleichsstelle sorgt in Zusammenarbeit mit dem Bundesamt für Informatik und Telekommunikation dafür, dass vernichtete, entwendete oder verlorene Daten und Programme des Informationssystems wiederhergestellt werden können.

³ Die Ausgleichsstelle erlässt ein Reglement für die Bearbeitung der Daten.

Anhang 5

837.063.2 Arbeitslosenversicherung

Art. 15 Inkrafttreten

Diese Verordnung tritt am 1. Juli 2004 in Kraft.

Anhang 6

Verordnung
über die Kommission für Wirtschaftspolitik

172.327.9

vom 9. Dezember 2005 (Stand am 1. Januar 2013)

Der Schweizerische Bundesrat,
gestützt auf Artikel 57 Absatz 2 des Regierungs- und Verwaltungsorganisationsgesetzes vom 21. März 1997[1],
verordnet:

Art. 1 Stellung

Die Kommission für Wirtschaftspolitik (Kommission) ist eine ständige Verwaltungskommission mit beratender Funktion im Sinne der Kommissionenverordnung vom 3. Juni 1996[2].

Art. 2 Aufgaben

[1] Die Kommission berät das Eidgenössische Departement für Wirtschaft, Bildung und Forschung (WBF)[3] und das Staatssekretariat für Wirtschaft (SECO) in Fragen einer innovativen, wettbewerbsorientierten und Arbeitsplätze schaffenden Wirtschaftspolitik und ihrer Rahmenbedingungen. Sie orientiert sich dabei an den schweizerischen Gegebenheiten, am europäischen und globalen Umfeld sowie an einer nachhaltigen Entwicklung.

[2] Sie nimmt Stellung zu grundsätzlichen Fragen des Arbeitsmarktes.

[3] Sie äussert sich zu wesentlichen Fragen der Aussenwirtschaftspolitik.

Art. 3 Zusammensetzung und Wahl der Kommission

[1] Die Kommission setzt sich zusammen aus einem Präsidenten oder einer Präsidentin und höchstens 19 weiteren Mitgliedern. Abweichungen der Mitgliederanzahl sind zu begründen. Die Mitglieder werden vom Bundesrat auf Antrag des WBF gewählt.

[2] Der Bundesrat bestimmt den Präsidenten oder die Präsidentin; im Übrigen konstituiert sich die Kommission selber.

[3] Bei der Auswahl der Kommissionsmitglieder berücksichtigt der Bundesrat Vertreter und Vertreterinnen der Wirtschaft, von Verbänden (inkl. Arbeitgeber- und Arbeitnehmerverbände), der Kantone, der Wissenschaft und der Bundesverwaltung.

AS **2006** 1
[1] SR **172.010**
[2] [AS **1996** 1651, **2000** 1157, **2008** 5949 Ziff. II. AS **2009** 6137 Ziff. II 1]. Siehe heute: die Art. 8*a* ff. RVOV (SR **172.010.1**).
[3] Die Bezeichnung der Verwaltungseinheit wurde in Anwendung von Art. 16 Abs. 3 der Publikationsverordnung vom 17. Nov. 2004 (SR **170.512.1**) auf den 1. Jan. 2013 angepasst. Die Anpassung wurde im ganzen Text vorgenommen.

Anhang 6

172.327.9   Ausserparlamentarische Kommissionen

[4] Für die Amtsdauer, die Amtszeit und die Altersgrenze gelten die Bestimmungen der Kommissionenverordnung vom 3. Juni 1996[4].

Art. 4   Arbeitsweise und Sekretariat

[1] Die Kommission wird nach Bedarf, in der Regel zweimal im Jahr, durch den Präsidenten oder die Präsidentin einberufen.

[2] Das Sekretariat wird vom SECO geführt.

Art. 5   Amtsgeheimnis und Information

[1] Die Beratungen sowie die Unterlagen und Dokumente, die der Kommission vorgelegt oder von ihr erstellt werden, sind vertraulich.

[2] Die Kommissionsmitglieder unterstehen den für die Angestellten des Bundes geltenden Vorschriften über das Amtsgeheimnis.

[3] Die Pflicht, das Amtsgeheimnis zu wahren, bleibt auch nach Austritt aus der Kommission bestehen.

[4] Mit Bewilligung des WBF darf über die Geschäfte der Kommission öffentlich informiert werden.

Art. 6   Entschädigung und Kostenträger

[1] Die Entschädigungen der Kommissionsmitglieder richten sich nach den Bestimmungen der Verordnung vom 12. Dezember 1996[5] über die Taggelder und Vergütungen der Mitglieder ausserparlamentarischer Kommissionen.

[2] Die Kosten der Kommission werden vom WBF getragen. Das WBF legt ein jährliches Kostendach fest.

Art. 7   Inkrafttreten

Diese Verordnung tritt am 15. Januar 2006 in Kraft.

---

[4]   [AS **1996** 1651, **2000** 1157, **2008** 5949 Ziff. II. AS **2009** 6137 Ziff. II 1]. Siehe heute: die Art. 8*a* ff. RVOV (SR **172.010.1**).
[5]   [AS **1997** 167. AS **2009** 6137 Ziff. II 2]

Sachregister

Die Angabe erfolgt nach Artikel und Note.

A
Abgrenzungsindizien 12 N 37
Abgrenzungskriterien 12 N 33
Abgrenzungsproblematik 12 N 14–45
Adressaten 39 N 10, 17, 20, 21
Agent/en 2 N 13; 8 N 2, 8; 39 N 16
Akteneinsicht 34*b* N 1, 2, 5–9, 11, 13–15
Altersrücktritt 20 N 14, 15, 20
Arbeitnehmerschutz 1 N 4; 3 N 2; 12 N 22, 60, 68; 16 N 4; 26 N 14, 18; 39 N 9
Arbeitsgemeinschaft 12 N 67
Arbeitsmarktbehörden 7 N 6; 21 N 7; 24 N 2, 8; 25 N 6; 29 N 5; 31 N 3, 7, 10–12, 16; 32 N 2, 6; 33 N 6, 12, 14; 34*a* N 24; 35*b* N 3
Arbeitsmarktbeobachtung 7 N 6; 18 N 4; 25 N 5, 12; 35 N 6, 16; 36 N 1–4, 6, 8, 9, 15–18, 20
Arbeitsort 19 N 16
Arbeitsvertrag 2 N 2, 3, 6, 11, 12; 8 N 5; 9 N 8, 16, 22, 23; 12 N 7, 8–11, 18, 35; 17 N 11; 18 N 8; 19 N 1–4, 6–8, 12, 13, 18, 21, 23, 25, 26, 30, 34; 22 N 3, 4, 6; 39 N 14, 18; 43 N 2
Arbeitszeit 12 N 12, 35, 39, 40; 19 N 18, 21; 20 N 8
Arten des Personalverleihs 12 N 5–9
Auflagen 4 N 2; 12 N 15, 22, 58; 15 N 5, 6; 16 N 18
Aufsichtsfunktion 31 N 3, 4, 7; 32 N 2; 40 N 3
Aufsichtspraxis 31 N 7
Auftrag 2 N 12; 3 N 1; 7 N 11; 9 N 4, 13; 12 N 12, 14, 16, 20, 33–35, 37, 39, 40, 42, 43, 52, 60; 13 N 22; 18 N 9; 22 N 3, 5, 10; 35 N 44; 39 N 18
Auskunftspflicht 5 N 3; 6 N 1–3; 13 N 18; 17 N 1–5, 9, 11; 39 N 17, 26, 28
Auskunftsrecht 6 N 1; 7 N 12; 33 N 10; 34*b* N 1, 2, 5, 10; 35 N 26

Auskunftsverpflichtung 6 N 2
Auslandvermittlung 2 N 1, 11, 15–17; 3 N 1, 13, 15; 4 N 3, 6; 5 N 3; 9 N 3, 9, 23
Ausschreibung 7 N 3–5; 18 N 2
Aus- und Weiterbildungskurse 31 N 14
Auswanderungsberatungsdienst 25 N 1–3
Auswanderungspropaganda 30 N 2, 4, 5, 7; 39 N 20; 42 N 4

B
Bekanntmachung 14 N 12, 23; 34*a* N 8, 16
Berufserfahrung 3 N 10; 13 N 14, 16
Beschwerdeinstanzen 38 N 1, 2, 6–9
Betriebliche Voraussetzungen 2 N 2–6, 13N°2–10
Betriebsbewilligung 2 N 18; 12 N 15, 57, 74, 77; 15 N 2; 31 N 9; 41 N 2
Betriebsschliessung 29 N 1, 3, 6, 8–11, 13, 14; 36 N 14
Betriebstätten 2 N 18; 3 N 3; 12 N 8
Bewilligungsart 12 N 73
Bewilligungsaufhebung 16 N 12–14
Bewilligungsbehörden 3 N 13; 4 N 7; 6 N 2; 12 N 15, 48, 60 62, 74; 13 N 6, 8, 9, 18, 21; 14 N 18, 21, 23; 15 N 5; 16 N 9, 13; 17 N 1, 3, 5, 8, 11, 12; 19 N 10; 39 N 26
Bewilligungsbeschränkung 15 N 5
Bewilligungsdauer 14 N 6
Bewilligungsentzug 5 N 8; 16 N 2–5, 16–19; 18 N 6
Bewilligungsform 4 N 5
Bewilligungsgebühr/en 4 N 7; 5 N 8; 15 N 7
Bewilligungsgesuch 3 N 15, 16; 4 N 6, 7; 6 N 3; 8 N 3; 12 N 76; 13 N 23; 16 N 19; 17 N 4

Sachregister

Bewilligungspflicht 2 N 6, 14, 18; 7 N 2;
  12 N 1, 39, 50, 52, 73; 18 N 1; 39 N 4,
  7; 43 N 2
Bewilligungsträger 15 N 4; 17 N 3; 39 N 21
Bewilligungsurkunde 4 N 5, 6; 15 N 4
Bewilligungswegfall 5 N 5, 16 N°9
Bildungsmassnahmen 28 N 5
Bundesbeiträge 11 N 1, 4, 14
Bussenrahmen 39 N 2, 12

C
Cabarets 3 N 5; 13 N 9

D
Darbietungen 2 N 2, 12, 13; 9 N 16
Datenaufbewahrung 34 N 8
Datenaustausch 33 N 9; 34a N 17; 35 N 9,
  10, 35, 52; 35a N 11; 36 N 6
Datenbekanntgabe 34a N 2, 5, 8, 9, 18, 23,
  27, 28; 34 B N 6
Datenerhebung 7 N 6; 36 N 19
Datengewinnung 36 N 4
Datenschutz 3 N 4; 7 N 7; 18 N 6; 33 N 9,
  10; 33a N 1, 9, 11; 34 N 6; 35 N 13, 27,
  40, 56; 35a N 8; 36 N 1, 11, 16, 18
Datenschutzbestimmungen 7 N 7, 8; 18
  N 6; 33 N 10, 12; 33a N 1, 9, 11; 34b
  N 10
Dauerschuldverhältnis 2 N 11
Deliktskatalog 39 N 13

E
Einsatzdauer 19 N 17
Einsatzvertrag 12 N 7, 10, 58; 19 N 4, 7,
  13, 30; 20 N 15
Einschreibegebühr 8 N 2; 9 N 3, 24
Entgelt 2 N 2, 10; 8 N 3; 9 N 6; 20 N 6;
  22 N 3, 7
Entgeltliche Vermittlung 8 N 2
Entlassung 19 N 13; 29 N 1, 3, 6, 8, 11–14;
  36 N 14
Entschädigung 22 N 7–8
Entzugsgründe 5 N 2; 16 N 2, 11
Entzugsverfahren 16 N 14
Erlöschen der Bewilligung 5 N 6, 16 N°4
Exklusivvermittlung 8 N 7

F
Fachkompetenz 3 N 9; 13 N 13
Fälligkeit 9 N 22–23
Falschangaben 5 N 2; 16 N 3
Finanzhilfen 11 N 1–5, 8–11, 13, 14; 31
  N 18
Formvorschrift/en 8 N 3, 6; 19 N 12, 22;
  22 N 1
Freigabe der Kaution 14 N 11
Fürsorgepflicht 12 N 13, 30, 31, 36

G
Gebühren 2 N 5; 4 N 7; 5 N 8, 9; 8 N 1;
  4 N 5; 15 N 7, 8; 19 N 29; 22 N 9; 27
  N 5; 31 N 18; 34a N 27, 28; 39 N 19
Geheimhaltungspflicht 34 N 3–5; 34a N 7
Geltungsbereich 4 N 2, 3, 6; 15 N 2, 4; 20
  N 15, 17, 22
Gerichtsstand 3 N 3; 19 N 6
Gesamtarbeitsvertrag 1 N 6; 20 N 2, 4, 5,
  8–10, 14, 15, 17, 20, 22, 24; 26 N 16
Gesamtarbeitsverträge 1 N 4; 17 N 1, 9;
  18 N 12; 19 N 25; 20 N 1–3, 12, 20–22;
  26 N 16; 34 N 4
Geschäftslokal 3 N 4, 14; 6 N 1; 13 N 6
Gesuch 3 N 15, 17; 13 N 21; 16 N 3; 34a
  N 8, 10, 16, 20
Gesundheitsdaten 34b N 15
Gewerbsmässigkeit 12 N 50
Gewinn(ungs)absicht 12 N 51
Gleichstellungsgesetz 7 N 12
Grenzgänger 2 N 15

H
Handelsregister 2 N 8; 3 N 2, 3, 14; 13
  N 2, 4, 6, 8; 15 N 4
Handelsregisterauszug 4 N 1
Heiratsvermittlungsinstitute 3 N 5

I
Informationsaustausch 14 N 32
Informationssystem 25 N 5, 12; 33 N 11;
  33a N 20; 34a N 26; 35 N 2–6, 8, 9,
  11–15, 17–25, 29–32, 34–38, 42, 45,
  47–49, 51, 52, 54–57; 35a N 2, 5, 6;
  36 N 5–8, 10, 15, 18

Sachregister

Inlandvermittlung 2 N 1, 3
Interessenskonflikt 3 N 5; 13 N 8
Interinstitutionelle Zusammenarbeit 35a
   N°1–16

K

Kapitalreserven 1 N 4
Kausalhaftung 7 N 5
Kaution 4 N 7; 12 N 60, 77; 14 N 1, 3–13,
   16–18, 20, 21, 26, 28, 31, 32; 15 N 6, 7;
   19 N 29; 39 N 5
Kautionspflicht 14 N 2
Kommission 11 N 1, 4, 13; 17 N 1, 9–11,
   13; 29 N 7; 31 N 17; 37 N 1–6, 8–11
Konkurrenzverbot 19 N 30–33; 22 N 6
Konkurs 3 N 12; 5 N 7; 13 N 17; 14
   N 16, 18, 19, 23, 24, 26, 27, 30, 32;
   29 N 10
Kontrolle 20 N 10
Koordinationsstelle 25 N 8
Kostenauferlegung 27 N 4
Kreditinstitute 3 N 5; 13 N 9
Kündigungsfristen 19 N 17, 24–26, 28; 22
   N 6
Künstlervermittlung 8 N 7, 8; 9 N 16

L

Legalitätsprinzip 5 N 9; 12 N 77; 13 N 18;
   15 N 5; 39 N 3, 26
Leiharbeit 1 N 4; 12 N 2, 5, 8, 11; 14 N 2;
   19 N 4, 24
Leumund 3 N 12; 13 N 17
Lohn 9 N 7; 11 N 15; 14 N 1; 18 N 4; 19
   N 19, 34, 36; 20 N 4–6, 19; 24 N 5; 25
   N 17

M

Meldepflicht 29 N 8–17
Mindestanforderungen 7 N 3; 18 N 2
Mitwirkungsverbot 26 N 13
Mustervertrag 3 N 15, 16; 8 N 3

N

Nachfrist 16 N 10, 14, 17
Nebenstrafrecht 39 N 1

Nichtige Vereinbarungen 19 N 29–31, 22
   N°6
Niederlassungsbewilligung 3 N 8; 13 N 12;
   26 N 12

O

Öffentliche Arbeitsvermittlung 1 N 3
Öffentliche Ausschreibung 7 N 3, 18 N°2
Orientierungspflicht 10 N 20

P

Paritätische Arbeitsvermittlungsstelle 11
   N°7
Paritätische Organe 20 N°10
Personendaten 7 N 8; 33 N 9; 33a N 1–3,
   5–8, 10–13, 15–17, 19; 34 N 3, 4; 34a
   N 5, 8, 23; 34b N 5; 35 N 7, 9, 13, 14,
   17, 21, 24, 35, 42, 46, 54, 59; 35a N 16;
   35b N 8; 36 N 17, 19
Persönliche Voraussetzungen 3 N 7; 13
   N 11
Persönlichkeitsprofile 33a N 1, 3, 8,
   12–15; 34a N 5; 34b N 5; 35 N 21,
   35; 39 N 59
Probezeit 19 N 28
Provision bei Auslandsvermittlung 9 N 23
Prozessuales 12 N 47; 19 N 6
Publizitätscharakter 4 N 6

R

Rahmenarbeitsvertrag 12 N 7; 19 N 4
Rechtsform 2 N 6; 12 N 10, 12; 14 N 6
Rechtsmittelbelehrung 4 N 5; 5 N 8
Rechtsprechung 12 N°43
Rechtsschutz 38 N°1–3
Rechtsverhältnis 12 N°13
Rechtsverweigerungsbeschwerde 3 N 18
Regelmässigkeit 2 N 7, 9; 12 N 52

S

Sanktionen 16 N 19, 20; 17 N 3; 19 N 10;
   33a N 16; 35b N 6
Schlussbestimmungen 40 N 1–3
Schriftform 8 N 2; 19 N 11, 22; 22 N 4
Schwarzarbeit 1 N 1, 2; 5 N 4; 11 N 3; 39
   N 8

329

Schweigepflicht 20 N 12; 33a N 3; 34 N 1, 3–7; 34a N 5, 17; 34b N 7; 35a N 9, 10; 39 N 21
Spesen 19 N°19
Staatsbürgerschaft 3 N 8; 13 N 12
Stagiaires 11 N 13; 25 N 1, 14, 15, 19; 35 N 32
Stiftung 3 N 2; 13 N 2
Strafandrohung 39 N 5, 6, 8, 10, 13, 15, 17, 20, 22, 27, 28
Strafbestimmungen 39 N°1–34
Subordinationsverhältnis 2 N 11 2 N 11

T
Tathandlungen 39 N 4
Temporärarbeit 12 N 5, 7, 10, 33; 19 N 4, 28

U
Überlassen (gelegentliches) von Arbeitnehmern 12 N 2, 9, 11; 14 N 2; 19 N 4, 24
Übertritt 19 N 30; 20 N 5; 22 N 2, 7
Umsatzgrenze 12 N 54, 55; 39 N 7
Unentgeltliche Vermittlung 8 N°3
Unparteilichkeit 26 N 2, 3

V
Ventilklausel 12 N 70; 21 N 3
Verbot 7 N 3, 5; 8 N 8; 13 N 8; 30 N 2; 39 N 20; 42 N 4
Verfahrensdauer 2 N°17
Verfahrensrecht 38 N 4, 10
Vergnügungs- oder Unterhaltungsbetriebe 3 N 5; 13 N 9
Verhältnismässigkeitsprinzip 33a N 19
Verleihvertrag 19 N 2, 5, 13; 22 N 2–4, 6, 8–10; 39 N 18
Verletzung 3 N 16; 5 N 1, 3; 6 N 2; 16 N 4; 19 N 22; 22 N 1, 5; 29 N 16; 30 N 7; 39 N 8, 13, 17, 18, 19, 21, 28

Vermittlerentschädigung 9 N 2
Vermittlungsagenturen 2 N 6; 39 N 15
Vermittlungsgebühren 8 N 8
Vermittlungspflicht 26 N 1, 5, 14, 15
Vermittlungsprovision 3 N 16; 5 N 3; 8 N 2; 9 N 6–10, 15, 16, 19, 20, 22, 23
Vermittlungssystem 35 N 7, 10, 12, 14, 35, 52, 57; 35a N 2, 12, 13; 36 N 8; 16 N 10
Veröffentlichung 2 N 8; 33a N 19; 34a N 4, 8, 21; 35 N 20; 35b N 5, 8; 36 N 16, 17
Versuchsbetrieb 35 N 4, 5
Vertragsparteien 2 N 15; 12 N 4; 22 N 4
Vertragsprüfung 13 N°18
Verwaltungsstrafrecht 39 N 11
Verwertung 14 N 16, 18, 20, 21–23, 25, 27, 28
Verzeichnis 35b N°1–8
Verzicht auf eine Bestrafung 39 N 23

W
Wartefrist 5 N 2, 8; 16 N 19
Weisungsbefugnisse 12 N 3, 10, 15, 21, 30, 33, 34, 44
Weisungsrecht des Arbeitgebers 2 N 11
Weisungsrechte 12 N 25, 36, 67
Weiterbildungs- und Vollzugskostenbeiträge 20 N 9
Weiterverleih 12 N 64, 65
Wettbewerbsrecht 30 N 4, 5

Z
Zusammenarbeit 33 N°4–7
Zustimmungserfordernis 18 N°7–11
Zweckbindung 33 N 10; 33a N 7, 15, 19; 34a N 25; 35 N 22; 36 N 19
Zweigniederlassungen 2 N 1, 18; 4 N 6; 12 N 1, 74, 77; 15 N 6